Peter Hoeres / Maximilian Kutzner

Der Kaufhauskönig

Peter Hoeres / Maximilian Kutzner

Der Kaufhauskönig

Helmut Horten Biografie

FREIBURG · BASEL · WIEN

© Verlag Herder GmbH, Freiburg im Breisgau 2024
Alle Rechte vorbehalten
www.herder.de

Covergestaltung: © Verlag Herder GmbH
Covermotiv: Liselotte Strelow, Porträt Helmut Horten, 1977,
© VG Bild-Kunst, Bonn 2023
Satz: SatzWeise, Bad Wünneberg
Herstellung: GGP Media GmbH, Pößneck

Printed in Germany

ISBN Print: 978-3-451-39544-4
ISBN E-Book (EPUB): 978-3-451-83085-3
ISBN E-Book (PDF): 978-3-451-83086-0

Inhalt

Einleitung 9

KAPITEL 1
Ausbruch aus der Juristenfamilie (1909–1936) 19
Die Sippe: Die Hortens als Kaufleute am Niederrhein 20
Rheinisches Bürgertum: Die Hortens als Juristenfamilie 22
Nicht in Köln! Anfänge im Warenhaus 28

KAPITEL 2
Aufstieg in der Diktatur (1936–1939) 33
Die Übernahme: Das Kaufhaus Alsberg und die Gründung der
   Helmut Horten KG 39
Auf eigene Rechnung: Die Helmut Horten GmbH in
   Wattenscheid und kleinere Beteiligungen 61
Fernab der Heimat: Reinold & Co KG und Reinold &
   Horten KG in Ostpreußen 77

KAPITEL 3
Unternehmer im Krieg (1939–1945) 87
Keine leeren Regale und ein riskantes Spiel:
   Reichsverteiler für Textilien im Rheinland 89
(Un-)Günstige Gelegenheiten: Gescheiterte Übernahmen in den
   besetzten Gebieten 98
Auf fremdem Terrain: Die Flugzeugwerk Johannisthal GmbH . 114

KAPITEL 4
Blick zurück, Augen nach vorne (1945–1950) 125
Grundlose Verdächtigungen oder „Schurke der übelsten Sorte"?
   Inhaftierung und Entnazifizierung 127

Verantwortung übernehmen, wo es nötig ist: Wiedergutmachung   146
Nicht ganz uneigennützig: Lastenausgleichsverhandlungen . . .   155
Wiederaufstieg: Der „Bau der 100 Tage"   166

KAPITEL 5
Der Herr im „Paradies der Damen" (1951–1968)   197
Der erste Zukauf: Die Übernahme der Merkur-Kaufhäuser . . .   202
Wachsen um jeden Preis: Die Übernahme der
    Emil Köster AG   212
Das Meisterstück: Die Helmut Horten GmbH   219
Der Streit um die Kachel: Die Architektur der Horten-Kaufhäuser   232
Patriarch im Garten der Hortensien: Unternehmens- und
    Mitarbeiterführung   239
Wunschkoalitionen, Parteispenden und eine Kegelbahn:
    Horten und die Politik   255

KAPITEL 6
Absprung ins Privatleben (1968–1987)   271
Geld machen: Gründung der AG und Börsengang   272
Lex Horten: „Steuerflucht" ins Tessin   279
An seiner Seite: Heidi Horten und Freunde   288
Hortens Welt: Arbeitsaskese und Leben im Luxus   298
Zwischen Abschottung und Homestory: Hortens Verhältnis zur
    Öffentlichkeit   309
Krankheiten und Ängste: Späte Jahre   322

Fazit: Helmut Horten – ein Repräsentant der
    „Generation Boom"   329

Inhalt

Anhang

Dank 345

Hortens Warenhäuser 347

Anmerkungen 349

Quellen- und Literaturverzeichnis 407
    Archivalische Quellen 407
    Zeitungen und Zeitschriften 411
    Publizierte Quellen und Literatur 413

Abbildungsnachweis 423

Personenregister 425

Über die Autoren 431

Einleitung

Das Warenhaus Horten war ein Ort der Sehnsüchte. Wer über die Schwelle der mehrgeschossigen Bauten mit der auffälligen Wabenfassade trat, hatte meist mehr im Sinn als nur ein paar schnelle Besorgungen. Das Bummeln und Schlendern durch die Gänge gehörte zum Einkauf dazu. Man konnte sich ziellos treiben lassen. Um ins nächste Stockwerk zu gelangen, musste man nicht einmal Stufen steigen. Aufzüge und Rolltreppen beförderten die Kundschaft und schoben sie von Angebot zu Angebot. Im Sommer strömte aus den Klimaschächten angenehme Kühle, im Winter wurde den Kunden bereits am Eingang wohlige Wärme entgegengeblasen. Im Hintergrund spielte leise, fast nicht wahrnehmbare Musik, unterbrochen von kurzen Werbedurchsagen und Hinweisen auf die Angebote der Woche. Die Kulisse variierte zwischen heller Beleuchtung, die sich in makellos weißen Porzellantellern wider-

Die Haushaltsabteilung im Duisburger Kaufhaus Horten, 1950

spiegelte, und gedimmten Scheinwerfern in den Separees der Abteilung für Damenoberbekleidung, in der nicht jede Kundin wünschte, dass sie voll ausgeleuchtet wurde. Von außen drang kaum Tageslicht herein; das ließ die Menschen im Inneren die Zeit vergessen. Die Luft war trocken und roch leicht chemisch nach neuer Kleidung. Über die Flure waberte der Duft der Parfumabteilung.

So erlebten die Besucher Horten und die Welt des Warenhauses. In den Wirtschaftswunderjahren der Bundesrepublik weckten sie Sehnsüchte nach einem neuen Sommerkleid, einem Rundfunkgerät oder einer bunten Spielzeugeisenbahn. Es ging nicht allein um Konsumbefriedigung. Die Schaufenster von Horten und den anderen Warenhäusern ermöglichten einen Blick in die Zukunft. Eines Tages würde man sich schon leisten können, was man hier angeboten sah. Dies war ein Ansporn. So ist das Warenhaus bis heute bei vielen Menschen positiv besetzt. Meist sind es Kindheitserinnerungen, die damit verbunden sind. Bei Horten konnten Wünsche wahr werden – früher oder später.

Die Verlockungen begannen im Untergeschoss mit der Lebensmittelabteilung. Wer wollte, der konnte hier auch einen Wocheneinkauf tätigen. Aber im Fokus standen jene Kunden, die auf dem Heimweg aus dem Büro nur ein paar Kleinigkeiten für das Abendessen und eine Flasche Wein kauften. Frisches Fleisch und Fisch wurden anders als auf dem Wochenmarkt jeden Tag geboten. In einer Zeit, als eine Orange oder eine Tafel Schokolade für eine durchschnittliche Familie noch längst nicht zum täglichen Bedarf gehörten, war die Lebensmittelabteilung von Horten vielleicht der Ort, an dem den Kunden der größte Luxus geboten wurde. Die Lebensmittelabteilung hob das Warenhaus außerdem vom einfachen Kaufhaus ab: Dem Kaufhaus fehlte die Lebensmittelabteilung, Textilien waren die primäre Sortimentsgruppe, und oft handelte es sich um kleinere Häuser auf weniger Etagen. Das Warenhaus hingegen verfügte über eine Lebensmittelabteilung. Damit einher gingen meist auch ein umfassenderes Warensortiment und eine baulich großzügigere Gestaltung.

Einleitung

Das Erdgeschoss war die Visitenkarte jeden Hauses, ganz gleich ob Waren- oder Kaufhaus. Die Schaufenster waren bei Horten stets aufwändig und ansprechend gestaltet und gut einsehbar. Katalogartig zeigten sie Kleidung, Technik und allerlei andere Waren, die thematisch gruppiert waren. Hauseigene Maler schufen kunstvolle Hintergrundbilder und beschrieben Preis- und Angebotstafeln. Dekorateure arrangierten die Warenpräsentation. Gleich hinter dem meist gläsernen Haupteingang teilten klug postierte Aufsteller und Regale die Familien beim gemeinsamen samstäglichen Einkaufsbummel: Vater bog rechts in die Abteilung für Rauchwaren ab. Gleich daneben war der Juwelier, bei dem sich für die Gattin rasch das Geburtstagsgeschenk erstehen ließ, während die bereits auf dem Weg ins Obergeschoss war. Zielsicher strebten die Kinder ebenfalls in Richtung der Rolltreppen, um in die Spielwarenabteilung zu gelangen.

Das erste Obergeschoss gehörte den Damen. Als einzige Käufergruppe hatten sie eine ganze Etage für sich. Sie waren die umsatzstärkste Kundschaft. Vom Büstenhalter bis zum Pelzmantel fand sich hier alles, was die Körper der Kundinnen umhüllen konnte. Horten bot etwas für jeden Geldbeutel. Die preiswerten Blusen hingen auf stählernen Gestellen, die gehobenen Kostüme hingegen in Separees. In räumlich und gestalterisch abgesetzten Nischen fand sich die Boutique „Miss H.", welche Mode für junge Frauen bot.

Die Etage darüber war der Platz der Herrenabteilung. Weil die Herren weniger kauffreudig als ihre Gattinnen waren, teilten sie sich ihre Abteilung mit einer anderen Sortimentsgruppe wie Stoffen oder Badtextilien. Wer wollte, der konnte auch hier anspruchsvolle Mode finden. Der „Herrenausstatter", eine weitere Boutique, bot Maßkonfektion. Seine Zielgruppe waren die modebewussten Angestellten. Weil die Horten-Warenhäuser wie die meisten Bürogebäude damals im Zentrum der Städte lagen, ließ sich hier in der Mittagspause leicht eine neue Krawatte finden oder ein Anzug bestellen.

Weiter oben lagen die Abteilungen für Haushaltswaren und Technik. Bügeleisen, Fernseher, Zahnbürsten oder Haartrockner –

Horten hatte in den 1970er Jahren fast 120.000 unterschiedliche Artikel im Sortiment.[1] Ganz oben, meist mit herrlichem Blick über die Innenstadt und manchmal auch mit einer Außenterrasse, befand sich der Kupferspieß. Das Restaurant war in dieser Form eine Innovation im deutschen Einzelhandel. Zwar hatte es bereits um die Jahrhundertwende Galsträume in großen Warenhäusern gegeben. Die Horten-Warenhäuser waren jedoch nach dem Zweiten Weltkrieg die ersten, die in Form einer Systemgastronomie aufgebaut waren und als Familienrestaurants nach US-amerikanischem Vorbild organisiert und ausgestattet waren. Der Kupferspieß bot Deftiges an, kurzgebratene Fleisch- und Wurstgerichte. Gab es eine besondere Gelegenheit wie eine Fußball-Weltmeisterschaft, dann wurde das Restaurant in den Farben des Gastgeberlandes geschmückt und bot – vermeintlich – landestypische Gerichte an. Im Kupferspieß endete ein nicht selten mehrstündiger Aufenthalt im Warenhaus bei Schaschlik-Spießen, Bier und süßer Limonade.

Vielleicht fiel dem einen oder anderen Kunden beim Schlendern durch die Gänge und Etagen ein schlanker und gut gekleideter Herr auf. Sein Anzug saß perfekt, öfter mit Karo- oder Nadelstreifenmuster. Die Krawatte war hochgeschlossen, das Hemd weiß. Das dichte Haar war glatt zurückgekämmt und das Handgelenk umschlang eine offensichtlich teure, aber nicht aufdringliche Uhr mit schwarzem Lederarmband. Er beäugte kritisch einen Stapel ungeordneter Pullover vor den Umkleidekabinen, blickte nach oben auf eine ausgefallene Glühbirne und beobachtete wie ein Ladendetektiv nicht die Kunden, sondern die Verkaufsgespräche des Personals. Nichts schien ihm zu entgehen. Alles wurde mit einem kleinen blauen Horten-Werbekugelschreiber in einem Notizbuch aufgenommen.

So gingen vermutlich viele Kunden an Helmut Horten vorüber, ohne zu bemerken, dass er der Hausherr über mehr als 50 Warenhäuser in ganz Deutschland war. Manchem mag der Mann mittleren Alters bekannt vorgekommen sein, war doch von ihm ab und an in bundesdeutschen Illustrierten zu lesen. Der gut gekleidete Herr war gerade auf einer seiner berüchtigten Inspektionen. Als Vollblutverkäufer notierte er selbst kleinste Mängel in seinen Häusern und bei seinen Angestellten und ging anschließend mit den Filialleitern in die Manöverkritik. Er war der Chef, alle Fäden liefen bei ihm zusammen. Sein Wort war Gesetz. Bis hinunter zur Dekoration der Waren ließ er den einzelnen Häusern genaue Instruktionen diktieren. Das Warensortiment war in weiten Teilen vorgegeben. Wer davon abwich, der musste mit Konsequenzen rechnen. Hortens Angestellte, von der Führungsetage bis zum Warenlager, wurden von ihm ebenso straff wie fürsorglich geführt. Wer für ihn arbeitete, erhielt gesonderte Zuwendungen für gute Arbeit und lange Betriebszugehörigkeit. Die „Hortensien", die weiblichen Verkaufskräfte in den Fluren und hinter den Kassenschaltern, waren nicht selten Jahrzehnte im Betrieb. Auch lange nachdem der Name Horten aus den deutschen Innenstädten verschwunden ist, treffen sich ehemalige Mitarbeiterinnen und Mitarbeiter zu nostalgischen Runden und schwelgen in der Vergangenheit.[2] Helmut Horten hat es über seinen Tod im Jahr 1987 hinaus geschafft, seine Angestellten an das Unternehmen zu binden.

Doch es gab auch andere Seiten Hortens. Bereits seit den frühen 1950er Jahren kursierten Gerüchte. Sein Aufstieg begann mit der Übernahme von jüdischen Kaufhäusern in der Zeit des Nationalsozialismus. Mit nur 27 Jahren wurde er Inhaber seines ersten Unternehmens. War Horten ein skrupelloser Geschäftemacher, der die Notlage jüdischer Kaufhausinhaber ausnutzte? Nach 1945 saß er für 17 Monate in einem Internierungslager der britischen Besatzungskräfte. Doch schon drei Jahre nach dem Krieg eröffnete er wieder ein großes Kaufhaus. Bald gehörten ihm vierzig Häuser in der ganzen Bundesrepublik. Stammte das Geld für Hortens persönliches Wirtschaftswunder aus den Geschäften der NS-Zeit? In den 1960er Jahren war er ganz oben angekommen. Als er zum Multimillionär wurde, übersiedelte er in die Schweiz und sparte damit etwa 250 Millionen DM Steuern. Fortan wurde Horten als Steuerflüchtling gesehen, der sich über Gesetze hinwegsetzte. Stimmte das? Und inwieweit nutze er seine privaten Bekanntschaften, um weiter aufzusteigen und Einfluss zu nehmen? Vor allem Politiker und Unternehmer waren gern gesehene Gäste auf Hortens Anwesen wie seinem Jagdschloss in Österreich, seiner Yacht an der Côte d'Azur oder in seinem Haus im Tessin. Schließlich gab es den Helmut Horten der Illustrierten. Sein sagenhafter Reichtum, seine geradlinige Art und nicht zuletzt seine schöne junge Ehefrau weckten das Interesse der Medien. Wie ging Horten damit um, und welche Fehler machte er im Umgang mit der Öffentlichkeit?

Helmut Hortens Leben war eng verwoben mit Zäsuren und Etappen der deutschen Zeitgeschichte vom Ende der Weimarer bis fast zum Ende der „alten" Bundesrepublik. Sein Wirken prägte die deutsche Wirtschafts-, Politik- und Sozialgeschichte. Er war ein typischer Vertreter der „Generation Boom", jener Alterskohorte, die nach dem Krieg neu durchstarten und die langanhaltende günstige Konjunktur nutzen konnte. Vor allem zwei Aspekte bilden gesonderte Schwerpunkte in dieser Biografie. Der erste ist Hortens geschäftliches Agieren in der Zeit von 1936 bis 1945 und seine spätere Beschäftigung mit jenen Jahren seines Aufstiegs in der NS-Zeit.[3] Bei der Darstellung und Bewertung der „Arisierungen", an denen Horten beteiligt war, folgt diese Arbeit dem etablierten Schema der historischen Forschung: Zunächst wird eine betriebswirtschaftliche Rekonstruktion des Vermögensentzugs auf der Grundlage der zur Verfügung stehenden Quellen unternommen. Danach folgt die Analyse des Verhaltens von Horten im Prozess der Übernahme. Schließlich beleuchtet die Arbeit die Nachgeschichte der „Arisierungen", die sich von den Wiedergutmachungsverhandlungen und den Korrespondenzen mit den ehemaligen Besitzern bis in die 1970er Jahre zog.

Der zweite Schwerpunkt dieser Biografie, der unmittelbar verknüpft ist mit dem vorigen, ist Hortens Wiederaufstieg während des sogenannten Wirtschaftswunders. Er gehörte zur Gruppe jener Unternehmer, die den wirtschaftlichen Aufschwung nutzten und gestalteten. Oft konzentriert sich die wirtschaftshistorische Forschung auf die Geschichte der Industrie. Das Bild der rauchenden Schlote der 1950er Jahre haben daher viele vor Augen. Doch es war der Einzelhandel, der in Ludwig Erhards Konzeption der „Sozialen Marktwirtschaft" eine zentrale Bedeutung hatte. Er war das Bindeglied zwischen Konsumenten und Produzenten. Horten ermöglichte vielen Millionen Deutschen mit seinen Warenhäusern den relativ preiswerten Zugang zu einem breiten Warensortiment und damit den Anschluss an die moderne Konsumgesellschaft. Der Aufbau seines Unternehmens ist damit ein integraler Teil bundesdeutscher Wirtschaftsgeschichte. Daher wird dem schrittweisen Wachstum des Unternehmens bis hin zur Umwandlung in eine Aktiengesellschaft und dem Rückzug seines Gründers viel Raum gegeben und so die goldene Zeit der Waren- und Kaufhäuser in der Bundesrepublik beleuchtet.[4]

Diese Biografie Helmut Hortens ist chronologisch aufgebaut. Sie setzt vor seiner Geburt an. Denn die Hortens waren bereits seit dem 17. Jahrhundert eine bedeutende Kaufmannssippe am Niederrhein und machten sich später einen Namen als Juristen und katholische Geistliche. Helmut Hortens Entscheidung, Kaufmann zu werden, war ein Ausbruch aus der Familientradition und gleichzeitig eine Rückkehr zu alten Wurzeln. Die folgenden Jahre, von der ersten geschäftlichen Tätigkeit 1936 bis zum Kriegsende, bilden gemeinsam mit dem darauf folgenden Kapitel zu den ersten Nachkriegsjahren den ersten oben beschriebenen inhaltlichen Schwerpunkt.

Danach wendet sich die Biografie der engen Verwobenheit von Hortens Leben und seinen Geschäften zu. In den 1950er und 1960er Jahren lebte er für die Arbeit. Erscheint das Netz an Firmen, Beteiligungen und Aktienpaketen bisweilen verwirrend, so blieb ein Grundsatz stets erhalten: Horten behielt alles in der Hand. Dieses Konzept galt bis zur Gründung der Horten AG 1968, die ihm durch den Verkauf von Aktienpaketen den Rückzug ermöglichte. Sie ist sinnbildlich für Hortens Biografie: Um ein Privatleben führen zu können, musste er sich zuvor vom Geschäft trennen. Dieses Privatleben war ambivalent, wie das letzte Kapitel dieses Buches zeigen wird. Es changierte zwischen Luxus, Reichtum und sorglosen Stunden an Deck der Yacht Carinthia einerseits und einem fast asketischen Lebenswandel, unheilvollen Bedrohungen von Leib und Leben, zermürbenden gerichtlichen Auseinandersetzungen und Krankheitsängsten andererseits.

Horten hat keinen geschlossenen Nachlass hinterlassen. Anders als von Unternehmern wie Friedrich Flick oder den Krupps gibt es von ihm kein umfassendes und der Öffentlichkeit zugängliches Archiv. Vielmehr wurde im Kontext des Zweiten Weltkriegs nicht nur Material vernichtet, Horten entsorgte auch selbst sehr viele Papiere. Was erhalten geblieben ist, sind zumeist Akten Dritter über Geschäftsvorgänge sowie Gerichtsakten der zahlreichen Verfahren, in die er mal als Kläger, mal als Beklagter involviert war. Eine Sonderrolle nehmen die Akten aus dem Archiv der Helmut Horten Stiftung in Agno im Tessin ein. Erstmals wurden für diese Arbeit die dortigen Bestände systematisch gesichtet und ausgewertet. Zwischen den zahllosen Ordnern, die über Jahrzehnte zu fast allen von Hortens Unternehmen Auskunft geben, fanden sich sehr persönliche, intime Zeugnisse. Sie zeigen: Privatleben und Arbeit waren über viele Jahre eng miteinander verbunden. Nicht zuletzt sind es alte Weggefährten Hortens, die als Zeitzeugen ihre persönlichen Eindrücke mit den Autoren teilten.[5]

Dieses Buch ist die wissenschaftliche Biografie eines Mannes, der zeit seines Lebens als Projektionsfläche anderer diente. Bereits sein Vater sah in ihm einen Juristen und keinen Kaufmann, was zu Konflikten mit der Familie führte. Für die Nationalsozialisten schien Horten ein idealtypischer Kandidat für Übernahmen aus „Arisierungen" zu sein. Als sich zeigte, dass der junge Geschäftsmann eigenwillig war und das Geschäft politischen Anforderungen vorzog, schuf dies Konflikte. Nach dem Ende des Zweiten Weltkriegs führte sein Agieren im Dritten Reich dazu, dass er zur Zielscheibe für allerlei Anfeindungen und Vorwürfe wurde. Sein Aufstieg in den 1950er Jahren machte ihn zu einem Sinnbild des deutschen Unternehmers im Wirtschaftswunder. Aus scheinbar nichts hatte er den Aufstieg geschafft. So projizierten viele Deutsche ihre eigenen Wünsche auf den Mann in Maßanzug und Sportwagen und dessen Warenhäuser und wurden seine Kunden. Er schuf Sehnsüchte, die er auch bedienen konnte. In seinen späten Jahren wandelte sich sein Image wieder. Nach dem Umzug in die Schweiz wurde er zum Objekt der Kritik an Unternehmern und Reichen im Allgemeinen, die in Deutschland ihr Geschäft machten und danach ins steuergünstige Ausland flohen. Zu den Anfeindungen als „Ariseur" kam nun der Ruf des „Steuerflüchtlings", den Horten stellvertretend für viele andere wohlhabende Auswanderer trug. So war er zeit seines Lebens eine Projektionsfläche, auf der ganz unterschiedliche gesellschaftliche Gruppen und Akteure positive wie negative (Zerr-) Bilder entwerfen konnten. Hortens Leben spiegelt den jeweils vorherrschenden wirtschaftlichen, politischen und gesellschaftlichen Zeitgeist seiner Epoche.

Bei den anderen großen Warenhauskonzernen herrschten Manager, Vorstände und Aufsichtsräte. Bei Horten war es nur Helmut Horten. „Kaufhauskönig" nannten ihn deshalb bereits zu seinen Lebzeiten Bewunderer und Kritiker. Das Leben dieses „Kaufhauskönigs" nimmt uns mit in die Erfolgsgeschichten der frühen Bundesrepublik – samt ihrer Schattenseiten.

Kapitel 1
Ausbruch aus der Juristenfamilie
(1909–1936)

Der Name Horten war bekannt, bevor Helmut Horten auf die Welt kam. Er kam aus einem bürgerlichen Milieu. Traditionen, Glaube und berufliches Ethos spielten bei den Hortens eine wichtige Rolle. Diese Konstanten machten aus ihr eine der einflussreichsten Sippen des Rheinlandes, aus der vorrangig wohlhabende Kaufleute, angesehene Geistliche und hochrangige Juristen im Dienst des Staates hervorgingen. Und genau dies wurde für ihn zu einem Problem.

Zwar konnte er auf das Fundament eines ansehnlichen bürgerlichen Wohlstands aufbauen und musste in seiner Kindheit und Jugend keine materiellen Ängste fürchten. Die Schattenseite war allerdings die Erwartung des Vaters und der Familie, dass auch Helmut entweder den Weg eines Juristen oder den eines Geistlichen einschlagen werde. Beide Optionen kamen für ihn nicht infrage. Sein Entschluss, eine Kaufmannslehre im Warenhaus Leonhard Tietz in Düsseldorf zu beginnen, wurde später von ihm selbst und seinen engen Begleitern als konfliktreich beschrieben. Er markierte einen Ausbruch aus den Erwartungen der Juristenfamilie. Zugleich war er die Wiederaufnahme der erfolgreichen Kaufmannstradition der Hortens. Und es war früh klar, dass der junge Helmut Horten bereit war, unkonventionelle Entscheidungen zu treffen und Risiken einzugehen. Er wurde kein Student der Jurisprudenz und kein Priesteranwärter oder Novize eines Klosters. Was ihn lockte, war die schillernde Welt des Einzelhandels und die Versprechung vom damit verbundenen Wohlstand.

Für Helmut Horten spielte diese frühe Familiengeschichte in späteren Jahren eine wichtige Rolle. Er interessierte sich für seine Vorfahren und für Genealogie. Nachforschungen aus dem Familienkreis und Veröffentlichungen zur Geschichte der Hortens wurden von ihm gesammelt und archiviert. Gleiches galt für Fotografien, die Vorfahren und selbst weit entfernt verwandte Familienmitglieder zeigten. Besonderes Interesse hatte er an jenen Ahnen, die mit dem Handel zu großem Reichtum gekommen waren.

Die Sippe:
Die Hortens als Kaufleute am Niederrhein

Die Ursprünge der Familie Horten liegen im Rheinland. In den aufstrebenden Mittelstädten und kleineren Zentren zwischen Düsseldorf und Kleve lebten Hortens seit dem ausgehenden Mittelalter. Im niederrheinischen Kempen verfestigte sich der Familienname und seine Träger prägten die Stadtgeschichte seit dem 18. Jahrhundert mit.

Heinrich Horten war 1749 aus Neersen nach Kempen gezogen. Er hatte wohl an seinem alten Wohnort ein größeres Vermögen als Landwirt und Händler erwirtschaftet. Bei seinem Umzug zahlte er in Kempen ein höheres Bürgergeld als andere Einwanderer.[1] Heinrich Horten heiratete rasch in die höchsten Kreise der Stadt ein. Dies schützte ihn allerdings nicht vor politischen Problemen. Immer wieder wurden seine Geschäfte und Unternehmungen eingeschränkt, indem man sie mit Auflagen belegte. Er führte lange gerichtliche Auseinandersetzungen, die sich um Genehmigungen für Bauvorhaben und insbesondere die Höhe steuerlicher Abgaben drehten.[2] Ab den 1750er Jahren konzentrierte sich Heinrich Horten als Kaufmann gänzlich auf den Handel mit Kaffee, Öl und Eisenwaren, die er aus dem Bergischen Land sowie Köln und Düsseldorf bezog. 1772 errichtete er ein großes Wohn- und Wirtschaftshaus in der Stadt. Heinrichs Sohn Josef Johannes baute den väterlichen Kaufmannsbetrieb ab den 1780er Jahren zu einem großen Umschlaglager aus. Vor allem der Handel mit Eisenwaren und Branntwein entwickelte sich im Zuge der Napoleonischen Kriege positiv.

Die Sippe: Die Hortens als Kaufleute am Niederrhein

Es gelang Josef Johannes Horten in kurzer Zeit, größeren Wohlstand zu erwirtschaften. Auch in der städtischen Verwaltung übernahm er Ämter, während er gleichzeitig wie bereits sein Vater immer wieder mit der Stadt Kempen um Genehmigungen, Steuern und die Zahlung von Strafgeldern stritt. Er bediente sich dabei der Unterstützung von Rechtsanwälten und Notaren. So zogen sich die Verfahren oft über Jahre hin. Am Ende gelang es Josef Johannes Horten nicht selten, seinen Standpunkt juristisch durchzusetzen – ähnlich wie sein Nachfahre viele Jahre später. Wenn es um die Zahlung von Steuern ging, zeigten sich die Hortens seit jeher störrisch und kämpferisch. Daneben teilte Helmut Horten mit einigen seiner Vorfahren den Hang zu waghalsigen Geschäften. Wenn es gewinnbringend erschien, wurde nicht selten mit dem Einsatz von Haus und Hof kalkuliert.

Um die Wende des Jahres 1800 investierte Josef Johannes Horten in die hoch profitable Herstellung und den Vertrieb von Seidenwaren. Zugleich kaufte er allerlei Grundstücke, Häuser und Gehöfte auf, um seinen Wohlstand zu sichern. Zeitgenossen sprachen von Josef Johannes bereits als Inhaber von „99 Höfen", denn ab dem hundertsten Hof mussten zusätzliche Steuern für Großgrundbesitz entrichtet werden.[3]

Das Millionenvermögen des Josef Johannes Horten wurde von seinen Söhnen verwaltet und erweitert. In den Folgejahren waren Hortens stets auch Ratsherren und bemühten sich insbesondere um die bauliche Entwicklung Kempens. Keiner von ihnen wurde hingegen Bürgermeister der Stadt. Stattdessen lässt sich eine Doppelstruktur aus politischer Teilhabe an Entscheidungen und der umtriebigen Geschäftstätigkeit beobachten. Durch das gesamte 19. Jahrhundert hindurch konnte das Vermögen so erhalten werden. Auch die wirtschaftlichen Krisen jener Jahre wurden durch ebenso kluge wie riskante Investitionen in die Mechanisierung und den Ausbau des Handelsnetzes gemeistert. Anton Horten etwa, der Sohn von Josef Johannes, ging eine Partnerschaft mit dem Kaufmann Isaak Kounen aus Kempen ein. Beide betrieben gemeinsam eine einträgliche Seidenplüschmanufaktur.

1 · Ausbruch aus der Juristenfamilie (1909–1936)

Rheinisches Bürgertum:
Die Hortens als Juristenfamilie

Mit Helmut Hortens Großvater Anton Hubert schlug die Familiengeschichte eine andere Richtung ein. Der erworbene Wohlstand machte es möglich, dass er als Erster der klugen Söhne der Horten-Familie Rechtswissenschaften studierte. Was zum gesellschaftlichen Aufstieg noch fehlte, war der Zugewinn an symbolischem Kapital durch gesellschaftliche Anerkennung, Renommee, Zugang zu Ehrenämtern und die Zuschreibung einer herausgehobenen Stellung. Dies erwarben Hortens im Staatsdienst, als einige von ihnen zu führenden Juristen ihrer Zeit und ihrer Region wurden. Anton Hubert verließ Kempen und wurde Landgerichtsrat in Elberfeld. 1882 wurde er zum Oberlandesgerichtsrat in Frankfurt am Main ernannt und schließlich 1890 zum Reichsgerichtsrat am Reichsgericht in Leipzig, wo er 1903 starb. Durch den Wegzug aus Kempen verstreuten sich auch die übrigen Familienmitglieder über die benachbarten Städte des Rheinlandes.

Der älteste Sohn Anton Huberts war der Orientalist Max Horten (1874–1945). Er wurde in der Zwischenkriegszeit durch seine Übersetzungen altarabischer Schriften einer der bedeutendsten Forscher auf diesem Gebiet. 1930 wurde er außerordentlicher Professor an der Universität Breslau. 1933 trat er in die NSDAP ein.[4] Seine Söhne Walter und Reimar, Cousins von Helmut Horten, sollten in den 1930er Jahren und während des Zweiten Weltkriegs zu Pionieren der Nurflügelluftfahrt werden.[5] Die Fluggeräte kamen bis zum Ende des Krieges über das Versuchsstadium allerdings nicht hinaus. Fragmente von ihnen, insbesondere vom Modell Horten H IX, wurden von der US-Army konfisziert und zu Versuchszwecken in die USA gebracht. Mit seinem Cousin Walter unterhielt Helmut Horten bis ins hohe Alter regelmäßigen Kontakt. Meist ging es dabei um finanzielle Unterstützungen, doch auch um den Austausch über die Flugzeugproduktion während des Krieges.[6] Die von Helmut Horten übernommene Flugzeugwerk Johannisthal GmbH, von der später noch berichtet werden wird, befand sich in

Familie Horten, Leipzig 1903 (v. l. n. r. sitzend Anton Hubert, Leo, Sidonie, Josef; v. l. n. r. stehend Paul, Johanna, Alphons, Franz, Max)

keiner Verbindung zum Unternehmen von Walter und Reimar Horten.

Paul Horten (1875–1925), das dritte Kind von Helmut Hortens Großeltern, verließ den Staatsdienst als Gerichtsassessor und trat in den Franziskanerorden ein. Auch sein Bruder Alphons Horten Sr. (1876–1946) wurde Jurist, um dann 1907 in die Thyssen AG einzusteigen. Auf Grund seiner Position im Unternehmen wurde er während des Ersten Weltkriegs 1916 Leiter der Sektion Eisen der Kriegsrohstoffversorgung im Preußischen Kriegsministerium. In der Zwischenkriegszeit wurde er zunächst Abteilungsleiter im Reichsfinanzministerium, später Stadtbaurat im Magistrat Berlins und Vorstandsmitglied der Deutschen Liga für Menschenrechte, in der sich auch Carl von Ossietzky, Albert Einstein und Kurt Tucholsky engagierten.[7]

Sein Sohn Alphons Horten Jr. (1907–2003) war ein enger Weggefährte seines Cousins Helmut. In der Zwischenkriegszeit und den Jahren des NS-Regimes bekleidete er führende Positionen bei den Ersten Deutschen Knäckebrotwerken in Magdeburg. Außerdem beteiligte er sich am Aufbau einer Düngemittelversuchsanlage. 1949 wurde Alphons Horten Geschäftsführer der J. Weck Glaswerke und Mitbegründer des Bundes Katholischer Unternehmer (BKU). Das CDU-Mitglied war einer der Mitbegründer des Wirtschaftsrats der Partei und saß von 1965 bis 1972 für sie im Bundestag. Die beiden Cousins Alphons und Helmut tauschten sich vor allem in den 1960er und 1970er Jahren intensiv über die Hintergründe der bundesdeutschen Politik aus. Über Helmut Hortens Onkel Leo Franz Joseph Horten (1878–1936) liegen kaum biografische Informationen vor. Er studierte Chemie. Seine Berufsbezeichnung als „Direktor" legt eine Tätigkeit im kaufmännischen oder administrativen Bereich nahe.[8]

Auch in Klöstern und Kirchen erwarben Hortens großes Ansehen. Die Familie war stets katholisch. Männliche und weibliche Namensträger fanden so den Weg in den Klerikerstand oder eine Ordensgemeinschaft, nicht selten nach oder mitten in einer weltlichen Karriere. Schon Helmut Hortens Großmutter Sidonie Sophie Eugenie sollte diesen Weg einschlagen und damit großen Einfluss auf ihre Kinder und Enkel haben. Sie trat 1911 im Alter von 62 Jahren als Salesianerin ins Kloster des Ordens von der Heimsuchung Mariens in Koblenz-Moselweiß ein. Bereits seit den 1850er Jahren und davor schien es unter den Familienmitgliedern eine ausgeprägte katholische Frömmigkeit gegeben zu haben. Dafür sprechen die Eintritte einiger Töchter in Schwesternorden und die finanziellen Unterstützungen der Kaufmannsfamilie für kirchliche Einrichtungen. Helene Horten (1873–1896), das älteste Kind von Anton Hubert und Sidonie Horten, trat in den Franziskanerorden ein.

Größere Bekanntheit erlangte ein Onkel Helmut Hortens als Pater Titus Maria Horten, dessen Geburtsname Franz Horten war (1882–1936). Dieser studierte zunächst Rechts- und Sprachwissenschaften und promovierte 1909. Im selben Jahr trat er in den Dominikanerorden in Vechta ein. Seinen Besitz schenkte er dem dortigen Stift. Im Orden war Titus Maria Horten überaus rege tätig.

Zwischen 1927 und 1933 war er Prior des Klosters. Er leitete seit 1923 in Vechta den Albertus-Magnus-Verlag, der in der Zwischenkriegszeit, aber auch während der NS-Zeit religiöse Bücher veröffentlichte. Zudem engagierte sich Titus Maria Horten in der Mission und war dazu mehrfach in Südost-China. Am 8. Mai 1935 wurde er durch die Gestapo verhaftet und anschließend wegen angeblicher Devisenvergehen zu einer Gefängnisstrafe von zwei Jahren und einer Geldstrafe von 70.000 Reichsmark (RM) verurteilt. Vermutlich stand die Verhaftung im Zusammenhang mit der Tätigkeit als Leiter des geistlichen Verlages. Er wurde zunächst im Vechtaer Männergefängnis und kurz darauf im Oldenburger Gerichtsgefängnis inhaftiert. Am 25. Januar 1936 starb Titus Maria Horten in der Gefängnisanstalt an den Folgen einer Herzmuskelentzündung. Seine große Bekanntheit und sein Wirken als Ordensbruder führten dazu, dass bereits 1948 ein Seligsprechungsprozess eingeleitet wurde.[9] Eine weitere Tante von Helmut Horten wurde Ordensschwester in München.

Helmut Hortens Vater Josef Emil August Horten (1880–1957) war das drittjüngste der hier aufgeführten Reihe der Kinder Anton Hubert Hortens. Wie sein Vater studierte Josef Rechtswissenschaften und schlug nach dem Studium die Richterlaufbahn ein. Nach dessen Tod zog die Familie 1904 nach Bonn, vermutlich ins Haus von Max Horten, der an der Bonner Universität tätig war. Das Haus befand sich in der Königstraße 55 im gutbürgerlichen Stadtteil Südstadt. Bonn hatte sich seit dem Wiener Kongress 1815, durch dessen Beschlüsse das Rheinland dem Königreich Preußen zugeschlagen worden war, stark vergrößert. Die Stadt wurde mit einem neuen Landgerichtsbezirk zu einem Verwaltungszentrum der Region. Die neu gegründete Universität sorgte für den Zuzug gebildeter Bürger. Das Kulturleben der Stadt war ausgeprägt, es gab Theater und Zeitungen. Durch das besondere Wohlwollen der Hohenzollern entwickelte sich die Stadt nach der Reichsgründung 1871 weiter positiv. Um die Jahrhundertwende prägten daher große Bürgerhäuser im Jugendstil das Stadtbild. Inzwischen lebten hier rund 80.000 Einwohner. Durch die hohe Zahl gebildeter Akademi-

1 · Ausbruch aus der Juristenfamilie (1909–1936)

ker und wohlhabender Pensionäre zählte Bonn zu den bestsituierten Städten des Deutschen Reiches. Kleinere Kaufhäuser, wie das Kaufhaus Blömer, gab es bereits vor der Jahrhundertwende. In den 1910er Jahren eröffneten weitere Häuser, die allerdings bedeutend kleiner als im nahen Köln waren.

Josef Emil August Horten bestand 1905 sein Referendariat.[10] Im Jahr darauf heiratete er Helena Huberta Bieger, die Tochter eines Oberleutnants aus Boppard am Rhein. Inzwischen war Josef Horten beamteter Richter am Amtsgericht in Bonn. Anton Hubert hatte seinen Kindern ein ansehnliches Vermögen hinterlassen. Geht man von einer Gleichteilung der Erbengemeinschaft aus, dann dürften seine Ehefrau und seine Kinder mit je mehreren hunderttausend Mark bedacht worden sein. Dies legt jedenfalls die Stiftertätigkeit von Titus Maria Horten nahe, der beim Eintritt in den Dominikanerorden ein solches Erbe einbrachte.[11] Wahrscheinlich ist, dass Josef Horten ein ähnlicher Erbteil zustand. In diese komfortable Lebenssituation einer höheren Beamtenfamilie, die zudem wirtschaftlich überaus potent war, wurde Helmut Eugen Franz Horten, so der volle Name unseres Protagonisten, am 8. Januar 1909 in Bonn geboren. Sein älterer Bruder Rudolf (1907–1925) starb bereits als junger Mann. Die jüngeren Schwestern Gisela (1916–1963) und Josefa Helene (1917–1989) folgten in einigen Jahren Abstand. 1937 sollte die Ehe von Helena und Josef Horten geschieden werden. Josef Horten heiratete 1938 Ina van den Bosch, die Witwe eines Kölner Rechtsanwalts. Helena Horten starb 1940 in Köln.

In Bonn fügte sich die Familie Horten in die städtische Gesellschaft ein. Sie bezog nach der Station in der Südstadt die Wohnung von Helena Horten in der Blücherstraße 35. In der Koblenzer Straße (heute Adenauerallee) unterhielt die Familie in direkter Nachbarschaft zum Palais Schaumburg und zum Rheinufer eine Privatkapelle. Dort wurde Helmut Horten am 12. Januar 1909 getauft.[12]

In jungen Jahren litt Horten an einer Kinderlähmung. Diese heilte jedoch gut aus, so dass er später nur geringfügige motorische

Einschränkungen erdulden musste. Auch dürften die ersten Lebensjahre trotz der Krankheit behütet und komfortabel gewesen sein. Das Geld des Großvaters sowie die gute Stellung des Vaters ermöglichten ein angenehmes Dasein. Doch der Berufsweg von Josef Emil August Horten als Jurist im Staatsdienst verlangte Flexibilität. 1915 erfolgte der Umzug nach Gemünd in der Eifel, wo er eine Stellung als Amtsrichter übernahm. Vermutlich ebenfalls aus beruflichen Gründen erfolgte nach dem Ersten Weltkrieg der Umzug nach Köln. Ab 1925 war Josef Horten dort als Landgerichtsdirektor, also Richter an einer Strafkammer am Oberlandesgericht, tätig. 1943 schied er nach einem Herzleiden aus dem Richteramt aus und ging in Vorruhestand. Bis dahin hatte Josef Horten eine Reihe aufsehenerregender Prozesse geführt. Vor der nationalsozialistischen Machtübernahme berichteten die Zeitungen in Köln oft und ausführlich über Hortens harte Verurteilung von Tätern aus dem kommunistischen Milieu.[13] Nach 1933 ebbte die Berichterstattung ab. In internen Dienstbeurteilungen seiner Vorgesetzten wurde seine distanzierte Haltung zum NS-Regime bemängelt. Er blieb allerdings weiter im Amt am Oberlandesgericht Köln. Nach dem Krieg war er wieder als Richter tätig. Er wurde 1950 Vorsitzender des Entnazifizierungs-Berufungsausschusses für den Regierungsbezirk Köln.[14]

Die Familie Horten zog 1925 nach Köln-Lindenthal in die Sielsdorfer Straße 31. Der Stadtteil war geprägt vom Konzept der Gartenstadt und im Zuge der Baupolitik des Kölner Oberbürgermeisters Konrad Adenauer erweitert worden. Besonders bürgerliche junge Familien lebten in den Ein- und Mehrfamilienhäusern, umgeben von ausgedehnten Grünanlagen und Parks. Hier wohnte nicht nur die bessere Gesellschaft. Die Viertel waren bewusst durchmischt und boten auch Arbeiterfamilien bezahlbaren Wohnraum. In Köln bestand Helmut Horten 1928 das Abitur.

1 · Ausbruch aus der Juristenfamilie (1909–1936)

Nicht in Köln! Anfänge im Warenhaus

Als der 20-jährige Helmut Horten 1929 sein Vorstellungsgespräch beim Geschäftsführer Dr. Otto Bayer vom Warenhaus Leonhard Tietz in Düsseldorf hatte, kam dies einem Ausbruch gleich. Gegen den Willen seines Vaters, dem hochrangigen und bekannten Juristen, entschied sich der junge Mann für eine Lehre.

Der Einstieg ins Handelsgeschäft ist in biografischen Artikeln über Helmut Horten stets als Bruch mit der Familientradition gewertet worden. Horten hielt sich diesbezüglich weitgehend bedeckt. Im Interview mit dem *Stern* im Jahr 1971, von dem noch ausführlich die Rede sein wird, gab er allerdings einige Einblicke in seine berufliche Entscheidung. „Gewiß, die Hortens sind eine Juristenfamilie seit Generationen. Aber sie waren in früheren Jahrhunderten auch Kaufleute", führte er aus. „Ich wollte nun einmal nicht den fest vorgezeichneten Lebenslauf eines Beamten führen."[15] Ähnlich deutete es auch Hortens Vertrauter Rudolf Tesmann, den Horten während seiner Haft im britischen Internierungslager in Recklinghausen 1946 bis 1948 kennengelernt hatte, in seinen biografischen Notizen zu Horten aus dem Jahr 1991 an: „Der stete Wandel im Handel mit seinen zwar riskanten, aber dabei auch vorteilhaften Möglichkeiten faszinierte ihn umso mehr."[16] So verlief die Entscheidung, kein Jurist zu werden, nicht ohne Konflikte. Horten selbst sprach davon, dass sein Vater dafür wenig Verständnis hatte und „sanft enttäuscht" gewesen sei. Andererseits war der Einstieg ins Kaufmannsleben kein allzu harter Bruch mit der Familientradition, wie er selbst bemerkte.[17]

Ein Zugeständnis hatte ihm der Vater allerdings abgerungen: Nicht in Köln! Tesmann nahm dies jedenfalls an, wohl nicht ganz zu Unrecht: „Nur in Köln, dem Wohnsitz der Familie damals, durfte der eigenwillige Aussenseiter nicht debütieren. Das rührte an gesellschaftliche Peinlichkeit."[18] Andererseits sprach viel mehr als nur die gekränkte Familienehre dafür, dass Horten 1929 als Lehrling bei Tietz in Düsseldorf begann. Das dortige Haus gehörte zu den größten in Deutschland. Der 1909 in der Alleestraße errichtete Bau war überregional bekannt für seinen gehobenen Stil. Dies betonte auch die ansprechende Außenfassade mit Elementen des Jugendstils, die vom Architekten Joseph Maria Olbrich gestaltet worden war. Im Inneren befand sich ein großer Lichthof. Seitlich vom Hauptraum abgehend waren Nischen mit den einzelnen Abteilungen. Das Warenhaus in Düsseldorf war mehr als ein Konsumtempel. Internationale und hochkarätig besetzte Kunstausstellungen sowie allerlei öffentliche Veranstaltungen verliehen ihm auch den Charakter eines Zentrums der Moderne und des Handels, ein Symbol der Jahre des wirtschaftlichen Aufstiegs vor dem Ersten Weltkrieg. In der Zwischenkriegszeit ermattete dieser Glanz trotz der schwierigen Umstände nicht. Das Tietz in Düsseldorf blieb das bedeutendste Warenhaus im Rheinland. Allein dies mag überaus anziehend auf Helmut Horten gewirkt haben.

Hinzu kam die persönliche Bewunderung für den Leiter, Dr. Otto Bayer, wie Horten selbst bemerkte.[19] Offenbar lag ihm auch der bisweilen hemdsärmelige Ton im Warenhausgeschäft. Helmut Horten schien sich in diesem Umfeld wohlzufühlen und fand sich nach dem Beginn seiner Lehre ohne Probleme zurecht. Er lernte schnell und konnte rasch die Aufmerksamkeit seiner Vorgesetzten auf sich ziehen. Horten blieb nach der Beendigung der Lehre allerdings nicht lange in Düsseldorf.

1932 kehrte er nach Köln zurück. Dieser Schritt sollte bedeutsam für die Entwicklung in den folgenden Jahren werden. Horten trat als Verkäufer ins Kaufhaus Michel & Co AG in Köln ein. Das Haus wurde von Heinrich und Ernst Michel geleitet und war bereits in den 1890er Jahren gegründet worden. Die Michels standen damit mit ihrem Unternehmen für die jüdische Kaufmannstradition Kölns. In der Hohen Straße, der zentralen Einkaufsmeile der Domstadt gelegen, war es kleiner als das Warenhaus Tietz in Düsseldorf. In der Schildergasse, nur rund 300 Meter entfernt, wurde ein gesondertes Geschäft für Spezialmäntel unterhalten. Das kleinere Kaufhaus Michel bot dem ehrgeizigen Verkäufer Horten allerdings auch bessere Aufstiegschancen. Hier sollte er schnell die Gelegenheit bekommen, sich zu beweisen.

1 · Ausbruch aus der Juristenfamilie (1909–1936)

Das Kaufhaus trafen die Boykottaktionen gegen Häuser mit jüdischen Inhabern nach der Machtübernahme der Nationalsozialisten hart. Für die Inhaber stellte sich die drängende Frage, wie das Geschäft und ihre Beteiligung daran zu erhalten waren. Man entschied sich dafür, einen „arischen" Käufer und Geschäftsführer zu suchen. Diese Rolle fiel dem Kölner Juristen Dr. Paul Jacobi zu, der in Helmut Hortens weiterem Wirken noch eine entscheidende Rolle spielen sollte. Jacobi war zuvor Einkäufer bei Karstadt gewesen.[20] Er übernahm am 26. Februar 1936 51 Prozent der Aktien der Michel & Co AG. Der Kaufpreis von 122.000 RM wurde in ein Darlehen der Michels an Jacobi umgewandelt. Als Sicherheit verblieben die Aktien in deren Besitz. Die Michel & Co AG war weiterhin Inhaberin der Kaufhausimmobilien. Die Michel & Co GmbH war die Betreibergesellschaft. Jacobi bezog als deren Geschäftsführer ein Gehalt. Indem das Geschäft nur pro forma auf Jacobi überging und die Michels weiterhin über die Aktienmehrheit verfügten, war die „Arisierung" nur dem Anschein nach realisiert worden. Erst 1938 erfolgte auf Druck der Gauleitung Köln-Aachen die Umbenennung des Unternehmens in Paul Jacobi KG.[21]

Einige Änderungen mussten allerdings schon vorher eingeführt werden. Bereits im Jahr 1933 war ein NSDAP-Mitglied als Betriebsobmann gewählt worden. Im Betriebsrat bekam die Partei mehr und mehr Einfluss. 1935 wurden im Kaufhaus und davor Veranstaltungen wie Reden des Kreispropagandaleiters abgehalten. Horten war kein Mitglied der Arbeitnehmervertretung und gehörte nicht zu den NSDAP-Mitgliedern im Betrieb.[22]

Mit der Übernahme durch Jacobi veränderte sich bereits 1934 die Reklame des Textilhauses Michel. Zuvor war diese eher bieder. Der Schriftzug „Michel" war in schlichten Blockbuchstaben abgedruckt. Nach der Übernahme prägte eine moderne und schwungvolle Schriftart den Unternehmensnamen. Jacobi setzte auf auffallende Anzeigen in den örtlichen Zeitungen, die häufig mit grafischen Elementen wie Zeichnungen versehen waren.[23]

Horten ließ sich davon inspirieren. Seine Reklamen waren in der Helmut Horten KG grafisch ähnlich gestaltet. Die Schriftart war identisch. Die Trennung von Immobilienbesitz und Kaufhausbetrieb in unterschiedliche Gesellschaften wurde später von Horten ebenfalls vorgenommen.[24] Diese Organisation war bei Kauf- und Warenhäusern durchaus üblich. Dahinter stand die Logik der Wertetrennung und der vorteilhaften steuerlichen Ausgestaltung: Wenn ein Haus in die Insolvenz gehen musste, dann blieb der Wert der Immobilie davon unberührt und der Eigentümer konnte diese entweder weiternutzen, verkaufen oder vermieten. Zugleich entstand durch das Mietverhältnis eine Situation der Kostenverursachung, die sich steuerlich aktivieren ließ, wenngleich Mieter und Vermieter in die gleiche Tasche wirtschafteten. Auch deshalb übernahm Horten diese Trennung in späteren Zeiten, wie auch viele der anderen Kaufhauskonzerne und Betreiber.

Helmut Horten erlebte die Phase des Geschäftsübergangs von den jüdischen auf einen „arischen" Eigentümer aus nächster Nähe. Er stieg 1934 unter der Führung Jacobis zum Leiter der Abteilung für Herrenmode und Trikotagen auf.[25] Trotz seines jungen Alters galt er bereits als überaus fähiger und vielversprechender Angestellter. Auch sein Talent als Geschäftsmann scheint bereits damals deutlich hervorgetreten zu sein. Mitarbeiter erinnerten sich später daran, dass Horten es verstand, äußerst günstig Waren von bester Qualität zu beziehen. Zudem habe sich im direkten Kundenkontakt immer wieder sein Können als Verkäufer gezeigt. „Durch seinen besonderen Fleiss und seine besondere Einkaufstaktik sowie seinen anständigen Charakter war er bei unserem Chef und auch bei dem übrigen Personal sehr geachtet und beliebt. Sein außerordentliches Einkaufs- und Verkaufstalent steigerte den Umsatz seiner Abteilung enorm, so dass Herr Horten bei wichtigen Entscheidungen der Geschäftsleitung stets hinzugezogen wurde."[26]

Horten gehörte zu einer Gruppe gehobener Angestellter der Michel & Co GmbH, die in jenen Jahren als Kandidaten für die Übernahme eines eigenen Geschäfts infrage kamen. Seit der Übernahme durch Jacobi 1934 kam es zu neun Übernahmen von Kauf-, Waren- und Textilhäusern durch leitende Angestellte der Michel & Co GmbH. Vor Hortens Übernahme des Kaufhauses der Gebrüder

1 · Ausbruch aus der Juristenfamilie (1909–1936)

Alsberg OHG in Duisburg 1936 gab es sechs solcher Geschäftsübernahmen leitender Angestellter der Michel & Co GmbH in verschiedenen deutschen Städten. Nach Horten folgten weitere zwei.[27]

*   *
 *

Hortens Kölner Zeit war zwar kurz, aber sehr bedeutsam für seine Entwicklung, da er hier ein erstes Netzwerk aufbauen konnte. Seine spätere langjährige Prokuristin Marianne Weißenbach war ebenfalls bei der Michel & Co GmbH angestellt und führte dort die Bücher. Als Prokuristin folgte sie auf Hermann Kistenmaker, mit dem Horten gemeinsam das Kaufhaus in Wattenscheid gründen sollte. Hermann Winterer war Zentraleinkäufer bei Michel und später für kurze Zeit gleichzeitig in gleicher Funktion für die Helmut Horten KG tätig. Der wichtigste Kontakt war jedoch Paul Jacobi. Er sollte Horten 1936 die Tür zur Übernahme der Gebrüder Alsberg OHG öffnen. Dem jungen Mann blieben die enormen geschäftlichen Möglichkeiten nicht verborgen, die eine Geschäftsübernahme aus jüdischem Vorbesitz mit sich brachte. Durch die „Arisierung" seines Arbeitgebers konnte er unmittelbar nachverfolgen und beurteilen, welche Chancen und Risiken diese in sich barg.

Kapitel 2
Aufstieg in der Diktatur (1936–1939)

Seit ihrer Gründung im Jahr 1920 vertrat die NSDAP eine wirtschaftspolitische Programmatik, die im Kern auf dem rassistischen und radikalen Fundament der Parteiideologie fußte. Sie widersprach in zentralen Punkten den Idealen einer liberalen Wirtschaftsordnung, in der Angebot und Nachfrage den Preis bestimmen. Statt eine Warenallokation über den freien Markt zu begünstigen, sollte der Staat zahlreiche Konsumgüterpreise diktieren, die Produktion sollte nach politischen Zielvorgaben und die Verteilung der Waren an die Betriebe über regionale oder branchenspezifische Quoten erfolgen. Ziele nach der Machterlangung 1933 waren eine autarke und kriegsbereite deutsche Wirtschaft und eine nicht profitorientierte „Volksgemeinschaft" an der Ladentheke.

Im Zentrum stand die Ausrichtung der Wirtschaft nach dem Willen der Partei. Dies betraf unmittelbar auch die Kauf- und Warenhäuser im Deutschen Reich. Im von Hitler verkündeten 25-Punkte-Programm waren 1920 die „Groß-Warenhäuser" bedacht worden: „Wir fordern die Schaffung eines gesunden Mittelstandes und seine Erhaltung, sofortige Kommunalisierung der Groß-Warenhäuser und ihre Vermietung zu billigen Preisen an kleine Gewerbetreibende, schärfste Berücksichtigung aller kleinen Gewerbetreibenden bei Lieferung an den Staat, die Länder oder Gemeinden."[1]

Während sich in der NS-Zeit in der Schwerindustrie die Konzentration und Kartellbildung der 1920er Jahre noch verstärkte, setzte man nach 1933 im Einzelhandel zunächst auf Dezentralisierung. Die größeren Einzelhandelskonzerne sollten zugunsten kleinerer Unternehmen des Mittelstands entflochten werden. Dies hatte einen ideologischen Hintergrund: Ein nicht unerheblicher Teil der Kauf- und Warenhausbesitzer war jüdischer Herkunft. Daher richtete sich auch ein Großteil der Attacken und Boykotte wie etwa der Braunschweiger „Warenhaussturm" am 11. März 1933, also direkt nach der „Machtergreifung", gegen diese Häuser. Doch bald rückte man vom Ziel der Zerschlagung ab. Denn in der Erhaltung von größeren Komplexen lagen mehrere Vorteile: Die geschäftliche Struktur konnte nach einer „Arisierung" beibehalten werden, die anfallende Gewerbesteuer für Kaufhäuser sowie die Arbeitsplätze dort gesichert werden. Die Unternehmen blieben bestehen, wenn auch nicht länger unter der Leitung der jüdischen Inhaber. Und der Staat bekam die Gelegenheit, an den Übernahmen mitzuverdienen. Für Verkäufe fielen saftige Steuern an, die umso höher waren, je größer das Unternehmen war. Jüdische Geschäftsführer und bald auch einfache Verkäuferinnen wurden entlassen, jüdische Eigentümer herausgedrängt.[2]

Meist hatten sich die Kaufhäuser nach der Jahrhundertwende aus kleineren Einzelhandelsläden in den Städten zu Kaufhäusern modernen Stils nach Pariser, Londoner oder amerikanischen Vorbildern entwickelt. Sie verfügten über ein breites Sortiment an Waren, das über Textilien und Schuhe hinausging und im Falle der Warenhäuser auch Lebensmittelsortimente umfasste. In großen, zunächst häufig im neoklassizistischen Stil errichteten Gebäuden konnten sie an prominenter Stelle in den Einkaufsstraßen gleich auf mehreren Etagen die Kunden anziehen. Die „Kathedralen des Konsums" (Émile Zola) wurden zu Symbolen der neuen Zeit. Auch architektonisch, oft durch Elemente des Jugendstils angereichert oder wie die Schocken-Häuser aus den 1920er Jahren in Stuttgart und Chemnitz vom Bauhaus inspiriert, kündeten sie von Aufbruch und Modernität. Zwar hatten sie in den Jahren der Weltwirtschaftskrise oft an Umsatz und Kunden verloren. Der Glanz prominenter Häuser wie Wertheim in Berlin, Schocken in Dresden oder Tietz in Düsseldorf mag allerdings noch vorhanden gewesen sein. Trotz oder gerade wegen der Kritik an den Kaufhäusern in den 1920er Jahren blieben sie Symbole der entstehenden Konsumgesellschaft.[3]

Diese Häuser zogen schon den jungen Helmut Horten an. Die vergleichsweise komfortable wirtschaftliche Situation seiner Familie

2 · Aufstieg in der Diktatur (1936–1939)

machte sie naturgemäß zu Kunden der städtischen Einkaufspaläste, die, zumal an Rhein und Ruhr, in den urbanen Zentren blühten. Der geschäftliche Einstieg ins Kaufhausgeschäft war allerdings eine ganz andere Sache. Zwar versprach das Dasein als Kaufmann Reichtum und Ansehen demjenigen, dem es gelang, ein Haus erfolgreich aufzubauen und zu führen. Doch für einen „arischen" Käufer war die Übernahme eines Kaufhauses mit jüdischen Eigentümern kein Selbstläufer. „Arisierungen" waren keine eindimensionalen Vermögensentziehungen zwischen Käufern und Verkäufern. Die neuen politischen Machthaber bestimmten die Konditionen von Kaufhausübernahmen nämlich mit. An die Stelle eines zivilrechtlichen Geschäftsverhältnisses zwischen Käufer und Verkäufer trat ein Dreiecksgeschäft, bei dem der Staat die Bedingungen mitdiktierte. Und diese waren durchaus komplex: Zwar sollten die „Volksgenossen" die Gelegenheit bekommen, die Kaufhäuser aus jüdischem Besitz günstig zu erwerben. Zu lukrativ durften die Geschäfte aber auch nicht sein. Bei allzu billigen Übernahmen war eine Kompensationsabgabe an den Staat zu leisten. Die NS-Behörden achteten zudem genau darauf, dass die Vorbesitzer keinen Einfluss mehr auf das Unternehmen hatten. Die Überprüfungen der Übernahmen waren also keine reine Formsache. Das sollte auch Horten bald erfahren.

Zweifelsfrei boten die „Arisierungen" günstigere Konditionen für die Käufer als ein Geschäft auf Augenhöhe ohne Druck auf die Verkäufer. Doch die Folgen für die neuen Eigentümer waren oft nur schwer zu überblicken. Es war alles andere als transparent, wie man an ein Kaufhaus kommen konnte und wie sich die politischen Rahmenbedingungen einer Übernahme darstellten. Nicht zu kalkulieren war das unternehmerische Risiko, wenn das eigene unternehmerische Handeln nicht mehr den Spielregeln des NS-Regimes entsprach.

Für die Verkäufer waren die Geschäfte weder freiwillig noch vorteilhaft: Auch bei Übernahmen, bei denen sich beide Seiten auf einen Preis einigten, profitierte der Käufer durch den umständehalber erzwungenen Verkauf, denn ohne die Repressionen und Boykotte hätten viele der Unternehmen gar nicht erst zum Verkauf gestanden. Juden wurden systematisch aus dem Wirtschaftsleben herausgedrängt. Ihnen wurde die Existenzgrundlage genommen, ob durch Erpressung, Nötigung zum Verkauf oder staatlichen Entzug. „Arisierungen" boten unter bestimmten Umständen aber auch den Verkäufern Handlungsspielräume. Das Bild der gewaltsamen Besetzung von Läden und Betrieben durch marodierende SA-Trupps zeigt dabei nicht den Regelfall der Übernahme von Geschäften jüdischer Inhaber. Verpachtungen und Gewinnbeteiligungen eröffneten den jüdischen Eigentümern anfangs noch die Möglichkeit, auch nach einer „Arisierung" am Unternehmen beteiligt zu bleiben. Die begrenzte Menge an Übernahmebetrieben konnte einen Wettbewerb der Bieter schaffen, zum Vorteil der Anbieter. Und im Dreieckshandel zwischen Käufer, Verkäufer und den NS-Behörden wussten die Verkäufer, dass die Käufer auf die Anerkennung der Behörden angewiesen waren.

Die Nationalsozialisten selbst sprachen von „Arisierung" und „Entjudung", wenn sie die Übernahme von jüdischen Geschäften, Unternehmen und Immobilien durch „Arier" oder die Entlassung jüdischer Vorstände und Angestellten meinten.[4] Der Begriff „Arisierung" fand schon in den 1920er Jahren im völkischen Antisemitismus Verwendung und wurde Mitte der 1930er Jahre dann auch von Behörden gebraucht. 1939 forderte das Reichswirtschaftsministerium, auf den Begriff zugunsten der „Entjudung" zu verzichten. Damit sollte der Eigentumstransfer verschleiert werden.[5]

Unterschieden wird nun in der Forschung eine engere und eine weitere Verwendung des Begriffs der „Arisierung": „Im weiteren Sinne bezeichnet die ‚Arisierung' den Prozeß der wirtschaftlichen Verdrängung und Existenzvernichtung der Juden, im engeren den Eigentumstransfer von ‚jüdischem' in ‚arischen' Besitz."[6] Nach dem „Anschluss" Österreichs im März 1938 waren dort bereits erste Gesetze und Anordnungen zum Entzug von jüdischem Vermögen erlassen worden, die Modellcharakter für das „Altreich" haben sollten. Dann wurde am 12. November 1938 die „Verordnung zur Ausschaltung der Juden aus dem deutschen Wirtschaftsleben" für das gesamte Deutsche Reich erlassen, die die Ausübung von Berufen im Einzelhandel und Handwerk verbot, und am 3. Dezember 1938 die „Verordnung über den Einsatz jüdischen Vermögens", die den Zwangsverkauf jüdischer Unternehmen und jüdischen Grundbesitzes und die Einbehaltung der Erlöse durch den Staat anordnete. Lange hat die Geschichtsschreibung daher eine Phaseneinteilung vorgenommen, in eine „Periode der schleichenden Arisierung", deren „Erfolg ... gemessen an dem Parteiziel einer ‚judenfreien Wirtschaft' recht mäßig" gewesen sei, und eine zweiten Phase der „völligen Ausschaltung der Juden aus der Wirtschaft".[7] Die neuere Forschung, die stärker die Opferperspektive einnimmt, hat dies aufgegeben. Von über 50.000 Einzelhandelsgeschäften waren im Juli 1938 nur noch 9.000 in jüdischer Hand.[8] Von allen selbstständigen jüdischen Betrieben – 1932 waren dies ungefähr 100.000 an der Zahl – war 1935 bereits ein Fünftel bis ein Viertel liquidiert oder „arisiert" worden, in den meisten Fällen in Dörfern und Kleinstädten.[9] Von einer ökonomischen „Schonzeit" für jüdische Unternehmer in den ersten Jahren des Regimes kann man also nicht sprechen.[10] Vielmehr waren sie Boykottmaßnahmen, propagandistischen Angriffen und vielerlei Schikanen von Parteistellen und Funktionären ausgesetzt. Freilich bestand diese Illusion durchaus bei vielen Zeitgenossen.[11]

Die Aufgabe ihrer Geschäfte und Unternehmen hieß für die vormaligen Eigentümer fast durchgängig, dass sie für den immateriellen Firmenwert, den Goodwill, nicht entschädigt wurden. Dies war sogar ab 1938 untersagt. Eine Liquidation und Zerlegung in Einzelteile und die häufig angesetzten Rabatte auf nicht mehr modische und verschmutzte Ware waren oft unvorteilhaft. Durch das regional manchmal große Angebot von Verkaufsobjekten gerade im Einzelhandel wurde zudem der Marktpreis gedrückt. Sowohl die Taxierung des Firmenwertes als auch die Gründe für den Verkauf sind für die Forschung schwer zu eruieren. Ebenso ist das Verhalten der Käufer nicht leicht zu bewerten, da es sich häufig in formaljuristisch legaler Form vollzog. Neben einer kleinen Gruppe von Käufern, welche den jüdischen Verkäufern zusätzlich zum Kaufver-

2 · Aufstieg in der Diktatur (1936–1939)

trag verdeckte Zahlungen leisteten oder Rückabwicklungen vereinbarten, stand auf der anderen Seite die ebenfalls kleine Gruppe derjenigen, welche den jüdischen Unternehmern die Fortführung ihrer Geschäfte im Eigeninteresse verunmöglichten. Die größte Gruppe, also der „Normalfall", bestand in der Käuferschar, die nicht an den Verfolgungsmaßnahmen beteiligt war, davon aber profitierte.[12]

Ungeachtet der politischen Rahmenbedingungen brauchte es für eine „Arisierung" eines: Geld. Und ebendieses hatte Helmut Horten nicht in ausreichendem Umfang, als er die ersten Schritte in die Welt der Kaufhäuser wagte. Die Mittel der bürgerlichen Existenz seiner Familie waren durchaus ansehnlich, doch reichten sie nicht aus, um alleine ein Warenhaus zu übernehmen und in Eigenregie zu leiten. Hinzu kam, dass dafür die familiäre Akzeptanz fehlte. Die Alternative: Horten musste erhebliche Risiken eingehen. Er musste Haftungen übernehmen, in geschäftlichen Entscheidungen gegebenenfalls von den anderen Anteilseignern und deren Geld abhängig sein und letztlich enorme eigene finanzielle Mittel aufnehmen und für deren Rückzahlung bürgen. Die in jenen Jahren angeeignete Risikobereitschaft sollte sein Handeln prägen, auch nach den Jahren des NS-Regimes.

Der Startschuss fiel in Duisburg. Als Helmut Horten in den Kreis der Gründer der späteren Helmut Horten KG aufgenommen wurde, waren die Konditionen der Arisierung des Kaufhauses Alsberg bereits vereinbart. Zwar stand seit April 1936 Hortens Name an prominenter Stelle über dem Eingang des Kaufhauses. Doch sein eigener Herr war er nicht – noch nicht. Vielmehr übernahm er die geschäftliche Leitung und die Verantwortung für das Unternehmen, an dem er nicht die Mehrheit hielt. Es gelang ihm aber rasch, die Federführung zu übernehmen. Das Duisburger Unternehmen sollte das Rückgrat seines persönlichen Vermögensaufbaus werden.

Bei seinem zweiten Engagement lagen die Dinge anders. Nur wenige Monate nach dem Einstieg in Duisburg übernahm er als Mehrheitseigentümer und kurz darauf als alleiniger Geschäftsführer das Kaufhaus Hess in Wattenscheid. Doch dieses Geschäft sollte unerwartete und unangenehme Folgen nach sich ziehen. Der junge Kaufmann erregte das Interesse der NS-Behörden. Es entfaltete sich ein Konflikt, der Horten bis an den Rand der Existenz brachte.

Große Gewinne und wenig Gegenwind versprachen Hortens geschäftliche Engagements in Ost- und Westpreußen. 1937 wurde er Teilhaber des Kaufhauses Alexander und Echternach in Königsberg. Wenig später wurde er Anteilseigner zweier Unternehmen in Marienburg und Marienwerder. Als der Zweite Weltkrieg aufzog, hatte Horten noch weitere Beteiligungen und Unterbeteiligungen an Kauf- und Warenhäusern im gesamten Deutschen Reich erworben. In nur drei Jahren hatte er es verstanden, in die obere Liga der Kaufhausbesitzer und -betreiber aufzusteigen. Wie ging er dabei vor? Was prägte sein Handeln? Und war der rasche Aufstieg nur durch eine skrupellose Erpressungspolitik gegenüber den jüdischen Verkäufern möglich?

Die Übernahme:
Das Kaufhaus Alsberg und
die Gründung der Helmut Horten KG

Der Startpunkt war Duisburg. Und das zweimal: Hier wagte Helmut Horten seinen Einstieg ins Kaufhausgeschäft im Jahr 1936 und von hier aus begann der Wiederaufstieg nach dem Krieg im Jahr 1948. Somit hat der Standort eine besondere Bedeutung für Hortens Leben. Aber auch die Biografien von Amalie, Ernst und Kurt Lauter sowie Hermann Strauß – die Eigentümer des Kaufhauses Alsberg – waren eng mit der Geschichte der Stadt verknüpft. Für sie gab es keine Rückkehr und auch keinen Wiederaufstieg. Sie wurden ermordet oder in die Emigration gezwungen. Ihr Schicksal war eng mit dem Helmut Hortens verknüpft – auf vielen Ebenen und auf unerwartete Weise, wie sich nach dem Krieg noch zeigen sollte.

2 · Aufstieg in der Diktatur (1936–1939)

Der Name Alsberg stand bereits seit den 1920er Jahren für ein florierendes Einzelhandelsunternehmen. In den 1930er Jahren firmierten darunter etwa 60 Fachgeschäfte im gesamten Rheinland, Westfalen und dem Ruhrgebiet. In zahlreichen Mittelstädten und regionalen Zentren gab es ein „Alsberg", so auch in Duisburg.[13] Hinter dem Handelsnamen stand eine Dachgesellschaft, die drei Komponenten umfasste: Die Alsberg-Eteg-Konzern AG bildete die gemeinsame Einkaufsgenossenschaft. Die Gebrüder Alsberg AG war für den Betrieb der Kaufhäuser zuständig. Und die Gebrüder Fried & Alsberg GmbH übernahm die Verteilung und den Vertrieb der Waren. Im Dezember 1933 wurde der Zusammenschluss auf Weisung der NS-Behörden entflochten. Übrig blieben nach den Umfirmierungen und Übernahmen eine Reihe von Kaufhäusern, die zwar weiterhin zur Dachorganisation mit dem Namen Gebr. Alsberg OHG gehörten, in sich aber eigenständige OHGs waren – so auch in Duisburg. Bei der OHG (Offene Handelsgesellschaft) handelte es sich damals wie heute um einen Zusammenschluss von zwei oder mehr persönlich haftenden Kaufleuten.

Das traditionsreiche Kaufhaus Alsberg hatte zu diesem Zeitpunkt bereits seit vielen Jahren unter der Leitung der beiden Eigentümerfamilien Lauter und Strauß gestanden. 1893 war Theodor Lauter in führender Position in das 1878 gegründete Unternehmen in der Duisburger Beekstraße 19–23 eingestiegen und wurde wenig später Geschäftsführer.[14] Anfänglich nur eine Textilhandlung, wurde das Geschäft von Lauter schrittweise zu einem Kaufhaus ausgebaut. 1911 wurde sein langjähriger Mitarbeiter Hermann Strauß zu 50 Prozent an dem Unternehmen beteiligt.[15] Theodor war der Inhaber der Grundstücke, auf welchen das Unternehmen betrieben wurde. Als er 1932 verstarb,[16] vererbte er diese zu 50 Prozent seiner Witwe Amalie, zu 25 Prozent seinem Sohn Kurt und zu 25 Prozent seinem Sohn Ernst.[17] Die Anteile am Geschäft Gebrüder Alsberg OHG gingen zu 30 Prozent an die Witwe und zu 20 Prozent an Ernst Lauter. Bei Hermann Strauß verblieben 50 Prozent.[18]

Die späten 1920er Jahre brachten für das Unternehmen positive Zahlen. Die durchschnittlichen Jahresumsätze beliefen sich auf acht Millionen RM. Die Gewinne lagen bei rund 250.000 RM. Zu Beginn der 1930er Jahre trübte sich die konjunkturelle Lage durch die Weltwirtschaftskrise stark ein. 1931 lag der Jahresumsatz nur noch bei rund fünf Millionen RM. Hinzu kamen hohe Privatentnahmen aus dem Unternehmen durch die Eigentümer.[19]

Die Machtübernahme der Nationalsozialisten verschärfte die Situation. Die Boykotte gegen Kaufhäuser im Allgemeinen und gegen jene jüdischer Eigentümer im Besonderen sowie die Parole der Zerschlagung setzten dem Unternehmen zu. Vor den Eingängen des Kaufhauses Alsberg in Duisburg wurden SA-Einheiten positioniert, die Kunden bedrohten und fotografierten.[20] Der Jahresumsatz 1933 sank ab auf 2.600.000 RM bei gleichbleibend hohen Entnahmen. Immer mehr Geld musste als Kredit aufgenommen werden, um den Betrieb des Kaufhauses zu erhalten. Die Folge war eine rasch voranschreitende Verschuldung des Unternehmens und der Eigentümer.

Die Fortexistenz des Kaufhauses war nur mit fremdem Kapital zu sichern. Doch jeder Kredit erhöhte zugleich den Druck, das Unternehmen zu veräußern. Einen Ausweg bot am Ende nur der Verkauf, um die Emigration zu finanzieren. Kreditzinsen waren im Fall der Gebr. Alsberg OHG und ihrer Eigentümer ein wirkungsvoller Antreiber der „Arisierung".

Der Weg zum Verkauf führte über Vermittler, zuallererst die Hausbanken, im Fall des Kaufhauses Alsberg und seiner Besitzer über die Filiale der Commerz- und Privatbank in Duisburg. An diesem Punkt betrat eine Persönlichkeit das Geschehen, die für Helmut Horten zu einem wichtigen Partner werden sollte. Wilhelm Reinold war der Direktor der Duisburger Commerzbank-Filiale. Er wurde zum Bindeglied zwischen Horten und den Familien Strauß und Lauter. Der 1895 geborene Reinold hatte bereits vor seinem Kriegsdienst als Unteroffizier im Ersten Weltkrieg eine Lehre als Bankkaufmann abgeschlossen. In der Zwischenkriegszeit hatte er verschiedene Positionen als Prokurist und Filialleiter beim Barmer Bankverein inne, bevor er 1933 Leiter der Duisburger Filiale der Commerzbank wurde.[21] Reinhold war seit Mai 1933 Mitglied der NSDAP gewesen.

Reinold war in seiner Position als Bankdirektor auch persönlicher Berater der Familien Strauß und Lauter in finanziellen Angelegenheiten. Er kannte deren wirtschaftliche Situation und wusste um die prekäre Lage. Anfang 1935 wurde Reinold von den Eigentümern damit beauftragt, einen Käufer oder Pächter für das Duisburger Kaufhaus zu finden. Zugleich wandten sich die Eigentümerfamilien an einen gewerbsmäßigen Vermittler. Diesen kam bei „Arisierungen" eine Schlüsselrolle zu: Sie sollten den Kontakt zwischen verkaufswilligen jüdischen Eigentümern von Vermögenswerten und „arischen" Interessenten herstellen und erhielten dafür eine Provision von den Verkäufern. Auch Reinold und seine Bank hatten Aussicht darauf. Er ging mit dem Vermittler auf die Suche nach Käufern und verhandelte „mit 6 oder 7 Reflektanten (Interessenten)", ohne dass sich daraus ein Geschäftsabschluss erzielen ließ.[22]

Zu Beginn des Jahres 1936 schien aber ein aussichtsreicher Kandidat gefunden zu sein. Dr. Paul Jacobi – er ist uns schon im ersten Kapitel begegnet – hatte 1934 das Kölner Kaufhaus Michel von den jüdischen Eigentümern übernommen und führte dies nun erfolgreich. Er wurde durch Reinold und den Vermittler kontaktiert, ob Interesse an der Übernahme des Kaufhauses Alsberg in Duisburg bestünde.[23] Jacobi zeigte sich interessiert, das Geschäft schien lukrativ zu sein. Er verhandelte auch selbst mit den Eigentümerfamilien Strauß und Lauter.[24] Beiderseits war das Interesse groß, die Übernahme zu realisieren. Allerdings war Jacobi durch sein Engagement in Köln zeitlich wie auch finanziell gebunden. Der Kaufmann leitete das dortige Haus als Geschäftsführer und hatte wohl kaum freie Kapazitäten für die Leitung eines weiteren Hauses übrig. Außerdem wäre die Übernahme eines weiteren Hauses mit enormen Investitionen verbunden gewesen, zu denen Jacobi wohl nicht im Stande war.

Er präsentierte aber eine andere Lösung: Sein Angestellter Helmut Horten sollte als Geschäftsführer das Duisburger Kaufhaus leiten. Schon andere Angestellten hatten, wie bereits erwähnt,

Kaufhäuser aus „Arisierungen" übernommen. Horten als Geschäftsführer bei Alsberg einzusetzen, erschien als gangbarer Weg, die „Arisierung" der Gebr. Alsberg OHG zu realisieren.[25] Seine Ambitionen wie auch sein verkäuferisches Talent waren offenkundig, allein, es fehlten noch die finanziellen Mittel. Reinold fand einen Weg: Statt nach einem einzelnen finanzkräftigen Kaufmann Ausschau zu halten, suchte er nun nach einer Investorengruppe, die zwar nicht über die fachliche Eignung verfügte – mit Horten stand ja bereits ein fachkundiger Einzelhändler parat –, aber das Kapital bereitstellen konnte.

„Arisierungen" boten in einem komplexen wirtschaftlichen Umfeld hohe Renditechancen für Vermögende. Denn nach einer Übernahme bestand die Aussicht darauf, dass mit den wegfallenden Boykotten und Drangsalierungen, die zuvor noch den jüdischen Eigentümern galten, Umsatz und Gewinn wieder anzogen. Noch dazu gab es seit der Machtübernahme der Nationalsozialisten wenige Investitionsmöglichkeiten. Der private Börsenhandel war aus ideologischen Gründen erheblich eingeschränkt worden. Direkte Unternehmensbeteiligungen waren eine der wenigen verbleibenden Optionen. Es fiel daher nicht schwer, Investoren zu finden.

Einer war der vermögende Arzt Josef Fieger. Der Mediziner praktizierte in Köln-Lechenich und war als politisch zuverlässiger Parteigenosse bekannt.[26] Der andere, Erich Rump, hatte 1921 die Westfälische Baumwollweberei in Bocholt gegründet und war zumindest mittelbar mit den Eigenheiten des Einzelhandels vertraut.[27] Mit Fiegers Einlage von 150.000 RM, Rumps Einlage von 100.000 RM und schließlich Helmut Hortens Anteil von 50.000 RM wurde am 23. April 1936 die Helmut Horten KG in Duisburg gegründet. Als deren Zweck wurde festgeschrieben: „Übernahme und Fortführung des bisher in Duisburg unter der Firma Gebrüder Alsberg betriebenen Handelsunternehmens".[28] Helmut Horten gehörten also nur 16,7 Prozent an dem Unternehmen, welches seinen Namen trug. Die 50.000 RM brachte Horten durch ein Darlehen von Werner Horten (45.000 RM) und 5.000 RM Eigenkapital auf.[29] Werner Horten war Justiziar und

Syndikus des Bankhauses Sal. Oppenheim in Köln und ein Cousin von Helmut Hortens Vater.[30]

Doch entscheidender als die Kapitalbeteiligung war für Helmut Horten die neue berufliche Aufgabe: Er sollte die Geschäfte als Geschäftsführer leiten. Zugleich war er als sogenannter Komplementär alleinhaftender Gesellschafter, was zusätzlich die Aufgabenteilung zwischen den Geldgebern und dem operativen Geschäft unterstrich. Sollte das Vorhaben scheitern, so haftete Horten mit seiner Einlage sowie seinem gesamten Privatvermögen, während die Finanziers nur mit ihrem Geschäftsanteil hafteten.

Als beratendes Organ der KG wurde ein Beirat eingesetzt. Dessen Aufgabe sollte darin bestehen, „Anweisungen über die Art der Geschäftsführung" an den geschäftsführenden Gesellschafter zu geben. Der Beirat war damit die Kontrollinstanz, die über Hortens Arbeit wachen sollte. Mitglieder waren neben den Kommanditisten Rump und Fieger auch Wilhelm Reinold, der Bankdirektor, und Paul Jacobi, Hortens ehemaliger Chef. Horten war in ein Netz aus Kapitalbeteiligungen und Kontrollen eingeschnürt. Eigenständige unternehmerische Entscheidungen waren in begrenztem Maße zwar möglich, aber unterlagen einem Mechanismus aus Rechenschaft und Überprüfung. Im Gesellschaftervertrag vom 23. April 1936 wurde zudem festgelegt, dass der Beirat der Helmut Horten KG dem Geschäftsführer kündigen durfte, sofern „ein wichtiger Grund, insbesondere Unfähigkeit oder grober Verstoß gegen die Geschäftsanweisung" vorlag.[31] Für seine Arbeit wurde er zwar mit einem Geschäftsführergehalt von 24.000 RM jährlich entlohnt, neben seiner anteiligen Gewinnausschüttung aus der Bilanz der KG. Doch noch war er alles andere als sein eigener Herr. Nicht Horten hatte das Kaufhaus Alsberg übernommen, sondern er war an der Übernahme mit dem geringsten der drei Anteile beteiligt.

Horten selbst gab 1948 an, dass die Verhandlungen mit den jüdischen Vorbesitzern von Reinold und Jacobi geführt worden seien und diese die Konditionen mit den Eigentümern vereinbart hätten. Er selbst habe an den Verhandlungen der „Arisierung" keinen Anteil gehabt. Reinold widersprach dieser Version nicht. Jacobi war im Zweiten Weltkrieg gefallen.[32] Die Übernahmekonditionen sollten vor allem in den Entnazifizierungs- und Rückerstattungsverfahren nach dem Krieg von Bedeutung sein.

Mit Wirkung zum 1. Mai 1936 wurde der Geschäftsbetrieb aufgenommen.[33] Die Übernahme vollzog sich auf zwei Ebenen. Auf der ersten ging es um den Warenbestand und kleinere Nebenwerte des Kaufhauses Alsberg, die durch Kauf erworben wurden. Auf der zweiten um die Nutzung der Geschäftsräume mit einem Pachtvertrag. Die Geschäftsräume waren schließlich noch im Besitz der Familie Lauter.[34]

Für den Tag vor der Übernahme des Kaufhauses ergab eine Inventur des Warenlagers einen Verkaufswert der Waren von rund 1.100.000 RM.[35] Der mittlere Gewinn der Gebr. Alsberg OHG an den Waren betrug laut einer gemeinsamen Berechnung 36,96 Prozent. Dieser Satz wurde vom Wert abgezogen, um die Waren zum Einkaufswert zu übernehmen, was auch bei Übernahmen, die keine „Arisierungen" waren, üblich war. Weitere rund zwei Prozent wurden für „nicht gängige oder angeschmutzte Ware (Reste etc.)" einkalkuliert.[36] So kam es zu einem Abzug von 39 Prozent, was einen Übernahmepreis von 671.943,65 RM ergab.[37] Außerdem übernahmen die Käufer die Kosten für Personalvorschüsse und Scheckbestände, so dass 690.969,34 RM als Übernahmepreis aufgerufen wurden. Die Tilgung sollte durch eine Anzahlung in Höhe von 150.000 RM sowie sechs weitere Monatsraten zu je 10.000 RM erfolgen.[38]

Dabei sind zwei Faktoren beachtenswert: Erstens hatten Kunden vergleichsweise hohe Ausstände bei den Unternehmen. Die Zahlungsmoral der „arischen" Käufer schien in einem jüdischen Geschäft nicht allzu hoch gewesen zu sein. Es lag an den neuen Inhabern, dieses Geld einzutreiben. Zweitens gelangte nur ein geringer Teil der Kaufsumme für das Warenlager in den Besitz der Verkäufer. Denn lediglich die Einmalzahlung über 150.000 RM und die Raten à 10.000 RM (zu fünf Prozent verzinst) gingen direkt an die Familien Strauß und Lauter. Der Rest versickerte in den übernommenen Verbindlichkeiten. Die Filiale der Commerz- und Privatbank Duisburg vergab zum Zweck der Zahlungsleistung einen Kredit in Höhe von 250.000 RM an die Helmut Horten KG, welcher später auf 450.000 RM erhöht wurde. Aus Sicht der Bank trug sie damit maßgeblich dazu bei, dass das Geschäft realisiert werden konnte: „Durch die Bereitstellung dieser Kredite wurde die Firma Horten in den Stand versetzt, den Kaufvertrag, auch soweit er langfristig abzuwickeln war, zu erfüllen."[39] Nebenbei verdiente sie durch die Kreditvergabe und die Vermittlerprovision doppelt an der Geschäftsübernahme.

Die Übernahme bezog sich damit ausschließlich auf den materiellen Firmenwert. Doch auch der immaterielle Firmenwert der Gebr. Alsberg OHG muss beachtlich gewesen sein. Die Namensrechte, die Gunst der Kunden, das Know-how der Angestellten, die Reputation bei Lieferanten und die Marktstellung des Unternehmens stellten Vermögenswerte dar, die bei der Übernahme nicht einkalkuliert wurden. Bis die „Verordnung über die Anmeldung des Vermögens von Juden" am 26. April 1938 in Kraft trat, war es zwar prinzipiell möglich, dass Käufer für den Goodwill, also den immateriellen Firmenwert, wie Renommee, Kundenbindungen oder den Markennamen, etwas entrichten konnten.[40] Danach verbot die NS-Gesetzgebung bei „Arisierungen", für den Goodwill Kompensation zu leisten, um die Kaufpreise für Unternehmen aus jüdischem Besitz für „arische" Käufer weiter zu drücken.[41] Dennoch kam es auch vor Inkrafttreten der Verordnung nur in seltenen Fällen zu einer Einpreisung der immateriellen Firmenwerte. Die Argumentation war hier meist ebenso gleichlautend wie perfide: Da die Unternehmen in jüdischem Besitz waren, sei ihr immaterieller Wert, zu dem auch Renommee, Kundenansehen und die Verbindungen zu Lieferanten zählten, ohnehin geschmälert. Erst wenn die Geschäfte durch einen „Arier" geführt würden, würde dieser Wert überhaupt bestehen bzw. gesteigert werden. Dieser Logik folgend sahen sich nur wenige Käufer überhaupt genötigt, bei der Preisbildung den Goodwill zu beachten. Im Fall der Übernahmen mit Beteiligung von Helmut Horten ist nicht überliefert, ob diese dargestellte Logik eine entscheidende Rolle spielte. Es ist allerdings

Die Übernahme: Kaufhaus Alsberg und Helmut Horten KG

nicht abwegig davon auszugehen, dass der Geschäftsmann wusste, dass der Wert des Unternehmens durch seine Übernahme steigen würde. Jedenfalls wurde für den immateriellen Firmenwert nicht gesondert gezahlt.

Doch die Helmut Horten KG nutzte diesen bereits kurz nach der Übernahme. In einer ganzseitigen Werbeanzeige in der *Rhein- und Ruhrzeitung* und einer großen Annonce im *Duisburger General-Anzeiger* verwies man auf die Vorgänger: „Früher Alsberg, jetzt Horten". Dabei wurde auch darauf aufmerksam gemacht, dass das Unternehmen nun in „arische Hände" übergegangen und nun ein „Deutsches Geschäft" sei.[42] Dies verdeutlichte, dass man in der Tradition des namhaften Vorgängerunternehmens stand, es von nun an den Volksgenossen aber möglich war, ohne Bedenken dort zu kaufen; beides waren wichtige Aspekte für die Steigerung des Umsatzes. In der Festschrift „50 Jahre Horten" der Horten AG wurde im Jahr 1986 die Anzeige reproduziert – und retuschiert: zu lesen war nun, das Haus sei in „andere Hände" übergegangen, und „Deutsches Geschäft" war getilgt.[43]

Die Eröffnung des Kaufhauses Horten am 9. Mai 1936 wurde durch umfangreiche Werbemaßnahmen vorbereitet. Bereits in den beiden Wochen zuvor hatte Horten in den örtlichen Zeitungen immer wieder mit geheimnisvollen Anzeigen auf sich aufmerksam gemacht. „Am Samstag ist ganz Duisburg bei Horten. Ein paar Eingeweihte wollen bereits wissen, daß es sich um eine ganz große Sache handelt", hieß es in einer Reklame in der *Rhein- und Ruhrzeitung* am 5. Mai 1936.[44] Zwei Tage später wurde die wichtigste Zielgruppe noch einmal angesprochen: Frauen. „Besonders die Damen in Duisburg, um Duisburg und um Duisburg herum werden sich diese Gelegenheit nicht entgehen lassen", hieß es in einer weiteren Anzeige.[45] Auf der Folgeseite wurden aber auch die Herren noch einmal adressiert. „Des Rätsels Lösung, morgen in dieser Zeitung", lautete die Ankündigung am Vortag der Eröffnung. Horten gab viel Geld für die kostspieligen Werbeanzeigen aus. Besonders auffällig war bereits bei diesen ersten, noch recht kryptischen Werbeanzeigen der charakteristische Horten-Schriftzug, der auch nach dem Krieg die Kaufhäuser für lange Zeit zieren sollte und der an den des Kaufhauses Michel in Köln angelehnt war. Der Duisburger Konkurrent, das Kaufhauses Fahning, zog werbemäßig sogleich, am 10. Mai 1936, nach und bezog sich in seiner Werbeanzeige indirekt auf Horten: „Wir wollen nicht große Worte machen. Wir wollen nur nach unseren Leistungen beurteilt werden."[46] Am 13. Mai 1936 berichtete die Duisburger *Rhein- und Ruhrzeitung* in einer Meldung über die Geschäftsübernahme: „Jetzt in arischen Händen", lautete die Überschrift.[47] Doch von staatlicher Seite war die Übernahme zu diesem Zeitpunkt noch nicht abgesegnet. Die Anerkennung war aber essenziell, denn ohne diese war der Betrieb nur eingeschränkt möglich und insbesondere für die Investoren war es wichtig, rasch Rendite zu erzielen. Ohne die Anerkennung konnte es weiter zu Boykotten und Schikanen kommen. Üblicherweise wurde zu diesem Zweck die Anerkennungsplakette der Deutschen Arbeitsfront (DAF) gut sichtbar an „arisierten" Geschäften angebracht, damit die „arischen" Kunden ohne Sorge einkaufen konnten. In den ersten Tagen fehlte sie bei Horten noch.

Die Anerkennung des Unternehmens als „arisches" Unternehmen zog sich hin, auch weil der Duisburger Kreisleiter der NSDAP, Wilhelm Loch, geschäftlich eng verbunden war mit dem Konkurrenzkaufhaus Fahning. Auch kursierte das Gerücht, dass Horten weiter mit den jüdischen Vorbesitzern, den Familien Strauß und Lauter, verkehrte, wie Hortens Anwalt dem Entnazifizierungsausschuss angab.[48] Ob dies zutraf, ist ungewiss. Horten strapazierte jedenfalls die Geduld der NS-Behörden. Die ordneten zu Anfang 1937 einen Boykott des Unternehmens an und verweigerten weiter die Anerkennung. Die Situation wurde bedrohlich für das junge Unternehmen. Angesichts der hohen finanziellen Risiken, die Horten und seine Geschäftspartner eingegangen waren, waren schnelle Umsätze nötig. In eben dieser Phase wurde Horten Mitglied der NSDAP. Er gab im Fragebogen zu seinem Entnazifizierungsverfahren am 7. April 1948 an, am 1. Mai in die NSDAP eingetreten zu sein.[49] Seine Entlassung aus dem Internierungslager Recklinghausen, von der später noch die Rede sein wird, datierte auf den

Die Übernahme: Kaufhaus Alsberg und Helmut Horten KG

Werbeanzeige Helmut Horten KG (Ausschnitt),
in: Rhein- und Ruhrzeitung, 5. 5. 1936, S. 4

18. März 1948.⁵⁰ Er machte seine Angaben also zu einem Zeitpunkt, als der Verfolgungsdruck bereits erheblich gesunken war.

Horten gab an, 1935 in die Deutsche Arbeitsfront (DAF) eingetreten zu sein, den Einheitsverband der Arbeitnehmer und -geber, den die Nationalsozialisten als Ersatz für die verbotenen Gewerkschaften 1933 eingeführt hatten.⁵¹ Zu dieser Zeit war Horten noch Angestellter des Kaufhauses Jacobi in Köln.

Als Eintrittsdatum in die NSDAP geben die Gau- und die Ortskartei jeweils den 1. Mai 1937 an.⁵² Dies stimmt mit Hortens eigenen Angaben überein. Der Aufnahmeantrag datierte jedoch auf den 26. Juni 1937.⁵³ Nach der Machtübernahme der Nationalsozialisten hatte es ab März 1933 einen Aufnahmestopp für Neumitglieder gegeben. Dieser wurde erst Anfang 1937 schrittweise aufgehoben. Aufnahmeanträge aus dem laufenden Jahr 1937, in dem rund drei Millionen Neumitglieder in die NSDAP eintraten, wurden rückdatiert auf den 1. Mai des Jahres. So auch bei Horten.⁵⁴ Er durchlief zunächst eine nicht zeitlich begrenzte Anwärterzeit und bekam danach vermutlich seine Mitgliedskarte, nicht aber ein Parteibuch. Dafür hätten in Hortens Karten der Gau- und Ortskartei jeweils Passfotos hinterlegt sein müssen, was nicht der Fall war. Beim Aufnahmeantrag gab Horten eine Kölner Adresse an (Köln-Klettenberg, Aegidiusberg 16), was verwundert, da er zu dieser Zeit bereits in Duisburg gemeldet war. Erst 1938 verzeichnen die Dokumente seinen Umzug nach Duisburg und damit vom Gau Köln-Aachen ins Gau Essen.⁵⁵

Welche Motive hatte Horten? Sein Rechtsbeistand Paul Herrmann gab an, dass der Eintritt in die NSDAP auf Drängen des Duisburger Oberbürgermeisters Just Dillgardt erfolgt sei.⁵⁶ Dieser war allerdings nur bis zum 1. Mai 1937 in Duisburg im Amt. Plausibler erscheint Hortens Konflikt mit dem Gauwirtschaftsamt Westfalen-Süd aufgrund seiner Geschäftsübernahme in Wattenscheid, von der später noch ausführlich berichtet wird.

Lokalen NS-Funktionsträgern war und blieb Horten stets suspekt, wie sie auch nach dem Krieg berichteten. Ihnen galt er als unzuverlässig und zu wenig politisch.⁵⁷ Der Parteieintritt sicherte letztlich aber doch die Anerkennung des Unternehmens und Hortens als Geschäftsmann. Die geschäftliche Entwicklung verlief nach den anfänglichen Schwierigkeiten positiv.

Mit der Übernahme ging auch eine Veränderung der Personalstruktur einher. Denn um die notwendigen Genehmigungen zum Betrieb des Kaufhauses von den NS-Behörden zu erhalten, mussten die jüdischen Angestellten entlassen werden. Dem Gauwirtschaftsamt in Essen schien es erwähnenswert, dass in einigen Fällen die gesetzlichen Kündigungsfristen durch die Helmut Horten KG nicht eingehalten und auch keine Abfindungen gezahlt worden waren.[58] Die übrigen nichtarischen Angestellten wurden innerhalb der Kündigungsfrist entlassen oder mit Abfindungen zur Kündigung bewegt. Binnen weniger Monate gab es offiziell keine jüdischen Angestellten mehr im Unternehmen. Damit hatte Horten den Maßgaben der Behörden Folge geleistet, um den reibungslosen Betrieb des Kaufhauses zu gewährleisten.

Doch hinter den Kulissen gab es Ausnahmen. Die nachfolgenden Berichte stammen von Zeugenaussagen aus dem Entnazifizierungsverfahren gegen Horten, teils von seinen Angestellten. Es darf unterstellt werden, dass sie ihren Chef entlasten wollten. Andere hatten kaum ein Motiv, für Horten zu sprechen. Sie bestätigen allerdings in großen Teilen die Aussagen der ersten Gruppe. Helene Arndt, die zu einer langjährigen und engen Mitarbeiterin Hortens werden sollte, wurde von ihm im Dezember 1938, wenige Wochen nach den gewaltsamen Übergriffen während der Novemberpogrome, damit beauftragt, eine Stellung für Paul Beck in der Helmut Horten KG zu finden.[59] Beck war Jude und hatte sein Geschäft aus „rassischen Gründen" verloren. Im Kaufhaus bekam er den Posten eines Atelier-Leiters. Er überlebte den Holocaust und sagte später im Entnazifizierungsverfahren für Horten aus.[60] Auch Beziehungen zu jüdischen Lieferanten waren eigentlich untersagt. Das NS-Regime verfolgte ab 1938 verstärkt das Ziel, den Juden in Deutschland die wirtschaftliche Existenzgrundlage zu entziehen. Doch Horten ließ für sein Kaufhaus Mäntel bei einem jüdischen Schneider aus Berlin, der versteckt wurde, anfertigen. Er soll persönlich für dessen Lebensunterhalt aufgekommen sein, so die Aussage Arndts im späteren Entnazifizierungsverfahren.[61]

Auch den nichtjüdischen Angestellten des Unternehmens zeigte sich schnell, dass der junge Chef ein offenes Wort führte, was erhebliches Konfliktpotenzial mit den NS-Behörden in sich barg. Offenbar nahm er kein Blatt vor den Mund und übte offene Kritik an den herrschenden Verhältnissen. Eine Episode verdeutlicht dies: Emil Weischenberg, Direktor der Bonner Sparkasse, unterhielt seit 1936 geschäftliche Beziehungen zu Horten. Beide tauschten sich gelegentlich auch über private und politische Dinge aus. Weischenberg war zufällig bei einem Zusammentreffen mit einer Gebietsführerin des Bundes Deutscher Mädel (BDM) zugegen, als Horten sich unverblümt dafür aussprach, dass „es an der Zeit sei, verschiedene dieser führenden Persönlichkeiten an die Wand zu stellen. Ihre Tätigkeit sei verbrecherisch und deshalb müssten sie auch als Verbrecher behandelt werden." Weischenberg war selbst seit 1933 NSDAP-Mitglied und ging davon aus, dass er Helmut Horten „bald in einem Konzentrationslager wiederfinden würde".[62] Dazu passte, dass auch frühere Kommunisten und Sozialdemokraten eine Stellung in seinem Unternehmen hatten und diese mit dem Segen des Chefs so lange wie möglich behielten.[63] Zugleich gab es – neben der Entlassung fast aller jüdischen Mitarbeiter – typische Merkmale eines umfänglich „arisierten" Betriebes. Anlässlich der Einweihung eines neuen Aufenthaltsraumes für die Angestellten im Jahr 1938 hielt die völkische Dichterin und Schriftstellerin Maria Kahle einen Vortrag über das „Deutschtum im Osten".[64] Zur Einweihung kamen lokale Parteigrößen wie die Kreisfrauenleiterin. Es war also nicht so, dass das Unternehmen einen dezidiert distanzierten Kurs zum Regime einnahm, was sicherlich zu erheblichen Schwierigkeiten geführt hätte.

Ein Artikel über die Eröffnung des Aufenthaltsraumes aus der *Rhein- und Ruhrzeitung* vom Oktober 1938 gibt Einblicke in die Personalstruktur und die Mitarbeiterführung in der Helmut Horten AG. Der Raum umfasste das gesamte obere Stockwerk des Kaufhauses in Duisburg und bot bis zu 400 Angestellten Platz.

Die Übernahme: Kaufhaus Alsberg und Helmut Horten KG

Rund 500 Menschen arbeiteten inzwischen im Unternehmen. Davon waren allein 60 Schneiderinnen und 15 Herrenschneider, die ebenfalls vor Ort tätig waren. Der neu gestaltete Aufenthaltsraum war in den Augen des Autors des Artikels eine echte Innovation. Vor allem die Einrichtung einer eigenen „Hotelküche" und die Beschäftigung eines Kochs schienen erwähnenswert. Das Angebot richtete sich an die Mitarbeiter, für die der Heimweg in der Mittagspause zu weit war. Sie konnten vor Ort essen. Nach Feierabend stand der Raum den Angestellten bis 21 Uhr zur Verfügung. Es wurden Sport- und Freizeitaktivitäten angeboten, insbesondere für die weiblichen Angestellten.[65] Auch darüber hinaus lag Horten an einem guten Betriebsklima. Bereits kurz nach der Geschäftsübernahme hatte er für seine Angestellten eine Ausflugsfahrt auf dem Rhein organisieren lassen, auf der der „gestrenge Chef" selbst für Heiterkeit und Unterhaltung gesorgt hatte.[66]

Anlässlich der Eröffnung seines neuen Kaufhauses 1948 ließ Helmut Horten einen kleinen Band mit Fotos und persönlichen Betrachtungen von ihm und seinen engsten Mitarbeitern veröffentlichen. Darin spielte der Rückgriff auf die Unternehmensgeschichte vor 1945 eine zentrale Rolle. Vor allem die Bedeutung des Kaufhauses bei der Versorgung der Bevölkerung vor und während des Krieges wurde dabei hervorgehoben. Das Warenangebot des Hauses vor 1939 etwa habe die „große Kaufkraft in der Bevölkerung widergespiegelt". Es umfasste zunächst die klassischen Waren eines Textilhauses, wie Herren- und Damenbekleidung, Gardinenstoffe und Polstermöbel. In kleinerem Umfang wurden auch Lederwaren angeboten. Schmuck und Parfümerieartikel gehörten ebenfalls zum Warenbestand. Ab 1939 wurde das Sortiment erweitert. Es wurden eine Spielwaren- und eine Porzellan-Abteilung eingerichtet.[67] Deutlich wurde die Eröffnung des Kaufhauses in den Kontext des wirtschaftlichen Aufschwungs in Deutschland zwischen 1933 und 1939 gestellt, wenngleich durchaus kritisch darauf verwiesen wurde, dass es sich um eine „Scheinblüte der Aufrüstung" gehandelt habe.[68] Dementsprechend sei das Sortiment bei der Eröffnung gehoben und auf eine zahlungskräftige Kundschaft ausgerichtet gewesen. Bereits vor 1939 seien große Warenkontingente angelegt worden, um auch unter den schwierigen Umständen der Kriegswirtschaft die Versorgung zu gewährleisten. Nach den Bombennächten habe das Kaufhaus die Menschen in Duisburg mit dem Nötigsten versorgt. Das Sortiment sei in der Folge auf einfachste Haushaltswaren und Textilien des täglichen Bedarfs beschränkt gewesen. Bei der Lektüre der Zeilen aus dem Band zur Eröffnung des Neubaus 1948 entsteht der Eindruck, Hortens Kaufhaus in Duisburg habe fast den Charakter einer sozialen Einrichtung gehabt. Aber auch unter den Umständen des Krieges ließen sich noch immer bedeutende Margen im Einzelhandel erzielen. Inzwischen war das Unternehmen auch über die Grenzen Duisburgs hinaus bekannt. Der *Reichssender Köln*, ein überregional empfangbares Radioprogramm, berichtete am 18. Januar 1939 in einer einstündigen Reportage über die Helmut Horten KG.[69]

Bereits beim Abschluss des Pachtvertrages für das Kaufhaus in der Duisburger Innenstadt hatten Ernst und Curt Lauter signalisiert, dass man gewillt sei, auch die Immobilie zu verkaufen. Anders als die Gebr. Alsberg OHG, die im Besitz von Amalie, Curt und Ernst Lauter sowie Hermann Strauß war, gehörten die Grundstücke des 1932 verstorbenen Theodor Lauter nur seinen Kindern und seiner Witwe. Nach mehr als zwei Jahren der Verpachtung war es für die Lauters 1938 an der Zeit, sich auch von den Immobilien zu trennen. Inzwischen hatten die Repressionen gegen Juden in Deutschland weiter zugenommen. Der erzwungene Verkauf von Immobilien war ein wichtiger Schritt für viele, die ihre Emigration aus Deutschland planten.

Der naheliegendste Ansprechpartner für einen Verkauf war die Helmut Horten KG, die Pächterin. Wieder führte der Weg über Wilhelm Reinold, Direktor der Duisburger Commerzbank-Filiale.[70] Seit dem Abschluss des Pachtvertrages im April 1936 habe er mehrfach versucht, so gab er später an, das Unternehmen für den Kauf der Immobilien zu interessieren. Allerdings war die Motivation bei den Gesellschaftern gering. Der Zustand der Immobilie erschien den Verantwortlichen zu schlecht. Man lehnte immer wie-

Die Übernahme: Kaufhaus Alsberg und Helmut Horten KG

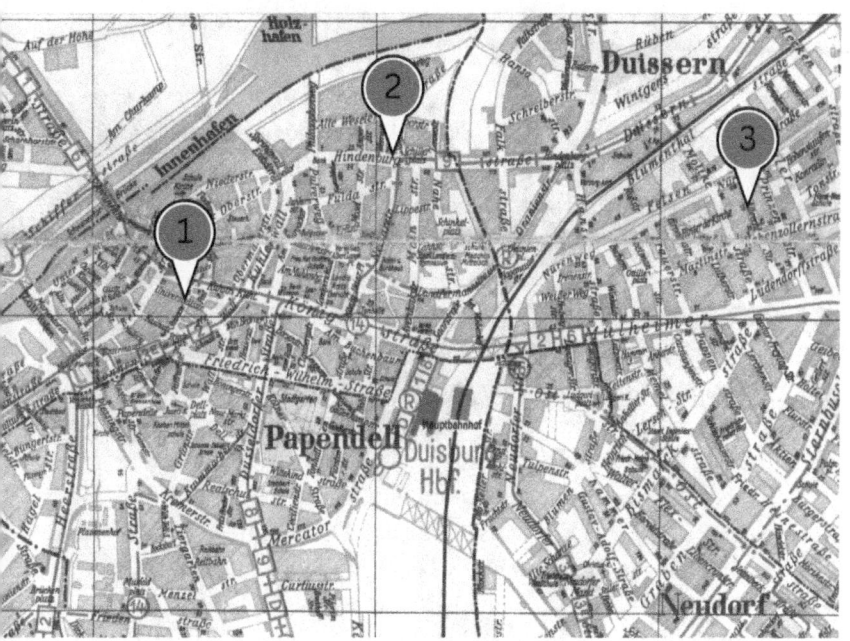

Historischer Stadtplan Duisburg, 1940, 1. Kaufhaus Horten 2. Privathaus Wilhelm Reinold 3. Privathaus Helmut Horten

der ab.[71] Nun, im Herbst 1938, wurde die Offerte erneuert und vermutlich von den Lauters nach unten korrigiert. Nachdem die Helmut Horten KG diese erneut ausgeschlagen hatte, nahm Helmut Horten persönlich das Angebot an.[72] Dies sollte ein bedeutsamer Schritt für den 29-Jährigen werden. Es war Hortens Einstieg in die Welt der Immobilienunternehmungen. Bis zu seinem Lebensende, gut 50 Jahre später, sollte er auf diesem Feld neben seinem Beruf als Einzelhändler großen unternehmerischen Erfolg haben. Er profitierte dabei von der Notlage der Verkäufer. Ohne die NS-Rassenpolitik wäre Horten vermutlich nie in die Situation gelangt, die Immobilien kaufen zu können.

Das Gebäude des Kaufhauses stand mit seinen Nebenbauten auf mehreren Parzellen. Die Grundstücke in der Duisburger Münzstraße 19 und 21 kaufte Helmut Horten von Amalie Lauter, jene in der Münzstraße (Nr. 27, 29 und 31) sowie der Beekstraße (Nr. 17 und 21) und der Universitätsstraße (Nr. 34, 36, 40 und 44) von der Erbengemeinschaft nach Theodor Lauter (Amalie, Curt, Ernst Lauter).[73] Auf den nebeneinander gelegenen Grundstücken befand sich seit 1936 das Geschäftshaus der Helmut Horten KG. Der Kaufpreis belief sich auf 1.130.000 RM. Horten brachte den Großteil mit Hilfe von Hypotheken auf. Nur ein Anteil von 306.500 RM bestand aus einer Mischung aus ein wenig Eigenkapital und privaten Darlehen.[74]

Ein zentrales Problem war allerdings das Grundstück in der Beekstraße 23. Es gehörte zwar zum Komplex des Kaufhauses, war jedoch nicht im Besitz der Lauters, sondern eines „arischen" Ehepaars, Ernst und Hella Hanisch.[75] Die waren keineswegs so verkaufswillig wie die Lauters. Immerhin hatten sie mit ihrem Grundstück ein erhebliches wirtschaftliches Druckmittel, denn Horten machte es zur Bedingung des Geschäfts mit den Lauters, dass er den gesamten Komplex übernehmen könne. Da diese unter Zugzwang standen, mussten sie sich auf einen Dreieckshandel einlassen: Horten kaufte das Grundstück der Hanischs für 127.000 RM. Im Gegenzug erhielten diese von den Lauters die Grundstücke in der Beekstraße 26 und 28. Das Geschäft wurde also zum Nachteil der Lauters realisiert.[76] Horten konnte nun die Grundstücke, auf denen die Kaufhausimmobilie stand, zu einem Besitz verbinden.[77] Er profitierte dabei von der Notlage der jüdischen Eigentümer.

Auf die Ausgestaltung der Tilgungsmodalitäten hatte er hingegen kaum Einfluss. Denn der NS-Staat hatte längst seinen Zugriff auf jüdische Vermögen erweitert, indem er auch bei Verkäufen von Immobilien am Verkaufspreis mitverdiente. Von der Kaufsumme von 1.130.000 RM entfielen beim Duisburger Immobiliengeschäft 540.135 RM auf Grundschulden, die auf den Liegenschaften lasteten. Diese Verbindlichkeiten waren maßgeblich in den drei Jahren zwischen der Machtübernahme der Nationalsozialisten und der Verpachtung an die Helmut Horten KG durch Beleihungen entstanden. Die Boykotte und die allgemeine Wirtschaftslage hatten es notwendig gemacht, mit geliehenem Geld das Überleben des Unternehmens zu sichern. Vom restlichen Kaufbetrag von 589.865 RM wurden 73.265 RM auf ein Konto unter dem Namen „Gebrüder Alsberg" bei der Commerz- und Privatbank Duisburg eingezahlt. 516.600 RM wurden auf ein Sperrkonto der gleichen Bank verbucht. Dahinter stand offiziell die Absicht, Forderungen von Seiten des Finanzamts abzudecken. De facto stand es aber den NS-Behörden zur Verfügung, denn die jüdischen Verkäufer hatten keinen Zugriff darauf. Der Verkaufsvorgang kam damit einer faktischen Enteignung gleich. Denn im Fall einer Emigration fiel dieses Geld an den Staat. Nur ein geringer Anteil der von Horten erbrachten Kaufsumme dürfte den Lauters frei zur Verfügung gestanden haben. Spätestens die am 3. Dezember 1938 in Kraft getretene „Verordnung über den Einsatz des jüdischen Vermögens" entzog Juden den Zugriff auf ihre Ersparnisse.[78] Dafür konnte Horten nichts. Er hatte die vereinbarte Kaufsumme entrichtet, wie auch im späteren Entnazifizierungsverfahren festgestellt werden sollte.[79]

Kurz nach der Übernahme der Geschäftsgrundstücke und der Immobilie verhandelte Horten mit den Lauters auch über deren private Liegenschaften. Inzwischen hatten die Novemberpogrome den Emigrationsdruck unter der jüdischen Bevölkerung in Duisburg und im ganzen Deutschen Reich verstärkt. Hermann Strauß wurde am 9. November 1938 von der Gestapo inhaftiert, einige Zeit später aber wieder freigelassen. Ernst Lauter versteckte sich in Köln.[80] Am 17. November 1938, nur rund eine Woche nach den Übergriffen, kaufte Helmut Horten Ernst Lauter dessen Privatgrundstück in der Prinz-Albrecht-Straße 1 in Duisburg mit der dazugehörigen Immobilie ab. Auch hier profitierte Horten vom Verkaufsdruck, der auf Lauter wirkte. Der Kaufpreis betrug 75.000 RM. Auch auf diesem Anwesen lasteten Grundschulden, die Horten mit dem Kaufpreis für die Lauters beglich. Am Ende gingen an Ernst Lauter nur 5.000 RM.[81] Wilhelm Reinold nutzte die Umstände ebenfalls zu seinen Gunsten. Am selbigen 17. November 1938 erwarb er mit seiner Frau die Stadtvilla von Hermann Strauß in der Duisburger Hindenburgstraße 44.[82] Das Gebäude war am 9./10. November 1938 von Einheiten der SA durchsucht und Teile des Inventars zerstört worden.[83]

Dringlicher konnte der Verkaufswille kaum werden. Hermann Strauß emigrierte mit seiner Familie im Januar 1939 in die USA.[84] Curt und Ernst Lauter folgten am 4. Februar 1939.[85] Amalie Lauter blieb in Deutschland. Sie wurde am 25. Juli 1942 nach Theresienstadt deportiert und vermutlich kurz nach dem Weitertransport ins Vernichtungslager Treblinka am 21. September 1942 ermordet.[86] Fast 30 Jahre später sollte das Schicksal von Amalie Lauter noch einmal Gegenstand der Korrespondenz zwischen Horten und den Söhnen Lauter werden. So berichtete Fritz Moses, der Anwalt der Lauters, im Jahr 1972: „Sie haben nicht vergessen – in der Tat, Herr [Curt] Lauter hat mit mir darüber nach Rückkehr von seiner Reise gesprochen –, dass nach den Informationen, die die Lauters haben, Herr Horten ihrer Mutter, die in der Deportation umgekommen ist, bis zum letzten Augenblick hilfreich zur Seite stand, und alles was zur damaligen Zeit möglich war, getan hat, um sie zu beschützen."[87]

Die Immobilienübernahme von 1938 änderte auch das geschäftliche Gefüge der Helmut Horten KG. Diese mietete fortan von Horten das Kaufhaus in der Duisburger Innenstadt. Die Entwicklung des Unternehmens verlief positiv. Die Jahresbilanz 1938 wies einen Umsatz von 6.729.142 RM und einen Gewinn von 274.392 RM aus. Im Jahr 1939 stieg der Umsatz auf 9.811.521 RM und der Gewinn auf 736.809 RM.[88] 1943 lag der Gewinn des Unternehmens bei annähernd 1.200.000 RM.[89] Für den Miteigentümer Horten, der zugleich Geschäftsführer der KG war, bedeutete dies eine kräftige Steigerung des persönlichen Vermögens. Sein Jahreseinkommen verdoppelte sich in den Jahren zwischen 1939 und 1941 auf über eine Million RM, alle Engagements zusammengenommen.[90] Auch innerhalb der KG verstärkte sich Hortens Position. 1937, als der Konflikt mit den Parteiinstanzen noch schwelte, fand bereits die erste Kapitalaufstockung statt. Horten hatte seine Einlage auf 100.000 RM erhöht, was gleichbedeutend mit einer Gewinnbeteiligung von 25 Prozent war.[91] Am 1. Oktober

Die Übernahme: Kaufhaus Alsberg und Helmut Horten KG

1938, kurz vor der Übernahme der Immobilie durch Horten, wurde der Beirat der KG aufgelöst.[92] Damit entfiel das Kontrollgremium, welches Horten im Zweifelsfall recht kurzfristig von seinem Posten abberufen konnte. Der junge Geschäftsmann saß nun fester im Sattel als zuvor. Auch Wilhelm Reinold, der Bankdirektor, verstärkte sein Engagement. Nach der Auflösung des Beirats wurde er mit einer Einlage von 20.000 RM einer der Kommanditisten.[93]

Doch erst ein Jahr später konnte die Helmut Horten KG tatsächlich auch als ein Unternehmen von Helmut Horten bezeichnet werden. Durch eine erneute Aufstockung seiner Einlage auf 360.000 RM besaß er ab dem 16. März 1939 einen Anteil von 51 Prozent.[94] Als Mehrheitseigentümer, alleinhaftender Gesellschafter und alleiniger Inhaber der Grundwerte war er spätestens jetzt der Herr im Haus. Daran änderte auch die Gesellschafterversammlung vom 18. November 1941 wenig, als Horten 3/35 seiner Anteile an Reinold verkaufte und damit nunmehr nur noch 43 Prozent besaß.[95] Inzwischen waren die geschäftlichen Aktivitäten beider derart eng miteinander verwoben, dass dies kaum eine Änderung im Gefüge des Unternehmens herbeiführte. Horten war nun nicht mehr selbst im operativen Geschäft tätig. Er überließ diese Aufgabe einem angestellten Geschäftsführer.[96]

Ende 1942 beendete der Bombenkrieg die hervorragende wirtschaftliche Entwicklung des Unternehmens. Am 20. Dezember 1942 wurden die Geschäftsräume nahezu vollständig zerstört. Die Lösung war zunächst die geschäftliche Verbindung mit dem Konkurrenten Kepa in Duisburg. Das Unternehmen war 1926 als Tochtergesellschaft der Rudolph Karstadt AG begründet worden und trug zunächst den Namen EPA (Einheitspreis Aktiengesellschaft). Nach der Machtübernahme der Nationalsozialisten wurde das Unternehmen auf Grund der Warenhausboykotte in Keine Einheitspreis AG, kurz Kepa, umbenannt, da es als Niedrigpreisgeschäft vor allem kleinere und mittlere Einzelhändler als Konkurrenten hatte, was nicht der NS-Ideologie entsprach. Helmut Horten gründete 1943 zum Zweck des gemeinsamen Kaufhausbetriebs mit Heinrich Krull, dem Vorstandsvorsitzenden der Kepa,

2 · Aufstieg in der Diktatur (1936–1939)

Das zerstörte Horten-Kaufhaus in Duisburg am 20. Dezember 1942

die Horten und Krull KG. Doch bereits am 13. Mai 1943 wurden auch diese neuen Räumlichkeiten ausgebombt. Am 21. Mai 1943 wurden kleinere Räume im Börsenhaus in Duisburg bezogen. Zusätzlich wurden im Kolkmann-Gebäude in der Königstraße Flächen angemietet. Am 13. März 1945 wurden schließlich auch die neuerlich bezogenen Räume in der Börse zerstört.[97]

In Duisburg war der Grundstein für Hortens Aufstieg in den Vorkriegsjahren gelegt worden. Die Übernahme des Kaufhauses Gebr. Alsberg OHG von den jüdischen Vorbesitzern vollzog sich schrittweise. Der Anstoß zur „Arisierung" kam nicht von Horten selbst, wohl aber nutzte er die sich dadurch ergebenden geschäftlichen Möglichkeiten. Erst relativ spät konnte er behaupten, dass die Helmut Horten KG „sein" Unternehmen war. Daher war Hortens Blick bereits früh über Duisburg hinausgegangen.

Auf eigene Rechnung:
Die Helmut Horten GmbH in Wattenscheid und kleinere Beteiligungen

Eine der schwerwiegendsten Fragen, die sich einem Unternehmer stellen, ist die der Expansion: Gehe ich das Risiko ein, mein geschäftliches Handeln über die bestehenden Grenzen hinaus zu erweitern, und was bringt mir dieser Schritt? Bereits drei Monate nachdem Helmut Horten 1936 die Geschäftsführung und die Position als alleinhaftender Gesellschafter der Duisburger Helmut Horten KG übernommen hatte, machte er den nächsten Schritt. Er weitete sein geschäftliches Handeln aus, indem er durch die neu gegründete Helmut Horten GmbH am 13. August 1936 das jüdische Kaufhaus Hess in Wattenscheid pachtete.[98] Er trug von Anfang an das volle finanzielle Risiko. Die Übernahme des Kaufhauses Hess war der Auftakt für einen weiteren fortwährenden Konflikt mit dem NS-Regime, der für Horten die Frage aufwarf, welches Verhältnis er als Unternehmer zum politischen System und seinen Repräsentanten pflegen sollte.

Das Kaufhaus Hess gehörte nicht zu den allerersten Adressen des Einzelhandels im Ruhrgebiet. Im vergleichsweise kleinen Wattenscheid gelegen, einer kreisfreien Stadt zwischen den beiden Metropolen Essen und Bochum, waren die Verdienstmöglichkeiten trotzdem recht aussichtsreich. Das Kaufhaus konnte in der dicht besiedelten Region auf Kunden zählen, die im Bergbau und in der Schwerindustrie ihr Geld verdienten. Zeitungsannoncen vermitteln ein Bild von dem breiten Warenportfolio. Durch die nahen Zechen war die Kundschaft einfach, wenngleich nicht ärmlich. Das Kaufhaus führte sogar Waren des gehobeneren Segments wie Maßkonfektion und Pelze, obwohl das Gros der Umsätze Alltagswaren erbracht haben dürften.[99] Doch wegen der starken Konkurrenz durch die Kaufhäuser im benachbarten Bochum oder in Witten war Hess kaum von überregionaler Bedeutung.[100]

Das Unternehmen war 1905 von Sally Hess und Joseph Winter gegründet worden. Sie wählten dafür einen geeigneten Ort. Die

2 · Aufstieg in der Diktatur (1936–1939)

Wattenscheider Oststraße verband den Alten Markt mit dem Bahnhof der Stadt und ist bis heute die Haupteinkaufsstraße des Ortes. Die wirtschaftlichen Krisenzeiten der Weimarer Jahre überstand das Geschäft. 1931 übernahm Herbert Hess, Sohn von Sally, die Geschäftsführung. Winter war in der Zwischenzeit ausgeschieden. Das Unternehmen war im Besitz von Sally Hess verblieben. Gleiches galt für die Immobilie und das Grundstück.

Nach der Machtübernahme der Nationalsozialisten hatte auch das Kaufhaus Hess mit erheblichen Umsatzeinbußen zu kämpfen.[101] Die Ausgangslage war ähnlich wie beim Kaufhaus Alsberg in Duisburg: Für die jüdischen Inhaber wurde es angesichts der persönlichen Einschränkungen und Repressionen immer schwerer, den rentablen Betrieb des Unternehmens aufrechtzuerhalten. Auch Sally Hess entschied sich Mitte des Jahres 1936 dazu, das Unternehmen zu verkaufen.

Die Übernahmeverhandlungen von Sally Hess und Helmut Horten sind vergleichsweise gut dokumentiert.[102] Eine erste Kontaktaufnahme zwischen beiden fand vermutlich bereits im zeitlichen Umfeld der Übernahme des Duisburger Kaufhauses Alsberg im April 1936 statt. Horten entschied sich allerdings, beide Unternehmungen geschäftlich zu trennen: Die Übernahme des Kaufhauses Hess erfolgte nicht durch die in Duisburg gegründete Helmut Horten KG. Zudem war außer Horten zunächst keiner der Gesellschafter an dem neuen Vorhaben beteiligt. Das Wattenscheider Kaufhaus war weder eine Filiale noch unter dem gleichen Firmendach untergebracht. Die Kaufhäuser, auch jene, die Horten noch bis 1945 übernehmen sollte, waren organisatorisch unabhängig voneinander, wenngleich gewisse Verbindungen über den gemeinsamen Einkauf von Waren temporär bestehen konnten. Der Grund für die organisatorische Trennung lag wohl auch darin, dass der Kapitalbedarf sehr unterschiedlich war und auf verschiedenen Wegen gedeckt wurde.

Für die Übernahme des Kaufhauses Hess wurde am 18. August 1936 die Helmut Horten GmbH gegründet. Die beiden Gesellschafter waren Horten und Hermann Kistenmaker. Beide kannten

Auf eigene Rechnung: Die Helmut Horten GmbH in Wattenscheid

sich aus gemeinsamen Tagen als Angestellte des Kaufhauses Michel in Köln.[103] Das Gesellschaftskapital von 65.000 RM wurde zu 90 Prozent von Horten aufgebracht.[104] Der verbleibende Anteil Kistenmakers wurde von Horten als Darlehen gegeben.[105] Hier lag ein gravierender Unterschied zur Geschäftsübernahme in Duisburg. Denn Horten war nun faktisch der alleinige Inhaber des Unternehmens, wenngleich Kistenmaker laut Gesellschaftervertrag die Geschäftsführung übernahm.[106]

Die Datierung des Kauf- und Pachtvertrages zwischen Sally Hess und der Helmut Horten GmbH auf den 13. August 1936 lag vor der offiziellen Gründung Letzterer. Die GmbH war noch in der Gründung, da Horten noch nicht die erforderliche Kapitaldeckung aufgebracht hatte. Dies zeigt, wie eilig er es hatte. Er fürchtete wohl, dass ein Konkurrent das Geschäft von Hess übernehmen könnte. Hinzu kam, dass er weitgehend ohne weitere Teilhaber auf eigene Rechnung auskommen wollte. Während die Geschäftsräume in der Oststraße 40/42 und das Inventar gepachtet wurden, wurde das Warenlager durch Kauf erworben.[107] Darin glichen sich die beiden Geschäftsübernahmen in Duisburg und Wattenscheid.

Der Pachtvertrag sah eine Jahresmiete von 28.000 RM vor. Diese konnte allerdings steigen bis auf 42.000 RM, wenn der Umsatz des Unternehmens bei mehr als 1.050.000 RM lag.[108] Hess war damit umsatzbeteiligt. Mit Blick auf die Einnahmen der Vorjahre war die Höchstgrenze optimistisch gewählt. Es ist fraglich, ob beide Parteien davon ausgingen, dass diese Umsatzgrenze je erreicht werden könnte. Hinzu kam, dass für zehn Jahre 6.500 RM jährlich als Pacht für das Inventar anfielen. Zusätzlich zum Pacht- und Kaufvertrag bestanden ein Mietvertrag über Ausstellungsräume in der Oststraße 33 in Wattenscheid und ein Mietvertrag über die Privaträume im Geschäftshaus Oststraße 40/42, die von Kistenmaker bewohnt wurden.[109] Horten mietete den gesamten Geschäftsbetrieb von Hess. Das ermöglichte es dem Vorbesitzer, sich gänzlich zurückzuziehen und von der Miete zu leben. Das war zumindest der Plan von ihm und Horten.

2 · Aufstieg in der Diktatur (1936–1939)

Anzeige Helmut Horten GmbH,
in: Westfälische Landeszeitung Rote Erde, 15.9.1936, S. 6

Auf eigene Rechnung: Die Helmut Horten GmbH in Wattenscheid

Die Übernahme des Warenlagers erfolgte durch Kauf. Die Einzelaufstellung, die gemeinsam von Hess und Kistenmaker vorgenommen worden war, wies einen Verkaufswert der Waren von 264.000 RM und einen Einkaufswert von 155.010 RM aus. Letzterer war die Bemessungsgrundlage für die Kaufsumme. Wie schon bei der Übernahme in Duisburg war dies allerdings nicht der Kaufpreis für das Warenlager. Denn dafür wurde vereinbart, einen weiteren Abschlag von 40 Prozent einzuberechnen für „unmoderne Waren".[110] Dieser Schritt war maßgeblich darauf zurückzuführen, dass der Warenbestand durch die schleppende geschäftliche Entwicklung des Unternehmens in den vorangegangenen Jahren nicht immer den neuesten Moden angepasst werden konnte. Auf Grund der anhaltenden Repressionen gegen das Kaufhaus Hess und seinen jüdischen Eigentümer waren die Umsätze zurückgegangen, was ein Schritthalten mit den modischen Entwicklungen erschwerte, denn Neuware war teuer. Käufer konnten also in diesem Punkt die Repressionen gegen den jüdischen Verkäufer indirekt für sich nutzen, um den Kaufpreis zu mindern, auch wenn sie selbst keinen Anteil an der Schaffung dieser Notlage hatten. In der Abschlussbilanz des Jahres 1935 war der Warenwert von Hess noch mit 122.000 RM ausgewiesen worden.[111] Bei der Übernahme zahlte die Helmut Horten GmbH 90.000 RM.[112]

Am 15. September 1936 begann die Helmut Horten GmbH offiziell mit dem Betrieb des Kaufhauses in Wattenscheid. Die Bürger der Stadt wurden drei Tage später mit einer großen Anzeige in der örtlichen *Westfälischen Landeszeitung Rote Erde* informiert. Wie bei der Übernahme in Duisburg warb man offensiv damit, nun in „arische[m] Besitz" und ein „Deutsches Geschäft" zu sein.[113] Doch die beiden Gründer Horten und Kistenmaker waren auch hier etwas voreilig, wie sich zeigen sollte. Sie handelten ohne die entsprechende Genehmigung des Gauwirtschaftsamtes Westfalen-Süd (GWA). Bereits in Duisburg war Horten deswegen mit NS-Behörden in Konflikt gekommen.

Die Gauwirtschaftsämter waren eine behördenähnliche Instanz im NS-Staat, die für die Steuerung und Überwachung der Wirtschaft im Sinne des Regimes zuständig war. Als Gaubehörde war sie offiziell eine parteiamtliche Gliederung und führte doch zugleich staatliche Maßnahmen aus. Dem GWA oblag es, Geschäftsübernahmen und -eröffnungen zu überprüfen, insbesondere was die Einstellung der Firmeninhaber in Bezug auf ihre Treue zum Regime betraf. Es ging darum, das Geschäftsleben in den Gauen im Sinne der NS-Ideologie auszurichten, jüdische Firmeninhaber durch „Arier" zu ersetzen, wirtschaftspolitische Ziele wie die der kleingliedrigen Märkte zu etablieren und das wirtschaftliche Leben bis in die untersten Ebenen zu durchdringen. Eine Hauptaufgabe lag in der Überprüfung von Geschäftsübernahmen, insbesondere aus jüdischem Vorbesitz. Es ging darum sicherzustellen, dass die „Arisierungen" ordnungsgemäß verliefen, also weder zu hohe noch zu niedrige Preise (ohne entsprechende Ausgleichszahlung an den Staat) geleistet wurden und dass keine weitere Beteiligung der Vorbesitzer mehr bestand.

Die Werbeanzeige der Helmut Horten GmbH konnte dem GWA nicht verborgen bleiben. Am 9. Oktober 1936 begann man mit einer Überprüfung der Geschäftsübernahme. Es entfaltete sich ein Konflikt zwischen Horten und der NS-Bürokratie, der sich über mehr als ein Jahr hinziehen sollte. Ein erster Schritt war die Verweigerung der Mitgliederplakette der Deutschen Arbeitsfront (DAF) – ein wichtiger wirtschaftlicher Faktor.[114] Paul Pleiger, der Gauwirtschaftsberater für Westfalen-Süd, begründete seine Empfehlung an die DAF damit, dass hinter der Geschäftsübernahme noch immer der vorige Eigentümer stehen könnte. Vor allem erschien es ihm zweifelhaft, dass die Kapitalausstattung Helmut Hortens und seines Mitgesellschafters ausreichend für die Übernahme war. Pleiger wusste von Hortens Engagement in Duisburg und schlussfolgerte, dass die Vermögensverhältnisse möglicherweise geschönt waren, um die Übernahme in Wattenscheid zu ermöglichen. Dies schien die Verdachtsmomente weiter zu erhärten.[115] Im ersten Schritt empfahl der Hauptstellenleiter Helmut Baller im Gauwirtschaftsamt der Zeitung *Rote Erde*, vorerst keine Anzeigen des Kaufhauses Horten GmbH in Wattenscheid mehr aufzunehmen.[116]

Auch das zuständige Finanzamt Dortmund-Süd wurde von ihm darauf aufmerksam gemacht, dass bei der Geschäftsübernahme möglicherweise fiskalische Ungereimtheiten aufgetreten sein könnten.[117]

Zunächst sollte die Kapitalausstattung der GmbH überprüft werden. Horten gab sich alle Mühe, die genauen Hintergründe zu verschleiern. Das Gesellschaftskapital belief sich laut Gesellschaftervertrag auf 65.000 RM. Einen Einzahlungsbeleg für das Kapital legte er allerdings nicht beim zuständigen Finanzamt und auch nicht beim GWA vor.[118] Hier galt es für die Behörden nachzuforschen. Horten musste dem GWA rasch nachweisen, dass die Überweisung vorlag. Andernfalls verfügte die GmbH über kein Gesellschaftskapital. Er wurde veranlasst, seine Hausbank anzuweisen, die Belege vorzulegen. In dieser brenzligen Lage konnte Wilhelm Reinold aushelfen. Der Direktor der Commerz- und Privatbank Duisburg übermittelte den entsprechenden Beleg an das GWA. Allerdings offenbarte dieser tatsächlich, dass die Übernahme finanziell auf wackligen Füßen stand. Laut Beleg wurde das Gesellschaftskapital am Tag der Gründung der Helmut Horten GmbH eingezahlt, was auch durch die Bank beurkundet worden war. Allerdings war der Betrag wieder an Helmut Horten zurückgebucht worden: Am 16. September 1936 waren 65.000 RM auf dem Konto der Helmut Horten GmbH in Wattenscheid gutgeschrieben worden, jedoch ohne dass die Herkunft offengelegt wurde. Am selben Tag wurde die Anzahlung in Höhe von 65.000 RM von diesem Konto auf den Warenbestand an Sally Hess gebucht.[119] Es liegt der Schluss nahe, dass das unverzehrliche Gesellschaftskapital, welches fest auf einem Konto hinterlegt wurde und nicht für das operative Geschäft eingesetzt werden durfte, zur Bedienung von Verbindlichkeiten genutzt wurde, die vom Kauf des Warenlagers herrührten. Die Gründung der GmbH war damit nicht rechtsgültig. Dieser Umstand alleine musste die Aufmerksamkeit des GWA erregen. Ein weiteres Detail ist bemerkenswert: die Haftungsfrage. Denn Horten hätte im Fall einer Nichterfüllung der Verträge mit Hess (zusammen mit Paul Jacobi, der Horten bei der Übernahme in Duisburg ins Spiel gebracht hatte) für die Erfüllung der Konditionen gehaftet. Es findet sich aber kein Beleg dafür, dass Jacobi der Finanzier der Übernahme war.

Die finanzielle Lage Helmut Hortens war überaus angespannt. Nach der Übernahme von Hess musste die GmbH Gelder aufnehmen, wenn auch in geringerem Maße als in Duisburg. Ein Darlehen der Commerz- und Privatbank Wattenscheid über 30.000 RM wurde Ende 1936 auf 50.000 RM erhöht. Hinzu kamen Privatdarlehen von Erich Rump über 50.000 RM und von Hermine Triebels über 32.000 RM – diese waren jedoch mit zehn Prozent verzinst.[120] Horten stand unter erheblichem Druck, das Wattenscheider Unternehmen, bei dem er faktischer Alleininhaber und haftende Person war, zum raschen Erfolg zu führen. Es mussten schnell steigende Umsätze her.

Doch der Konflikt mit dem GWA bestand weiterhin. Woher kam das Geld für die Übernahme und wer stand hinter der Unternehmung? Der Blick auf das Vertragswerk gab darüber keine genaue Auskunft. Die Aufmerksamkeit richtete sich nun auf die Konditionen der Geschäftsübernahme. Am 6. März 1937 wurde die Helmut Horten GmbH in Person ihres Geschäftsführers Kistenmaker vom GWA informiert, dass die Konditionen der Übernahme geprüft werden würden.[121] An diesem Punkt schaltete sich Horten aktiv in das Verfahren ein, um es zu beschleunigen. Zwar lief der Geschäftsbetrieb bereits, allerdings auf Grund der fehlenden Anerkennung und des faktischen Werbeverbots durch die NS-Behörden nur schleppend. Horten fragte beim Gauwirtschaftsberater Paul Pleiger nach, ob man eine Prüfung rasch einleiten könne, damit der Vorgang „abgeschlossen werden" könne.[122] Doch ganz so eilig hatte es das GWA nicht. Aus juristischer Sicht war an dem Vertrag zwischen der Helmut Horten GmbH und Sally Hess nichts zu beanstanden, wie man beim GWA genau wusste. Das notwendige Gesellschaftskapital war inzwischen ordnungsgemäß eingebracht. Allerdings bestand aus Sicht des GWA Nachbesserungsbedarf bei der variablen Miete für das Gebäude. „Es bleibt abzuwarten, welche Gegenvorschläge die Firma Horten zu machen hat und ob überhaupt, nachdem der übernommene Vertrag rechtsgültig ist, der Jude Hess in Änderungen einwilligt", hielt man beim GWA fest.[123] Geschäftliche und ideologische Punkte spielten eine Rolle. Erregten zu Beginn der Überprüfung vor allem die Ungereimtheiten rund um das Gesellschaftskapital die Aufmerksamkeit des GWA, war es nun der Verdacht, dass Sally Hess weiter von dem Unternehmen profitierte.

Der Wirtschaftstreuhänder Wilhelm Gischler sollte die Sache erhellen und wurde mit einer genauen Unternehmensprüfung beauftragt, deren Ergebnis er am 15. Juni 1937 vorlegte.[124] Aus seiner Sicht war die Jahrespacht von 42.000 RM im Fall eines Umsatzes von 1.050.000 RM – also eine Pacht in Höhe von vier Prozent – zu hoch angesetzt worden. Dies war aus Sicht Gischlers unüblich. Zudem war, so hatte er von Horten persönlich erfahren, die Berechnung von Hess vorgeschlagen worden. Das allein war für den Prüfer ein Punkt der Beanstandung. Da half es auch nicht, dass Horten davon ausgehe, so Gischler, dass das Geschäft nach der Übernahme durch einen „Arier" wieder in Schwung komme.[125] Das zentrale Problem war nicht die Höhe der Miete, sondern die damit verbundene Umsatzbeteiligung. „Es ist nicht einzusehen, aus welchem Grunde der wirtschaftliche Aufschwung durch den Nationalsozialismus dem jüdischen Verpächter zu gute kommen [sic] soll", meinte der Wirtschaftsprüfer. „Der Jude hat es also verstanden, auch an dem wirtschaftlichen Aufschwung durch den Nationalsozialismus teil zu nehmen [sic]. So ist es bestimmt ein gutes Geschäft, aber bestimmt auch jüdisch", hieß es weiter im Bericht.[126]

Am 21. Juni 1937 wurde der Helmut Horten GmbH vom Gauhauptstellenleiter Baller mitgeteilt, dass man trotz der genauen Prüfung an der Gründung der GmbH nichts auszusetzen habe.[127] Jedoch war man nicht mit den beiden kritischen Punkten der faktischen Umsatzbeteiligung von Hess und der hohen Miete für das Inventar einverstanden. Ein weiterer Punkt: Der Übernahmepreis für das Warenlager erschien dem Prüfer zu günstig. Er führte diesen nicht auf Hortens hartes Verhandeln zurück, sondern vermutete dahinter die Absicht, Steuern zu sparen. Ein höherer Kaufpreis bedeutete höhere Abgaben. Im Gegenzug, so vermutete er, bekomme Hess durch die Umsatzbeteiligung die Möglichkeit, den Verlust auszugleichen.[128]

Das GWA verlangte angesichts dieser Konditionen von Horten eine Änderung der Verträge. „Ich muss Sie hiermit bitten, mir Vorschläge zu unterbreiten, in welcher Form Sie eine Änderung herbeizuführen gedenken und behalte mir vor, eine Nachprüfung zu gegebener Zeit vorzunehmen", so Hauptstellenleiter Baller an Horten.[129] Noch gravierender für das GWA war aber der Verdacht, dass Hess auch weiterhin die geschäftlichen Belange des Kaufhauses mitbestimmte, zumal dieses Gerücht mitten in der Überprüfungsphase neuen Auftrieb erhalten hatte. Denn Hess sei im Kaufhaus in Duisburg gesehen worden. Es lag nahe, dass er dort zu einer Besprechung mit Horten war.[130] Das GWA ermahnte diesen nun, dass ein Abschluss der Überprüfung nicht erfolgen könne, „solange sich das Verhältnis zwischen dem jüdischen Vorbesitzer und Ihnen nicht restlos geklärt hat".[131] Am 4. September 1937 wurde Baller deutlicher: „Ausserdem wird mir mitgeteilt, dass der Vorbesitzer Hess noch dauernd in Ihrem Geschäft ein- und ausgeht."[132] Diesmal ging es um das Haus in Wattenscheid. Es war aus Ballers Sicht wichtig zu betonen, dass in einem solchen Fall eine formale Anerkennung durch das GWA unmöglich sei.

Horten erkannte schnell den Ernst der Lage und wies diese „geschäftsschädigenden Behauptungen" scharf zurück.[133] Ein Gespräch zwischen ihm und dem Hauptstellenleiter Baller am 4. Oktober 1937 sollte die Situation klären. Horten reagierte dabei gereizt und vergriff sich im Ton. In einem nachfolgenden Brief monierte Baller: „Anlässlich der gestrigen Besprechung hatten Sie sich bemüssigt gesehen, ein an Sie gerichtetes dienstliches Schreiben einer abfälligen und abwegigen Kritik zu unterziehen. Ich muss erwarten, dass Sie Ihr Verhalten mir gegenüber einer Nachprüfung unterziehen und dem Amt des Gauwirtschaftsberaters eine entsprechende Erklärung abgeben."[134] Dieser Aufforderung kam Helmut Horten dann noch am selben Tag nach. Er versuchte, seine Erregung zu erklären:

Auf eigene Rechnung: Die Helmut Horten GmbH in Wattenscheid

„Ich möchte Sie daher höflichst bitten, in meinen Ausführungen lediglich eine gewisse Erregung und auch Empörung darüber zu erblicken, dass es immer noch kleinliche Volksgenossen gibt, die, ohne selbst am Wirtschaftsaufstieg mitzuarbeiten, ihre Hauptaufgabe darin erblicken, durch Schnüffeleien und Angebereien Ihnen sowohl als auch der gewerblichen Wirtschaft ganz unnötige Schwierigkeiten zu bereiten und die Freude an der Arbeit zu schmälern."[135]

Inzwischen lag eine eidesstattliche Versicherung einer Zeugin vor, die „den Juden Hess kurz vor dem Eingang des Kaufhauses Horten gesehen" habe.[136] Da sich jedoch nicht mehr klären ließ, ob Hess nun in oder vor dem Kaufhaus gewesen war, verliefen die Nachfragen im Sande.[137]

Der zentrale Faktor war nach wie vor die Umsatzbeteiligung. Ohne die Konditionen neu zu verhandeln, würde das GWA seine Anerkennung versagen. Inzwischen litten die Umsätze erheblich. Dem Wirtschaftsprüfer hatte Horten noch erklärt, „dass er auch selbst größeres Vermögen besäße" und davon ausgehe, im ersten Jahr mit dem Kaufhaus in Wattenscheid einen Rohgewinn von 40.000 RM erzielen zu können. Zur Jahresmitte 1937 lag der Gewinn allerdings erst bei 11.000 RM.[138] Hortens Handlungsoptionen waren beschränkt. Entweder er verhandelte die Bedingungen mit Hess nach oder die dringend notwendigen Anerkennungen blieben verwehrt. Er entschied sich für die erste Variante.

Horten schlug dem GWA vor, Hess ein neues Angebot zu unterbreiten: Der Höchstumsatz sollte nun bei 500.000 RM angenommen werden und der Satz bei 3,5 Prozent liegen, was einer Jahrespacht von 17.500 RM entsprach, weniger als die Hälfte der ursprünglich vereinbarten Summe.[139] Parallel nahm er mit Hess Kontakt auf, der inzwischen in Baden-Baden lebte. Der zeigte sich bereit, „soweit es in meinen Kräften liegt, mitzuwirken, dass diese bestehenden Schwierigkeiten ausgeräumt werden".[140] Doch der Spielraum war begrenzt, ließ der Verkäufer wissen. Er schlug vor, 800.000 RM als Umsatz anzunehmen und bei einem Satz von vier Prozent zu bleiben, was einer Jahrespacht von 32.000 RM im

Höchstfall entsprochen hätte. Diesen Vorschlag gab Horten an das GWA weiter, versehen mit der markigen Bemerkung, er habe die neuen Konditionen „durchgedrückt"[141] – was keinesfalls die Wahrheit war. Es handelte sich um ein Entgegenkommen von Hess.

Doch für das GWA war auch dies nicht hinreichend. Noch immer war die Miete flexibel. Hauptstellenleiter Baller schlug kurzerhand eine feste Jahresmiete von 24.500 RM vor.[142] Nun war Horten wieder unter Zugzwang. Er musste diesen „Vorschlag" an Hess übermitteln und ihm eine Zustimmung abringen. In der Sorge, dass ohne eine entsprechend anerkannte Abmachung der geschäftliche Erfolg versagt bleiben und unter Umständen gar keine Miete gezahlt werden könnte, stimmte Hess schließlich zu.[143] Am 20. Oktober 1937 wurde der Pachtvertrag zwischen der Helmut Horten GmbH und Sally Hess dahingehend geändert.[144]

Doch der Konflikt mit dem GWA war damit immer noch nicht beigelegt. Denn während die zähen Verhandlungen zwischen dem Amt, Horten und Hess liefen, schied Hermann Kistenmaker als Gesellschafter und Geschäftsführer der Helmut Horten GmbH aus. Am 24. Mai 1937 war er beim GWA vorstellig geworden. Als Geschäftsführer wusste er um die heikle Lage Hortens. Kistenmaker teilte dem Amt mit, dass er das Unternehmen verlassen werde, „weil dort Dinge von Herrn Horten, Duisburg, getätigt würden, für die er persönlich nicht gerade stehen [sic] könne und wolle".[145] Das erregte zusätzlich die Aufmerksamkeit des GWA. Der Wirtschaftsprüfer Gischler bekam erneut die Aufgabe, diese Hintergründe aufzuklären. Sie waren angesichts von Kistenmakers Auskunftsfreudigkeit schnell ausgemacht: Horten hatte sich rückwirkend zum 1. September 1936 ein Geschäftsführergehalt aus dem recht schmalen Jahresumsatz zuerkannt, entgegen den Bestimmungen des Gesellschaftervertrages und ohne je als Geschäftsführer in Wattenscheid aufgetreten zu sein. Dieser Schritt minderte zudem die Steuerlast. Letztlich litt Kistenmakers Position darunter, denn er war durch seinen Anteil über zehn Prozent am gesamten Umsatz beteiligt. Daher wollte er diesen Schritt nicht mittragen. „Überhaupt scheinen die Methoden des Herrn Horten derartig zu sein, dass er über Leichen geht", stellte Gischler fest.[146] Dies bezog er nicht auf Hortens Verhandlungen mit Hess. Gischler meinte damit Hortens Art des Umgangs mit Kistenmaker.

Ein Nebenaspekt, der aber hohes Konfliktpotenzial bieten konnte, war die Bezahlung der Angestellten. Zwar waren die jüdischen Angestellten schnell vom Geschäftsführer Kistenmaker entlassen worden, nur ein jüdischer Lehrling war noch im Betrieb. „Dieser Lehrling wird aus dem Verkaufsraum zurückgezogen und es bemüht sich unser Vorgänger und auch wir selbst ganz energisch darum, dass dieser Lehrling unser Haus verlässt und anderweitig seine Lehre beendet", so Kistenmaker.[147] Aber vor allem die „arischen" Beschäftigten waren es, die aus Sicht des Prüfers schlecht behandelt würden. „Ich bitte Sie, nach dieser Seite doch einmal Prüfungen vorzunehmen, denn ich sehe nicht ein, dass der Jude Hess und Herr Horten hohe Gewinne machen, während die Angestellten schlecht bezahlt werden."[148] Trotz dieser zahlreichen Kritikpunkte versagte das GWA die Anerkennung nicht. Am 23. November 1937 war diese schlussendlich besiegel.

Inzwischen war Walter Dressel nach dem Ausscheiden von Hermann Kistenmaker als neuer Geschäftsführer von Helmut Horten für die GmbH eingesetzt worden.[149] Auch die Gesellschafteranteile waren nun neu verteilt. Horten war mit 53 Prozent, Wilhelm Reinold, der kurz darauf auch Kommanditist der Helmut Horten KG in Duisburg werden sollte, mit 37 Prozent und Dressel mit zehn Prozent an der Helmut Horten GmbH in Wattenscheid beteiligt.[150] Diese Neugestaltung zeigt ebenfalls, dass Horten rasch Kapital benötigte. Denn mit der Abstoßung von fast 40 Prozent seiner Anteile konnte er neue Mittel akquirieren. Die waren angesichts der angespannten finanziellen Lage dringend notwendig.

Wie in Duisburg eröffnete sich in Wattenscheid eine zweite Dimension der „Arisierung": Nach der Übernahme des Geschäftes erfolgte auch hier der Verkauf der Immobilie. Bereits beim Abschluss des Pachtvertrages 1936 hatte Horten an diese Möglichkeit gedacht, wie er dem Gauwirtschaftsamt mitgeteilt hatte.[151] Das Grundstück mit dem Geschäftshaus in der Wattenscheider Ost-

2 · Aufstieg in der Diktatur (1936–1939)

straße 40/42 war noch im Besitz von Sally Hess. So befürwortete das Gauwirtschaftsamt Westfalen-Süd den Kauf durch Horten, denn „solange die arische Firma zur Miete wohnt, wird nach Ablauf der Mietzeit immer wieder die Schwierigkeit in Erscheinung treten, ob eine Verlängerung seitens des Juden zugestanden wird oder nicht".[152]

Der Verkauf der Immobilie und des Grundstücks stand wie in Duisburg in Zusammenhang mit den Übergriffen gegen Juden im November 1938. Doch anders als dort war Horten nicht der alleinige Käufer. Vielmehr trat die Helmut Horten GmbH in Wattenscheid als Käuferin auf. Am 26. November 1938 wurde ein Kaufvertrag für die Grundstücke und Immobilien aufgesetzt. Im Kern ging es dabei um das Haupthaus. Hinzu kamen kleinere Schaufenster und Lager, die ebenfalls Hess gehörten.[153] Für alles zusammen wurde ein Kaufpreis von 215.000 RM vereinbart. Davon abgezogen wurden Hypothekenverpflichtungen von Hess in Höhe von 86.676 RM, die die Käuferin übernahm. Die Hypotheken waren notwendig gewesen, um in den schwierigen Jahren zwischen 1933 und 1936 das Überleben des Unternehmens zu sichern. Nun schmälerten sie zusätzlich den Verkaufspreis. Dafür konnte Horten nichts und er profitierte davon auch nicht. Die restliche Kaufsumme von 128.324 RM wurde auf ein Treuhandkonto überwiesen, auf das Hess keinen Zugriff hatte. Dies war bei „Arisierungen" eine übliche Geschäftspraxis. Der NS-Staat versuchte auf diese Weise, den Juden so viele finanzielle Mittel wie möglich zu nehmen.

Doch die NS-Behörden waren noch weitaus gieriger, lag doch der Einheitswert des Grundstücks bei 356.000 RM, wie auch dem Kaufvertrag zu entnehmen war. Dabei handelte es sich um jenen Wert, den die Finanzbehörden nach Schätzung für die Berechnung von Steuern anlegten. Er musste sich nicht zwingend mit dem tatsächlichen Verkehrswert, also dem Marktwert zum Zeitpunkt eines Kaufs oder Verkaufs, decken. Hatten Horten und seine beiden Geschäftspartner einen um mehr als 140.000 RM reduzierten Kaufpreis erzielt? Die große Differenz zwischen dem Kaufpreis und dem Einheitswert des Grundstücks, die sich durch den tatsächlich gezahlten Kaufpreis noch vergrößerte, musste die Aufmerksamkeit des Kreiswirtschaftsamtes Wattenscheid/Wanne-Eickel erregen. Man forderte angesichts dieser Diskrepanz eine Ausgleichszahlung an den Staat.[154] Schlussendlich war diese aber nicht nötig, denn die Stadt Wattenscheid veranlasste eine Neubewertung der Grundstücke. Danach lag der Einheitswert, bedingt durch bauliche Mängel und die Überalterung der Immobilien, bei 226.500 RM.[155] So wurde das Geschäft vom Kreiswirtschaftsamt anerkannt.[156] Sally Hess war inzwischen gemeinsam mit seiner Frau nach Südafrika ausgewandert.[157] Dies erschwerte die Abwicklung des Kaufvertrages, da das Gauwirtschaftsamt und das Reichswirtschaftsministerium nun den Kaufvertrag angesichts der für Hess anfallenden „Reichsfluchtsteuer" prüften.[158] Dabei handelte es sich um eine ursprünglich bereits 1931 eingeführte Steuer, um im Zuge der Weltwirtschaftskrise Kapitalfluchten ins Ausland einzudämmen oder ganz zu verhindern. Mit der Machtübernahme der Nationalsozialisten wurde die Steuer zur Ausplünderung von emigrierenden Juden genutzt. Doch in diesen Vorgang war Horten nicht weiter involviert. Ihm waren GWA und Stadt letzten Endes entgegengekommen.

Als der Zweite Weltkrieg im September 1939 begann, war das Wattenscheider Haus mehrheitlich in Hortens Besitz. Er verdiente an den Umsätzen des Unternehmens. Die Konflikte mit den NS-Behörden waren beigelegt. Trotz des Kriegsgeschehens lief der Betrieb des Kaufhauses weiter. Obwohl Wattenscheid wie das gesamte Ruhrgebiet von Bombenangriffen stark betroffen war, überstand das Kaufhaus den Krieg nahezu unbeschadet.

Abseits von Duisburg und Wattenscheid war Horten vermutlich auch an der Kurt Opitz KG in Bielefeld beteiligt. Das Unternehmen wurde am 8. September 1938 zum Zweck der Übernahme des jüdischen Kaufhauses S. Alsberg & Co OHG gegründet. Noch im Jahr 1938 stieg auch Bankdirektor Wilhelm Reinold in das Unternehmen ein. Er und der Bielefelder Einzelhändler Kurt Opitz wurden die beiden persönlich haftenden Gesellschafter der KG.[159] Horten war daran laut dem Gesellschaftervertrag nicht beteiligt.[160] Ob

Horten tatsächlich gemeinsam mit den Jacobis an einer späteren Übernahme der Kurt Opitz KG involviert war, bleibt schleierhaft. Diese Angabe machte Hortens Vertrauter Rudolf Tesman allerdings in seiner biografischen Skizze Hortens.[161] Auch in der ersten Aufstellung des persönlichen Vermögens von Horten nach dem Zweiten Weltkrieg vom 10. Juli 1946, die von der Britischen Militärregierung beim Oberbürgermeister der Stadt Duisburg angefordert und vom Wirtschaftsprüfungsbüro Walter Messing angefertigt wurde, findet sich der Hinweis, dass Helmut Horten einen Anteil an der 1938 gegründeten Opitz KG in Bielefeld hielt, jedoch gibt es keine Angaben zu Höhe und Zeitpunkt.[162] In jedem Fall handelte es sich nicht um eine „Arisierung", an der Horten direkt beteiligt war, wenn er mit den Jacobis erst nach der Übernahme aus jüdischem Besitz Teilhaber der Kurt Opitz KG wurde. Er meldete keine entsprechenden Vermögenswerte an, und auch in den Befragungen und Aufstellungen der Alliierten machte er dazu keine Angaben. Ein zugehöriges Lastenausgleichsverfahren ist ebenfalls nicht geführt worden.

Rudolf Tesmann führte in seiner persönlichen biografischen Betrachtung seines Chefs zudem an, dass dieser in Gevelsberg „unter Belassung des Firmennamens Berkenbusch" ein Kaufhaus übernommen habe.[163] Falls dies zutraf, dann handelte es sich dabei nicht um eine „Arisierung". Denn am 9. November 1938 hatte Franz Berkenbusch aus Gladbeck das von Juden geführte Kaufhaus Rosenthal in Gevelsberg übernommen.[164] Im Handelsregister war auch in der Folge kein Unternehmen im Besitz Hortens in Gevelsberg registriert.

Nach der Konsolidierung seiner Kaufhäuser und Beteiligung im Westen des Deutschen Reichs konnte sich Horten neuen Projekten zuwenden. Dafür verließ er erstmals das Rheinland und das Ruhrgebiet.

Fernab der Heimat:
Reinold & Co KG und Reinold & Horten KG in Ostpreußen

Neue geschäftliche Möglichkeiten boten sich auch andernorts. Eine lukrative Gelegenheit tat sich für Helmut Horten und Wilhelm Reinold im Frühjahr 1938 im ostpreußischen Königsberg, dem heutigen Kaliningrad, auf. Das Kaufhaus Alexander & Echternach gehörte zu den großen Einzelhandelsgeschäften der Stadt und der gesamten Region. Davon zeugte bereits die bedeutende Lage in der Nähe des königlichen Schlosses, unmittelbar am historischen Markt in der vor dem Zweiten Weltkrieg noch intakten und von prunkvollen Bürger- und Händlerhäusern geprägten Altstadt. Das Unternehmen war 1900 gegründet worden und hatte sich im Verlauf der 1920er Jahre einen hervorragenden Ruf erarbeitet. Das Geschäftshaus bot sechs Etagen mitsamt Lagerräumen und kleineren Nähwerkstätten.[165] Inhaber waren im Jahr 1938 Alfred Alexander, Bruno Zolki und Edmund Cohn. Alle waren jüdischen Glaubens. Für deren wirtschaftliche Potenz sprach, dass das alte Verkaufsgebäude nach einem Brandschaden, vermutlich im Jahr 1930, binnen kurzer Zeit im modernen Bauhausstil an gleicher Stelle wieder errichtet werden konnte. Alfred Alexander zählte laut eigenen Angaben zu den wichtigsten Steuerzahlern Königsbergs.[166]

Wie in anderen Teilen des Deutschen Reichs waren die Besitzer des Kaufhauses rasch nach der Machtübernahme der Nationalsozialisten mit Boykotten und Schikanen konfrontiert. Doch für die Juden in Ostpreußen war die Lage prekärer als in den übrigen Gauen. Hier waren die Parteiverbände der SA, SS und die Gestapo besonders aggressiv in ihrem Vorgehen, was auch an der großen Zahl an jüdischen Einwohnern lag. Bruno Zolki war wiederholt ins Büro des Gauleiters Erich Koch bestellt und dort befragt und drangsaliert worden.[167] So entschied er sich gemeinsam mit Alfred Alexander und Edmund Cohn Anfang 1938 zum Verkauf des Unternehmens. Inzwischen war die jüdische Gemeinde Königsbergs durch Emigrationen um die Hälfte geschrumpft.[168] Zeitgenössische Aktenbestände der Erwerbung sind nicht überliefert. Doch in einem Las-

2 · Aufstieg in der Diktatur (1936–1939)

Das Kaufhaus Alexander und Echternach vor 1930 (links)

tenausgleichsverfahren, welches nach dem Krieg geführt wurde, wurde der Vorgang rekonstruiert. Nachdem der Verkauf unausweichlich geworden war, schlossen sich Helmut Horten und Wilhelm Reinold Anfang 1938 dem Kreis der Interessenten an. Vermutlich führte der Weg auch hier über Reinolds Kontakte in die Welt der Banken. Wie die beiden aber so weit vom heimischen Duisburg entfernt in den Bewerberkreis rückten, ist nicht mehr zu rekonstruieren. Für den Bankdirektor Reinold bedeutete das aber einen wichtigen Schritt: Nach 26 Jahren der Tätigkeit für unterschiedliche Geldinstitute schied er mit der Übernahme des Königsberger Kaufhauses gemeinsam mit Horten aus diesem Metier aus. Aus dem Banker wurde ein Kaufmann.[169] Der Kaufvertrag über die Alexander & Echternach OHG datierte auf den 6. April 1938.[170] Zu dieser Zeit war Hortens Engagement in Wattenscheid gerade erst genehmigt worden, und auch das Duisburger Haus war erst gut zwei Jahre unter seiner Leitung.

Die Geschäftsübernahme stand auch in einem zeitlichen Zusammenhang mit dem Erlass der „Verordnung über die Anmeldung des Vermögens von Juden" am 26. April 1938 im Deutschen Reich.

Demnach mussten Juden, die mehr als 5.000 RM an Geld- oder Sachwerten besaßen, ihr Vermögen bei den Behörden anmelden. Diese konnten einen Treuhänder für die Vermögenswerte einsetzen. Die Enteignung durch den Staat hatte damit eine fadenscheinige Rechtsgrundlage durch das NS-Regime erhalten.[171] Für vermögende Juden war bereits die Ankündigung der Verordnung ein entscheidender Nötigungsfaktor für den Verkauf.

Alexander schätzte ex post den Umsatz der Alexander & Echternach OHG auf 4.250.000 RM jährlich.[172] Die Geschäfte waren unter den Umständen der Boykottmaßnahmen gegen das Unternehmen erzielt worden. Die ehemaligen Besitzer waren zudem genötigt, auch eigene Mittel ins Unternehmen fließen zu lassen, um den Weiterbestand zu sichern. Der jährliche Reingewinn pro Eigentümer wurde auf nur etwa 100.000 RM taxiert.[173] Für Horten und Reinold war aber zu erwarten, dass sich der Umsatz nach einer Übernahme steigern würde. Und noch ein Umstand machte dieses Geschäft für sie attraktiv: Im Kaufpreis waren auch der Kauf der Immobilie und des Grundes des Kaufhauses und weiterer kleinerer Immobilien in der Königsberger Altstadt enthalten. Dafür wurden 1.222.914 RM als Kaufpreis vereinbart.[174] Der Wert des Warenlagers lag bei 998.653,56 RM. Die Außenstände, welche ebenfalls übernommen wurden, betrugen 184.266,44 RM. Der Preis für das Inventar und für Maschinen wurde mit 40.000 RM angesetzt.[175] Alles in allem war dies also ein sehr lukratives Geschäft.

Für Goodwill und Namensrechte wurde auch hier nichts entrichtet, obwohl auch und gerade in diesem Fall darin ein durchaus bedeutender Vermögenswert bestand. Allerdings wurde das Kaufhaus unter den neuen Eigentümern auch nicht unter diesem Namen weitergeführt. Stattdessen prangte nun der neue Name Reinold & Co über der Eingangstür. Reinold wurde alleinhaftender Gesellschafter und Horten sein Kommanditist.[176] Der ursprüngliche Name des Kaufhauses stand wohl durch den Ortsnamenbezug (Echternach), der häufig von jüdischen Familien gewählt worden war, unter einem gewissen Verdacht. Das Kaufhaus Alexander & Echternach war aber überregional bekannt und es dürfte nicht schwergefallen sein, von seinem Renommee – nun unter „arischer" Leitung – zu profitieren, auch wenn man einen neuen Namen einsetzte. Dies mag Henry Zolki, den Sohn von Bruno Zolki, im Jahr 1960 zur Einschätzung gebracht haben, dass Horten das Unternehmen „seinerzeit unter den Nazis für ein Butterbrot erworben" habe und nahtlos an die Bekanntheit anknüpfen konnte.[177]

Hinzu kam, dass die Eigentümer des Kaufhauses nicht zu gleichen Teilen die Eigentümer der Immobilien waren. Nur Alfred Alexander gehörte zu beiden Gruppen. Dies schmälerte den Verkaufserlös für die übrigen und verhinderte auch, dass alle von einem möglichen Mietverhältnis hätten profitieren können. Die Verkäufer verließen 1939 bzw. 1940 Deutschland. Auch in diesem Fall standen nur kleine Teile der Kaufsumme zur freien Verfügung der Verkäufer. Ein weiteres Mal verdienten die NS-Behörden durch die Treuhandkonten an Hortens Geschäften kräftig mit.[178] Eine zusätzliche Ausgleichszahlung an den Staat fiel nicht an. Das jüdische Personal des Kaufhauses wurde auch hier rasch entlassen.[179]

Helmut Horten und Wilhelm Reinold machten sich gleich nach dem Kauf ans Werk. An die Stelle der Alexander & Echternach OHG trat im Mai 1938 die Reinold & Co KG. Sie gehörte je zur Hälfte den beiden Investoren.[180] Wie genau die Kaufsumme aufgebracht wurde, ist nicht überliefert. Wahrscheinlich ist, dass Reinold die dafür notwendigen Kredite vermittelte. Dies dürfte zugleich eine seiner letzten Amtshandlungen als Direktor der Commerzbank in Duisburg gewesen sein.

Zugleich wird bei der Geschäftsübernahme deutlich, dass sich Hortens Funktion allmählich veränderte. War er in Duisburg und später auch in Wattenscheid als Geschäftsführer natürlicherweise stark in das operative Geschäft des Kaufhausbetriebes involviert, beschränkte er sich in Königsberg kurz nach der Übernahme auf die Rolle eines Investors. Am 16. November 1940 wurde ein Geschäftsführer für Reinold & Co bestellt.[181]

Unter den Umständen des Krieges boten sich auch neue Möglichkeiten für Kaufhäuser, welche im Folgekapitel näher beleuchtet

Fernab der Heimat: Reinold & Co KG und Reinold & Horten KG

werden. Eine lag im besonders günstigen Wareneinkauf von Textilien. Eine Quelle dafür waren die jüdischen Ghettos, welche im Gefolge der Kriegshandlungen an der Ostfront vor allem in Polen eingerichtet worden waren. Sie waren ein wichtiger Baustein im System der nationalsozialistischen Vernichtungspolitik. Hier wurden Juden in bestimmten Stadtvierteln zwangsweise angesiedelt. Die Ghettos dienten als Sammellager. Zugleich waren sie ein wirtschaftlicher Faktor, wie etwa in Lodz. Dort waren zahlreiche Betriebe des textilverarbeitenden Gewerbes angesiedelt, die im Auftrag deutscher Firmen und der Wehrmacht unter unwürdigen Umständen Waren fertigten. Die Reinold & Co KG stellte am 17. September 1942 eine Anfrage bei der Ghettoverwaltung für die Fertigung von 1.000 „Burschen- und Herrenulstern". Die Leitung musste dem Unternehmen allerdings mitteilen, dass dies auf Grund der hohen Auslastung durch Wehrmachtsaufträge nicht möglich sei.[182] Offenbar blieb es bei dieser Anfrage und es wurde keine weitere gestellt. Es findet sich kein Hinweis in den erhaltenen Dokumenten der Ghettoverwaltung darauf, dass Hortens Unternehmen hier fertigen ließen.

Während der Kriegsjahre veränderte sich auch die Zusammensetzung der Reinold & Co KG, der Inhaberin des Kaufhauses. Am Grundkapital von 900.000 RM war 1943 neben Horten und Reinold auch dessen Ehefrau Josefine beteiligt. Sie hatte 150.000 RM Anteile von ihrem Mann übertragen bekommen. Damit war Horten mit seiner Einlage von 450.000 RM der begrenzt haftende Mehrheitseigner des Unternehmens, welches allerdings nicht seinen Namen trug. Hortens Gesellschafterguthaben an der KG aus Gewinnausschüttungen belief sich 1943 auf 936.551,24 RM.[183] Das Unternehmen hatte am 1. Januar 1944 einen Einheitswert von 2.673.800 RM.[184]

Doch auch dieses Geschäft war in akuter Gefahr. Am 30. August 1944 wurde das Kaufhaus durch Kriegseinwirkung vollständig zerstört.[185] Das erst 1930 von den Vorbesitzern nach einem Brand wieder errichtete Gebäude war nur noch eine Ruine. Damit sollte dieses Geschäft für Horten und Reinold letztendlich im Totalverlust enden. Das betraf auch die neu gegründete Textilgroßhandlung Reinold & Horten KG. Diese baute nicht auf einem Vorgängerunternehmen auf und war demnach keine „Arisierung". Doch strukturell und organisatorisch war die Reinold & Horten KG eng mit dem Kaufhaus verbunden. Der Firmensitz war in beiden Fällen der Altstädtische Markt 1–6 in Königsberg. Horten und Reinold waren mit einer Einlage von je 50.000 RM zu je 50 Prozent beteiligt.[186] Der Jahresumsatz lag zwischen eineinhalb und zwei Millionen RM und verbesserte damit zusätzlich die Bilanz des Engagements in Ostpreußen. Das Warenlager hatte einen Wert von 300.000 RM bis 400.000 RM. Das Umlaufvermögen, also Finanzmittel, die nur kurzfristig im Unternehmen verbleiben – etwa Vorräte, Schecks oder Forderungen gegen Kunden –, lag insgesamt bei rund 450.000 RM.[187]

Die Textilgroßhandlung übernahm nach der Eingliederung des Memellandes in das Deutsche Reich den Vertrieb von Waren aus der dortigen Textilindustrie, was erheblich zur Umsatzsteigerung beitrug. Bruno Dzubba, Steuerberater und Wirtschaftsprüfer aus Quickborn, gab dies im Zuge des Lastenausgleichsverfahrens von Horten 1964 zur Auskunft.[188] Was genau sich dahinter verbarg, ist schleierhaft. Dzubba war Geschäftsführer der Deutschen Allgemeinen Treuhand GmbH in Königsberg und in dieser Funktion Steuerberater der Reinold & Horten KG gewesen.[189] Er war zugleich Stiftungsverwalter der Erich-Koch-Stiftung, der Dachgesellschaft des Ostpreußischen Gauleiters, in der mehrere Unternehmen versammelt waren, die unmittelbar der persönlichen Bereicherung des Politikers dienten. Zur Stiftung gehörte auch die Memeler Textilfabriken GmbH, die mit geraubten Textilien jüdischer KZ-Häftlinge handelte.[190] Ob Hortens Unternehmen auch für diese Firma im Vertrieb tätig war, ist ungewiss. Entsprechende Quellen des Unternehmens sind nicht erhalten geblieben.

Das Kaufhaus Reinold & Co sowie der Textilvertrieb Reinold & Horten standen auch in geschäftlicher Beziehung zur Helmut Horten KG in Duisburg. Das dortige Unternehmen bezog von den beiden Königsberger Firmen Textilwaren in größerem Maße. In der

Bilanz des Jahres 1944 bestand eine Forderung von der Helmut Horten KG gegen Reinold & Co in Höhe von 335.000 RM in Form von Waren.[191] Eine Filialbeziehung bestand allerdings zu keinem Zeitpunkt. Geschäftlich waren die Unternehmen voneinander getrennt, wohl auch aus steuerlichen Gründen.

Kurz nach der Übernahme des Hauses in Königsberg beteiligte sich Horten an der Übernahme der ortsansässigen jüdischen Schirmfabrik M. Mathias & Co OHG. An der neu gegründeten Firma Dietz & Co KG, welche das Unternehmen weiter betrieb, war er mit nur sechs Prozent beteiligt. Geschäftsführer und Mehrheitseigner wurde Heinrich Dietz. Auch Wilhelm Reinold war mit neun Prozent beteiligt.[192] Der Kaufpreis betrug nach Abzug der Verbindlichkeiten der Firma M. Mathias & Co OHG noch 285.000 RM. Der Einheitswert des Unternehmens lag nach Auffassung des Lastenausgleichsamtes Krefeld und der Heimatstelle Ostpreußen allerdings bei 739.900 RM.[193] Der gezahlte Kaufpreis war also erheblich niedriger als der Einheitswert. Dennoch war auch dieses Geschäft nicht von langfristigem Erfolg für Horten gekrönt: 1943 wurde das Unternehmen durch Kriegseinwirkung nahezu vollständig zerstört.[194]

Nicht nur in Königsberg in Ostpreußen, sondern auch in Westpreußen ergaben sich für Horten und seinen Kompagnon Reinold neue geschäftliche Gelegenheiten durch „Arisierungen". Die Provinz verfügte mit der Hafenstadt Danzig über eines der bedeutendsten Wirtschaftszentren des Ostseeraums. Der Anteil der jüdischen Bevölkerung war insbesondere in den großen Städten hoch. Auch in fast allen kleineren Städten, die weiter im Landesinneren gelegen waren, gab es jüdische Gemeinden. Nach dem Ersten Weltkrieg war durch den sogenannten Danziger Korridor ein polnischer Zugang zur Ostsee geschaffen worden. In einigen Städten hatte es daraufhin Volksabstimmungen über die Verwaltungszugehörigkeit gegeben. Das Gros entschied sich für eine Zugehörigkeit zur Provinz Ostpreußen. Somit verblieben die Städte weiter unter deutscher Verwaltung. Folglich kamen auch hier jüdische Unternehmensinhaber durch die Verfolgungspolitik der Nationalsozialisten ab 1933 vielfältig unter Druck.

In Marienburg, etwa 50 Kilometer südlich von Danzig, hatte es bereits seit dem 19. Jahrhundert eine kleine jüdische Gemeinde gegeben. Hier war 1882 das Kaufhaus Moses Conitzer & Söhne gegründet worden. Bis in die 1930er Jahre wurden 37 Filialen im gesamten Deutschen Reich gegründet. Es bestand eine Einkaufsgenossenschaft mit der Warenhausfirma Hermann Tietz.[195] Der Inhaber Arnold Flatauer gehörte zu den wohlhabenden Persönlichkeiten der Stadt. Dennoch sah auch er sich unter den Repressionen gezwungen, sein Unternehmen zu verkaufen. Am 8. März 1937 kaufte die Firma Hille & Co. KG das Kaufhaus Moses Conitzer & Söhne von Flatauer.[196] Alleinhaftender Gesellschafter und Geschäftsführer wurde Herbert Hille, ein Mann mit Erfahrungen im Kaufhausgeschäft. Bis 1933 war er Zentraleinkäufer des Karstadt-Konzerns gewesen. Er folgte dem jüdischen Vorstandsmitglied Hermann Schöndorff in die Emigration und kehrte nach dessen Tod wieder zurück ins Deutsche Reich, da er selbst kein Jude war. Hille suchte nach einer geschäftlichen Möglichkeit und fand sie im Kaufhaus Conitzer in Marienburg. Jedoch fehlte ihm das notwendige Kapital für eine eigenständige Unternehmung. Daher suchte er nach Geldgebern und fand sie unter anderem in Horten und Reinold.[197] Hille sollten lediglich 7,09 Prozent der neu gegründeten Gesellschaft Hille & Co KG gehören. Bemerkenswert ist, dass die übrigen Gesellschafter nahezu deckungsgleich mit denen der Helmut Horten KG in Duisburg waren.[198]

Die neue Gesellschaft übernahm das Warenlager für 536.511,55 RM.[199] Die Grundstücke gingen an die Firma Rump & Co KG für 585.000 RM, und für weitere 75.000 RM übernahm diese das Inventar.[200] Am Unternehmen war Horten gemeinsam mit Erich Rump je hälftig beteiligt.[201] Zudem war Horten erneut alleinhaftender Gesellschafter.[202] Zweck war der Handel mit Immobilien. Hier zeigt sich ebenfalls Hortens Kalkül, den Kaufhausbetrieb von den immobilen Vermögenswerten zu trennen. Der gesamte Kaufvorgang wurde durch die Stadt Marienburg und das

Regierungspräsidium Marienwerder überprüft und ohne Beanstandung genehmigt.

Nahezu deckungsgleich verlief auch die Übernahme der M. Conitzer & Söhne OHG in Marienwerder, weitere 50 Kilometer südlich von Marienburg. Die Hille & Co KG kaufte am 10. Juli 1937 das Warenlager für 255.609,99 RM und Dekorationsartikel für weitere 5.000 RM. Die Geschäftsräume gingen für 211.700 RM an die Rump & Co KG.[203]

Ende 1944, als sich die Niederlage des Deutschen Reichs längst abzeichnete und das Kampfgeschehen die Provinz Westpreußen bereits erreicht hatte, trennten sich Horten und Rump von den Immobilien in Marienburg und Marienwerder. Für insgesamt 768.254 RM gingen diese an die Hille & Co KG.[204] Der Erlös floss hälftig an die beiden Gesellschafter Helmut Horten und Erich Rump.[205] Es gelang ihnen also noch kurz vor dem Ende des Krieges, die Werte aus den Immobilien zu mobilisieren. Dahinter stand vermutlich die Absicht, die Niederlage mit möglichst großen Barreserven zu erwarten.

Die Geschwindigkeit, mit der Horten seinen wirtschaftlichen Aufstieg in den Jahren 1936 bis 1939 vorantrieb, war atemberaubend. Innerhalb von drei Jahren war er an sechs Unternehmen beteiligt, war Besitzer großer Immobilienwerte und Geschäftsführer des Duisburger Kaufhauses geworden. Hatte sein Talent vor 1936 vor allem im Verkauf gelegen, lag es in jenen Jahren zweifelsfrei im Kauf. Denn alle Unternehmungen, in denen er bis zu den kriegsbedingten Zerstörungen direkt investiert war, entwickelten sich positiv.

*　*　*

Was machte diesen Erfolg möglich? Es waren nicht allein die Umstände des „Dritten Reiches". Ohne Zweifel profitierten Horten und seine Geschäftspartner von der Verkaufsabsicht der jüdischen Geschäftsleute. Die Zeitumstände mit Repressionen, Boykotten und Übergriffen erhöhten den Druck zur Veräußerung und letztlich zur Emigration. Doch es brauchte mehr für einen raschen Einstieg und Aufstieg. Horten ging erhebliche wirtschaftliche Risiken ein, indem er (Allein-)Haftungen übernahm und große finanzielle Mittel aufnahm. Er befand sich in vielschichtigen Konflikten mit dem NS-Regime, die ihn bis an den Rand der wirtschaftlichen Existenz bringen konnten. Horten und seine Geschäftspartner zahlten die zwischen den Parteien vereinbarten Preise, wenngleich diese stets unter dem Druck der Situation entstanden und damit zum Nachteil der Verkäufer ausfielen. Wenn es die Umstände nötig machten, wie im Fall der Mietvereinbarung bei der Übernahme in Wattenscheid, wurde der Preis auch erheblich nach unten korrigiert. Dass die Erlöse nur zu geringen Teilen in die freie Verfügung der Verkäufer gelangten, lag nicht in der Verantwortung Hortens. Billige Übernahmen waren schon deshalb nicht in seinem Sinne, weil er sonst eine Kompensationsabgabe an den Staat hätte leisten müssen. Und bereits damals wurde deutlich, dass Horten bestrebt war, Zahlungen an den Staat, in Form von Gebühren und später Steuern, auf das Notwendigste zu beschränken. Stattdessen war er zumindest bemüht, den Verkäufern Handlungsspielräume zu schaffen, etwa durch eine Umsatzbeteiligung.

Als der Zweite Weltkrieg begann, waren seine Geschäfte zweifelsfrei auf einem guten Weg, nachhaltige Gewinne abzuwerfen. Seine Risikobereitschaft und das von Horten verfolgte Primat des Ökonomischen zahlten sich für ihn aus. Doch unter den heraufziehenden Schwierigkeiten der Kriegswirtschaft mussten neue Geschäftsfelder erschlossen werden.

Kapitel 3
Unternehmer im Krieg (1939–1945)

Zwischen kleinen Unternehmern und großen Industriebetrieben rangieren bis heute die Mittelständler. Historisch aus dem wirtschaftsbürgerlichen Milieu des 19. Jahrhunderts erwachsen, Arbeitgeber für zwanzig und mehr Angestellte und vorrangig regional tätig mit mehr als einer Geschäftsniederlassung, konnten sie vom wirtschaftlichen Aufschwung der Jahre nach 1933, der zu Lasten der marginalisierten Bevölkerungsgruppen ging, besonders profitieren. Sie nutzten die Gelegenheiten, welche sich ihnen durch „Arisierungen" boten. In den Städten des Deutschen Reiches, aber auch in der Provinz schufen sie prosperierende Betriebe. Die staatlichen Investitionen in die Bereiche Maschinenbau, Fahrzeugentwicklung und Elektrotechnik boten große Möglichkeiten für Zulieferbetriebe, wenngleich der Absatzmarkt selten über eine regionale Verbreitung hinausging. Vor allem die Konsumwirtschaft und damit die Einzelhändler konnten positive Zahlen verzeichnen.

Die nationalsozialistischen „Volksgenossen" konsumierten vor dem Krieg kräftig und investierten ihre Gehälter in den gestiegenen und weiter steigenden Lebensstandard. Davon profitierte auch Helmut Horten. Seine Unternehmungen entwickelten sich überaus positiv und er konnte schnell eine Rendite verbuchen. Es lohnte sich in jenen Jahren, als Unternehmer auf Risiko zu gehen.

Auch das Privatleben entwickelte sich für Horten. Am 25. August 1941 heiratete er Elisabeth Strick, geborene Buer. Ihr Vater Heinrich war Inhaber der Neura-Werk Dr. Buer & Co KG in Köln. Das Unternehmen stellte pharmazeutische Produkte her, unter anderem Buer-Lecithin. In der Zwischenkriegszeit wurde auch eine Kaffeerösterei betrieben.[1] Elisabeth war bereits vor der Ehe mit Helmut Horten verheiratet. Sie brachte zudem eine dreijährige Tochter, Karin Elisabeth Strick, mit in die Ehe.[2] Selbst für einen rheinischen, eher liberalen Katholiken war diese Verbindung damals ungewöhnlich. Die Heirat fand im mondänen Badeort Zoppot nahe Danzig an der Ostsee statt. Dort hatte Hortens zukünftige Ehefrau gemäß der Heiratsurkunde auch ihren Wohnort.[3] Kurz darauf erfolgte der Umzug nach Duisburg in die Prinz-Albrecht-Straße 1. Nur vier Monate nach der Eheschließung beging Elisabeth Horten am 22. Dezember 1941 mutmaßlich Suizid. In der daraufhin aufgegebenen Todesanzeige wurde als Todesursache freilich Unfalltod angegeben. Trotz einer sofortigen Operation sei sie an einer Herzschwäche verstorben.[4] Welche traumatische Erfahrung sich für Helmut Horten damit verband, ist nicht überliefert. Seine erste Ehe spielte in persönlichen Betrachtungen späterer Jahre keine Rolle. Auch der Kontakt zur Stieftochter scheint bald abgerissen zu sein. Sie taucht in späteren Dokumenten nicht mehr auf.

Im September 1939 wurde absehbar, dass sich die wirtschaftliche Großwetterlage ändern würde. Mit dem Beginn des Zweiten Weltkriegs wandelte sich die deutsche Wirtschaft noch stärker als zuvor. Aus der Konsum- wurde nun gänzlich eine Produktionsgesellschaft.[5] Horten bekam dies rasch zu spüren: Zwar blieben die Margen in seinem Kaufhausgeschäft beträchtlich, doch zunehmend entstanden Probleme in der Warenversorgung. Dies erhöhte den Druck. Denn seine riskanten wirtschaftlichen Entscheidungen der Vorkriegsjahre waren Wetten auf eine positive wirtschaftliche Zukunft gewesen.

Der Krieg konnte aber auch neue Möglichkeiten eröffnen. Doch wo und wie? Vor dieser Frage standen Horten und viele andere mittelständische Unternehmer zu Beginn des Zweiten Weltkriegs. Nur eines war sicher: Neue Einnahmequellen mussten her.

Eine war die direkte Einbindung in die Kriegswirtschaft als Verteilerbetrieb. Die Versorgung der Zivilbevölkerung, insbesondere in den von Fliegerangriffen besonders betroffenen Regionen im Rheinland und dem Ruhrgebiet, bot Horten Zugang zu knappen und reglementierten Textilwaren – und die Möglichkeit, dass die eigenen Kaufhäuser davon profitierten. Doch das brachte ihn auch in große Schwierigkeiten und an den Rand eines eskalierenden Konflikts mit dem NS-Regime.

Ein anderer Weg war subtiler. Hitlers Eroberungskrieg in Europa bot mit seinen anfänglichen Erfolgen auch Horten ganz eigene Wege mitzuverdienen. Einer war die Investition in und der Kauf von Vermögenswerten aus jüdischem Besitz. Was bereits im „Altreich" funktioniert hatte, das konnte in den besetzten Gebieten ebenfalls große Profite abwerfen, so der Gedanke. Doch die anvisierten Geschäfte, die Horten im Sinn hatte, erwiesen sich als komplexer und risikoreicher als zunächst erwartet.

Schließlich gab es noch den Weg, direkt am Kriegsgeschehen zu verdienen. Horten wurde Rüstungsfabrikant, ein untypischer Schritt für einen Kaufmann, der sein Geld eigentlich mit Textilien, Haushaltswaren und Mieteinnahmen machte. Das neue Geschäftsfeld brachte neue Organisationsformen mit sich – Auslagerung der Produktion und Einsatz von Zwangsarbeiterinnen und Zwangsarbeitern.

Keine leeren Regale und ein riskantes Spiel: Reichsverteiler für Textilien im Rheinland

Einzelhändler und damit selbstständiger Unternehmer im NS-Staat zu sein, brachte die Notwendigkeit mit sich, eng mit staatlichen Stellen zusammenzuarbeiten. Die Warenversorgung wurde seit Beginn des Krieges in nahezu allen Bereichen zentral gelenkt. Staatliche Stellen, zumeist dem Reichswirtschaftsministerium untergeordnet, entschieden darüber, ob und welche Konsumgüter den Betrieben und auch den Kaufhäusern zugeordnet wurden. Diese Zentralwirtschaft, die in wesentlichen Elementen einer Planwirtschaft entsprach, da der Staat Produktionskontingente festlegte und Preise vorschrieb, prägte das geschäftliche Gefüge zwischen dem NS-System, den Groß- und Einzelhändlern und den Konsumenten. Daran geknüpft war die Vorstellung einer Effizienzsteigerung unter den Bedingungen des Krieges – eine Hoffnung, die sich nicht erfüllen sollte.

3 · Unternehmer im Krieg (1939–1945)

Bereits vor dem Angriff der Wehrmacht auf Polen waren die ersten Elemente dieser Wirtschaftsordnung in Kraft getreten und hatten sofort ihre Wirkung entfaltet. Schon im August 1939 war der überwiegende Teil des Textiliensortiments für Endverbraucher nicht mehr frei zu kaufen gewesen. Der Weg zu neuen Schuhen, Kleidern oder Strümpfen führte über Bezugsscheine, die im November 1939 durch ein Punktesystem ergänzt wurden. Die „Reichskleiderkarte" verfügte über 100 Punkte, mit denen die Kunden Textilien einkaufen konnten.[6] Während Strümpfe für fünf Punkte zu bekommen waren, kostete ein Sakko oder ein Kleid 45 Punkte. Gänzlich unbekannt war dies für die Deutschen nicht. Bereits in den Weimarer Jahren und den vorangegangenen Kriegsjahren hatte es Bezugsscheine gegeben.

Die seit 1933 geltenden Preisverordnungen und Zuteilungsmargen hatten den Einzelhändlern teils beträchtliche Verdienstmöglichkeiten geboten. Doch durch die Ressourcenknappheit in vielen Bereichen, von Baumwolle bis hin zu Kunstfasern, die sich bereits vor dem Krieg abgezeichnet hatte und sich nun weiter verstärkte, war nicht der Einkaufspreis, sondern die Verfügbarkeit das vorrangige Problem. Viele Regale blieben leer, da Nachschub kaum zu beschaffen war bei den Produzenten, von denen nun viele für die Kriegswirtschaft arbeiteten. Für Helmut Horten wurde das Kaufhausgeschäft unter diesen Umständen schwieriger. Das Wattenscheider Unternehmen warf wie das Duisburger und das Königsberger Haus zwar Gewinne ab. Allerdings waren auch die Belastungen durch die aufgenommenen Kredite beträchtlich.

Der Kriegsverlauf brachte einen weiteren Risikofaktor mit sich. Kauf- und Warenhäuser hatten einen geografischen Nachteil: Sie lagen überwiegend in städtischen Zentren. Die Nähe zur Mehrzahl der Kunden barg nun eine große Gefahr, denn bei den Bombardierungen deutscher Städte durch die britische Luftwaffe, die bereits im Frühjahr 1940 begonnen hatten, lagen die Einzelhandelsunternehmen in diesen sensiblen Bereichen. Ab 1942, als die Area Bombing Directive die Strategie der Royal Air Force (RAF) darauf ausrichtete, auch zivile Ziele in Innenstädten anzugreifen und so die

Keine leeren Regale und ein riskantes Spiel: Reichsverteiler für Textilien

Moral der Bevölkerung, vor allem unter den Industriearbeitern im Ruhrgebiet, zu senken, wurden auch mehr und mehr Kaufhäuser zerstört. Wer in dieser Situation ein zumindest rudimentär erhaltenes und infrastrukturell intaktes Waren- oder Kaufhaus in einer Innenstadt besaß und über genügend kaufmännische Eignung verfügte, der konnte in eine privilegierte Stellung kommen.

Die gelenkte Kriegswirtschaft machte staatliche und de-facto-staatliche Instanzen zur Verteilung der Waren notwendig. Die Behörden standen vor der Frage, wie die Textilien von den Erzeugern zu den Endverbrauchern kamen. Ende 1941 wurde auf Veranlassung des Reichswirtschaftsministeriums die Zentrallagergemeinschaft (ZLG) gegründet. Diese hatte die Form eines privatrechtlichen Unternehmens, war allerdings an die Weisungen des Ministeriums gebunden. Ihre Aufgabe lag darin, Textilien zu beschaffen und zu verteilen.

Zunächst ging es darum, Kleidung an deutsche Zivilarbeiter zu liefern, die im Gefolge der Wehrmacht insbesondere in den besetzten Ostgebieten im Straßen- und Gleisbau eingesetzt wurden. Seit Dezember 1942 lieferte die ZLG auch spezielle Kleidung an Zwangsarbeiter im „Altreich" und den besetzten Gebieten. Mit dem Beginn des Bombenkrieges um deutsche Städte verlagerte sich die Aufgabe der ZLG fast gänzlich auf die Verteilung von Textilien an Betriebe, die ihrerseits die Waren an bedürftige Geschädigte ausgaben. Leiter der ZLG waren der Versandhausgründer Josef Neckermann und Georg Karg, Chef des Hertie-Konzerns. Faktisch leitete allerdings Neckermann die Geschäfte der ZLG fast allein. Er ersann ein System aus unterschiedlichen Sammellagern für Textilien, das eine genaue Erfassung und effiziente Verteilung ermöglichte.[7] Im Auftrag der ZLG wurden Textilien im Ghetto Lodz hergestellt. In den eroberten Gebieten wurden Betriebe und Waren konfisziert, auch und insbesondere von verschleppten Juden. Diese Textilien sollten an bedürftige Personen im Deutschen Reich verteilt werden, die durch den Bombenkrieg ihr Zuhause und ihren Hausstand verloren hatten. Die zuständige Einrichtung des Reichswirtschaftsministeriums für die Textilwirtschaft war die Reichsstelle für Kleidung und verwandte Gebiete. Sie erfasste die konfiszierten und hergestellten Warenkontingente und legte die Verteilungsquoten fest.

Die Zentraltextilgesellschaft GmbH (Zentratex) war hingegen für die Verteilung von Kleidung für den regulären Verkauf an Endkunden über Verteilerbetriebe zuständig. Auch sie hatte die Form einer Gesellschaft mit beschränkter Haftung, war also privatwirtschaftlich organisiert, unterstand aber dem Reichswirtschaftsministerium. 1939 war Zentratex auf Weisung von Hans Kehrl, Hauptreferent im Reichswirtschaftsministerium und Initiator des Branchenverbandes Wirtschaftsgruppe für Bekleidungsindustrie, gegründet worden. Die Zentratex erwarb in den besetzten Gebieten im Osten, aber auch in Belgien und den Niederlanden Textilien, um sie dann an Betriebe in Deutschland zu verkaufen. Sie war ab 1942 vorrangig damit beschäftigt, Kauf- und Warenhäuser mit Kleidung für ausgebombte Personen zu beliefern.[8] Zwischen der Zentratex und der ZLG bestanden wiederum wechselseitige Lieferverträge. Das Nebeneinander der beiden Unternehmen ist ein typisches Beispiel konkurrierender Akteure im NS-Staat.

Die Reichsstelle für Kleidung und verwandte Gebiete entschied je nach Grad der Verluste und der Anzahl der betroffenen Personen darüber, welche Waren bestimmten Städten und Regionen des Deutschen Reichs zuzuteilen waren. Die Zentratex und in geringerem Maße auch die ZLG übernahmen dann die Verteilung der Waren an die sogenannten „Gruppenverteiler". Dies waren Kauf- und Warenhäuser, die einerseits selbst die Waren in ihren Geschäften ausgaben oder an andere ähnliche Betriebe weiterverteilten.

Dabei entrichteten die Gruppenverteiler für die erhaltenen Waren den dafür aufgerufenen Preis an die Zentratex. Ihrerseits konnten die Verteiler einen gedeckelten Aufschlag verlangen, wenn sie die Waren weiterverteilten und an Endkunden gaben. Wenn diese die Waren nur auf Bezugsschein erhielten, also ohne die Verwendung von Barmitteln, dann konnten die Verteiler die Bezugsscheine beim Reichswirtschaftsministerium wiederum einlösen, freilich mit dem Aufschlag versehen. Zusätzlich zahlte die Reichsstelle den Betrieben ein Honorar, welches sich am Gesamtumsatz orientierte.

Noch lukrativer war allerdings die steuerliche Begünstigung. Denn die Verteilerbetriebe zahlten nur auf die über die Einkaufspreise der Waren hinausgehenden Mehrerlöse Umsatzsteuer. Damit war die Verteilung von Waren, die de facto einem Verkauf entsprach, überaus lukrativ.[9] Hinzu kam, dass es quasi keine Lieferengpässe gab. Es war naheliegend, dass sich auch Helmut Horten um den Status als Gruppenverteiler bemühte.

Nach den ersten schweren Bombenangriffen auf das Ruhrgebiet, die sich vor allem auf Industriebetriebe konzentrierten, allerdings auch früh eine größere Zahl an Wohngebäuden trafen, wurde der Bedarf an einer halbwegs effizienten Verteilung von Waren an die betroffenen obdachlosen Personen, die nicht selten ihren gesamten Besitzstand verloren hatten, notwendig und akut. Die Bezirksgruppen des Einzelhandels, das Landeswirtschaftsamt und die Reichsstelle für Kleidung und verwandte Gebiete entschieden im Mai 1940 gemeinsam, die Helmut Horten KG zum Verteilerbetrieb zu ernennen. Lokale oder regionale Gau- oder Parteistellen hatten auf diese Entscheidung keinen Einfluss.[10] Weniger ideologische als pragmatische Gründe waren entscheidend, vorrangig unversehrte Räume, Lagermöglichkeiten, aber auch ausreichend Personal.[11]

Über die ersten beiden Jahre von Hortens Verteilertätigkeit sind nur wenige Zeugnisse erhalten. Für die Reichsstelle gab es offenbar keinen Grund zur Klage. Die Verteilung verlief reibungslos. Doch die Bombenangriffe auf die Städte des Ruhrgebiets nahmen zu. Immer mehr Menschen waren davon betroffen, der Bedarf an Waren der notdürftigsten Versorgung wurden immer größer, und es wurde immer schwieriger, Textilien zu bekommen. Am 20. Dezember 1942 schließlich traf ein Angriff das Kaufhaus in Duisburg mit voller Wucht. Dabei wurde das Gebäude nahezu vollständig zerstört und brannte aus.[12] Nun war der schlimmste anzunehmende Fall für Horten eingetreten: Er hatte keine Möglichkeit mehr, Geld mit seinem Unternehmen vor Ort zu verdienen. Doch wer hatte überhaupt noch ein intaktes Kaufhaus in einer Innenstadt im Ruhrgebiet?

Trotz der Zerstörung des Stammhauses gelang es Horten, als Verteilerbetrieb weiter im Spiel zu bleiben. Denn er hatte ein Ass

3 · Unternehmer im Krieg (1939–1945)

im Ärmel: das Ausweichlager in Hohenlimburg.[13] Am östlichen Rand des Ruhrgebiets gelegen und weit weniger von Luftangriffen betroffen, betrieb die Helmut Horten KG hier ein Sammellager für ihre Waren. Und es war unversehrt. Inzwischen hatte das Kaufhaus kleinere Ausweichräume in der Duisburger Börse bezogen und konnte den Betrieb wiederaufnehmen. Unabhängig davon entwickelte sich nun die Verteilertätigkeit zu einem eigenständigen Geschäftsfeld Hortens.[14] In der „Aktion Kuhtor" erhielt die Helmut Horten KG Waren im Wert von 47.955,81 RM und in der „Aktion Dora" weitere in Höhe von 95.102,86 RM.[15] Beide Maßnahmen schlossen sich den Bombenangriffen auf Duisburg im Jahr 1942 unmittelbar an. Für die Helmut Horten KG, die auf Grund des Ausweichlagers trotz des zerstörten Kaufhauses weiter handlungsfähig war, erwies sich das Geschäft als vorteilhaft. Und das lag vor allem daran, dass Horten an der Quelle saß.

Bereits die Zeitgenossen, aber auch spätere Prüfer konnten in den Wirren des Krieges und der Verteilungsbürokratie kaum nachvollziehen, welche Waren in Hortens Kaufhäusern landeten und welche weitergegeben wurden.[16] Wer einen Bezugsschein hatte, konnte hier alles bekommen, was er benötigte. Und auch wer keinen Schein hatte, konnte unter der Ladentheke gegen Bares Waren kaufen. Nur die Zahlen für 1944 sind überliefert. Der Umsatzanteil der Verteilertätigkeit am Gesamtumsatz des Duisburger Hauses von etwa sechs Millionen RM betrug für dieses Jahr 3.450.000 RM, der Gewinnanteil lag bei 663.787 RM von rund 1.200.000 RM. Die Verteilung nach Bezugsscheinen machte mehr als ein Drittel des Umsatzes und mehr als die Hälfte des Gewinns für Horten aus – ein glänzendes Geschäft.[17]

Doch der sich zuspitzende Kriegsverlauf brachte weitere Schwierigkeiten mit sich. Im Fortgang des Jahres 1943 und spätestens ab Ende 1944 gab es Probleme bei der Lieferung der Waren an Horten und damit auch bei seiner Weiterverteilung an die eigenen und fremden Betriebe.[18] Am 6. November 1944 wurden ins Lager nach Hohenlimburg noch Oberbekleidung, Bettwäsche und Haushaltswäsche für 15.000 Personen geliefert. Am 1. Dezember 1944 kamen weitere 6.500 Damen- und Herrenregenmäntel hinzu. Die letzte Lieferung erfolgte am 19. Januar 1945, als Oberbekleidung für 4.000 Personen ins Lager kam.[19] Trotz der Lieferschwierigkeiten hatte Horten also fast bis zum Ende des Krieges Zugriff auf größere Warenbestände. Im Vergleich zu den Vorjahren war dieser Lieferumfang am Ende des Krieges beachtlich.

Es liegt nahe, dass er in dieser Lage zuerst an seine eigenen Häuser dachte und die Warenverteilung in seinem Sinne steuerte, obwohl er mit den Waren auch andere regionale Verteiler zu beliefern hatte. Es konnte auch den NS-Behörden nicht verborgen bleiben, dass Hortens Geschäfte stets bevorzugt versorgt wurden. Im Mai 1944 war der Zeitpunkt für kritische Nachfragen gekommen: Horten wurde verhaftet. Vom Duisburger Polizeipräsidium wurde er in Untersuchungshaft überstellt. Über die Verhaftung und die Ermittlungen selbst sind keine Akten erhalten geblieben. Doch vier Jahre später, als sich Horten 1948 dem Entnazifizierungsausschuss des Stadtkreises Duisburg stellen musste, berichtete sein Rechtsanwalt Paul Stiel von den Vorgängen. Horten sei 1944 vorgeworfen worden, in seiner Tätigkeit als alleinhaftender Gesellschafter der Helmut Horten KG die unsachgemäße Verteilung der Waren betrieben zu haben. Der Anfangsverdacht der Unterschlagung stand damals im Raum, ein Vorwurf, der durchaus ernstzunehmend war. Denn der Betrug durch die widerrechtliche Aneignung oder die Unterschlagung von kriegswichtigen Gütern konnte leicht als Betrug an der „Volksgemeinschaft" ausgelegt werden. Unter den Umständen der willkürlichen und zunehmend ideologisierten NS-Justiz konnten daraus ernsthafte Konsequenzen erwachsen. Zudem warf der zuständige Staatsanwalt Holsing Horten vor, bei der Angabe der Kriegsschäden an seinen Immobilien betrogen zu haben. Dies betraf wohl insbesondere die zwischenzeitlich bezogenen Räumlichkeiten der Helmut Horten KG in der Börse Duisburg.[20]

Hortens Rechtsanwalt Stiel sagte 1948 aus, dass sich beide Verdachtsmomente gegen Horten nicht hätten erhärten lassen: „Das Verfahren verlief im Sande."[21] Ob sein Mandant selbst oder Personen aus seinem Umfeld den Kontakt zu NS-Behörden suchten, um den Konflikt beizulegen, ist ungewiss. Horten hatte selbst in seinem Fragebogen angegeben, 1944 aus der NSDAP ausgeschieden zu sein. Auch sein Rechtsbeistand führte dies an. Den Parteiausschluss bestätigte auch Heinrich Eder, der nach eigenen Angaben über gute Kontakte zur Kreisleitung der NSDAP in Duisburg verfügt hatte.[22] Er berichtete, dass Horten auf einstweilige Verfügung der Kreisleitung unter Wilhelm Loch ausgeschlossen worden sei, wegen „vollständiger politischer Unzuverlässigkeit und parteischädigendem Verhalten". Die Quellenlage ergibt hier jedoch kein schlüssiges Bild. Auf den Mitgliedskarten der NSDAP-Ortsgruppe und der Gaukartei ist kein Ausschluss aus der Partei vermerkt.[23] Zudem war ein Parteiausschluss auf einstweilige Verfügung nicht möglich. Dies hätte nur ein Urteil des für Horten zuständigen Gaugerichts in Essen bewirken können.[24] Hatten Horten und der Zeuge Eder gelogen? Eine uneidliche Falschaussage vor Gericht wäre mit einer Freiheitsstrafe von bis zu fünf Jahren belegt gewesen.[25] Zudem musste Horten davon ausgehen, dass ihn die alliierten Stellen bereits während seiner Internierung intensiv durchleuchtet hatten und der Lüge auf die Schliche gekommen wären. Es ist wahrscheinlicher, dass Horten nicht einmal selbst genau wusste, ob er noch Mitglied der NSDAP war. Denn es ist möglich, dass er von der einstweiligen Verfügung wusste, nicht aber, dass es eines Verfahrens bedurfte. Zudem arbeiteten in den letzten Kriegsmonaten die Gaugerichte nur noch eingeschränkt. Möglicherweise ist das Verfahren auch nie zum Abschluss gekommen. Da Hortens Rechtsbeistand Stiel und Heinrich Eder aber den Ausschluss bestätigten, ist es unwahrscheinlich, dass es sich hier um eine reine Schutzbehauptung handelte. Eder hatte kein Motiv, Horten zu helfen und gab stattdessen in seiner Aussage an, gerade den Opportunisten unter den ehemaligen Parteimitgliedern, zu denen er Horten zählte, kritisch gegenüberzustehen.[26]

Trotzdem blieb er auch jetzt noch im Spiel. Im Oktober 1944 hatte die Zentratex eine größere Menge Kleidung in den Niederlanden gelagert. Diese stammten von Zulieferbetrieben aus Holland und Belgien. Vorgesehen war die Lieferung für Mitteldeutschland. Sie sollten nun vor den heranrückenden alliierten Truppen in Sicherheit gebracht werden. Durch die verschärfte Kriegssituation gab es allerdings ein gravierendes Problem: Nahezu alle Transportwege waren zerstört oder gefährdet, Ziel alliierter Luftangriffe zu werden. Hinzu kam, dass die Zentratex nicht über genügend Lastwagen oder Treibstoff verfügte. So stellte das Unternehmen eine Anfrage an die Helmut Horten KG, ob diese als Gruppenverteiler der Waren in Westdeutschland nicht im Auftrag der Zentratex die Lieferung zunächst in ihr Ausweichlager Hohenlimburg transportieren könne. Helmut Horten gelang es, die dafür notwendigen Fahrzeuge und den Treibstoff zu organisieren und die Ware abzuholen. Diese hatte einen Gesamtwert von 1.264.382,25 RM. Auf Grund verstärkter Luftangriffe blieb der Transportweg ins Innere des Deutschen Reichs allerdings versperrt. Daher kamen die Zentratex und Horten überein, dass dieser die Waren selbst weiterverkaufte. Dafür schrieb die Zentratex naturgemäß Rechnungen, welche allerdings bis zum Ende des Krieges nicht von der Helmut Horten KG beglichen werden sollten. Die im Ausweichlager deponierten Waren kamen nie in den Verkauf und wurden nicht weiterverteilt. Am 16. April 1945 erreichten US-amerikanische Truppen Hohenlimburg am Rande des Ruhrgebiets. Sie nahmen das Lager ein und verteilten die Textilien an die Bevölkerung. Teile des Lagers wurden auch von in der Nähe untergebrachten Zwangsarbeitern geplündert.

Somit verblieb für Horten selbst nichts von dieser Lieferung. Da die Zentratex nach 1945 bis zu ihrer Abwicklung Anfang der 1950er Jahre fortbestand, trieb diese die Außenstände wieder ein. Es sollte allerdings bis 1952 dauern, bis die Helmut Horten KG nach mehreren Verhandlungen und einer Berufung letztinstanzlich vom 6. Zivilsenat des Oberlandesgerichts Düsseldorf zur Zahlung einer Vergleichssumme von 65.000 DM verurteilt wurde.[27]

Auch nach dem Zweiten Weltkrieg kursierten noch Gerüchte über Hortens Tätigkeit als Warenverteiler. Eines davon besagte, dass er ab 1944 Waren in einem stillgelegten Schacht der August-Thyssen-Hütte in Duisburg-Hamborn eingelagert und damit dem Verteilungskreislauf entzogen hatte – das nahe Ende erwartend.

Nach dem Krieg habe er bei der Eröffnung des neuen Geschäfts in Duisburg 1948 darauf zurückgreifen können. So hatten es selbst altgediente Horten-Mitarbeiterinnen gehört. „Ich kannte den LKW-Fahrer, der wöchentlich zu Schacht II, 7 nach Duisburg-Hamborn fuhr und die Ware in einem Hunderte Meter langen Stollen auf der 1. oder 2. Sohle lagerte", gab eine ehemalige Verkäuferin an. Der Verdacht ließ sich zwar nie substantiieren.[28] Horten widersprach dem Gerücht allerdings auch nie.

(Un-)Günstige Gelegenheiten:
Gescheiterte Übernahmen in den besetzten Gebieten

Im Schlepptau der Panzer- und Infanterieverbände, die im Frühjahr 1940 im Auftrag Hitlers Westeuropa besetzten, waren nicht nur die militärischen und zivilen Verwalter, die Häscher von SS und Gestapo und nicht zuletzt der Diktator selbst – es kamen auch die Geschäftsleute, Bankiers und Vermittler. Sie suchten nach einem geschäftlichen Nutzen des Krieges für sich und ihre Unternehmen. Dabei standen sie in einer starken Konkurrenz zueinander. Denn keiner von ihnen wollte die neuen geschäftlichen Möglichkeiten, die sich in den eroberten Ländern boten, verpassen. Vor allem die deutschen Geschäftsbanken waren rasch, nachdem die Kampfhandlungen beendet waren, zur Stelle, um Dependancen zu gründen, ortsansässige Institute zu übernehmen und für die heimischen Kunden neue Investitionsmöglichkeiten zu suchen – freilich gegen stattliche Vermittlungsprovisionen. Im Schatten des Angriffs- und Vernichtungskrieges fand auch ein Wirtschaftskrieg statt, dessen Grenzen oft nicht klar abzustecken waren und der bisweilen ganz eigene Schlachtfelder haben konnte. Die Drangsalierung, Vertreibung und Ermordung von Juden in den besetzten Gebieten hatte immer auch eine geschäftliche Komponente. Hortens Verwicklungen in die „Arisierung" niederländischer Betriebe zeigt eindrücklich, welche Strukturen hierfür geschaffen wurden und welche Menschen beteiligt waren.

(Un-)Günstige Gelegenheiten: Gescheiterte Übernahmen

Die Niederlande verfügten bereits seit dem ausgehenden Mittelalter über einen bedeutenden Anteil an jüdischen Einwohnern. Das liberale und weltoffene Klima einer Handelsnation mit ihrer frühen Herausbildung von international wichtigen Finanzplätzen brachte einen steten Austausch von Personen, Ideen und Religionen mit sich, von dem vor allem die niederländischen Städte profitierten. In Amsterdam, Eindhoven und Den Haag gab es bedeutsame jüdische Gemeinden.

Zu Beginn des Zweiten Weltkriegs waren die Niederlande neutral geblieben. Innenpolitisch gab es sowohl Strömungen, die zum Deutschen Reich tendierten, als auch solche, die den Westalliierten zugeneigt waren. Direkt nach dem Überfall der Wehrmacht auf Polen hatte Großbritannien Hitler den Krieg erklärt. Die wirtschaftliche Folge war, dass der Finanzplatz London, der neben New York bereits damals weltweite Bedeutung hatte, für deutsche Banken, Händler und Investitionen versperrt wurde. So siedelten sich deutsche Geschäftsbanken und Finanzinstitute über Niederlassungen in den neutralen Niederlanden an, um von dort ihre Transaktionen zu tätigen. Die Dresdner Bank gründete zu diesem Zweck in den Niederlanden den Handelstrust West als hundertprozentige Tochtergesellschaft.[29]

Nach der Besetzung durch deutsche Truppen im Mai 1940 änderte sich der Fokus der Geschäftstätigkeit dieser Niederlassungen allerdings grundlegend. Die Möglichkeit, über Tochterfirmen in formal niederländischem Besitz Geschäfte zu machen, entfiel. Kurzfristig sah die Besatzungspolitik vor, die Niederlande wirtschaftlich auszubeuten, um damit den Krieg zu finanzieren. Doch dann setzte sich eine andere Überzeugung durch. Langfristig sollte ein gemeinsamer Wirtschaftsraum mit dem Deutschen Reich entstehen.[30] Nun ging es für die Banken darum, die wirtschaftlichen Interessen des Deutschen Reiches und der „Volksgenossen" auch dort zu vertreten und durchzusetzen. Das bedeutete: Die Banken sollten dabei helfen, profitable und hinreichend bedeutsame niederländische Unternehmen in den Besitz deutscher Staatsbürger zu überführen. Das Vermittlungsgeschäft versprach hohe Provisionen für die Institute und nebenbei war man damit ganz auf Linie der Partei. Profit und Politik lagen nah beieinander.

Dies zeigte sich bei den „Arisierungen" in den Niederlanden. Sie versprachen Gewinne für die Käufer und die Vermittler und bildeten ein Kernelement der nationalsozialistischen Ideologie ab. Die vollständige Verdrängung von Juden aus dem Geschäftsleben war bereits eingeübt, und so fanden Gesetze und Regelungen aus dem „Altreich" auch in den Niederlanden ihre Anwendung. Die „Verordnung zur Anmeldung von Unternehmen" vom 22. Oktober 1940 war dabei der erste Schritt, Juden aus der Wirtschaft zu entfernen. 1940 waren in den Niederlanden 21.000 von Juden geführte Unternehmen registriert. Mit der „Verordnung zur Behandlung von anmeldepflichtigen Unternehmen" vom 12. März 1941 – der sogenannten Wirtschaftsentjudungsverordnung – wurden alle Wirtschaftsgeschäfte von Juden ab einem bestimmten Volumen genehmigungspflichtig. 9.500 kleinere und mittlere Unternehmen wurden vollständig liquidiert, 9.500 weitere Unternehmen durch den Austausch des Führungspersonals durch nichtjüdische Niederländer „arisiert".

Wie im Deutschen Reich fällt es schwer, ein Schema für „Arisierungen" in den Niederlanden zu beschreiben. Die Formen der Übernahmen konnten vielfältig sein. Von einer zivilrechtlichen Einigung zu halbwegs akzeptablen Konditionen zwischen den Parteien bis hin zur gewaltsamen Aneignung von Vermögenswerten und Geschäften gab es ein breites Spektrum. Dies betraf insbesondere die rund 2.000 Unternehmen, die weder in niederländischen Besitz übergingen noch direkt geschlossen wurden. Sie waren meist hoch profitabel, gehörten zu Kernbereichen der Wirtschaft und konnten gar kriegswichtige Bedeutung durch die Einbindung in die Rüstungsproduktion haben. Auf diese konzentrierte sich die Vermittlertätigkeit deutscher Banken wie die der Dresdner Bank und ihrer niederländischen Dependance, dem Handelstrust West. Jene Unternehmen sollten an deutsche Kunden der Bank vermittelt werden.[31]

Vor allem die zahlungskräftigen unter ihnen, die in den wirtschaftlich komplexen Kriegsjahren nach renditestarken Anlagen suchten, fühlten sich von dem Angebot, das ihnen vor dem Hintergrund des vermeintlich positiven Kriegsverlaufs gemacht wurde, angezogen. Der Weg dahin war nicht ganz einfach: Von der örtlichen Bankfiliale aus konnten die Kunden ihr Interesse hinterlegen, welches der Bankangestellte aufnahm und an seinen Kollegen beim Handelstrust West übermittelte. Der ging dann in den Niederlanden auf die Suche nach einem geeigneten Unternehmen. Dabei waren nicht nur das Volumen, also die Investitionssumme, und das zur Verfügung stehende Kapital des Kunden entscheidend. Es bedurfte auch der Genehmigung zum Kauf durch das Reichswirtschaftsministerium. Dort prüfte man weniger die wirtschaftliche Situation des Kandidaten als dessen Einstellung zur Politik des NS-Staates und natürlich die „rassische Eignung". Es galt, Geschäftstätigkeit von Juden über Strohmänner auf alle Fälle zu verhindern. Bevorzugt wurde hier Personen die Geschäftsübernahme genehmigt, die bereits in der Vergangenheit Erfahrungen bei „Arisierungen" gesammelt und dabei ihre im Sinne des NS-Regimes einwandfreie Eignung unter Beweis gestellt hatten.[32] Wer sich also im Deutschen Reich bei Übernahmen aus jüdischem Besitz bewährt hatte, der kam neben Veteranen, niederländischen Kollaborateuren sowie Partner- und Tochterfirmen deutscher Unternehmen in Holland in die Position, in den besetzten Gebieten ein solches Geschäft realisieren zu können. Dies traf auf Horten zwar mit Blick auf wirtschaftliche Erfolge zu, nicht aber in puncto politischer Zuverlässigkeit.

Doch auch den jüdischen Besitzern blieben enge, aber bestehende Handlungsspielräume. Sie konnten über niederländische Vermittler, die ihrerseits Provisionen von fünf Prozent und mehr verlangen konnten, an den Handelstrust West und andere Niederlassungen deutscher Banken vor Ort herantreten. Die Mitarbeiter bewerteten dann das Unternehmen und suchten nach geeigneten deutschen Käufern unter ihren Kunden.[33] Die „freiwilligen" Verkäufe erfolgten jedoch, wie im Reich, tatsächlich fast nie aus freien Stücken. Der Verfolgungsdruck und die Einschränkungen schufen auch hier eine starke Repression für die jüdischen Verkäufer.[34] Wer sich nicht dazu bereiterklärte, „freiwillig" zu verkaufen, dem drohte letztendlich doch die Entziehung des Vermögens durch staatliche Stellen. In diesem Fall wurde ein Treuhänder eingesetzt. Zu diesem Zweck wurde im März 1941 die Niederländische Aktiengesellschaft zur Abwicklung von Unternehmen (NAGU) gegründet. Ihr Ziel bestand darin, deutsche Käufer zu finden, meist in Abstimmung mit den deutschen Banken vor Ort.

Die Kaufhäuser der Gebr. Gerzons Modemagazijnen N.V. Amsterdam (im Folgenden Gerzons) gehörten zu jener Gruppe von etwa 2.000 niederländischen Unternehmen, die auf Grund ihrer hohen Erträge nach der Besetzung des Landes rasch ins Blickfeld deutscher Übernahmekandidaten gerieten. Das Amsterdamer Haus des Unternehmens gehörte zu den bedeutendsten in den ganzen Niederlanden. Die Brüder Ephraim Juda und Levi Lazarus Gerzon hatten in Amsterdam 1889 einen bescheidenen Vorhangladen gegründet. Das Geschäft wuchs schnell und 1895 ließen sie in der Amsterdamer Kalverstraat ein Kaufhausgebäude errichten, welches in den 1920er Jahren zu einem der Symbole der Bürgerlichkeit der Stadt heranwuchs. Niederlassungen von Gerzons in anderen Städten in den Niederlanden und sogar in der Kolonie in Ostindien wurden gegründet. Zudem wurde in Amsterdam die Textilfabrikation aufgenommen und dafür ebenfalls ein repräsentativer Bau errichtet. Die wirtschaftlich schwierige Lage während der 1930er Jahre beeinträchtigte aber auch dieses Unternehmen. Erst ab 1939 konsolidierte sich das Geschäft wieder. Die Geschäftsführung des Unternehmens lag mittlerweile bei Arthur Marx, Jules Gerzon und George Hecht.[35]

Die recht kurze wirtschaftliche Konsolidierungsphase war durch den Einmarsch der deutschen Truppen im Mai 1940 zunächst nicht beeinträchtigt worden. Zwar mussten die Geschäftsführer und Eigentümer um die Zukunft ihres Unternehmens fürchten, doch Panik oder aber ein großer Druck, schnell zu verkaufen, stellte sich zunächst nicht ein. Doch musste Gerzons früher oder später die Aufmerksamkeit der deutschen Stellen auf sich ziehen. Die Beschaffenheit des Unternehmens machte es zu einem aus Sicht der nationalsozialistischen Besatzungs- und Ausbeutungspolitik idealen Kandidaten für eine Überführung in deutsche Hände.

Im Oktober 1940 beauftragte die Deutsche Revisions- und Treuhandgesellschaft, deren Aufgabe die Bewertung niederländischer Unternehmen im Besitz von Juden zur Vorbereitung einer „Arisierung" war, den freiberuflichen Wirtschaftsprüfer Reinhold Stephan mit der Aufstellung einer Bilanz von Gerzons. Stephan bot den Vorstandsvorsitzenden und Inhabern an, in den Vorstand des Unternehmens einzutreten, um eine „Arisierung" durch einen anderen Bewerber zu verhindern. Stephan wurde also selbst Vorstandsmitglied. Dabei handelte es sich in der Wahrnehmung der damals beteiligten deutschen Besatzungsbehörden bereits um eine „Arisierung", an der Stephan entscheidend beteiligt war.[36]

Stephans Haltung zum NS-Regime in den Niederlanden war ambivalent. Einerseits rügte er Angestellte, die sich offen für die Unterstützung der deutschen Besatzer aussprachen.[37] Andererseits gab Stephan an, „dass auch sonstige laufende oder einmalige Zuwendungen (z. B. Pensionen) an Mitglieder der Familie Gerzon nicht erfolgen", was nicht gerade für eine übermäßige Unterstützung für die Verkäufer sprach.[38] Stephans Vorgehen erregte den Argwohn der deutschen Behörden. So sollte eine „Arisierung" nicht verlaufen, da eine ideologische Überprüfung nicht stattgefunden hatte und aus Sicht der Behörden zu befürchten war, dass die jüdischen Vorbesitzer weiter im Unternehmen wichtige Positionen behielten, was auch zutraf. Daher wurde im März 1941 ein Treuhänder für Gerzons eingesetzt. Die Einsetzung erfolgte auf Grund des Betreibens des Befehlshabers der Sicherheitspolizei des SD für die besetzten niederländischen Gebiete.[39] Am 19. März 1941 wurde Stephan aus dem Vorstand von Gerzons durch den eingesetzten Treuhänder Fritz W. Schönherr entlassen.[40]

Nach Hortens erfolgreich vollzogenen Geschäftsübernahmen im „Altreich" bekam er die Genehmigung des Reichswirtschaftsministeriums zur „Arisierungen" von Unternehmen in den besetzten niederländischen Gebieten. Als Kunde der Düsseldorfer Filiale der Dresdner Bank, die ihrerseits über den Handelstrust West ihre geschäftlichen Tätigkeiten auf dem Feld der Geschäftsübernahmen in den Niederlanden entfaltete, rückte Horten in den Kreis der Interessenten für die „Arisierung" von Gerzons. Zum Zeitpunkt von Reinhold Stephans Entlassung lag noch kein Angebot Hortens für die Übernahme der Aktienmehrheit von Gerzons vor. Der eingesetzte Treuhänder forderte Horten am 3. April 1941 auf, ein solches vorzulegen.[41]

Für Horten war die Gemengelage komplex. Sein Interesse richtete sich auf 1.779 Anteile von insgesamt 2.000 Stammaktien.[42] Inhaber von Stammaktien haben ein Stimmrecht auf der Hauptversammlung der Aktiengesellschaft und können über die Verwendung des Bilanzgewinns mitentscheiden. Sie sichern damit einen operativen Zugriff auf das Unternehmen. Daneben gab es bei Gerzons 2.000 Vorzugsaktien ohne Stimmrecht, dafür wurden deren Inhaber aber bei der Ausschüttung des Gewinns bevorzugt. Der Familie Gerzon war es gelungen, rechtzeitig einen Teil des Vermögens vor dem Zugriff der deutschen Behörden in Sicherheit zu bringen. Durch die Eröffnung der General Stores and Investment Inc. mit Sitz in Panama-Stadt und der dortigen Wertanlage entzog man das Kapital dem Zugriff der Besatzungsbehörden.[43] Horten bot für das von ihm favorisierte Paket 100.000 US-Dollar (USD), was 187.969,92 Niederländischen Gulden entsprach.[44] Diese Summe lag erheblich unter dem nominellen Wert der Aktien von 1.779.000 Gulden. Jedoch darf der Realwert hier nicht außer Acht gelassen werden. Angesichts der bedrohlichen Lage und der zu befürchtenden Zwangsarisierung war der Wert des Unternehmens bereits erheblich unter Druck, wovon Horten profitierte. Die Zahlung in einer fremden Währung, die nicht dem Einflussbereich des NS-Staates unterlag, bedeutete zwar für eine erfolgreiche Flucht der jüdischen Inhaber eine starke Unterstützung. Hinzu kam, dass Horten und die Mitarbeiter des Handelstrusts West die wichtige Beschaffung von Ausreisevisa anboten.[45] Doch unter dem Strich handelte es sich um ein sehr niedriges Angebot.

Am 10. Oktober 1941 trafen sich Eigentümer, Vermittler und Horten in Amsterdam.[46] Max Bardroff[47] vom Handelstrust West schlug folgende Abwicklung vor: Arthur Marx, der Geschäftsführer von Gerzons, sollte im Namen der Familie dem Verkauf zu den von Horten vorgeschlagenen Konditionen zustimmen. Im Gegenzug sollten Marx und der Inhaberfamilie die Ausreise in die USA ermöglicht werden. Aus Panama sollten die Aktien „Zug um Zug" in die Niederlande und schließlich zu Horten ins Deutsche Reich transferiert werden. Wie dies genau geschehen sollte, blieb offen. Und ebendarin lag das Problem, an dem das Geschäft letztlich scheitern sollte: Auf Grund der Kriegslage und der damit verbundenen Beschränkungen war die Transferierung der Wertpapiere aus dem US-amerikanischen Einflussgebiet nach Europa nicht möglich. Dies hätte nur als illegale Maßnahme gelingen können und wäre damit mit erheblichem Risiko behaftet gewesen. Die Gefahr für den Verkäufer, den Schmuggler wie auch den Empfänger (Horten) wäre sehr groß gewesen. Das eigentliche Problem bestand aber darin, dass Marx und die Gerzons niederländische Staatsbürger waren. Daher wurden – trotz ihres jüdischen Glaubens – ihre Vermögen in den USA und ihren Einflussgebieten nach der Besetzung der Niederlande durch die deutsche Wehrmacht blockiert. Dahinter stand die Absicht, dem NS-Regime keine Möglichkeit zu geben, über Strohmänner in den USA Geschäfte zu tätigen. Das bedeutete, dass, selbst wenn ein Verkauf der Aktien zustande gekommen wäre, es faktisch keine Möglichkeit gegeben hätte, die Aktien auf legalem Wege nach Deutschland oder überhaupt auf das europäische Festland zu bringen. In Panama, den USA, den Niederlanden und im Deutschen Reich war die Transaktion aus jeweils unterschiedlichen Gründen rechtswidrig.

Das war auch Arthur Marx bewusst, wie eine Notiz zur Unterredung nahelegt. Das Geschäft scheiterte also nicht, oder nur nachrangig, an der zu niedrigen Kaufsumme, die Horten offeriert hatte, sondern an der Unmöglichkeit, die Aktien zu transferieren. Die niedrige Offerte war zudem kaum ein Anreiz, das Risiko einzugehen, wie sich Marx drei Jahre später erinnerte.[48] Auch Robert Hobirk, einer der Mitarbeiter des Handelstrusts West, bestätigte unabhängig von Marx' Aussage diese Einschätzung.[49] Er gab zudem an, dass Horten bei der Mehrzahl der Gespräche in Amsterdam zugegen gewesen sei.[50] Die Offerte über 100.000 USD habe Horten im Verlauf der Verhandlungen eigenständig formuliert. Auch Hobirk war 1948 der Auffassung, dass dieser Betrag, trotz der generellen Schwierigkeiten bei der Devisenbesorgung, erheblich zu niedrig angesetzt gewesen sei. Entscheidend sei allerdings gewesen, dass der Transfer der Aktien nicht realisierbar gewesen sei.

Horten kannte die Risiken des Geschäfts. Angesichts der unklaren Lage, ob ihn die Aktien je erreicht hätten und welche möglichen strafrechtlichen Folgen sich für ihn im NS-Staat hätten ergeben können, war er nicht bereit, mehr als die aufgerufenen 100.000 USD zu investieren. Für ihn hätte dies ein vergleichsweise kleines geschäftliches Engagement bedeutet. Gleichzeitig war damit ein großer logistischer Aufwand verbunden. Das nachhaltige Interesse zur Realisierung war daher vermutlich gering.

Trotzdem versuchte Horten, sich das Vorkaufsrecht für die 1.779 Stammaktien des Unternehmens zu sichern. Darüber wollte er einen Vertrag mit den Aktieninhabern Marx und Gerzon schließen. Auf Grund der für sie bedrohlichen Lage in den Niederlanden waren diese jedoch auf Empfehlung des zu diesem Zeitpunkt bereits aus dem Vorstand ausgeschiedenen Reinhold Stephan untergetaucht und kamen nicht zum Treffen mit Horten am 3. November 1941.[51] Auf Drängen des nichtjüdischen und ebenfalls erst 1940 berufenen Aufsichtsratsvorsitzenden Verrijn Stuart erschien Jules Gerzon schließlich doch zu dem Treffen mit Horten und unterzeichnete den Vertrag über das Vorkaufsrecht. Dabei berichtet Gerzon in seinem zeitnah verfassten Brief an Stephan nicht von Drohungen Hortens gegen ihn. Im Gegenteil: Der deutsche Übernahmekandidat sicherte sogar zu, Reinhold Stephan wieder in den Vorstand aufzunehmen:

„Horten hatte gesagt, er wollte dann 3 Direktoren, Sie [Reinhold Stephan], Vormann + Sch. [gemeint war vermutlich der eingesetzte Treuhänder Schönherr]. Auch wollte er dafür sorgen, dass die Herren eine anständige Entschädigung bekämen!? Prof. V. S. [Verrijn Stuart] meinte, dass (sic!) sei ehrlich gemeint ?? Des weiteren wolle er ein Geheim Akt [gemeint ist hier eine nicht in den Vertrag aufgenommene Nebenabrede] für die a. B. machen lassen, dass wir unter Pression gezeichnet hätten. Drei, viermal hat man mir gesagt, wir seien uns nicht bewusst, welche Gefahren uns sonst drohten, – alles dies aus dem Munde von V. S. [Verrijn Stuart] und Mr. W. [Johannes Hubertus Worst, Präsident des Aufsichtsrats von Gerzon, Anm. d. Verf.]."[52]

Damit blieb Horten im Spiel. Parallel zu den Gesprächen mit ihm führte der Treuhänder Fritz W. Schönherr auch Verhandlungen mit der Allgemeinen Warenhandelsgesellschaft AG (ehemals Wertheim). Das Unternehmen verkaufte zu Beginn des Jahres 1942 einen Aktienanteil von 30 Prozent an Gerzons, die aus Streubesitz stammten, also von jedermann erworben werden konnten. Die NABU, die Niederländische Aktiengesellschaft zur Abwicklung von Unternehmen, schätzte den Wert des gesamten Unternehmens auf sechs Millionen RM.[53] Die Lage für Marx und die Familie Gerzon wurde 1942 unmittelbar bedrohlich. Inzwischen wurden niederländische Juden verstärkt inhaftiert und deportiert. Auch der Handelstrust West war weiter an einer Realisierung der Übernahme durch Horten interessiert. Schließlich versprach das Geschäft eine hohe Vermittlerprovision.[54] Doch Hortens Interesse blieb begrenzt. Zu unwägbar erschienen ihm die Risiken und zu wenig profitabel die Investition. Ein letzter Anlauf fand im Dezember 1943 statt. Doch auch diese Initiative scheiterte. Schließlich ging das gesamte Unternehmen inklusive der Aktienmehrheit noch im selben Jahr an einen Interessenten aus Berlin. Arthur Marx wurde kurz darauf mit seiner Frau nach Theresienstadt deportiert. Seine Frau überlebte den Holocaust im Gegensatz zu ihrem Mann nicht. Einige Mitglieder der Familie Gerzon konnten rechtzeitig emigrieren. Andere wurden ermordet.[55]

Das vertraglich vereinbarte Vorkaufsrecht wurde von Horten nie gezogen. Es kam auf Grund der Schwierigkeiten bei der Übertragung der Aktien von Panama nach Europa nie zu einem Kauf durch Horten. Nach dem Zweiten Weltkrieg versuchte Reinhold

3 · Unternehmer im Krieg (1939–1945)

Stephan auf zivilrechtlichem Wege eine Entschädigungsleistung von Horten zu erhalten, da dieser aus seiner Sicht für seine Entlassung im März 1941 verantwortlich gewesen sei und die jüdischen Inhaber zur Unterzeichnung des Vertrages über das Vorkaufsrecht der Aktien genötigt habe.[56] Doch alle Anstrengungen verliefen im Sande. Gegenüber Stephan gaben Arthur Marx und Verrijn Stuart später, 1951 und 1953, Erklärungen ab, dass Horten Jules Gerzon mit der Androhung von Gestapohaft und der Einweisung in ein Konzentrationslager zur Unterschrift genötigt habe.[57] Doch Marx war bei dem bezüglichen Treffen am 3. November 1941 überhaupt nicht anwesend gewesen und Stuart hatte auf Grund seiner Beteiligung an der durch Stephan faktisch betriebenen „Arisierung" ein Motiv, Horten zu belasten, um vom eigenen Handeln abzulenken. Der Augenzeuge Jules Gerzon schilderte Reinhold Stephan gegenüber jedenfalls keine derartigen Drohungen durch Horten und auch Marx gab Derartiges bei den Alliierten nicht zu Protokoll.[58]

Anders als im Fall der gescheiterten Übernahme von Aktien in den Niederlanden erfuhren andere Versuche Hortens, außerhalb der ursprünglichen Grenzen des Deutschen Reichs Geschäfte zu übernehmen, wenig bis keine Aufmerksamkeit. Doch auch in weiteren von der Wehrmacht besetzten Gebieten ergaben sich geschäftliche Möglichkeiten für risikobereite Investoren aus dem „Altreich". Der Einmarsch der Wehrmacht in die Tschechoslowakei am 14./15. März 1939 markierte eine tiefgreifende Veränderung im wirtschaftlichen Gefüge der Region. Im späteren Reichsprotektorat Böhmen und Mähren waren bereits vor dem Beginn des Zweiten Weltkriegs und der damit einhergehenden Verwaltungspolitik von Juden geführte Geschäfte außerhalb des Deutschen Reiches „arisiert" worden. Juden unterlagen denselben diskriminierenden Gesetzen, mussten auch hier um ihre Existenz und wenig später auch um ihr Leben fürchten. Eine Bestandsaufnahme im Reichsprotektorat hatte ergeben, dass rund 30.000 Unternehmen in jüdischem Besitz waren. Das weckte rasch Begehrlichkeiten. Eine erste Welle wilder „Arisierungen", die sich vor allem durch gewaltsame Übergriffe, Zerstörungen der Geschäftsräume und die Bedrohung der Inhaber auszeichnete und bei denen der wirtschaftliche Gedanke der Übernahme oft nachrangig war, sollte aus Sicht der NS-Behörden rasch beendet werden. Auch mittelgroße Unternehmen waren betroffen gewesen. Vor allem sie boten aber Investitionsmöglichkeiten für die Volksgenossen vor Ort. Nach dem Willen der Machthaber und insbesondere nach Weisung von Hermann Göring sollten die Übernahmen in einer zweiten Welle langsam und geordnet verlaufen.[59] Schließlich sollte der NS-Staat an dem Geschäft mitverdienen können.

Es ging wieder darum sicherzustellen, dass die jüdischen Inhaber keinen weiteren Einfluss mehr auf die Geschäfte ausüben konnten. Parteimitglieder wurden in der ersten Welle der „Arisierung" direkt nach dem Einmarsch im März 1939 zwar bei Geschäftsübernahmen bevorzugt, jedoch spielte auch die fachliche Eignung eine nicht unerhebliche Rolle.[60] Ferner wurden laut Weisung des Reichswirtschaftsministeriums Personen, die selbst aus dem Reichsprotektorat Böhmen und Mähren stammten, Bewerbern aus dem „Altreich" vorgezogen. Gute Verbindungen zur Parteispitze halfen wenig, um diese Regelung zu umgehen. Anders als in den Niederlanden ging es nicht um eine wirtschaftliche Verschmelzung der Regionen, sondern um den Aufbau eigenständiger Strukturen. Trotzdem machten sich die Geschäftsbanken auch hier schnell daran, unter ihren Stammkunden nach Kandidaten für Übernahmen jüdischer Unternehmen zu suchen. Dieses Geschäft lief wie bereits oben für die Niederlande beschrieben über örtliche Tochterinstitute. Dafür hatte die Dresdner Bank 1939 die Böhmische Escompte Bank (BEB) übernommen.[61] Die BEB übernahm die Abwicklung der Transaktionen vor Ort, während die Filialen der Dresdner Bank im Deutschen Reich in ihren Beständen nach interessierten und freilich auch zahlungskräftigen Kontoinhabern suchten. Die Filiale in Düsseldorf, bei der auch Helmut Horten Kunde war, machte neben derjenigen in Hamburg das Gros der Vermittlungen von „Arisierungen" in Böhmen und Mähren aus.[62]

Die betreffenden Betriebe versprachen hohe Renditen. Einige gehörten zu den Marktführern in der Tschechoslowakei und waren auch darüber hinaus bekannt. Das Warenhaus Rix in Mährisch-Ostrau gehörte zu den größten und modernsten in der Tschechoslowakei. Auffällig war vor allem die avantgardistische architektonische Gestaltung im Bauhausstil. Das Unternehmen war 1903 begründet und 1930 erheblich erweitert und umgebaut worden. Der jüdische Inhaber Otto Lüftschitz hatte das Haus von seinem Vater übernommen und es zu einem Unternehmen mit überregionaler Bedeutung ausgebaut.[63] Direkt nach dem Einmarsch der deutschen Truppen war sein Unternehmen von der Gestapo beschlagnahmt worden.[64] Lüftschitz war zuvor die Flucht nach England gelungen. Nach Ansicht der NS-Verwaltungsbehörden war das Warenhaus damit ohne Inhaber und wurde somit einer behördlichen Leitung durch einen Treuhänder unterstellt, um es rasch an einen neuen Inhaber zu vermitteln.

Das Prager Filialbüro der Böhmischen Escompte Bank richtete daraufhin am 16. Februar 1940 ein Schreiben an die Konsortial-Abteilung der Zentrale der Dresdner Bank in Berlin, in dem die Übernahme des Warenhauses Rix thematisiert wurde.[65] Anbei lag eine kurze Beschreibung des Unternehmens, allerdings ohne Umsatzzahlen. Auf dieser Informationsbasis sollte ein neuer Inhaber unter den Kunden der Dresdner Bank gefunden werden.

Helmut Horten rückte nun in den engeren Kreis der Kandidaten. Bereits das Filialbüro aus Prag hatte seinen Namen mit der Bitte genannt, ihn auf die Möglichkeit der Übernahme hinzuweisen. Dies spricht dafür, dass Horten bereits überregional bekannt war, zumindest in Kreisen der Dresdner Bank. Hinzu kam, dass er zu diesem Zeitpunkt ein weiteres Geschäft aushandelte. Diesmal ging es um die Übernahme des Prager Modehauses Schiller AG, das zwar nicht zu den größten der Stadt gehörte, aber wohl hinreichend lukrativ erschien.[66] Horten verlor jedoch offenbar bald das Interesse an dieser Geschäftsmöglichkeit. Stattdessen intensivierte er seine Bemühungen um die Übernahme des Warenhauses Rix.

Im März 1940 gelang es ihm, eine der seltenen Genehmigungen für die Einreise in das Reichsprotektorat Böhmen und Mähren zu erhalten. Auf Grund der Kriegslage und der angespannten Situation vor Ort wurden Einreisevisa von Zivilisten nur äußerst restriktiv vergeben. In Prag suchte er die Böhmische Escompte Bank auf, die das Geschäft angebahnt hatte.[67] Die Reise hatte einen eindeutigen Hintergrund: Es ging Horten nicht darum, das Kaufhaus selbst zu besichtigen, sondern einen Blick in die Geschäftsbücher des Unternehmens zu werfen. Dies zeigt, dass er sich nun konkreter für die Übernahme interessierte und diesmal durchaus großen Eifer an den Tag legte, das Geschäft auch zu realisieren. Eine Prüfung der Bücher deutet darauf hin, dass Horten daran gelegen war, die geschäftlichen Risiken der Übernahme genau zu eruieren. Die politischen Unwägbarkeiten ließen sich hingegen kaum absehen, wie sich kurz darauf zeigen sollte.

Horten verhandelte direkt mit dem eingesetzten Treuhänder des Warenhauses Rix. Dieses Engagement war mühsam, ohne dass es greifbare Resultate erzielte. Das Auftreten eines einheimischen Bewerbers markierte schließlich das jähe Ende von Hortens Bemühungen. Denn es galt ja das Gebot, einheimische Interessenten bei der Vergabe der Geschäftsübernahmen zu bevorzugen. Nach dem wirtschaftspolitischen Willen der NS-Führung sollte den „Volksgenossen" im Sudetenland und dem Reichsprotektorat die Möglichkeit gegeben werden, selbst von den „Arisierungen" zu profitieren, um dem Eindruck einer kolonialartigen Verwaltung vorzubeugen.[68] So scheiterte das Geschäft bereits im Mai 1940. Für Horten dürfte dies angesichts der umfangreichen und aufwändigen Bemühungen eine herbe Enttäuschung gewesen sein. Alternativen vor Ort gab es kaum. Mitte 1940 war der Großteil der „Arisierungen" im Reichsprotektorat und dem Sudetenland bereits abgeschlossen.[69]

Nachdem die Übernahme des Warenhauses Rix durch Horten unerwartet gescheitert war, bemühte sich die Dresdner Bank, Hortens Interesse an dem Objekt zu erhalten. Im September 1940 fühlte er selbst abermals vor, ob und unter welchen Umständen eine Übernahme durch ihn doch noch realisierbar sein könnte.[70] Würde er erneut große Mühe verwenden auf die Verwirklichung des Geschäfts, dann sollte es diesmal nicht umsonst sein. Die Böhmische Escompte Bank engagierte sich ihrerseits ebenfalls, die entsprechenden politischen Weichenstellungen vorzunehmen. Die Verantwortlichen der Prager Filiale sprachen sogar beim Leiter des Referats „Entjudung" bei der deutschen Zivilverwaltung im Hradschin vor. Dort waren der Name Horten und das Kaufhaus in Duisburg durchaus bekannt. Und man erklärte, dass eine Entscheidung bei der Vergabe des Warenhauses Rix noch längst nicht zugunsten eines einheimischen Bewerbers getroffen sei.[71] Doch in den Reihen der Böhmischen Escompte Bank vermutete man inzwischen nicht zu Unrecht, dass Horten letztlich doch von einem ernsthaften Engagement absehen werde, da er seine Geschäfte stärker auf das Kerngebiet des Deutschen Reichs konzentrieren wolle und ein erneutes Scheitern eines Geschäftsabschlusses durchaus möglich war.

Mit Beginn des Jahres 1942 gab es faktisch keine Unternehmen mehr im Reichsprotektorat und dem Sudetenland, die aus jüdischem Vorbesitz übernommen werden konnten.[72] Allerdings gab es weiterhin Möglichkeiten zu Übernahmen aus zweiter Hand. Eine bestand darin, dass sich ein „arisiertes" Unternehmen unter deutscher Leitung als unrentabel erwies und daher nach einem neuen Besitzer gesucht wurde.

Eine solche Gelegenheit, die sich Helmut Horten im Frühjahr 1942 bot, war die Übernahme des Einheitspreisgeschäfts Te-Ta in Prag. Der Fall offenbart erneut die Komplexität einer „Arisierung" im Protektorat. Das Unternehmen war bereits Ende 1939 von einem Konsortium österreichischer Investoren gekauft worden.[73] Die Übernahme von Te-Ta war zu überaus günstigen Konditionen erfolgt. Der Preis hatte 2.800.000 Tschechische Kronen (K) betragen, während der eigentliche Unternehmenswert auf zwölf Millionen K geschätzt wurde.[74] Auf den ersten Blick handelte es sich für die neuen Eigentümer also um ein hervorragendes Geschäft. Doch wie im „Altreich" gab es auch in den besetzten Gebieten bei „Arisierungen" eine wichtige gesetzliche Regelung zu beachten: War der Übernahmepreis allzu niedrig und zu weit entfernt vom eigentlichen Unternehmenswert, musste eine Kompensations-

(Un-)Günstige Gelegenheiten: Gescheiterte Übernahmen

abgabe an den Staat geleistet werden. Auch bei aus Sicht der Käufer guten Geschäften wollte das Regime so mitverdienen.

Zunächst hatten sich die Geschäfte von Te-Ta durchaus positiv entwickelt. Die Frage der Kompensationsleistung stand in den Geschäftsjahren 1940 und 1941 allerdings weiter im Raum. Im Herbst 1941 traten dann größere Differenzen unter den Eigentümern auf, die letztlich dazu führten, dass die Genehmigung zur Übernahme zurückgezogen wurde.[75] Noch einmal kam Helmut Horten als möglicher Interessent ins Spiel.[76] Offenbar hatte er seine Suche nach Investitionsmöglichkeiten hinterlegt und schien weiterhin Interesse an Geschäftsübernahmen im Reichsprotektorat zu haben. Aber auch diese Gelegenheit zerschlug sich rasch. Im September 1942 musste die Bank feststellen: „Neuarisierung voraussichtlich bei Kriegsende, hierfür vorgesehen wahrscheinlich SS-Angehörige unter Einschluss des bisherigen Teilhabers Hepky, der SS-zugehörig und aus hiesigem Raum."[77] Damit endete auch dieses Kapitel für Horten mit einem nicht realisierten Geschäft. Seine Bemühungen, auch außerhalb des „Altreichs" Geschäfte zu machen, waren typisch für die schnell gewachsenen und expansiven Unternehmen, welche in den direkten Vorkriegsjahren gegründet worden waren. Besonders im Einzelhandel, der Hortens Geschäft dominierte, war dies auf Grund der hohen Konkurrenz in der Heimat, die Geschäfte fernab interessant machte, der Fall. Noch dazu boten Beteiligungen lukrative Investmentmöglichkeiten in jenen Jahren, in denen der Börsenhandel eingeschränkt oder unmöglich war. Hortens Verhalten war durchaus zeittypisch für seine soziale Gruppe.

3 · Unternehmer im Krieg (1939–1945)

Auf fremdem Terrain:
Die Flugzeugwerk Johannisthal GmbH

Die erste Hälfte des Kriegsjahres 1943 war ereignisreich und folgenschwer. In Stalingrad wendete sich das Kampfgeschehen im Januar endgültig. Die sowjetische Offensive konnte sich formieren und bereits im Verlauf des Frühjahrs große Gebietsgewinne verbuchen. In Nordafrika mussten sich die deutschen Truppen im Mai der Übermacht der Royal Army geschlagen geben und kapitulieren. Zeitgleich verschärfte sich der Krieg an der Heimatfront. Im Februar rief Reichspropagandaminister Joseph Goebbels den „Totalen Krieg" aus. Kurz darauf begann die Royal Air Force im „Battle of the Ruhr" mit der großflächigen Bombardierung deutscher Großstädte im Westen. Das Momentum des Krieges stand nun gegen das Deutsche Reich und das NS-Regime. Auch wenn dies in den amtlichen Nachrichten keinesfalls zum Ausdruck kommen sollte, so wurde doch durch Augenzeugenberichte von Soldaten auf Heimaturlaub und das illegale Abhören ausländischer Radiosender allmählich erkennbar: Der Krieg ging verloren.

In dieser Phase, als wenig Aussicht auf eine erneute Kriegswende zu einem Positiven für das Deutsche Reich bestand, stieg Helmut Horten in das Rüstungsgeschäft ein. Er wurde am 30. Juni 1943 Mitgesellschafter der Flugzeugwerk Johannisthal GmbH, einem Unternehmen, welches sein Geld mit der Reparatur beschädigter Jagdflugzeuge und Bomber verdiente – ein erklärungsbedürftiger Schritt angesichts der bis dahin verlaufenen Karriere Hortens und der düsteren Aussichten des Kriegsverlaufs, zumal die Rüstungsbetriebe zu den bevorzugten Zielen der Bombenangriffe gehörten.[78] Bis dahin hatte Horten auf diesem Sektor keinerlei Erfahrungen gesammelt. Aber: In der Rüstungsproduktion lagen enorme Gewinnmöglichkeiten, verbunden mit hohen Risiken. Und das lockte ambitionierte Kaufmänner und war zugleich die Motivation Hortens, sich diesem Geschäftsfeld zuzuwenden.

Die Flugzeugwerk Johannisthal GmbH war auf dem gleichnamigen Flugfeld im Berliner Süden angesiedelt. Seit 1909 waren

Auf fremdem Terrain: Die Flugzeugwerk Johannisthal GmbH

von hier aus Motor- und Segelflieger aufgestiegen. 1912 waren in Johannisthal die Deutsche Versuchsanstalt für Luftfahrt gegründet und ein Test- und Forschungsgelände aufgebaut worden. Der Flugplatz war damit vor und während des Ersten Weltkriegs zu einem der Herzstücke der deutschen Luftfahrt herangewachsen. Nach der Machtübernahme der Nationalsozialisten 1933 wurde er ausschließlich für militärische Erprobungsflüge genutzt. Die zivile Luftfahrt wurde nun auf dem Flughafen in Berlin-Tempelhof betrieben.[79] Mehr und mehr Produzenten von Flugzeugen und Flugzeugteilen verlegten ihre Werke hierhin. So unterhielt auch die Focke-Wulf-Flugzeugbau AG ab 1931 ein Ausbesserungswerk für beschädigte Flugzeuge vor Ort. Mit Beginn des Zweiten Weltkriegs firmierte das Werk als Flugzeugwerk Johannisthal GmbH.[80] „Gegenstand des Unternehmens ist die Herstellung, Vertrieb und Reparatur von Flugzeugen und Flugzeugteilen aller Art. Zu diesem Zweck wurde das von der Firma Focke-Wulf Flugzeugbau GmbH, Bremen, in Berlin Johannisthal betriebene Reparaturwerk mit Vorräten und Aufträgen sowie der gesamten Belegschaft am 1. Oktober 1939 übernommen." Das ist einer Buchprüfung des Unternehmens aus dem Jahr 1940 zu entnehmen.[81]

Das Unternehmen versprach zunächst eine positive Entwicklung. Der Krieg sorgte beständig für Aufträge. Diese wurden im Fall der Flugzeugreparatur durch das Reichsluftfahrtministerium (RLM) unter Hermann Göring vergeben. Mit dem Ministerium hatte die Flugzeugwerk Johannisthal GmbH Richtpreise für Leistungen vereinbart. Für Reparaturen wurden feste Sätze gezahlt, ungeachtet des tatsächlichen Arbeitsaufwandes. Die Materialien für die Reparaturen wurden ebenfalls über ein Verteilersystem des RLM bereitgestellt und mit den gezahlten Entgelten verrechnet.[82]

Bereits beim Angriff auf Polen im September 1939 war die Luftwaffe ein wichtiger Bestandteil der Taktik gewesen. Sie hatte den Boden für den „Blitzkrieg" bereitet und die mobilen Einheiten am Boden unterstützt. Die Beschädigungen an den Fliegern entstanden nicht allein durch feindlichen Beschuss. Auch regelmäßig anfallende Wartungsarbeiten von Trieb- und Leitwerken verursachten einen erheblichen Aufwand. Monatlich wurden allein bei der Flugzeugwerk Johannisthal GmbH zwischen 50 und 80 beschädigte Flugzeuge repariert. Der An- und Abtransport erfolgte über die direkt an den Betrieb angrenzenden Bahnschienen.[83]

Der Gewinn für das Unternehmen entstand aus der Differenz zwischen den erhaltenen Richtpreisen vom RLM und dem tatsächlichen Kostenaufwand, der maßgeblich aus Personalkosten bestand. Sie bestimmten letztendlich die Marge für die Eigentümer. Wegen der hoch spezialisierten Tätigkeiten waren in den ersten Kriegsjahren vor allem Fachkräfte bei der Reparatur der Flugzeuge eingesetzt worden. Entsprechend hoch waren die Aufwendungen für Löhne. 1939 beschäftigte das Unternehmen 860 Arbeiter. Hinzu kamen 273 Angestellte, also Ingenieure, Prokuristen und Verwaltungsmitarbeiter. „Infolge des vergrößerten Aufgabengebietes mußte sie [die Belegschaft, Anm. d. Verf.] zum 31. Dezember 1939 auf 945 Arbeiter und 299 Angestellte vermehrt werden. Auch 1940 ist noch mit erheblichen Neueinstellungen zu rechnen", so eine Buchprüfung aus dem Jahr 1940.[84] „Durch Fabrikationsverbesserungen und Zuweisungen von ausländischen Arbeitern hat sich die Betriebsleistung, besonders im Werk II, erhöht."[85] Bereits 1940 handelte es sich um vorrangig polnische Zwangsarbeiter. In der Folgezeit wurden mehr und mehr Facharbeiter zum Kriegsdienst eingezogen. „Die Einberufungen zur Wehrmacht konnten kriegsbedingt nur durch Einsatz von Kriegsgefangenen und Ostarbeiterinnen ergänzt werden", hieß es daher 1942.[86]

Die Kriegsgefangenen wurden bereits vor Hortens Engagement im Unternehmen eingesetzt. Sie waren in erster Linie Soldaten der Roten Armee, welche im Sommer 1941 massenhaft von der Wehrmacht interniert und ins Reich zum Arbeitsdienst verschleppt worden waren. Ab November 1941 wurden diese als Arbeitskräfte eingesetzt.[87] Die „Ostarbeiterinnen" waren ukrainische und weißrussische Frauen. Ihr Einsatz erfolgte primär in der Rüstungsindustrie an Produktionsstätten im Kerngebiet des Deutschen Reichs.[88] Durch kleinteiligere Arbeitsschritte konnten sie die fachspezifischen Handgriffe verrichten.

Auf fremdem Terrain: Die Flugzeugwerk Johannisthal GmbH

Der Einsatz der Zwangsarbeiter und Kriegsgefangenen musste zentral gesteuert werden. Anstatt dass Unternehmen Einzelanträge einreichten, galt es laut Weisung der NS-Behörden, Zusammenschlüsse zu bilden. Dies sollte die Zuweisung der Arbeiter vereinfachen. Unternehmen des Berliner Südens schlossen sich im Februar 1941 zur Arbeitsgemeinschaft Rudow zusammen. Neben der Flugzeugwerk Johannisthal GmbH waren 19 weitere Unternehmen mit örtlichen Betriebs- oder Produktionsstätten beteiligt, darunter die Deutsche Asbestzement AG (AZAG), die Wintershall AG und die Deutsche Telephonwerke AG (DeTeWe).[89] Zweck des Zusammenschlusses war die Unterbringung der Arbeitskräfte und Verteilung von Zwangsarbeitskräften an die beteiligten Firmen. Dazu wurden rasch kleinere Barackenlager errichtet, die sich nicht selten auf den Produktionsgeländen der Unternehmen oder in der unmittelbaren Nähe befanden. Eines stand in der Straße am Flugplatz 6a, nur wenige Meter vom Betriebsgelände der Flugzeugwerk Johannisthal GmbH am Segelfliegerdamm 67 entfernt. Dort waren durchgängig etwa 450 Personen untergebracht.[90] Direkt angrenzend an das Grundstück des Unternehmens befand sich das Zwangsarbeiterlager der Henschel-Flugzeug-Werke AG mit etwa 500 Insassen.[91] An der Errichtung der Lager musste sich die Flugzeugwerk Johannisthal GmbH als Mitglied der Arbeitsgemeinschaft Rudow beteiligen.[92] Auch die Überwachung oblag den Unternehmen.[93] Am 7. Mai 1941 wurde der Arbeitsgemeinschaft Rudow die Genehmigung zur Errichtung von weiteren zehn Wohn- und einer Abortbaracke erteilt.[94] Doch rasch wurde klar, dass auch diese Neuerrichtungen nicht den Bedarf an Arbeitskräften decken konnten. Am 3. Oktober 1941 war daher bereits ein Antrag auf Erweiterung des Kriegsgefangenenlagers gestellt worden, dem kurz darauf stattgegeben wurde.[95]

Der Einsatz der Zwangsarbeiter hatte einen deutlich hervortretenden positiven Effekt für die Unternehmen der Arbeitsgemeinschaft Rudow: Es lohnte sich wirtschaftlich, Zwangsarbeiter einzusetzen. Am 26. April 1940 wurde das Stammkapital der Flugzeugwerk Johannisthal GmbH von 200.000 RM auf 840.000 RM aufgestockt und am 26. November 1940 auf eine Million RM erhöht.[96] „Der Umsatz im vergangenen Geschäftsjahr betrug nach Abzug der Überpreise fast RM 19 Mio. Der Reingewinn von RM 640.000 hat sich gegenüber dem Vorjahr fast verdoppelt", hieß es in einer Buchprüfung für das Geschäftsjahr 1942.[97] Die Auftragslage durch den Krieg trug dazu bei, dass die Umsätze steigen konnten.[98] Doch im Jahr 1943 schien für die Eigentümer absehbar, dass sich das Unternehmen nicht auf Dauer positiv entwickeln würde. Welcher Beweggrund letztlich ausschlaggebend dafür war, dass sie sich dazu entschlossen, zu verkaufen, ist unklar. Wenn man das Risiko aber eingehend prüfte, dann war offensichtlich, dass das Unternehmen nach der Kriegswende 1943 unwägbare Entwicklungen in sich barg, die letztlich bis zum Totalverlust durch Kriegseinwirkung reichen konnten. Wer in dieser Phase bereit war, in ein solches Geschäft zu investieren, der musste überaus risikobereit sein und durfte nicht davor zurückschrecken, auch unorthodoxe Wege zu gehen.

Für Helmut Horten stellten diese Umstände offenbar kein Problem dar. Am 30. Juni 1943 wurde er Gesellschafter der Flugzeugwerk Johannisthal GmbH. Mit dabei war wieder Wilhelm Reinold. Auch er verfügte über keinerlei Erfahrung in der Rüstungsindustrie. Doch auch Hortens Einstieg ins Kaufhausgeschäft war bereits ein Branchenwechsel gewesen. Dies zeigt: Wer unter den schwierigen wirtschaftspolitischen Umständen des NS-Regimes und der angespannten Situation des Krieges unternehmerischen Erfolg suchte, der durfte nicht auf sein Stammgeschäft fixiert sein, brauchte bisweilen ein hohes Maß an Risikobereitschaft und durfte auch vor dem Einsatz von Zwangsarbeitern nicht zurückschrecken. Der Krieg machte es nötig, Unternehmenszweige zu wechseln und Standorte zu verlagern, und die Kriegswirtschaft eröffnete Potenziale in der erweiterten Rüstungsproduktion. Hortens und Reinolds Anteile beliefen sich auf je 380.000 RM am Stammkapital von einer Million RM. Damit besaßen sie gemeinsam 76 Prozent des Unternehmens. Die übrigen 24 Prozent entfielen auf Friedrich Vettin, der bereits zuvor im Unternehmen tätig gewesen war. Horten entrichtete laut einem Buchprüfungsbericht des Jahres 1943 für seinen Anteil von 38 Prozent insgesamt 1.368.000 RM. Reinold, der den gleichen Preis für seinen Anteil gezahlt hatte, übernahm am 17. Mai 1944 zusätzlich noch Vettins Anteile. Davon trat er 120.000 RM Anteile an Horten ab, so dass beide fortan zu je 50 Prozent beteiligt waren. Reinold wurde ab dem 1. Juli 1943 Geschäftsführer und alleinhaftender Gesellschafter. Im Beirat der GmbH saßen ab dem 30. Juni 1943 neben Helmut Horten auch sein Vater, Josef Emil August Horten, und Max Hoseith.[99] Zunächst blieb es bei der erfolgreichen Entwicklung des Unternehmens. Das Geschäftsjahr 1942/43 (Oktober 1942 bis September 1943) konnte mit einem Gewinn von 777.379,93 RM abgeschlossen werden – ein beträchtlicher Erfolg.[100] Im Jahr zuvor hatte dieser bei 432.000 RM gelegen.[101] Damit gehörte dieses Engagement neben dem Duisburger Kaufhaus zu den profitabelsten Hortens. Noch dazu kompensierte es die Ausfälle durch Kriegseinwirkungen im Einzelhandel. Mit Hortens Einstieg erhöhte sich nach der Geschäftsübernahme auch die Zahl der Zwangsarbeiter, während die Zahl der beschäftigten Kriegsgefangenen zurückging.[102] Der Mangel an Arbeitskräften hatte sich inzwischen weiter verschärft. Für deren Verpflegung, Unterhalt, Kleidung und Transportkosten musste die Flugzeugwerk Johannisthal GmbH selbst aufkommen. Im Geschäftsjahr 1942/43 waren dafür 146.000 RM notwendig gewesen.[103]

Trotz der angespannten Arbeitskräftesituation bestand ein Geschäftszweig darin, die ausländischen Arbeiter als Leiharbeiter an andere Betriebe zu vermieten. So standen in der Bilanz 1942/43 insgesamt 2618,8 Arbeitsstunden, die von den Zwangsarbeitern in anderen Fertigungen geleistet wurden. Dafür erhielt die Flugzeugwerk Johannisthal GmbH einen Fertigungslohn von nur 968,79 RM.[104] Die Leiharbeit rechnete sich für das Unternehmen also kaum. Effektiver war der Einsatz in der eigenen Firma. Auch die fortwährend notwendigen Beiträge für die Arbeitsgemeinschaft Rudow waren beachtlich. So entstanden 1942/43 für die notwendige Infrastruktur zum Einsatz von Zwangsarbeitern Kosten in Höhe von 139.000 RM.[105]

3 · Unternehmer im Krieg (1939–1945)

Spätestens Ende 1943 wurde deutlich, dass die Gewinne des Unternehmens auf tönernen Füßen standen. Die Rüstungsbetriebe hatten seit Beginn des Krieges zu den neuralgischen Zielen alliierter Bombenangriffe gezählt. Mit der zunehmenden Intensität der Angriffe und der lückenhafter werdenden Flugabwehr wurden immer mehr Betriebe zerstört. Am 24. Dezember 1943 traf es die Flugzeugwerk Johannisthal GmbH. US-amerikanische Bomberverbände zerstörten im Berliner Süden Industrie- und Wohngebiete. Das Betriebsgelände wurde wie große Teile der umliegenden Firmen um das Flugfeld Johannisthal schwer beschädigt. Rasch war eine Schadensumme kalkuliert: Rund 3.500.000 RM Kapital der Flugzeugwerk Johannisthal GmbH waren vernichtet. Bis zum Ende des Jahres 1944 sollte das Kriegsschädenamt davon 1.200.000 RM an die Gesellschafter erstatten.[106]

Der Angriff kam allerdings nicht unerwartet. Bereits am 26. August 1943 hatte das Reichsluftfahrtministerium eine Weisung herausgegeben, nach der Flugzeugproduktion und Zulieferbetriebe in Regionen verlagert werden sollten, die weniger von den Bombenangriffen betroffen waren und zugleich durch ein ausgeprägtes Schienennetz gut erreichbar waren.[107] Dies traf auf die Landstriche im Südosten des Deutschen Reichs zu. Hier, zwischen den Industriegebieten in Sachsen und dem Wiener Becken, lagen Regionen, die noch wenig vom Krieg betroffen, zugleich aber seit dem 19. Jahrhundert infrastrukturell gut erschlossen waren – wie etwa das Sudetenland. Für Helmut Horten und Wilhelm Reinold war der faktische Totalschaden des Werks in Berlin der späte Anlass, die Produktion dorthin zu verlagern. Die Wahl fiel auf die Firma Samtfabrik Weber im Ort Schluckenau, auf halber Strecke zwischen Dresden und Liberec an der Bahnstrecke von Berlin nach Prag.[108] Dies war kein Zufall. Die seit dem 19. Jahrhundert stark ausgeprägte Textilproduktion in der Region war im fortschreitendem Kriegsverlauf zunehmend zum Erliegen gekommen. Die Werkhallen waren zwar unzerstört, doch kaum ausgelastet gewesen. Dies bot ideale Voraussetzungen zur Verlagerung, nicht nur für die Flugzeugwerk Johannisthal GmbH.

Auch die geschäftlichen Rahmenbedingungen veränderten sich für Helmut Horten. Denn mit dem Umzug ging auch die Gründung der neuen ERWE Betriebsgemeinschaft Reinold und Weber OHG einher. Diese diente vor allem dazu, den Inhaber des Betriebsgeländes an der Unternehmung zu beteiligen.[109]

Per Bahn wurden bereits im Januar 1944 die noch intakten Werkzeuge und Maschinen von Berlin nach Schluckenau verbracht. Die beschädigten Flugzeuge und Teile erreichten den neuen Standort ebenfalls über die Schiene. Ein kleiner Teil der Belegschaft und der Anlagen verblieb in Berlin. Ein Nebengebäude, welches vermutlich nur leicht zerstört war, wurde zunächst weiterhin als Werkstatt genutzt. In Berlin wurden die beschädigten Flugzeugrümpfe demontiert und für den Weitertransport vorbereitet. Das Flugzeugreparaturwerk Rudow war vom Bombenangriff auf Johannisthal ebenfalls betroffen. Das Unternehmen sandte seine Aufträge daraufhin ebenfalls nach Schluckenau, wo die inzwischen ansässige ERWE Betriebsgemeinschaft die Aufträge erledigte.[110] Am neuen Standort hatte man folglich ein höheres Auftragsvolumen im Vergleich zu Berlin zu erfüllen.

Dieses war nur zu stemmen, wenn auch weiterhin ein großer Bestand an verschleppten Arbeitskräften aus Polen und Weißrussland verfügbar war. Man schätzte, dass man in der Zukunft „einen Personalbestand von 1200 Mann" brauchen würde.[111] Das bedeutete: Auch in Schluckenau mussten Zwangsarbeiter eingesetzt werden. Dafür waren die Bedingungen vor Ort bereits gegeben. Denn in der Samtfabrik Weber waren bereits zuvor Zwangsarbeiter beschäftigt worden. Vorrangig Arbeitskräfte aus Polen und Weißrussland wurden hier eingesetzt.[112] Die ebenfalls von Robert Weber betriebene Maschinenfabrik im Ort, die wohl schon vor dem Einstieg der Flugzeugwerk Johannisthal GmbH Teile für die Rüstungsindustrie gefertigt hatte, griff ebenfalls auf diese zurück.[113] Am 7. August 1943 waren in Schluckenau, das kaum mehr als 2.000 Einwohner gehabt haben dürfte, rund 400 Zwangsarbeiter beschäftigt. Personen aus Russland, der Ukraine und Polen wurden in Barackenlagern untergebracht (339 Menschen) und die Angehörigen

3 · Unternehmer im Krieg (1939–1945)

übriger Nationen (57 Menschen) wurden privat in Ställen, Gasthöfen und Dienstzimmern einquartiert. Die Flugzeugwerk Johannisthal GmbH kam mit insgesamt 500 Mitarbeitern nach Schluckenau. Unter ihnen waren 250 Zwangsarbeiter, von denen ein unbekannter Teil Kriegsgefangene waren.[114]

Daher wurde auf dem Betriebsgrund der ERWE Betriebsgemeinschaft sogleich mit dem Bau eines Barackenlagers begonnen, um die Arbeitskräfte an einem Ort unterbringen zu können. Es war geplant, die Zahl der Beschäftigten bis auf 1.000 Arbeitskräfte auszuweiten.[115] Die Arbeits- und Lebensbedingungen müssen überaus hart für die Zwangsarbeitskräfte gewesen sein. Das Barackenlager konnte nur mit Verzögerungen fertiggestellt werden, da die Rohstoffe nur schwer zu beschaffen waren.[116] Vermutlich erfolgte die Unterbringung in den ersten Wintermonaten direkt in den Firmengebäuden oder in provisorischen Unterständen. Im Unternehmen kam es auch zu Misshandlungen der Beschäftigten. Ein Verbindungsmann[117] für die französischen Zwangsarbeiter monierte gegenüber der Schutzpolizei Schluckenau: „Diese Woche geschah es das vierte Mal, dass Meister Pietschmann einen Kameraden geschlagen hat. Ich habe schon bei dem Betriebsführer des Werkes Beschwerde eingereicht, aber leider kam es heute wieder vor. Ich bitte Meister Pietschmann einmal zu sagen, dass er das nicht mehr machen soll, da die Kameraden sonst Skandal machen."[118]

Als Mitgesellschafter war Horten nicht unmittelbar für die Personalpolitik verantwortlich. Noch dazu gehörten ihm lediglich 25 Prozent der ERWE Betriebsgemeinschaft. Jedenfalls war es nur durch die Ausbeutung von Zwangsarbeitern möglich, die Produktion aufrechtzuerhalten, da die angestammten Arbeiter zu großer Zahl zum Kriegsdienst eingezogen worden waren. Doch spätestens ab dem 27. April 1944 war Helmut Horten unmittelbar in die Frage der Arbeitskräfte involviert. An diesem Tag wurde er zum alleinvertretungsberechtigten Geschäftsführer der Flugzeugwerk Johannisthal GmbH ernannt.[119] Von da an war er nicht nur für die Personalführung verantwortlich. Er bezog auch ein Geschäftsführergehalt und profitierte damit noch stärker von den Gewinnen des

Auf fremdem Terrain: Die Flugzeugwerk Johannisthal GmbH

Unternehmens, die maßgeblich durch die Zwangsarbeit erwirtschaftet wurden. Denn nach wie vor galten die alten Vertragsbedingungen zwischen der Flugzeugwerk Johannisthal GmbH und dem Reichsluftfahrtministerium: Das Ministerium zahlte fest vereinbarte Sätze für die verrichteten Arbeiten. Die Materialien stammten aus zugewiesenen Kontingenten. Die Marge für Horten und Reinold entstand durch die niedrigeren Lohnkosten. Je geringer sie waren, desto höher war ihr Gewinn.

Und Horten verstand es, auch andere Finanzquellen für das Unternehmen zu akquirieren. Im Januar 1945 zeigte sich die Bank der Deutschen Luftfahrt noch durchaus optimistisch, was den Kriegsverlauf und den Fortbestand der Flugzeugwerk Johannisthal GmbH anging. So wurde die Rückzahlung eines Kredits, den die GmbH erhalten hatte, gestundet und auf den Juli 1945 gezogen.[120] Noch einmal fand eine Umfirmierung statt. Reinold teilte dem Reichsluftfahrtministerium mit, dass die Flugzeugwerk Johannisthal GmbH künftig unter dem Namen Firma Wilhelm Reinold GmbH in Warnsdorf geführt werden würde.[121] Noch in den allerletzten Kriegsmonaten wurden Teile der Produktion aus Schluckenau ausgelagert.[122] Alliierte Bomberverbände waren inzwischen bis dorthin vorgedrungen. Dies zog wieder größere Probleme bei der Unterbringung und Bewachung der Zwangsarbeiter nach sich. Vor allem gegen Ende des Jahres 1944 und zu Beginn des Jahres 1945 häuften sich disziplinarische Probleme und Fluchten.[123] Verschickungen in Konzentrationslager oder die sogenannten Arbeitserziehungslager sind nicht überliefert. Die Nachrichten der nahenden Front im Osten dürften hier ausschlaggebend gewesen sein. Ein verzweifeltes Mittel, zu dem man griff, um dies zu bekämpfen, war der Einsatz der örtlichen Schutzpolizei.[124] Den Zusammenbruch der Produktion im Frühjahr 1945 verhinderte auch dies nicht.

* * *

Zu Kriegsende war die Lage für Helmut Horten einerseits nicht anders als bei vielen anderen Deutschen. Es war ungewiss, was auf den Zusammenbruch des „Dritten Reiches" folgen würde, in dem er wie viele andere unter den Umständen der Diktatur sein geschäftliches Aus- und Fortkommen gesucht hatte. Seine persönliche Bestandsaufnahme musste auf den ersten Blick verheerend ausfallen: Das Duisburger Kaufhaus war nahezu vollständig zerstört. Gleiches galt für das Haus in Königsberg. Das Wattenscheider Unternehmen hatte als einziges halbwegs unbeschadet die Bombennächte überstanden. Hortens Beteiligungen an einstmals lukrativen Firmen bestanden nur noch auf dem Papier. Der ertragreiche Ausflug in die Welt der Rüstungsproduktion war vorbei. In Berlin und Schluckenau waren die Produktionsstätten verloren.

Andererseits hatte Horten mehr als viele andere. Die Kriegsjahre hatten ihn zu einem reichen Mann gemacht. Nach 1939 verdiente er steuerbereinigt in keinem Jahr weniger als 500.000 RM. Allein die Umsätze des Duisburger Hauses hatten zwischen 1939 und 1945 nie unter einer Million RM gelegen und 1941 gar die Marke von zwei Millionen RM überschritten. Ihm blieben einige Überbleibsel seiner Geschäftstätigkeit und eines komfortablen und luxuriösen Lebens, wie die Privatimmobilie in Mühlheim an der Ruhr, Barvermögen und ein teures Fahrzeug, ein Mercedes-Benz. In Duisburg wurde der Kaufhausbetrieb in Ausweichimmobilien aufrechterhalten, wenn auch mehr schlecht als recht. Das Wattenscheider Haus funktionierte ebenfalls leidlich weiter.

Das war nicht nichts. Aber es war auch nicht genug, um in der Nachkriegszeit nahtlos an die alten Erfolge anzuknüpfen. Horten hatte in der Stunde der Niederlage mehr als andere Deutsche, aber er gehörte sicher nicht zu jenen, die aus den Trümmern leicht wieder emporsteigen konnten. Und auch der Rumpf jenes beträchtlichen Vermögens, welches er sich bis 1945 aufgebaut hatte, sollte bald in Gefahr sein.

KAPITEL 4
Blick zurück, Augen nach vorne
(1945–1950)

Am 12. April 1945 fanden im südlichen Teil Duisburgs die letzten Kampfhandlungen zwischen den US-amerikanischen Streitkräften und den verbliebenen Einheiten des „Volkssturms" statt.[1] Große Teile der Innenstadt lagen in Trümmern. Die alliierten Bombenangriffe hatten auch die Helmut Horten KG nicht verschont. Nachdem 1942 die Geschäftsräume zerstört worden waren, war man gezwungen gewesen, immer neue Ausweichquartiere zu finden. Im Mai 1945 übernahm die britische Militärregierung die Oberhoheit für das Ruhrgebiet. Kurze Zeit später begann sie, nach ehemaligen Funktionsträgern des NS-Regimes zu fahnden. Auch Helmut Horten rückte ins Visier. Er war gerade 36 Jahre alt und hatte im Westen des zusammenbrechenden Reichs auf das Kriegsende gewartet.

Die Alliierten hatten sich bereits auf der Konferenz von Teheran 1943 darauf verständigt, das Deutsche Reich zu teilen. In den jeweiligen Besatzungszonen gingen die Siegermächte nach der bedingungslosen Kapitulation der Wehrmacht zum 8. Mai 1945 daran, die schon lange geplanten Nachkriegsordnungen zu etablieren. In der Sowjetischen Besatzungszone (SBZ) bedeutete dies den Aufbau eines sozialistischen Regimes, während in den westlichen Besatzungszonen schrittweise das liberaldemokratische Modell verwirklicht wurde. Allen gemein war die Suche nach den Verantwortlichen für Krieg und Völkermord.

Helmut Horten hatte weder sein Zuhause noch seine wirtschaftliche Existenz gänzlich verloren. Zwar musste er hohe Verluste hinnehmen, doch in den ersten Tagen und Wochen nach dem Krieg war sein Auskommen gesichert. Einen Teil seines Vermögens konnte er über das Kriegsende hinwegretten. Stark eingeschränkt und doch halbwegs funktional warfen das Wattenscheider und das notdürftig untergebrachte Duisburger Haus vergleichsweise bescheidene Gewinne ab. Hungern musste Horten nicht.

Probleme drohten Horten von anderer Seite. Wie hatte ein junger Geschäftsmann solchen Wohlstand in der NS-Zeit aufbauen können, fragten sich die britischen Besatzungsbehörden. Der Verdacht lag nahe, dass er sich dem Regime angedient hatte. Von Anfang an hatte es Gerüchte um seine Nähe zu den Mächtigen in Partei und Staat gegeben. Sein wirtschaftlicher Erfolg, so nahmen nicht wenige an, habe auf der Erpressung der jüdischen Kaufhausinhaber gefußt, deren Unternehmen er günstig übernommen habe. Rasch rückte er ins Blickfeld der Ermittler. Es begannen ungewisse Zeiten, die Horten hinter Stacheldraht und an den Rand der physischen Belastungsgrenze brachten. Schließlich musste er sich einem deutschen Entnazifizierungsausschuss stellen. Hier konnte er sich allerdings auf Fürsprecher verlassen.

Gleichzeitig gab es Ansprüche der ehemaligen Inhaber jener Geschäfte, die Horten im Zuge der „Arisierungen" übernommen hatte. Sie hatten ihre Vermögenswerte verloren und lebten im Exil. Nach dem Krieg wandten sie sich an Horten. Auch diesen Forderungen musste er sich stellen. Dabei verstand er es genau zu differenzieren, welche Wiedergutmachungsleistungen unumgänglich waren, um seinen erneuten Einstieg ins Geschäftsleben nicht zu gefährden, und welche Forderungen er nicht bedienen musste.

Eine weitere Möglichkeit, für angetanes und erlittenes Unrecht zu entschädigen, waren die Lastenausgleichsverhandlungen. Die angestrebten Verfahren waren juristisch legitimierte Instrumente, den Vermögensentzug während der NS-Zeit wieder gutzumachen. Horten zahlte in das Verteilungssystem ein, in dem Wohlhabende etwas abgaben, und war zugleich Begünstigter, da auch er Vermögenswerte während des Krieges verloren hatte. Manche der ihm zustehenden Ansprüche trat er an die ehemaligen jüdischen Besitzer und einen nichtjüdischen Geschäftspartner ab, andere behielt er für sich. Sein Handeln war auch hier – wenig überraschend – nicht ganz uneigennützig.

Während Horten um seine Reputation und die Möglichkeit kämpfte, bald wieder Geschäfte zu machen, blieb ihm nicht verborgen, dass sich die Welt um ihn herum veränderte. Bereits seit Kriegsende hatten Pläne über eine Währungs- und Wirtschaftsreform in der amerikanischen Besatzungszone, später in allen drei westlichen Zonen, kursiert. Sie versprachen eine stabile Währung, die Abschaffung der Bewirtschaftung – und wieder freies Unternehmertum. Diese Möglichkeit durfte Horten keineswegs verpassen. Es lag in seinem wirtschaftlichen Interesse, den Vorwurf der NS-Anhängerschaft gegen ihn zu entkräften. Nur dies konnte einen erfolgreichen Neustart ermöglichen.

Im Sommer 1948 verdichteten sich in wenigen Monaten die Ereignisse, die für Hortens weiteres Leben entscheidend wurden. Auf die Entlassung aus der Haft im April 1948 folgten der sofortige Wiedereinstieg ins Duisburger Geschäft und der Planungsbeginn für ein neues Kaufhaus. In nur drei Monaten war dies errichtet. Wieder ging er erhebliche Risiken ein, um seine Pläne umzusetzen. War er aufrichtig, als er den Ermittlern über seine Tätigkeit in der NS-Zeit berichtete? Was waren seine Motive für die Wiedergutmachungsleistungen, die er zahlte? Und wie gelang ihm der schnelle Aufstieg in den frühen Wirtschaftswunderjahren?

Grundlose Verdächtigungen oder „Schurke der übelsten Sorte"? Inhaftierung und Entnazifizierung

Eines musste sich Helmut Horten vorwerfen lassen: Der selbstbewusste Kaufmann ging vor dem Kriegsende nicht gerade diskret mit seinem Wohlstand um. Bereits als junger Mann hatte er mehr verdient als viele Arbeiter in einem gesamten Berufsleben. Und Horten stellte diesen Reichtum auch zur Schau. Neider und Bewunderer berichteten gleichermaßen von seinem gehobenen Kleidungsstil. Sichtbare Zeichen seines Wohlstands waren neben den Geschäften die privaten Immobilien. Nicht zuletzt waren es Luxusgüter wie der Mercedes-Benz 540 Kompressor, den Horten 1939 gekauft hatte. Zu den Käufern des teuren Wagens gehörten Filmstars, Staatsmänner und erfolgreiche Geschäftsleute.²

Der Krieg hatte auch ihn erhebliche Teile seines Vermögens gekostet. Doch er hatte sich einen Namen gemacht, neudeutsch eine „Brand" geschaffen. In den ersten Nachkriegsmonaten und -jahren musste er früher oder später die Aufmerksamkeit von unterschiedlichen Seiten auf sich ziehen. Denn vor den alliierten Gerichten sollten sich nun jene verantworten, die zu den Stützen des NS-Systems gezählt und von ihm profitiert hatten.

Im Verfahren gegen die Hauptkriegsverbrecher in Nürnberg zwischen 1945 und 1946 wurden die prominentesten Köpfe zur Verantwortung gezogen. Ohne dass daraus Konsequenzen erwuchsen, war Hortens Name im Prozess gegen Karl Rasche, den ehemaligen Vorstandssprecher der Dresdner Bank, hinsichtlich der gescheiterten Übernahme eines Kaufhauses in den Niederlanden gefallen. Die Suche nach ehemaligen Funktionsträgern aus Verwaltung, Partei, Militär und Wirtschaft vollzog sich dann auf unterschiedlichen Ebenen darunter. Mit dem „Gesetz zur Befreiung von Nationalsozialismus und Militarismus" vom 5. März 1946 wurden in der US-amerikanischen Besatzungszone die Spruchkammern eingeführt.³ Jeder Deutsche über 18 Jahre musste rund 130 Fragen zu seinem Verhältnis zu Partei und Staat beantworten. Die Aufgabe lag darin, in gerichtsähnlichen Verfahren die individuelle Schuld und Beteiligung einzelner Personen festzustellen. Je nach Grad der Belastung wurden die Verantwortlichen eingestuft, von Hauptschuldigen über Mitläufer bis zu Entlasteten. Vorsitzende der Spruchkammern waren Deutsche, die oppositionell zum NS-Regime eingestellt gewesen waren. In der britischen Besatzungszone wurde das System der Spruchkammern in Form der Entnazifizierungsausschüsse übernommen.⁴ Sie waren auf Stadt-, Kreis- und Landesebenen organisiert und tagten im Gegensatz zu den Spruchkammern in der US-Zone nicht öffentlich. Parallel dazu gab es weiterhin Untersuchungen durch die alliierten Behörden. Wer von einem Entnazifizierungsausschuss als entlastet eingestuft wurde, konnte mitunter auf Grund alliierter Untersuchungen noch von einem Gericht verurteilt werden.

Grundlose Verdächtigungen oder „Schurke der übelsten Sorte"?

Bereits kurz nach dem Ende des Krieges hatten sich die Besatzungsbehörden erstmals für Horten interessiert. Im August 1945 wurde sein Geschäftspartner Wilhelm Reinold befragt, jedoch nicht inhaftiert. Gegenstand war die Übernahme der Gebr. Alsberg OHG, bei der er im Gegensatz zu Horten nicht Geschäftsführer gewesen war. Es zeigte sich, dass sich das Interesse der britischen Besatzungsbehörden auf diesen Vorgang konzentrierte.[5] Reinold gab an, dass die Übernahmemodalitäten bereits ausgehandelt gewesen seien, als Horten involviert wurde. Außerdem sei das Verhältnis zu den Familien Strauß und Lauter durchaus harmonisch gewesen.[6] Die Angaben Reinolds ergaben zunächst keinen Grund, Horten festzunehmen.

Am 20. September 1945 wurde Horten dann doch inhaftiert. Ihm wurde vom Gericht der britischen Militäradministration vorgeworfen, bei Befragungen Falschaussagen getätigt zu haben. Außerdem handele er mit Waren, die der Rationierung unterlagen. Nicht zuletzt fand man bei ihm neun Gallonen Benzin aus den Beständen der Briten. Horten bekannte sich nicht schuldig. Das Gericht verurteilte ihn trotzdem zu sechs Monaten Haft. Doch schon am 20. Oktober 1945 wurde die Strafe aufgehoben und zu einer zwölfmonatigen Bewährungsstrafe umgewandelt. In der Begründung der britischen Militärverwaltung hieß es: „Subject to good behaviors [sic!] for Order 606 [Haftstrafe, Anm. d. Verf.]."[7]

Es wurde dennoch weiter intensiv ermittelt. Zur Geschäftsübernahme in Duisburg hörten die britischen Untersuchungsbehörden nun unterschiedliche Zeugen an. Am 9. Mai 1946 wurde Emil Weischenberg vernommen. Der Bonner Sparkassendirektor, der mit Horten geschäftlich verbunden war, berichtete den Ermittlern von Hortens kritischer Haltung gegenüber dem NS-Regime. Er gab die Anekdote des Zusammentreffens mit der BDM-Gebietsführerin zu Protokoll, der Horten einst gesagt habe, dass „es an der Zeit sei, verschiedene dieser führenden Persönlichkeiten an die Wand zu stellen".[8] Weischenberg bekannte außerdem: „Ich bin davon überzeugt, dass Herr Horten sowohl in persönlicher wie in wirtschaftlicher Beziehung würdig und fähig ist, bei dem Wiederaufbau

Deutschlands wesentlich mitzuwirken."⁹ Auch die Aussage Helene Arndts vom 12. Mai 1946 gab keinen Anlass, Horten zu verdächtigen.¹⁰ Die Angestellte der Helmut Horten KG gab zu Protokoll, dass sie es Horten zu verdanken habe, dass sie „nicht einige Jahre im KZ verbringen musste". Sie habe sich als einzige der 500 Angestellten geweigert, an den Massenveranstaltungen der NSDAP teilzunehmen. Horten habe sie in ihrer Stellung unterstützt gegen die Anfeindungen der NS Behörden. Arndt berichtete auch davon, dass Horten sie 1938 damit beauftragt hatte, eine Stellung im Unternehmen für Paul Beck, den jüdischen Mitarbeiter, zu finden. Sie gab auch Hortens Engagement für den bereits erwähnten jüdischen Schneider in Berlin zu Protokoll. Zu den Übernahmeverhandlungen der Gebr. Alsberg OHG konnten Weischenberg und Arndt nur wenig beitragen.

Die Verdachtsmomente gegen Horten reichten aber aus, um am 23. Mai 1946 das Privatvermögen zu sperren und die Helmut Horten KG unter die Obhut eines Treuhänders zu stellen.¹¹ Er durfte nun sein Unternehmen nicht mehr betreten. Doch beim Privatvermögen gab es Handlungsspielräume. In der unübersichtlichen Lage der ersten Nachkriegsmonate war es nicht einfach, alle Vermögenswerte zu erfassen. So tauchte die Privatimmobilie Hortens in keiner der ersten Aufstellungen der Alliierten auf. Er verkaufte das Haus und das Grundstück in der Duisburger Prinz-Albrecht-Straße, welches er 1938 für 75.000 RM von Ernst Lauter übernommen hatte, am 30. Mai 1946 für den Preis von 123.500 RM an Dr. Otto Wittcke, einen Duisburger Arzt.¹² Ebenfalls am 30. Mai 1946 versuchte er, Vermögenswerte in Höhe von 400.000 RM an seine Schwester Josefa Helene zu übertragen. Doch dieser Winkelzug flog auf. Die Untersuchungsbehörden versagten wenig überraschend die Genehmigung dafür.¹³ Im Juli 1946 versuchte Horten noch einmal, Barmittel an seine Mitarbeiterin Marianne Weißenbach zu übertragen.¹⁴ Auch dies misslang. Wenig später schien die Geduld der britischen Besatzungsbehörden endgültig erschöpft zu sein. Auch wenn keine Beweise gegen Horten vorlagen, so erregten die versuchten Vermögensverschleierungen doch ihren Verdacht. Zudem bestand Fluchtgefahr. Horten hätte wie viele andere versuchen können, in den Wirren zwischen den vier Besatzungszonen unterzutauchen. Am 1. August 1946 wurde Horten abermals von den britischen Behörden festgenommen. Zu den Gründen gibt es drei unterschiedliche Versionen.

Erstens: Neider Hortens führten die britischen Besatzungsbehörden bereits in den ersten Tagen nach dem Einmarsch in Duisburg auf seine Spur. Sie warfen ihm vor, während der NS-Zeit eng mit dem Regime und den örtlichen Parteigrößen zusammengearbeitet zu haben. In einem anonymen Schreiben vom 26. April 1945, welches der Militärregierung in Duisburg vorlag, hieß es: „In dieser Stadt lebt ein Kaufmann namens Horten, Besitzer eines bedeutenden Warenhauses. Seit geraumer Zeit ist die Duisburger Bevölkerung über sein Verhalten empört. Er stand in engem Kontakt mit den Führern der früheren Nationalsozialistischen Partei (Oberbürgermeister Freytag, Polizei-Präsident Bauer und andere mehr), und es war bekannt, daß des öfteren Trinkgelage, an denen, wie man sagt, auch Frauen teilgenommen haben sollen, stattgefunden haben. ... Die Duisburger Bevölkerung ist höchst erregt über die Tatsache, daß Horten noch nicht verhaftet worden ist. Ich bitte Sie inständig, Horten in Gewahrsam zu nehmen."[15] Daraufhin sei Horten erstmals befragt worden. Doch bis zur endgültigen Festnahme sollte mehr als ein weiteres Jahr vergehen. Es ist unwahrscheinlich, dass dieses Schreiben alleine dazu führte, dass Horten inhaftiert wurde.

Zweitens: Die alliierten Besatzungsbehörden hielten Horten für einen „Wehrwirtschaftsführer". Dieser Titel wurde vom NS-Regime an Unternehmer verliehen, die sich in der Rüstungsproduktion besonders verdient gemacht hatten. Horten erhielt diesen Titel nicht. Die Version, dass die Alliierten Horten gleichwohl für einen solchen gehalten hätten, tauchte erstmals 1955 in zwei unterschiedlichen Quellen auf. Der Journalist Kurt Pritzkoleit führte diese These in seinem Buch „Die neuen Herren. Die Mächtigen in Staat und Wirtschaft" ins Feld.[16] Ein *Spiegel*-Artikel über Horten aus demselben Jahr nahm dies auf.[17] Auch die Verteilertätigkeit Hortens qualifizierte ihn auf Grund des vergleichsweise beschränkten Umfangs nicht für den Ehrentitel. Das Engagement bei der Flugzeugwerk Johannisthal GmbH spielte für die britischen Besatzungsbehörden keine Rolle, da das Unternehmen nun in der SBZ lag. Sie interessierten sich nur für geschäftliche Aktivitäten in ihrer Zone.

Drittens: Beim Verkauf von Helmut Hortens Privatfahrzeug gab es Verwicklungen, die zur Verhaftung führten. „Ich besass einen sehr schönen Mercedes-Benz Kompressor", berichtete Horten dem Entnazifizierungsausschuss des Stadtkreises Duisburg 1948.[18] Die Helmut Horten KG habe das Luxusfahrzeug 1939 als Dienstwagen für ihn gekauft. Nur wenige Exemplare wurden gefertigt. Das Fahrzeug hatte den Krieg und die Wirren an dessen Ende unbeschadet überstanden. Doch 1946 kam die Zeit, sich von dem Wagen zu trennen. Wer anderes konnte sich dafür interessieren als die Siegermächte? Er bot das Fahrzeug den französischen Besatzungsbehörden an, die prompt zuschlugen. Doch auch das britische Personal der Field Security Section (FSS), des Militärgeheimdienstes, der nach Kriegsverbrechern fahndete, hatte ein Auge auf das Fahrzeug geworfen. Als sich herausstellte, dass Horten es verkauft hatte, waren die britischen Interessenten nicht erfreut. Sie ließen Hortens Haus in Duisburg durchsuchen. Bitterlich beklagte er sich darüber, dass bei der Durchsuchung 60.000 RM, Schmuck, Kleidung und Möbelstücke entwendet worden seien. Außerdem habe man die Leuchtmittel aus den Lampen gestohlen. Schließlich nahm man Horten zu einem Verhör mit und internierte ihn. Es sollte 17 Monate bis zu seiner Entlassung dauern.

Welche der Versionen letztlich entscheidend für die Festnahme am 1. August 1946 war, ist ungewiss. Horten wurde in das Internierungslager Recklinghausen-Hillerheide gebracht.[19] Das Lager war während des Krieges ein befestigtes Zwangsarbeiterlager gewesen. Im April 1945 wurden die Insassen von der US-Armee befreit und an die britische Zonenverwaltung übergeben. Die entschloss sich, das Lager beizubehalten und dort festgenommene NS-Funktionsträger und verdächtige Personen unterzubringen. Die Internierten waren die lokalen und regionalen Größen des Wirtschaftslebens während der NS-Zeit.²⁰ Zu den Mitinsassen Hortens gehörten Rudolf Tesmann und Herbert Tengelmann. Tesmann saß wegen seiner Stellung als SS-Obersturmbannführer und Adjutant des Leiters der NSDAP-Auslandsorganisation (NSDAP/AO) Ernst Wilhelm Bohle ein. Im Lager stieg er auf zum Anführer eines compounds (Gefängnishofs), was ihn unter den übrigen Gefangenen herausstellte.²¹ Er sollte später in Hortens Unternehmen eine tragende Rolle einnehmen. Tengelmann war Wehrwirtschaftsführer und Produktionsbeauftragter für Bekleidung und Rauchwaren beim Reichsministerium für Bewaffnung und Munition gewesen. Damit war er einer der führenden Köpfe der Bekleidungsindustrie im NS-Staat gewesen und als solcher auch Beauftragter für die Leitung der Emil Köster AG, deren „Arisierung" sich für das Regime als komplexer Fall erwiesen hatte, da der Eigentümer Jakob Michael in die USA geflüchtet war. Horten kaufte das Unternehmen 1954, hatte vor 1945 allerdings nichts mit der „Arisierung" zu tun. Zu den weiteren Insassen zählten politische Funktionsträger der Gaue und hochrangige Mitglieder der SS sowie der SA. Hortens Inhaftierung muss im Kontext der gehobenen Stellung, die viele der Inhaftierten hatten, gesehen werden. Die Briten gingen offenbar davon aus, dass er eine führende Rolle im NS-Staat eingenommen oder zumindest vom System stark profitiert hatte.

Für die Inhaftierung brauchte es keine offizielle Anklage durch einen Staatsanwalt. Es genügte der Verdacht, dass es sich um einen Kriegsverbrecher handeln könnte.²² Für Horten und die übrigen Gefangenen waren die Bedingungen entbehrungsreich, während es auch draußen an allem fehlte. Zur knappen Versorgungslage kamen unvorhersehbare Befragungen zur eigenen Sache und als Zeugen. Für die Befragten war kaum ersichtlich, ob ihre Aussagen zu etwas führten. Der Stand der Ermittlungen und ein möglicher Entlassungstermin wurden nicht mitgeteilt. Auch den britischen Besatzungsbehörden war bewusst, dass vor allem zum Jahreswechsel 1946/47, als Horten ins Lager kam, der Winter besonders hart war. Zur katastrophalen hygienischen Lage kam eine Unterbesetzung mit medizinischem Personal. Wer ernsthaft erkrankte, starb in der Regel. Nicht wenige Todesfälle, vor allem in diesem Winter, waren Selbstmorde. Oft erfuhren nahe Angehörige erst Wochen später vom Tod eines Internierten. Zum Ende des Jahres 1947 durften die Insassen drei Briefe wöchentlich verschicken. In der Anfangszeit war es eine Postkarte pro Monat, die nicht umfassender als 250 Wörter sein durfte.[23]

Im Internierungslager führte die Abteilung Property Control der britischen Militärregierung die Ermittlungen gegen tatsächliche oder vermeintliche Wirtschaftsführer durch. Beim Oberbürgermeister der Stadt Duisburg forderte sie eine erste Vermögensaufstellung des Inhaftierten Horten und der Helmut Horten KG an. Die offenbarte, dass Horten während der NS-Zeit erhebliche Gewinne mit seinen Unternehmungen gemacht hatte.[24] Die Verdachtsmomente schienen sich zu erhärten.

Zu Beginn des Jahres 1947 wurde im Lager Recklinghausen-Hillerheide mit dem Spruchgericht eine eigenständige Gerichtsbarkeit eingeführt. Das Sondergericht entschied insbesondere über die Mitgliedschaft in der NSDAP und ihren Gliederungen wie der SA, SS oder auch der Gestapo. Es bestand aus einem Ankläger (Staatsanwalt) sowie zehn Spruchkammern, die jeweils aus einem Vorsitzenden (einem beamteten Richter) und zwei Laienbeisitzern konstituiert wurden. Die Urteile hatten strafrechtliche Qualität und wurden ins Strafregister eingetragen, anders als die Entscheidungen der Entnazifizierungsausschüsse.[25] Es war das Ziel der Ermittler, genügend Beweise für Hortens Verfehlungen während der NS-Zeit zu sammeln. Doch offenbar gestaltete sich dies schwierig. Bei den beiden Befragungen Hortens während seiner Haftzeit, zuletzt am 7. Oktober 1947, hatte er keine stichhaltigen Einlassungen gemacht und stets beteuert, dass die „Arisierungen" zu angemessenen Konditionen in beiderseitigem Einvernehmen verlaufen seien.[26]

Vor dem Spruchgericht in Recklinghausen wurde er auch zu Verstrickungen in Häftlings- und Zwangsarbeit befragt. Die Ermittler hätten sich dafür interessiert, „ob meine Firma Kleider in der Tschechei, Polen usw. gekauft habe", sagte Horten später aus.[27] Offenbar bestritt Horten jede Verwicklung und es ließen sich keine stichhaltigen Beweise finden. Zum Einsatz von Zwangsarbeitern in der Rüstungsproduktion der Flugzeugwerk Johannisthal GmbH wurde er nicht befragt. Vor dem Spruchgericht des Lagers Recklinghausen musste sich Horten auf Grund der dünnen Beweislage und seiner Aussagen nie verantworten.[28] Während seiner Haftzeit gelang es nicht, die Beweisaufnahme zu einer Anklage zu führen.

Hortens Sorgen drehten sich um den Fortgang der Entwicklungen im Internierungslager und die dort laufenden Verfahren. Ohne zu wissen, wann und ob es zu einer Anklage vor dem Spruchgericht kommen würde, musste er abwarten, während sich draußen langsam, aber sicher eine neue wirtschaftliche und politische Nachkriegsordnung abzeichnete. Den Inhaftierten standen in der Lesehalle des Lagers gut vierzig nationale und internationale Tageszeitungen und Zeitschriften zur Verfügung. Dort konnten sie sich täglich ein Bild davon machen, wie sich die politische Lage im Nachkriegsdeutschland entwickelte.[29] Dies erhöhte ihre Frustration. Ein interner Untersuchungsbericht der britischen Lagerverwaltung, der im Januar 1948 die Stimmung unter den Gefangenen analysieren sollte, kam zu dem Ergebnis, dass große Unruhe und Besorgnis herrsche. Da zu diesem Zeitpunkt bereits ein Teil der Gefangenen entlassen worden war, verlangten die Zurückgebliebenen ebenfalls die Freilassung. Da erste Gerüchte kursierten, dass das Lager Recklinghausen geschlossen werden könnte, fürchteten viele der Internierten, dass ihr Verfahren vor den Spruchgerichten bei einer Verlegung in ein anderes Lager erneut beginnen und sich damit weiter hinziehen könnte.[30] Dies mögen Motive gewesen sein für Hortens weiteres Vorgehen am Jahresende 1947.

Er drohte mit einem Hungerstreik, den er tatsächlich antrat. Am 30. Dezember 1947 informierte er seinen Rechtsanwalt Paul Stiel über den Entschluss.[31] Sofern sein Verfahren nicht beschleunigt zum Abschluss gebracht würde, sei er gewillt, den Plan in die Tat umzusetzen. Horten war sich seiner Sache sicher: „Über sachlich unhaltbare Verdachtsäußerungen hinaus" könne es keine Beweise gegen ihn geben.[32] Rasch schlug die Ankündigung Wellen. Das Hauptquartier der britischen Militärverwaltung wurde von der

Lagerverwaltung über Hortens Plan informiert. Offenbar hatte Stiel das Schreiben weitergeleitet.

Das Hauptquartier nahm sogleich Kontakt mit der Abteilung für Vermögenskontrolle auf. Immerhin ermittelte diese weiterhin gegen Horten wegen der zwischenzeitlich gestellten Wiedergutmachungsanträge. Doch ohne Beweise gab es wenig Gründe, ihn weiterhin zu internieren.[33] Wie sehr die Besatzungsbehörden mit diesem Entschluss haderten, zeigt die folgende Entwicklung: Zwar sprach man sich für eine Entlassung Hortens aus. Doch gleichzeitig schien es dem stellvertretenden Stabschef der Vermögenskontrolle der britischen Militärverwaltung in Nordrhein-Westfalen wichtig zu betonen, dass Horten ein „Schurke der übelsten Sorte" sei. Ohne Zweifel liege genügend Material vor, das beweise, „dass er während der Nazi-Zeit ein beträchtliches Vermögen" erworben habe. Er hielt fest, dass Horten noch kurz vor der Internierung versucht habe, erhebliche Teile seines Vermögens durch eine Übertragung zu unterschlagen. Doch eine direkte und unmittelbare Nötigung der jüdischen Verkäufer war nicht nachweisbar. Und um genau diese ging es, wenn Horten vor einem Spruchgericht das Verfahren gemacht werden sollte. Die Entlassung, die offiziell mit seinem gesundheitlichen Zustand begründet wurde, wurde letztlich unter Vorbehalt gewährt. Er stand also weiterhin unter Beobachtung, der Anfangsverdacht wurde aufrechterhalten.[34] Sofern keine weiteren Beweise auftauchten, war Horten ein freier Mann.

Bei seiner Entlassung war Horten einer der letzten 121 verbliebenen Häftlinge des Lagers. In den Vormonaten waren täglich Dutzende Insassen entlassen worden.[35] Dass Horten nicht unter ihnen war, deutet auf die Skepsis hin, die ihm von Seiten der Briten entgegengebracht wurde. Am 18. März 1948 verließ er das Lager und begab sich ins Knappschaftskrankenhaus Recklinghausen.[36] Dies spricht für den prekären Gesundheitszustand, den er nach 17 Monaten der Haft und dem Hungerstreik hatte. Bei den Behörden gab er seinen Aufenthaltsort bei der Entlassung an. Wenn sie wollten, dann konnten sie Hortens jederzeit habhaft werden. Anfang April 1948 wurde das Lager Recklinghausen-Hillerheide aufgelöst.[37]

Das britische Hauptquartier hatte Hortens Entlassung auch damit begründet, dass „er als Nutzniesser vor ein deutsches Gericht gestellt werden kann".[38] Dem Entnazifizierungsausschuss musste sich Horten also trotzdem stellen. Seine Besonderheit war, dass die Untersuchten (Angeklagter war man nicht, da keine Anklage erhoben wurde) selbst für Entlastungszeugen sorgen mussten. Aus diesem Blickwinkel müssen die nachfolgenden Aussagen zu Hortens Verfahren betrachtet werden, die er ab Juli 1947 zusammentragen ließ. Anders als bei den Untersuchungen der britischen Besatzungsbehörden, bei denen diese Wilhelm Reinold, Helene Arndt und Marianne Weißenbach befragt hatten, holte jetzt Hortens Anwalt eidesstattliche Versicherungen von Weggefährten, Geschäftspartnern und Angestellten ein, zu einem Zeitpunkt, als das offizielle Verfahren weder eingeleitet noch eröffnet worden war.

Nach etwa vier Wochen der körperlichen Regeneration wurde Horten zunächst der Fragebogen des Sonderbeauftragten für Entnazifizierung in Nordrhein-Westfalen vorgelegt, den er wahrscheinlich bereits 1946 erstmals ausgefüllt hatte.[39] Darin wurde die Mitgliedschaft in der Partei und ihren Gliederungen abgefragt. 1937 war er in die NSDAP eingetreten, 1944 wurde er wieder ausgeschlossen. Von 1939 bis 1944 war er zudem Angehöriger des Nationalsozialistischen Kraftfahrerkorps gewesen, außerdem zwischen 1935 und 1945 Mitglied der Deutschen Arbeitsfront und der Nationalsozialistischen Volkswohlfahrt. Bei der Frage nach Zuwendungen und Spenden an die NSDAP wurde als Antwort vermerkt: „Unterlagen durch Kriegseinwirkung vernichtet".[40]

Auch die persönlichen Vermögensverhältnisse mussten offengelegt werden, wenngleich dies überaus schwerfiel, da unklar war, was von Hortens Vermögen noch übrig war.[41] Dem beantworteten Fragebogen war ein Brief seines Rechtsanwalts Paul Herrmann beigelegt. Er ließ keinen Zweifel daran, dass sein Mandant nicht in das NS-Regime verstrickt gewesen sei. Dass Hortens Vater vor 1933 als Richter in Köln nationalsozialistische Schläger verurteilt hatte und dass sein Onkel als Geistlicher 1934 inhaftiert und in der Folge verstorben war, fand Erwähnung.[42] Herrmann formulierte ganz im Sinne seines Mandanten: Hortens Rolle bei der Übernahme der Gebr. Alsberg OHG – die eines spät Involvierten, der erst hinzukam, als die Modalitäten bereits ausgehandelt waren. Hortens Ansehen bei den örtlichen Parteigrößen – denkbar gering, da er als politisch unzuverlässig angesehen wurde. Hortens Verhältnis zu den jüdischen Vorbesitzern – gut, schließlich hatte man auch nach der Übernahme noch Kontakt, zum Unmut der NS-Verwaltung. Hortens Eintritt in die NSDAP ein Winkelzug durch Nötigung, um Schlimmeres abzuwenden. Hortens Gesinnung – offen und kritisch, schließlich hatte er sich mehrfach in gefährlicher Weise öffentlich gegen das Regime positioniert. Am Schluss seines Plädoyers hielt Rechtsanwalt Herrmann fest:

„Zur Gesamtbeurteilung des Herrn Horten ist noch wichtig, einige Gerüchte, die sich am Orte über ihn bildeten, klar zu stellen [sic], resp. zu widerlegen. Herr Horten war bei Ausbruch des Krieges 30 Jahre alt. Er wurde nicht eingezogen, sein Geschäft hatte sich zum größten am Platze entwickelt. Was lag näher als die Annahme, Herr Horten verdanke seinen Aufstieg der Partei. Das Gerücht machte nun aus dieser irrigen Annahme eine Freundschaft mit den führenden Parteileuten, obwohl, wie aus diesem Tatsachenbericht hervorgeht, das Gegenteil der Fall war. Es wird ausdrücklich betont, entgegen jedem Gerücht, daß die Spitzen der Partei und der Stadt (Kreisleiter und Oberbürgermeister) niemals das Haus des Herrn Horten betreten haben noch jemals mit Herrn Horten an einer anderen Stelle als in ihrem Dienstzimmer zusammengetroffen sind. Es könnte nun behauptet werden, dass Herr Horten über den Kopf der örtlichen Parteiinstanzen hinweg Beziehungen zu der übergeordneten Gauleitung gehabt habe. Dem gegenüber ist festzustellen, dass Herr Horten weder den Gauleiter, noch seinen Stellvertreter, noch irgend ein anderes Glied der Gauleitung jemals persönlich kennengelernt hat. Weder Herr Horten, noch die Firma Horten haben sich jemals in irgendeiner Angelegenheit an die Gauleitung gewandt."[43]

Das Bild, das sich aus den im Verfahren vorgelegten eidesstattlichen Versicherungen ergab, war wenig überraschend einhellig: Horten sei zu keiner Zeit stärker in das NS-Gefüge involviert gewesen und habe sich offen regimekritisch geäußert. Er habe auf engere persönliche Beziehungen zur Partei verzichtet und sich in geschäftlichen Fragen stets korrekt verhalten.[44] Hortens Erfolge seien nicht auf Anbiederungen zurückzuführen, sondern auf sein außergewöhnliches Geschäftstalent.[45] Die „Arisierung" der Gebr. Alsberg OHG sei ordnungsgemäß und in beiderseitigem Einvernehmen verlaufen und die örtliche Parteiprominenz habe nach der Übernahme keine besonderen Vorzüge im Kaufhaus genossen.[46] Im Gegenteil: Immer wieder habe es Versuche gegeben, das Kaufhaus unter Hortens Leitung zu boykottieren. Auch frühere SPD- und KPD-Mitglieder unter den Angestellten konnten im Betrieb verbleiben.[47] „Der Nationalsozialismus und die Partei waren in unserem Betrieb ohne wesentlichen Einfluss, da unabhängig von beiden nur der Mensch und seine Leistung vom Chef bis zum Personal entscheidend und ausschlaggebend war. Die Abneigung des Herrn Horten gegenüber der NS-Partei war dem gesamten Personal bekannt", gab ein ehemaliger Mitarbeiter an.[48] Als Horten immer mehr den Unmut der Machthaber erregte, habe er gar um sein Leben fürchten müssen.[49] „Hierbei äusserte sich der damalige Kreisleiter Loch in der übelsten Art und Weise, mit dem Herr Horten auf denkbar schlechtestem Fusse stand. Ebenso kann ich bestätigten, dass der damalige Oberbürgermeister H. Freytag Herrn Horten nicht vor Augen sehen konnte", so einer der Zeugen.[50] Wegen „vollständiger politischer Unzuverlässigkeit und wegen parteischädigenden Verhaltens", so gab ein ehemaliger Parteifunktionär an, habe Horten 1944 inhaftiert werden sollen. Nur auf seine Fürsprache hin sei dies seinerzeit nicht geschehen.[51] Eine Ordensschwester wusste von Hortens sozialem Engagement für die „kranken und kleinverständigen Leutchen" zu berichten.[52]

Eine Besonderheit war die eidesstattliche Versicherung von Paul Beck, jenem Mann, dem Horten als Jude eine Anstellung in seinem Kaufhaus gegeben hatte. Beck gab zu Protokoll, dass Horten ihm gegenüber gesagt habe, „er sei kein Antisemit".[53] Der Chef sei stets hilfsbereit und kollegial gewesen. Beck bestätigte mit seiner eigenen eidesstattlichen Versicherung die Aussage von Helene Arndt vor den britischen Untersuchungsbehörden.[54] Stärker als die Ausführungen eines Überlebenden der Shoa konnte eine Entlastung kaum sein. Sie machte zudem die Aussagen von Angestellten und Freunden glaubwürdiger, auch wenn diese ein einseitiges Bild zu vermitteln schienen.

Horten war mit seinem Rechtsanwalt bemüht, weitere eidesstattliche Versicherungen von Entlastungszeugen vorzubringen. So versicherte der Betriebsrat der Helmut Horten KG, dass das Unternehmen zu keinem Zeitpunkt ein „Nazibetrieb" gewesen sei und stets „völlige politische Freiheit" geherrscht habe. Die Mitarbeiter gingen davon aus, dass sich das Verfahren der britischen Militärregierung und die Internierung auf üble Nachrede und Gerüchte gründeten.[55] Hortens Rechtsanwalt Paul Stiel führte den aus seiner Sicht bestätigten Parteiausschluss 1944 an, wenngleich es hier, wie an vorangegangener Stelle aufgezeigt, Zweifel gab.[56] Auch der Beitritt zum Nationalsozialistischen Kraftfahrerkorps (NSKK) sei mehr auf Druck denn aus freien Stücken erfolgt. Horten habe es strikt abgelehnt, die Uniform des NSKK zu tragen oder sich an den Treffen zu beteiligen.[57]

Am 13. April 1948 war es so weit. Der Entnazifizierungsausschuss des Stadtkreises Duisburg hatte über den Fall Horten zu entscheiden. Zuvor hatte ihn der Entnazifizierungsunterausschuss für die Helmut Horten KG, der aus Angestellten und Angehörigen des Betriebsrats bestand, die ihrerseits im Hauptverfahren selbst Entlastungsaussagen beisteuerten, wenig überraschend freigesprochen.[58]

Alle eidesstattlichen Versicherungen wurden in das Verfahren vor dem Hauptausschuss eingebracht.[59] Der Vorsitzende ging auf der Grundlage des Fragebogens, den Horten ausgefüllt hatte, zunächst von einer Einstufung in die Kategorie II aus. Laut der alliierten Kontrollratsdirektive Nr. 24 waren dies Belastete, also „Personen, die offen erklärte Anhänger des Nationalsozialismus oder militaristischer oder Rassenlehren waren".[60] Damit wäre Horten in die sogenannte „Bewährungsgruppe" gefallen, die ihre Läuterung erst noch unter Beweis stellen musste.

Zuerst sagte Horten in eigener Sache aus. Er erklärte den Parteieintritt mit dem Druck der örtlichen NSDAP-Größen und dem

Ziel, einen Boykott des Unternehmens zu vermeiden. Die Übernahme der Gebr. Alsberg OHG wurde noch einmal wichtig, als es um Hortens Haltung zum Nationalsozialismus ging. „Bei Herrn Reinold liegen heute noch Dankesbriefe von Seiten Strauß und Lauter über die für sie in gutem Sinne verlaufenen Verhandlungen", gab Horten an.[61] Er führte aus, dass er nach seinem Hungerstreik mit der provisorischen Einstufung in Kategorie III (Minderbelastete) entlassen worden sei. Seine Aussagen wurden durch den Zeugen Hans Belles, einen Mitinsassen, bestätigt.[62]

Wilhelm Reinold war der nächste gehörte Zeuge. Er hatte schließlich am engsten mit Horten zusammengearbeitet. Auch er berichtete von dem einvernehmlich verlaufenen Geschäft mit den Familien Strauß und Lauter, was aus seiner Sicht für Hortens oppositionelle Haltung zum Regime sprach.[63] Weitere Zeugen waren Josef Wolking, wirtschaftlicher Berater Hortens, Walter Messing, ein Geschäftspartner und zeitweiliger Treuhänder der Helmut Horten KG, Mieze Bialas, eine Mitarbeiterin, und Paul Stiel, einer der früheren Rechtsanwälte Hortens.[64]

Auf dieser Grundlage ergaben sich wenig Anhaltspunkte und schon gar keine Beweise, dass Horten tiefer in das NS-System involviert gewesen war. In der Urteilsbegründung wurde ausgeführt: „Horten war kein Nationalsozialist, erst recht kein Aktivist, sondern ein Gegner des Treibens." Interessant waren die folgenden Passagen, in denen es in einem näheren Sinn um die Übernahme der Gebr. Alsberg OHG ging. Denn dazu hielt der Urteilsspruch fest: „Die Übernahme des Alsberg'schen Geschäfts, das jüdischer Besitz war, ist einwandfrei vor sich gegangen und war für Horten ein Wagnis. Die jüdischen Vorbesitzer haben dieses später auch wiederholt anerkannt."[65]

Zum Zeitpunkt, als das Entnazifizierungsverfahren noch lief, waren bereits mehrere Wiedergutmachungsanträge gegen Horten von Strauß und den Lauters gestellt worden. Der Ausschuss verließ sich dennoch allein auf die Aussagen der geladenen Zeugen und der eidesstattlichen Versicherungen. Eine Nachfrage beim Amt für gesperrte Vermögen hätte genügt, um Zweifel zu wecken. Denn die ehemaligen Besitzer des Kaufhauses Alsberg schilderten den Übernahmeprozess ganz anders, auch wenn dies seinerseits mit der Rhetorik der Wiedergutmachungsanträge zusammenhing und auch hier nicht alles der Wahrheit entsprach.

So stufte der Entnazifizierungsausschuss Horten in die Kategorie V („entlastet") ein. Nach dessen Auffassung war er kein „Nutzniesser" der politischen Verhältnisse und habe vielfach seine gegnerische Haltung offenbart.[66] Laut der britischen Beurteilung aus dem Jahr 1946, der die Beurteilung vor den deutschen Ausschüssen zugrunde lag, gehörte Horten damit zu jenen, die zwar Mitglied in der NSDAP gewesen waren, aber über die reine Mitgliedschaft hinaus keine Anzeichen gezeigt hätten, sich näher mit der Ideologie zu identifizieren, und ihr sogar aktiv entgegengewirkt hätten.[67] Für eine solche Beurteilung brauchte es die von einem Zeugen belegte Widerständigkeit zum NS-System. Eine solche Einstufung kam damit einer vollständigen Rehabilitation gleich.

Doch für die britischen Ermittlungsbehörden war die Causa Horten nicht vorüber. Noch immer war das Misstrauen groß. Hatte der Geschäftsmann tatsächlich alle Fakten auf den Tisch gelegt? Die Entlastung vor dem Entnazifizierungsausschuss war unerheblich für die weiteren Untersuchungen der Briten. Wer als entlastet eingestuft worden war, konnte nach Ermittlungen durch die Militärverwaltung trotzdem vor ein deutsches Gericht gestellt werden, das seinerseits Freiheitsstrafen verhängen konnte.[68] Vor allem die Property Section, die sich um Vermögensangelegenheiten aus der NS-Zeit kümmerte, blieb weiter skeptisch. Am 4. November 1948, mehr als ein halbes Jahr nach seiner Entlastung vor dem Entnazifizierungsausschuss, war Horten immer noch auf dem Schirm der Ermittler.

> „Er hat es hinbekommen, in die Kategorie V eingestuft zu werden. Der bestellte Treuhänder schreibt: ‚In Anbetracht dessen, dass er überall die Finger im Spiel hat, war ich nicht überrascht. Sogar Menschen, die gegen ihn waren während seiner Internierung, haben ihn nun als Zeugen entlastet'. Horten quengelt nun über seine Anwälte, dass sein Vermögen natürlich entsperrt werden muss. Mit Blick auf die erhobenen

Grundlose Verdächtigungen oder „Schurke der übelsten Sorte"?

Vorwürfe gegen ihn verabscheuen wir es, dies auszuführen. Aber es sieht so aus, als sei dies wieder nur ‚ein weiterer solcher Fall' und wir werden uns vorerst geschlagen geben müssen bis etwas Stichhaltigeres gegen ihn vorgebracht werden kann."[69]

Wie ernst Horten seine vollständige Entlastung nahm, sollten die britischen Behörden bald erfahren. Statt auf ein Verfahren und womöglich eine weitere Inhaftierung zu warten, ging er in die Offensive, wie man bis hinauf ins britische Hauptquartier merkte. Der Leiter der Property Control wurde persönlich adressiert und gestand einem Kollegen recht unverhohlen seine Frustration:

„Dieser Mann, Horten, ist in der Lage, die Fäden in alle Richtungen zu ziehen. Erst kürzlich wurde ich von einem englischen Anwalt eingeschüchtert, dass, wenn wir Horten nicht in Ruhe lassen, er den Fall bis ins Außenministerium tragen würde. Er hatte die Genehmigung (von Horten), dies zu tun. Horten hat diese Woche seinen ehemaligen Treuhänder überredet (der wegen seiner guten Arbeit zum Landrat befördert worden war) und der zudem abschätzige Bemerkungen gegen ihn machte, einen Posten in seinem Unternehmen anzunehmen."[70]

Auch ein erneutes Gutachten zu Hortens Vermögensverhältnissen, welches von der Property Control in Auftrag gegeben worden war, änderte die Sachlage nicht.[71] Zwar war es möglich, dass etwaige Ansprüche der ehemaligen Besitzer der Gebr. Alsberg OHG gegen Horten bestehen konnten. Aber eine weiter aufrechterhaltene Sperrung seines Vermögens war damit nicht zu rechtfertigen. Am 1. April 1949 wurden daher das Vermögen von Helmut Horten und die Helmut Horten KG von der Aufsicht durch das Amt für gesperrte Vermögen befreit.[72] Damit endeten offiziell die Untersuchungen der britischen Militärregierung. Es sollte in diesem Verfahren zu keiner Anklage kommen.

Die unterschiedlichen Ebenen des Entnazifizierungsverfahrens zeigen, dass Horten schrittweise seine Taktik veränderte. In den ersten Nachkriegswochen gab es für ihn kaum Grund zur Besorgnis. Die Verhaftung 1946 änderte seine Denkweise. Fortan musste er juristische Auseinandersetzungen fürchten. Während seiner Haftzeit bereitete er sich auf mögliche Verfahren vor, ohne zu wissen, ob und wann es überhaupt zu einer Anklage kommen würde. Trotz Verdachtsmomenten konnten ihm die britischen Untersuchungsbehörden nichts nachweisen. Die Entnazifizierungsausschüsse entlasteten ihn, auch wegen der Zeugenaussagen und zahlreicher eidesstattlicher Versicherungen zu seinen Gunsten. In der Endphase des Entnazifizierungsprozesses ging Horten in die Offensive. Er nutzte den Druck von Anwälten, um seine Verfolger loszuwerden – auch weil er wusste, dass nicht alle Fakten auf dem Tisch lagen. Die Beschäftigung von Zwangsarbeitern und das Engagement in der Rüstungsindustrie über die Flugzeugwerk Johannisthal GmbH spielten zu keinem Zeitpunkt eine Rolle. Auch die Übernahme des Kaufhauses Alexander & Echternach in Königsberg oder die Verteilertätigkeit für Textilien waren nicht Gegenstand der Befragungen. Doch im Kern waren die gefällten Urteile des Entnazifizierungsverfahrens auf Grundlage der vorliegenden Fakten nicht falsch. Die Rolle, die Horten bei der Übernahme der Gebr. Alsberg OHG gespielt hatte, war tatsächlich ganz anders, als es die Untersuchungsbehörden vermuteten. So wurde Horten für etwas interniert, was man ihm nicht nachweisen konnte, wegen etwas verdächtigt, was er nicht getan hatte, und für etwas nicht belangt, was er getan hatte.

Auch Hortens nicht realisierte Übernahme von Aktien am Kaufhaus Gerzon in den Niederlanden sollte im Nachgang noch größere Aufmerksamkeit erfahren. Im Nürnberger Prozess gegen die Hauptkriegsverbrecher mussten sich nach dem Zweiten Weltkrieg führende Politiker und Funktionäre des NS-Systems verantworten. Die Nachfolgeprozesse behandelten ab 1947 die Beteiligungen von Militärs, Ärzten, führenden Unternehmern und Diplomaten an der Vernichtungspolitik und dem Angriffskrieg. Auch die verübten Verbrechen in den besetzten Gebieten rückten nun in den Fokus: Es galt zu klären, welchen Anteil die gesellschaftlichen Eliten an der

Grundlose Verdächtigungen oder „Schurke der übelsten Sorte"?

Ausprägung des NS-Systems gehabt hatten und welchen persönlichen Nutzen sie daraus hatten ziehen können.

Karl Rasche rückte schnell ins Blickfeld der alliierten Ermittlungsbehörden. Als Vorstandssprecher der Dresdner Bank zwischen 1942 und 1945, SS-Mitglied und eng betraut mit zahlreichen „Arisierungen", insbesondere in den besetzten Gebieten wie den Niederlanden, repräsentierte er die Gruppe der führenden Persönlichkeiten aus der Wirtschaft, die die NS-Verbrechen mit ermöglicht hatten. Im Zuge der Ermittlungen wurden Zeugen vernommen. Ziel der Anklage war es, eine direkte Beteiligung Rasches an den Geschäftsübernahmen in den besetzten Gebieten nachzuweisen.[73] Arthur Marx, der als Geschäftsführer mit den potenziellen Interessenten an Gerzons verhandelt und den Holocaust überlebt hatte, wurde als Zeuge vernommen. Er erwähnte Hortens Interesse an dem Aktienpaket und schilderte dessen Vorgehen. Er erwähnte gegenüber den alliierten Untersuchungs- und Strafverfolgungsbehörden keinerlei Nötigungen zum Verkauf durch Horten.[74] Auch Robert Hobirk, der als Mitarbeiter des Handelstrust West an den Verhandlungen teilgenommen hatte, bestätigte das Interesse Hortens, betonte jedoch seinerseits auch, dass das Geschäft nicht realisiert worden sei.[75] Daher erregte der Name Helmut Horten wohl keine größere Aufmerksamkeit bei den Ermittlern.

1949 hatte sich der Wind endgültig gedreht. Statt den ehemaligen Kriegsgegner zu schwächen und die NS-Funktionsträger zu bestrafen, ging es den Westalliierten um den Aufbau eines starken Partners im Kampf gegen die Sowjetunion. Der Kalte Krieg hatte längst begonnen. Doch wie stark die Entlastungsmomente auch waren: Jene für ihn persönlich wie geschäftlich erfolgreichen neun Jahre zwischen 1936 und 1945 sollten Horten nie wieder loslassen. Bis zu seinem Lebensende musste er Gerüchte und Verdächtigungen hinnehmen, die auch über seinen Tod hinaus kursierten und immer wieder erneuert wurden. Aber: In der Übernahme von Verantwortung für angetanes Unrecht lag auch ein nicht unwichtiger wirtschaftlicher Faktor.

Verantwortung übernehmen, wo es nötig ist: Wiedergutmachung

Die Rückgabe geraubter und unter Nötigung verkaufter Vermögenswerte jüdischer Eigentümer wurde bereits während des Zweiten Weltkriegs von staatlichen und privaten Stellen anvisiert. Vor allem in den USA und in England gab es Interessenvertretungen, die das Thema der Rückerstattungen vorantrieben. Nach dem Krieg wurde deutlich, dass sich Restitutions- und Reparationsverfahren auf unterschiedlichen Ebenen vollziehen würden: Auf bilateraler Ebene zwischen Staaten, in Verfahren gegen die Bundesrepublik als Nachfolger des Deutschen Reichs und in Zivilverfahren.[76] Mit dem Staat Israel vereinbarte die Bundesrepublik ein Globalabkommen über Warenlieferungen in Höhe von drei Milliarden DM und die Zahlung von 450 Millionen DM an die Jewish Claims Conference. Bilaterale Verträge regelten Wiedergutmachungsleistungen für europäische Staaten, von denen Frankreich mit 400 Millionen DM die größte Summe erhielt. Die Zivilverfahren regelten individuelle Ansprüche zwischen juristischen Personen.

Die Vermögenssperre war für Letztere ein wichtiger Schritt bei der Klärung von Besitzverhältnissen sowie der Prüfung von Wiedergutmachungsansprüchen. Sie war Teil des Gesetzes Nr. 52, das am 14. Juli 1945 von der amerikanischen Militärregierung erlassen wurde. Es regelte, dass Konten ehemaliger NS-Funktionsträger eingefroren werden konnten und unter Umständen Unternehmer nicht mehr in ihren Betrieben tätig sein durften. Alle auffindbaren Vermögenswerte, bei denen der Verdacht bestand, dass sie zwischen 1933 und 1945 unter erpresserischen Umständen und unter Wert von den ursprünglichen Besitzern verkauft oder ihnen geraubt worden waren, wurden unter die Kontrolle der alliierten Verwaltungsbehörden gestellt.[77] Für die betroffenen Personen und Firmen bedeutete dies, dass ihre geschäftlichen Tätigkeiten unter die Obhut eines Treuhänders gestellt wurden. Dieser hatte die Aufgabe, wirtschaftliche Entscheidungen zu treffen, aber auch eine Aufstellung des Vermögens anzufertigen.[78] Eine Rechtsgrundlage für Privatper-

Verantwortung übernehmen, wo es nötig ist: Wiedergutmachung

sonen, eine zivilrechtliche Wiedergutmachungsleistung einzuklagen, bestand noch nicht. Zwar konnten Ansprüche angemeldet, nicht jedoch gerichtlich verfolgt werden. Erst im November 1947 erließ die US-Verwaltung in ihrer Zone ein unilaterales Rückerstattungsgesetz. Zivilrechtliche Ansprüche konnten angemeldet werden und wurden untersucht. 1949 zog auch die britische Zone nach.[79]

Die neu gegründete Bundesrepublik übernahm weitgehend die alliierten Gesetze in Bezug auf Wiedergutmachungsverfahren, begleitet von intensiven öffentlichen und parlamentarischen Diskussionen. 60 Prozent der Bundesbürger sahen nach einer Umfrage 1950 die Forderungen von Opfern des NS-Regimes, vor allem Juden, als ungerechtfertigt an.[80] Die Anerkennung von Wiedergutmachungsleistungen war also keineswegs Konsens.

In den zivilrechtlichen Verfahren, die sich um die Rückgabe von Vermögenswerten drehten, waren ehemalige und aktuelle Besitzer von Vermögen erstmals nach dem Krieg miteinander konfrontiert. Es ergaben sich oft komplexe Gemengelagen. Welche Ansprüche ließen sich nach all den Jahren noch nachweisen? Und welche Möglichkeiten gab es, die Ansprüche abzuwehren? Viele der Antragsteller hatten Deutschland mit ihrer Emigration verlassen. Kaum einer hatte Interesse daran, das ehemalige Haus oder Geschäft wieder zurückzubekommen. Die Lösung waren monetäre Entschädigungsleistungen, die beim Aufbau eines neuen Lebens fernab der Heimat helfen sollten.[81] Die Verfahren waren auch deshalb vielfach konfliktträchtig, da die Ansprüche in Reichsmark bestanden, durch die Währungsreform 1948 jedoch ein für die Opfer ungünstiger Umrechnungsfaktor entstand. Oft waren die gerichtlich zugesprochenen Entschädigungsleistungen gering. Da viele Überlebende in den USA waren, führte der Kurs des starken Dollars zusätzlich zu ungünstigen Umrechnungen.

Die zentrale Frage, um die sich alle Wiedergutmachungsverfahren drehten, nicht nur im Fall von Horten, war die nach der Kaufpreisfindung bei der Übernahme. War der entrichtete Preis für das Warenhaus samt Lager, Inventar, Werbemitteln und später auch für die Immobilien und Grundstücke angemessen gewesen? Dieser

Frage wohnt eine hohe Komplexität inne. Es ist schwer, aus der Quellenüberlieferung den Verkehrswert der aufgeführten Vermögensteile genau zu bestimmen. Vor der gleichen Problemlage standen nach dem Krieg auch die beiden Parteien in den Wiedergutmachungsverhandlungen. Die Regelungen mussten in einem bilateralen Aushandlungsprozess getroffen werden, der nur selten die tatsächlichen Werte abbildete. Hier waren die Wiedergutmachungsverhandlungen zwischen Horten und den ehemaligen Besitzern der Vermögenswerte keine Ausnahme.

Wegen der Geschäftsübernahmen aus jüdischem Vorbesitz in Duisburg und Wattenscheid sah sich Horten mit mehreren möglichen Antragstellern konfrontiert. Die Geschäftsübernahme in Königsberg sowie die Beteiligungen in Marienburg und Marienwerder standen hingegen außen vor, da die Orte nicht mehr auf dem Gebiet der späteren Bundesrepublik lagen. Ansprüche von Zwangsarbeitern aus dem Betrieb der Flugzeugwerk Johannisthal GmbH stellten ebenfalls keine Bedrohung für Horten dar. Durch die Teilung Deutschlands in Besatzungszonen und die Gebietsabtretung Ostpreußens besaßen potenzielle Antragsteller mit Bezug zu den östlichen Unternehmungen keine Rechtsgrundlage.

Duisburg

Ohne Zweifel waren die Übernahme der Gebr. Alsberg OHG und die damit verbundenen Wiedergutmachungsansprüche von Hermann Strauß sowie Ernst und Curt Lauter der wichtigste Vorgang dieser Art für Horten. Bereits die Befragungen der britischen Untersuchungsbehörden hatten darauf den Fokus gelegt. Es war zugleich der erste Komplex, welcher sich zu einem Wiedergutmachungsverfahren entwickelte.

Am 11. November 1945 stellte Rudolph Strauß, Sohn von Hermann Strauß, ehemals Mitinhaber der Gebr. Alsberg OHG in Duisburg, persönlich einen Antrag auf Sperrung des Vermögens von Helmut Horten.[82] Damit begann ein Verfahren, welches sich

Verantwortung übernehmen, wo es nötig ist: Wiedergutmachung

bis ins Jahr 1951 ziehen sollte. Eines war dabei von Beginn an klar: Horten war, obwohl er zum Zeitpunkt der Geschäftsübernahme weder alleiniger Inhaber noch Hauptgesellschafter der Helmut Horten KG gewesen war, der zentrale Ansprechpartner. Gegen ihn richteten sich als Geschäftsführer die ersten Ansprüche. Im Vergleich zu ähnlich gelagerten Wiedergutmachungsfällen erfolgte die Geltendmachung von Ansprüchen im Fall von Horten in Duisburg relativ früh.

Rudolph Strauß war während des Krieges Angehöriger der US-Streitkräfte gewesen und verblieb nach den Kampfhandlungen in der amerikanischen Besatzungszone. Er erhielt von Hermann Strauß und Ernst Lauter, die beide in den USA lebten, die Vollmacht, in ihrem Namen in Deutschland Anträge zu stellen.[83] Eine konkrete Forderung nach Wiedergutmachungsleistungen oder Restitution enthielt dieser Antrag noch nicht. Er führte jedoch dazu, dass Horten nun auf dem Schirm der britischen Besatzungsbehörden war. Im Januar 1946 wurde sein Vermögen durch die britischen Besatzungsbehörden gesperrt. Jedoch wurde die Sperre aus unbekannten Gründen kurz darauf wieder aufgehoben, sehr zum Unmut von Strauß.[84]

Horten war ab dem 1. August 1946 interniert. Bei einer Einsichtnahme in Bankakten zeigte sich für Strauß das zentrale Problem: Nach Aufzeichnungen der Commerzbank Duisburg hatte Horten „sämtliche Verpflichtungen aus den Verträgen" des Kaufs erfüllt.[85] Doch bei den Verkäufern war durch die bereits geschilderten Abgaben und Steuern nur ein geringer Teil des Geldes angekommen: Die erpresserischen Abgaben, die das NS-Regime von Juden erhob, hatten neben den Bankverpflichtungen aus Krediten einen Großteil des Erlöses aufgezehrt.

Am 2. Oktober 1946 erneuerte Rudolph Strauß den Antrag. Außerdem äußerte er den Verdacht, dass Horten versucht habe, Vermögenswerte durch Übertragungen an seine Mitarbeiterin Marianne Weißenbach zu unterschlagen.[86] Strauß Jr. kehrte zurück in die USA. Er hatte zuvor seine Vollmacht von Hermann Strauß sowie Ernst und Curt Lauter an Werner Middelmann übertragen.[87]

Der meldete am 17. November 1947 das Geschäft und die Immobilie der Gebr. Alsberg OHG als vormalig jüdischen Besitz bei der Zentralstelle für Vermögenskontrolle in der britischen Besatzungszone an. Zudem benannte Middelmann erstmals die Kommanditisten Hortens. Die Übernahmen seien „unter Zwang und Ausnutzung der damaligen Notlage der Eigentümer" erfolgt.[88] Auch dieses Schreiben war noch kein formeller Wiedergutmachungsantrag, da dafür noch immer nicht die erforderlichen Regelungen getroffen waren. Zwar nahmen die Ämter für Wiedergutmachung ab 1947 Anzeigen entgegen, das Amt in Duisburg musste nun aber erst Dokumente für die Verfahrensführung zusammentragen und die Rechtmäßigkeit überprüfen. Die darüber angesiedelten Bezirksämter für gesperrte Vermögen bearbeiteten die Anträge dann weiter.[89] Auch dadurch kam zunächst wenig Bewegung in den Vorgang.

Erst durch Helmut Hortens eigenes Handeln begann der Prozess, der letztlich zur Einigung in dieser Wiedergutmachungsangelegenheit führte. Denn am 19. Oktober 1948 meldete er den Kauf der Gebr. Alsberg OHG beim Amt für gesperrte Vermögen in Duisburg an. Dies betraf die Übernahme des Geschäfts durch die Helmut Horten KG sowie den Kauf der Immobilien durch ihn persönlich. Er gab an, dass es sich um „ordnungsgemäße" Übernahmen zu rechtmäßigen Konditionen gehandelt habe.[90] Dies war ein aktiver Schritt. Statt auf die Eröffnung des Verfahrens zu warten, versuchte Horten eigenständig, eine Klärung herbeizuführen. Der Hintergrund war offenkundig: Er wollte alle eventuellen Ansprüche gegen ihn abwehren oder beenden, um sich ganz auf den Wiederaufbau seines Unternehmens zu konzentrieren. Dies bedeutete nicht, dass sich Horten schuldig bekannte. Schließlich hatte er den Übernahmepreis ja entrichtet. „Vorsorglich reiche ich die Anmeldung ein, um mich selbst und meine Mitgesellschafter gegen jeden möglichen Vorwurf einer Pflichtversäumnis zu schützen", hieß es.[91] Es dauerte weitere fünf Monate bis zur Entsperrung des Privatvermögens.[92] Damit war ein erster Teilerfolg errungen. Das Vermögen der Helmut Horten KG befand sich hingegen weiter unter Kontrolle.[93]

Verantwortung übernehmen, wo es nötig ist: Wiedergutmachung

Mit Hortens Einlassung war die Sache keineswegs erledigt. Am 7. November 1949 stellten Curt und Ernst Lauter sowie Hermann Strauß auf Grundlage der zwischenzeitlich geltenden rechtlichen Regelungen einen Antrag auf Rückerstattung des Vermögens der Gebr. Alsberg OHG. Dieses Mal betraf das Ansinnen auch die Kommanditisten Erich Rump, Wilhelm Reinold und Josef Fieger.[94] Genau dies hatte Horten verhindern wollen. Denn damit konnte ein langer und zäher Rechtsstreit beginnen, der den Erfolg des zwischenzeitlich betriebenen Wiederaufbaus seines Duisburger Geschäfts gefährdete.

Der Antrag enthielt zudem harte Anschuldigungen: Ein Teil der Waren sei ohne Bezahlung übernommen worden, „der Rest stark unterbewertet. Für Inventar, good will etc. wurde überhaupt nichts bezahlt". Die Gesamtforderung belief sich auf 672.514 RM.[95] Doch der Antrag enthielt auch Fehler. So wurde angegeben, dass die Immobilien des Kaufhauses ebenfalls durch die Helmut Horten KG übernommen worden seien. Dem widersprach auf den ersten Blick der ebenfalls am 7. November 1949 gestellte Antrag von Ernst und Curt Lauter auf Rückerstattung der Grundstücke. Sie gaben aber dort an, dass die Grundwerte „nach aussen hin" zwar von Helmut Horten persönlich erworben worden seien. „Jedoch waren Finanziers und Nutzniesser, auch des Grundvermögens, alle Kommanditisten, nämlich die Antragsgegner zu 2. [Erich Rump, Wilhelm Reinold, Josef Fieger (Anm. d. Verf.)], die jedenfalls den Berechtigten gegenüber mithaften", hieß es weiter.[96] Vom Kaufpreis habe man nur einen geringen Teil erhalten, was zutraf.

Horten wurde deutlich, dass seine Taktik nicht aufging. Weiter zu betonen, dass er die Preise gezahlt habe und alle Verhandlungen in beiderseitigem Einvernehmen verlaufen seien, versprach keinen Erfolg. Statt den Aufschwung des inzwischen neu gegründeten Duisburger Hauses durch langwierige Verhandlungen und möglicherweise eine weitere Internierung zu gefährden, setzte er auf einen Vergleich. Zudem warf das neu aufgebaute Geschäft 1949 und 1950 derart hohe Gewinne ab, dass eine Zahlung an Strauß und die Lauters keinen tiefen Schlag ins Kontor bedeutete.

4 · Blick zurück, Augen nach vorne (1945–1950)

Dem Vergleich vom 4. März 1950 gingen nur kurze Verhandlungen zwischen den Parteien voraus. Die Helmut Horten KG erklärte sich dazu bereit, 915.000 DM als Kompensationsleistung für die Übernahme der Gebr. Alsberg OHG zu zahlen. Davon entfielen 40 Prozent auf Hermann Strauß und je 30 Prozent auf Ernst und Curt Lauter. Es wurde vereinbart, dass die Auszahlung in Raten zu je 100.000 DM am Jahresende ab dem 31. Dezember 1951 erfolgen sollte.[97] Der Höhe der Vergleichssumme war der Umsatz der Helmut Horten KG aus dem Jahr 1949 zugrunde gelegt worden. Dieser belief sich nach dem Neubau des Kaufhauses in der Königstraße in Duisburg auf 17.900.000 DM.[98] Solche Umsätze hatten die Gebr. Alsberg OHG und auch die Helmut Horten KG vor 1945 am alten Standort in der Beekstraße/Münzstraße/Universitätsstraße nie erzielt. Strauß und die Lauters profitierten daher vom enormen Aufstieg des Unternehmens nach der Währungs- und Wirtschaftsreform. Diese brachten noch einen weiteren Vorteil für die Vorbesitzer mit sich: Die Summe wurde in DM und nicht in Reichsmark entrichtet. Guthaben und Forderungen, zu denen die Rückerstattungsansprüche zweifelsohne zählten, wurden üblicherweise im Kurs 1:10 umgetauscht. Die Vergleichssumme lag daher erheblich über der Forderung aus den Wiedergutmachungsanträgen, welche noch in RM angegeben waren. Ein weiterer entscheidender Punkt war, dass Helmut Horten dafür haftete.[99]

Es war auch wichtig, die Wiedergutmachungsansprüche mit Bezug zum Kauf der Immobilie zu erledigen. Am 8. November 1950 gelang dies. Horten zahlte 100.000 DM an Ernst und Curt Lauter.[100] Mit Blick auf die ursprüngliche Kaufsumme von 1.130.000 RM erscheint dies überaus günstig für Horten. Die übernommenen Hypothekenbelastungen von 540.135 RM, die zu einem Teil auch aus den Jahren vor 1933 stammten, schmälerten die Ansprüche aber erheblich. Hinzu kam, dass Horten die komplette Kaufsumme zwar entrichtet hatte, jedoch große Teile in den Kanälen der NS-Bürokratie versickerten, wofür der Käufer nicht haftbar zu machen war. In Anbetracht dieser Gemengelage stellte der Vergleich von 100.000 DM ein Entgegenkommen Hortens dar.

Verantwortung übernehmen, wo es nötig ist: Wiedergutmachung

Der Verkauf der privaten Immobilien im selben Jahr und die daraus resultierenden Rückerstattungsansprüche blieben davon unberührt. Hier wurden gesonderte Regelungen im Einvernehmen getroffen.

Eine besondere Rolle nahm Ernst C. Stiefel, der Rechtsbeistand der Lauters und von Hermann Strauß, ein. Der deutschstämmige Jurist war bereits 1933 emigriert und ging nach Stationen in Straßburg und London 1939 in die USA. 1944 kehrte er als Angehöriger der US-Armee nach Europa zurück. Nach 1945 vertrat er zahlreiche jüdische Emigranten bei Wiedergutmachungsverfahren, so auch die Lauters und Strauß. Nach Stiefels Rückkehr in die USA 1947 arbeitete er bei renommierten New Yorker Anwaltskanzleien.[101] Zu Beginn der 1950er Jahre eröffnete er in Düsseldorf ein Büro zur Rechtsberatung für deutsche Investoren, die Geld in den USA anlegen wollten. Einer seiner Kunden war Helmut Horten. Die beiden verstanden sich offenbar überaus gut. Stiefel war einer der wenigen Menschen, die Horten duzte.

Damit waren alle Ansprüche der Lauters und von Strauß gegen Horten abgegolten. Später sollte es noch eine Übereinkunft zwischen beiden Seiten geben, die dieses Kapitel erst in den 1970er Jahren schlussendlich beendete. Die Geschädigten erhielten durchaus großzügige Abfindungen, die aber kaum für die Vertreibung aus Deutschland entschädigen konnten.

Wattenscheid

Anders als im Fall der übernommenen Gebr. Alsberg OHG gab es für die Übernahme des Kaufhauses Hess zunächst keinen Antrag auf Wiedergutmachung durch den ehemaligen Besitzer Sally Hess. Am 1. Dezember 1947 nahm sich das Amt für gesperrte Vermögen des Kaufvorgangs an. Wie in Duisburg wurde auch hier eine Vermögenssperre erlassen.[102] Zu diesem Zeitpunkt saß Horten in Haft und bei der Überprüfung seiner Vermögensverhältnisse musste das Engagement in Wattenscheid früher oder später auffallen. Bis zu seiner Entlassung am 18. März 1948 bewegte sich wenig in dem

Vorgang. Am 24. März 1948 wurden die Grundstücke aus Hortens Besitz in Wattenscheid dann als „vormals jüdischer Besitz" registriert.[103] Es war das Vermessungs- und Liegenschaftsamt Wattenscheid, welches diesen Vorgang ohne Wissen von Hess einleitete. Dies machte es möglich, dass der ehemalige Besitzer einen Antrag auf Wiedergutmachung stellen konnte. Sally Hess, der in Südafrika lebte, wurde darüber informiert und beauftragte den Treuhänder Heinrich Pieneck, einen Antrag auf Sperrung des Vermögens zu stellen. Er forderte neben der Rückgabe der Grundstücke und des Betriebes auch die Begleichung eines Ausstandes von 11.105 RM, der aus nicht erfüllten Verträgen stammte.[104]

Wie in Duisburg ging Horten davon aus, dass der Vorgang in Wattenscheid nicht zu beanstanden war. Einzig die Frage des Inventars war strittig. Durch den Druck des Gauwirtschaftsamts Westfalen-Süd mussten die ursprünglichen Verträge so geändert werden, dass die Umsatzbeteiligung von Hess wegfiel und das Inventar kostenlos in den Besitz der Helmut Horten KG überging. Helmut Horten wusste um diese heikle Gemengelage. Er meldete über den Geschäftsführer der Helmut Horten GmbH Walter Dressel an, dass das Inventar aus vormals jüdischem Besitz stamme.[105] Beigefügt war eine Notiz, in der man versicherte, dass die Übereignung des Inventars „nicht unter Zwang" erfolgt sei und das Gebäude und das Grundstück rechtmäßig erworben worden seien. Dem Antrag von Hess auf Sperrung des Vermögens wurde kurz darauf stattgegeben.[106]

Es zeichnete sich ab, dass auch für Wattenscheid ein Vergleich die günstigere Lösung für Horten war. Andernfalls bestand die Gefahr, dass sich auch dieses Verfahren noch lange hinziehen würde. Noch vor dem Abschluss der Vergleiche in Duisburg mit Strauß und den Lauters gelang Horten eine Übereinkunft mit Hess.[107] Diese kann als eine Besonderheit der Wiedergutmachungsangelegenheiten in der Nachkriegszeit gelten: Statt eine finanzielle Kompensation zu leisten, verständigte man sich auf eine Restitution. Das Kaufhaus und die Grundstücke der Helmut Horten GmbH gingen zurück in den Besitz von Sally Hess. Die GmbH pachtete im Gegenzug die Gebäude des Kaufhauses von Hess, mitsamt dem Inventar. Diesmal wurde wie ursprünglich geplant eine Umsatzbeteiligung vereinbart. Als Pachtzins wurden zwei Prozent des steuerpflichtigen Jahresumsatzes ausgehandelt, mindestens jedoch 28.000 DM pro Jahr. Die zum Zeitpunkt des Verkaufs im Jahr 1939 bestehenden Grundschulden übernahm Hess. Danach anfallende Grundschulden bis zum Zeitpunkt der Rückgabe wurden durch die Helmut Horten GmbH übernommen.[108] Am 25. Mai 1950 wurde der Vergleich vom Landgericht Bochum genehmigt und rechtskräftig.[109]

In der frühen Nachkriegszeit waren die „Arisierungen" für Horten wohl kein unangenehmes Thema. Er tauschte sich darüber intensiv mit Erfahrungsgenossen aus, so mit Ernst Balan, dem Mitarbeiter des Finanziers Rudolf Münemann, der damals notierte: „Diese Schilderungen gab mir Helmut Horten in vielen Gesprächen in Duisburg und in Düsseldorf. Er war sehr interessiert daran, mir alles zu erzählen."[110] Später war Balan mit der Berichterstattung der Illustrierten *Stern* darüber überhaupt nicht einverstanden, wie unten noch geschildert wird. Im „Ruhestand" war die NS-Zeit kein oder kaum ein Thema mehr für Horten, so die Weggefährten der letzten Jahre.

Nicht ganz uneigennützig: Lastenausgleichsverhandlungen

Mit dem Abschluss des Wiedergutmachungsverfahrens zur Übernahme der Gebr. Alsberg OHG im Jahr 1950 brach die Verbindung Helmut Hortens zu den Lauters nicht ab. Rund zwanzig Jahre später wandte sich Curt Lauter wieder an ihn. Die Familie Lauter hatte offenbar die Geldmittel aus dem Vergleich aufgezehrt. Jedenfalls befanden sie sich 1970 in finanzieller Schieflage. Hortens Rechtsanwalt Walter Schäfer vereinbarte ein Darlehen Hortens an Curt Lauter in Höhe von 5.000 DM. 1972 kam ein weiteres über 5.000 DM hinzu.[111]

4 · Blick zurück, Augen nach vorne (1945–1950)

Am 29. September 1972 nahm der New Yorker Rechtsanwalt Fritz Moses erneut Kontakt mit dem Justiziar Hortens auf. Moses vertrat Curt Lauter und war selbst Emigrant aus Deutschland. Ihm ging es nicht um ein erneutes Darlehen oder Nachforderung zu den Wiedergutmachungsleistungen. Stattdessen fragte Moses nach, ob Horten die Grundstücke der ehemaligen Gebr. Alsberg OHG in Duisburg als Kriegszerstörung beim Lastenausgleichsamt geltend gemacht habe.[112] Dies war verbunden mit der Frage, ob etwaige Ansprüche auf die Lauters entfallen könnten.

Das „Gesetz über den Lastenausgleich" war schon 1952 verabschiedet worden. Dabei handelte es sich nicht um eine Wiedergutmachungsleistung für rassisch oder politisch Verfolgte. Nicht die jüdischen Vorbesitzer sollten hier für das erlittene Unrecht und den Entzug von Vermögenswerten entschädigt werden. Ziel war es, Personen zu unterstützen, die durch Kriegseinwirkungen Verluste an Vermögenswerten erlitten hatten. Dies umfasste auch Verluste in Folge von Flucht und Vertreibung, etwa aus den Ostgebieten, aber insbesondere durch alliierte Bombenangriffe. Vom Lastenausgleich konnten auch jene profitieren, die unter den Umständen des Krieges Geld verdient hatten. Auch ehemalige Rüstungsbetriebe, die wie Hortens Engagement beim Flugzeugwerk Johannisthal nicht selten Zwangsarbeiter und Kriegsgefangene beschäftigt hatten, konnten darunter fallen. Das Gesetz stand sinnbildlich für das Bemühen des jungen westdeutschen Staates, die materiellen aber auch ideellen Folgen der NS-Herrschaft möglichst schnell zu überwinden. Der Blick richtete sich nach vorne, auf den Aufbau. In diesem Sinne war der Lastenausgleich gedacht. Er sollte den raschen Wiederaufbau ermöglichen, um schnelle wirtschaftliche Erfolge zu initiieren.

Das System des Lastenausgleichs basierte auf einer Vermögensabgabe. Grundbesitzer mit einem bestimmten Vermögen am Stichtag des 21. Juni 1948 mussten einzahlen, während Bezugsberechtigte Gelder erhielten.[113] Horten war durch seine Vermögens- und Grundwerte zunächst Einzahler gewesen. Doch zugleich war er auf Grund seiner zerstörten Immobilien potenzieller Bezieher. Zum

Zeitpunkt der Anfrage der Lauters hatte er allerdings noch keinen Antrag auf Leistungsbezug gestellt, wohl auch, weil er kaum auf die zu erwartenden Mittel angewiesen war.

Die Lauters hofften trotzdem darauf, teilweise von den Leistungen des Lastenausgleichsamtes bedacht zu werden. Zwischen ihnen und Horten wurde vereinbart, dass im Fall einer Geltendmachung auch die Lauters profitieren sollten.[114] Horten war zu einer solchen Zahlung rechtlich nicht verpflichtet. Er war Eigentümer der Immobilien in Duisburg und sie wurden zerstört, als sie sich in seinem Besitz befunden hatten. Die Vorstellungen über die Höhe des Anteils der Lauters gingen weit auseinander. Moses taxierte 150.000 DM, Hortens Anwalt Schäfer ging von 30.000 DM aus.[115] Horten bemerkte gegenüber seinem Prokuristen Hans Winschuh, dass er nur gewillt sei, die Entschädigungsleistungen für die Grundstücke abzutreten. Die Zuwendungen für die Zerstörung des Betriebsvermögens sollten bei ihm verbleiben.[116] Faktisch war die partielle Abtretung von Zuwendungen für den zu diesem Zeitpunkt bereits Milliardär gewordenen Horten kein nennenswerter Faktor. Allerdings blieb, so sollte sich zeigen, auch für ihn noch genügend hängen.

Das Prüfungsverfahren der Ansprüche aus der Helmut Horten KG durch das Finanzamt Düsseldorf zog sich bis zum 25. Juni 1975 hin. Nach Abzug der Vorauszahlung von 10.000 DM entfielen auf die Lauters 10.840,20 DM. Diese Summe wurde durch zwei geteilt, denn nach dem Tod von Ernst sowie der Mutter Amalie waren nur noch Curt und Bertha Lauter zuteilungsberechtigt.[117] Dies war erheblich weniger als erwartet. Curt Lauter war sehr ernüchtert. Auch der Rechtsanwalt Moses zeigte sich nicht zufrieden damit. Horten war angesichts dessen entgegenkommend. Am 27. Januar 1976 überwies er 50.000 DM an die Lauters.[118] Dieses Geld war an eine Bedingung geknüpft: Damit sollten gut 40 Jahre nach der Geschäftsübernahme ein für alle Mal alle Forderungen und Ansprüche erledigt sein. Die Lauters stimmten zu.[119]

Anders lagen die Dinge beim Kaufhaus Alexander & Echternach in Königsberg, das Horten gemeinsam mit Wilhelm Reinold 1938 übernommen hatte. Hier vermischten sich die Ebenen der Wiedergutmachung und des Lastenausgleichs ebenfalls, aber zu gänzlich anderen Konditionen. Im Entnazifizierungsverfahren 1948 hatte Horten angegeben, dass in den ehemaligen Ostgebieten des Deutschen Reiches seine größten Vermögenswerte lagen.[120] Königsberg stand wegen der Abtrennung Ostpreußens unter sowjetischer Verwaltung. Hier war es nicht möglich, auf zivilrechtlichem Wege Wiedergutmachungsansprüche durchzusetzen, da die Betriebe ohnehin enteignet waren.

Trotzdem erfassten die britischen Untersuchungsbehörden auch Besitzungen, die in anderen Besatzungszonen oder Staaten lagen. In der ersten von ihnen veranlassten Vermögensaufstellung Hortens von 1946 wurde das Königsberger Unternehmen unter der Kategorie „Gegenwärtige Vermögenswerte" mit 335.000 RM notiert. Hinzu kam eine Bürgschaft mit der Bezeichnung „Reinold für eventuelle Ansprüche aus dem Königsberger Geschäft".[121] Es wurde vermerkt, dass die Vermögenswerte durch Kriegseinwirkung allesamt zerstört seien. Dennoch sei mit Forderungen der Kreditgeber für das Geschäft gegenüber Horten zu rechnen. Auch die Bilanz der Helmut Horten KG für das Jahr 1945 wies das Königsberger Haus als Umlaufvermögen aus.[122] In der Folge verschwand das Unternehmen aus den Bilanzen. Das Interesse der britischen Untersuchungsbehörden konzentrierte sich fortan auf die Fälle ihrer Zuständigkeit in Duisburg und Wattenscheid.

Das bedeutete nicht, dass Hortens Engagement in Ostpreußen gänzlich vergessen wurde. Aus Sicht der Verkäufer war die Angelegenheit keineswegs aus der Welt. Am 6. Februar 1952 stellte Henry Zolki, Sohn des ehemaligen Mitinhabers von Alexander & Echternach Bruno Zolki, einen ersten Antrag auf Wiedergutmachungsleistungen nach dem Bundesentschädigungsgesetz.[123] Dabei handelte es sich um eine staatliche Entschädigungsleistung. 1957 kam ein weiterer positiver Bescheid wegen „Transferverlusten" durch die Emigration hinzu. 1958 wurde eine letzte Zahlung für „Schäden am beruflichen Fortkommen" geleistet. Damit waren die Ansprüche Zolkis gegenüber der Bundesrepublik abgegolten – nicht aber die zivilrechtlichen gegen Horten und Reinold. Denn das Wiedergutmachungsamt Berlin stellte 1960 fest, dass Zolki Sr. nicht nur durch den Staat, sondern auch durch den Verkauf an Horten und Reinold Vermögenswerte entzogen worden seien.[124] Damit tauchte Horten unerwartet und von ihm zunächst unbemerkt im Zusammenhang mit einem weiteren möglichen Wiedergutmachungsanspruch auf.

Es war vorhersehbar, dass ihm von dieser Seite Ansprüche drohen konnten. Denn Alfred Alexander, ein weiterer Mitinhaber von Alexander & Echternach, war in Sachen Wiedergutmachung ebenfalls nicht untätig gewesen. Er hatte bereits zu Beginn der 1950er Jahre versucht, mögliche Ansprüche geltend zu machen. Alexander versuchte dies über das United Restitution Office. Die Organisation engagierte sich für die Restitution ehemals jüdischer Vermögenswerte nach dem Krieg. Hauptaufgabe waren die Einleitung und Führung von Verfahren vor deutschen Gerichten und die Beschaffung von Beweismaterial für die Vermögensentziehungen während der NS-Zeit.[125] Das Office hatte Horten befragt, wie Alexander dem Lastenausgleichsamt 1962 mitteilte: „Auf der Gegenseite wurde die ‚Arisierung' durch Herrn Horten betrieben; und dieser hat vor einiger Zeit dem United Restitution Office erwidert, dass er sich an die damaligen Vorgänge nicht mehr entsinnen könne."[126] Wann genau Horten befragt wurde, ist ungewiss. Es drohte ihm durch die Anfrage nach der geltenden Rechtslage keine Gefahr. Es ist angesichts der engen Beratung durch unterschiedliche Rechtsanwälte davon auszugehen, dass er etwaige Rechtsfolgen prüfen ließ.

Am 29. März 1954 hatte Horten einen ersten Antrag auf Feststellung von Kriegsschäden in den Ostgebieten gestellt.[127] Dies betraf die Unternehmen Reinold & Co KG, das ehemalige Kaufhaus Alexander & Echternach sowie die Reinold & Horten KG, den Textilvertrieb in Königsberg. Für mehrere Jahre blieb der Antrag unbearbeitet. 1960 wurde dann ein einheitliches Feststellungsverfahren eingeleitet, in dem die Besitzungen von Horten, Wilhelm Reinold und seiner Frau Josefine Reinold gemeinsam behandelt wurden.¹²⁸ Zudem wurde vermerkt, dass es sich bei der Geschäftsübernahme um eine „Arisierung" gehandelt hatte, was die ehemaligen Besitzer als Zeugen in das Verfahren involvierte.¹²⁹ Wenn festgestellt würde, dass ein zu geringer Preis gezahlt worden war, hätten die ehemaligen Besitzer und ihre Erben Anspruch auf Wiedergutmachungsleistungen von Verfolgungsschäden.

Ein Jahr später rückte der Fall der Übernahme von Alexander & Echternach wieder in den Fokus: Am 19. Juli 1961 ließ Horten einen Antrag auf Feststellung möglicher Zuwendungen aus dem Lastenausgleichsgesetz stellen.¹³⁰ Er gab an, dass der Großteil seiner Besitzungen in den Ostgebieten gelegen habe. Dazu gehörte das Kaufhaus in Königsberg. Es lag nun an den örtlichen Lastenausgleichsämtern, die genauen Hintergründe des Besitzes zu erhellen, da für gewaltsam oder widerrechtlich übernommenen Besitz keine Leistungen gewährt wurden. In diesem Verfahren suchten die Ämter nach den ehemaligen Besitzern und fanden Zolki und Alexander. Sie sollten also dabei helfen, dass Horten in den Genuss von Leistungen aus dem Lastenausgleich kam – ohne selbst eine Möglichkeit zu haben, auf eigene Entschädigungen wegen Kriegszerstörung zu klagen, da das Unternehmen zum Beginn des Zweiten Weltkriegs nicht mehr in ihrem Besitz war. Wenigstens konnten sie auf einen kleinen Teil an Zuwendungen aus dem Lastenausgleich in Form von Ansprüchen aus Verfolgungsschäden hoffen. Es sollte jedoch gut 25 Jahre bis zum Abschluss des Verfahrens dauern.

Alfred Alexander gab während der Untersuchungen des Amts an, dass er einer der Mitinhaber gewesen sei. Über die zu geringe Kaufsumme habe er zudem nicht frei verfügen können. Gleiches galt für die Mitbesitzer Zolki und Cohn.¹³¹ Doch weder ein Kaufvertrag noch andere geschäftliche Papiere des Unternehmens waren erhalten geblieben oder greifbar für die Behörden. Daher setzte man auf die Aussagen der Zeugen von beiden Seiten. Hortens Steuerberater Robert Kuhlmann gab an, dass der Kaufpreis bei 1.975.000 RM gelegen habe und auch in voller Höhe entrichtet worden sei.¹³² Er erwähnte aber nicht, dass sich diese Summe auf den Kauf des Unternehmens und der Grundstücke bezog. Da es sich hier um unterschiedliche Verkäufer handelte, konnte das Verfahren nur schwerlich vermischt werden. Das Unternehmen wurde Alexander, Zolki und Cohn abgekauft. Zu den Inhabern der Immobilie gehörte allerdings nur Alexander.

Der ging von einem erheblich höheren Vermögenswert des Unternehmens aus. Er schätzte den durchschnittlichen Jahresumsatz auf 4.250.000 RM. Folglich müsse auch der Unternehmenswert höher gelegen haben.[133]

Am 26. Mai 1964 wurde Horten im gemeinsamen Feststellungsverfahren mit Wilhelm und Josefine Reinold als Hauptgeschädigter angesehen. Das Amt stellte den Schaden an der Reinold & Co KG, dem Nachfolgeunternehmen des Kaufhauses Alexander & Echternach, auf Grundlage der einzig zu rekonstruierenden Bilanz aus dem Jahr 1943 fest, dem stärksten Geschäftsjahr des Unternehmens. Der Einheitswert wurde mit 2.673.744,19 RM angesetzt. Dieser lag mehr als doppelt so hoch wie der 1938 entrichtete Kaufpreis von 1.222.914 RM und dürfte doch unter dem tatsächlichen Wert des Unternehmens gelegen haben.[134] Doch wie viel davon gelangte tatsächlich zur freien Verfügung? Das Amt kam zur Auffassung, dass der gezahlte Kaufpreis angemessen gewesen sei. Zudem wurde festgestellt, dass Horten und die Reinolds nicht dafür haftbar gemacht werden konnten, dass die Käufer nicht über die Kaufsumme hätten verfügen können.[135] Auch der Textilvertrieb Reinold & Horten KG, der nicht auf einer „Arisierung" beruht hatte, sollte in voller Höhe entschädigt werden.[136]

So wären die jüdischen Vorbesitzer leer ausgegangen. Horten hatte damit offenbar kein Problem. Er widersprach jedenfalls der Ankündigung des Ausgleichsamts Düsseldorf nicht, das Verfahren zu einem zügigen Abschluss zu bringen.[137] Damit waren Alfred Alexander und Bruno Zolki keineswegs einverstanden. Sie legten Beschwerde ein und gaben an, dass nur geringe Teile der Kaufsumme für das Unternehmen frei verfügbar gewesen seien.[138] Dieser Argumentation folgte das Ausgleichsamt zu großen Teilen schlussendlich und ohne Widerstand Hortens. Am 26. Februar 1974 stellte das Amt fest, dass Horten 811.486,12 RM als erlittener Schaden anzurechnen war statt der ursprünglich einmal verhandelten 2.673.744,19 RM.[139] Nach der Währungsreform 1948 wurde der Umrechnungsfaktor zehn zu eins angewendet. Somit belief sich die Entschädigungssumme für Horten gemäß seinem Anteil am Unternehmen von 49,07 Prozent auf 39.819,63 DM.[140] Wie viel am Ende an die ehemaligen jüdischen Besitzer floss, ist nicht überliefert. Sicher ist nur, dass Horten keine der ihm zustehenden Ansprüche an sie abtrat, anders als im Fall der Lauters in Duisburg.

Dass er diesen Schritt in einer weiteren Angelegenheit durchaus ging, in der Horten keine gerichtlichen Konsequenzen drohten, zeigt das Beispiel von Herbert Hille. Der war als Geschäftsführer der Hille & Co KG an der Übernahme des Kaufhauses Moses Conitzer & Söhne in Marienburg beteiligt gewesen. Horten war mit 29,51 Prozent Mehrheitseigentümer gewesen. Marienburg lag nach dem Krieg auf polnischem Staatsgebiet. Auch hier brauchten Horten und seine Geschäftspartner keine Wiedergutmachungsansprüche vor bundesdeutschen Gerichten zu fürchten.

Herbert Hille war zudem keiner der jüdischen Vorbesitzer. Stattdessen war er selbst an der „Arisierung" beteiligt gewesen. Gegen Ende der 1960er Jahre nahm Herbert Hille Kontakt mit Horten auf. Anders als Horten konnte er nicht an die wirtschaftlichen Erfolge der Zeit vor 1945 anknüpfen. Hille fragte seinen alten Freund, den er sogar duzte, ob er nicht etwas für ihn tun könne. Am 22. Dezember 1969 trat Horten seinen Hauptentschädigungsanspruch aus einem Lastenausgleichsverfahren im Fall der Hille & Co KG an Herbert Hille ab. Der Betrag war stattlich: Laut einem ersten Bescheid aus dem Jahr 1965 standen Horten aus den erlittenen Schäden immerhin 226.729,86 RM zu, auch wenn davon durch die Währungsreform nur zehn Prozent übrig blieben.[141] Doch es war noch nicht geklärt, ob diese Summe korrekt war, da auch in diesem Fall erst die Hintergründe der „Arisierung" erhellt werden mussten. Es galt zu klären, ob die Kaufsumme für das Unternehmen an den jüdischen Inhaber Arnold Flatauer gezahlt worden war. Auch dieses Verfahren zog sich hin. 1971 nahm der Rechtsbeistand der Nachfahren von Flatauer, die in Brasilien lebten, Kontakt mit Hille auf. Er wollte klären, ob eventuelle Ansprüche der Erben gegen die Gesellschafter der Hille & Co KG bestünden.[142] Obwohl Hille die Rechtmäßigkeit des Kaufs betonte, wurde vom Lastenausgleichsamt in Hamburg-Altona ein Sperrvermerk eingetragen, dass die gezahlte Kaufsumme des Geschäftes nie auf ein verfügbares Konto des Verkäufers gelangt sei. „Wenn wir darauf eingingen, würden wir indirekt die Anerkennung einer Schuld aussprechen, was jeder von uns für bedenklich halten dürfte", schrieb Hille an Horten.[143]

Doch tatsächlich gelang es Hille, Aussagen der Erben Flatauers zu erhalten, nach denen die Kaufsumme gezahlt und frei verfügbar für Arnold Flatauer war. Weitere Ansprüche erhoben sie nicht. Damit war der Weg für eine Auszahlung an Hille durch die Abtretung von Horten frei.[144] Doch das Ergebnis war für ihn ernüchternd. Nach mehrmaligen Neuberechnungen und der Verrechnung zu viel gezahlter Erstattung blieben Hille nur 4.663,97 DM.[145] Er zeigte sich gegenüber Horten verbittert: „Wenn einer Deiner alten Freunde, oder ein solcher, der meinte, es zu sein, seit 1937 Dein Lied gesungen hat, und Dich in Deiner Abwesenheit gegen Verunglimpfungen verteidigt hatte, so waren es Marga und Herbert Hille. Ich verstehe unter unserer Freundschaft, der Du mich oft in Gegenwart von Willi [Wilhelm Reinold, Anm. d. Verf.], auch Frau Weissenbach versichert hast, die Wahrnehmung Deiner privaten und wirtschaftlichen Interessen, insbesondere während Deiner Abwesenheit, mit Härte und Nachdruck."[146] Horten antwortete darauf nicht.

Auch im Fall der Flugzeugwerk Johannisthal GmbH versuchte er, mögliche Ansprüche aus dem Lastenausgleich geltend zu machen. Das Unternehmen, oder was nach den schweren Bombenangriffen noch davon übrig geblieben war, war von den sowjetischen Behörden beschlagnahmt und enteignet worden. Später wurde der Bezirk Adlershof Teil des sowjetischen Sektors und der DDR. Schluckenau, wohin die Produktion 1944 verlagert worden war, war nun Staatsgebiet der Tschechoslowakei. Auch dieser Standort war enteignet worden. In beiden Fällen war es möglich,

Schäden nach dem Lastenausgleichsgesetz geltend zu machen. Für Berlin-Johannisthal waren die Voraussetzungen durch die kriegsbedingte Zerstörung und den späteren Entzug gegeben. Schluckenau konnte ab 1963 als „Ostschaden" geltend gemacht werden, da der Betrieb angesichts der nahenden Front hatte aufgegeben werden müssen. In diesem Fall gingen die Behörden zudem davon aus, dass die Besitzer vor der herannahenden Roten Armee geflohen waren. Bei Horten war dies nicht der Fall, da nicht überliefert ist, ob er sich je in Schluckenau aufgehalten hatte.

Die Flugzeugwerk Johannisthal GmbH wurde 1954 von Horten in einem Antrag auf Feststellung von Kriegsschäden aufgeführt.[147] Der Zeitpunkt war durchaus heikel. 1951 klagte Norbert Wollheim vor dem Frankfurter Landgericht in einem Zivilprozess gegen den ehemaligen IG-Farben-Konzern auf Entschädigungsleistungen für Zwangsarbeit und bekam Recht. Damit öffnete er das Tor für weitere Zivilprozesse. Aber die Opfer mussten Bundesbürger sein und rassische oder politische Verfolgung erlitten haben. Ausländischen Opfern wie den „Ostarbeitern" stand dieser Weg nicht offen. In der Flugzeugwerk Johannisthal GmbH und der ERWE Betriebsgemeinschaft Reinold & Weber waren polnische und weißrussische Arbeiterinnen neben sowjetischen Kriegsgefangenen sowie französischen Kriegsgefangenen eingesetzt worden. Rassisch oder politisch verfolgte Deutsche gehörten nicht dazu. Daher musste Horten keine Entschädigungsansprüche aus Zivilprozessen fürchten. Zunächst wurde die Anerkennung von Lastenausgleichsleistungen versagt, da das Unternehmen nicht östlich der Oder-Neiße-Linie lag. Das ursprüngliche Lastenausgleichsgesetz des Jahres 1952 sah keine Entschädigung für Flüchtlinge aus der SBZ/DDR vor, mit Ausnahme von Personen, die dort um Leib und Leben fürchten mussten. Da die Flugzeugwerk Johannisthal GmbH nun auf dem Staatsgebiet der DDR lag, konnte keine Leistung gewährt werden. Erst 1963 ergab sich auf Grund der 16. Novelle des Lastenausgleichsgesetzes ein Rechtsanspruch.[148] Hinzu kam das „Gesetz über die Beweissicherung und Feststellung von Vermögensschäden" in der Sowjetischen Besatzungszone Deutschlands und im sowjetischen

Sektor von Berlin vom 22. Mai 1965. Es regelte, dass der vollständige Entzug von Anteilen an einer GmbH, etwa durch Kriegszerstörung oder Enteignung, als Wegnahme von Geschäftsguthaben galt, was seinerseits wieder einen Anspruch auf Zuwendungen aus dem Lastenausgleichsgesetz begründete.[149] Doch dieser Pfad wurde nicht weiter verfolgt.

Anders lagen die Dinge bei der ERWE Betriebsgemeinschaft Reinold & Weber. Hier hatte Wilhelm Reinold als ein Mitinhaber 1954 einen ersten Antrag auf Leistungen aus dem Lastenausgleichsgesetz gestellt. Ein weiterer folgte 1964.[150] Horten war mit seinen 50 Prozent an der Flugzeugwerk Johannisthal GmbH beteiligt gewesen. Nach der geltenden Rechtslage konnten hier ein „Ostschaden" und ein Vertreibungsschaden geltend gemacht werden. Doch für beides war entscheidend, dass sich der Vermögenswert nach dem Gebietsstand vom 31. Dezember 1937 außerhalb des Deutschen Reichs befunden hatte und der Eigner deutscher Staatsangehöriger war. Das war für Schluckenau im Sudetenland aber nicht der Fall. Der Antrag wurde 1965 abgelehnt.[151] Bis 1972 wurden die Flugzeugwerk Johannisthal GmbH und die ERWE Betriebsgemeinschaft Reinold & Weber immer wieder in den Anträgen aufgeführt, ohne dass diese je berücksichtigt wurden.[152] Reinold und Horten fühlten sich hinreichend sicher, dass die Beschäftigung von Zwangsarbeitern nicht thematisiert werden würde. Hatten beide in den Befragungen der alliierten Ermittlungsbehörden zu diesem Geschäftszweig ihrer Unternehmungen noch geschwiegen und die Namen der beiden Unternehmen nicht erwähnt, so bestand bereits in den 1950er Jahren kein Grund mehr dazu, da das Lastenausgleichsgesetz eine juristische und in ihren Augen auch legitime Grundlage dafür bot, Ansprüche geltend zu machen. Schließlich waren hohe Entschädigungsleistungen für die beiden Betriebe zu erwarten – eine Hoffnung, die sich nicht erfüllen sollte.

Es dauerte bis zur Mitte der 1970er Jahre, bis Horten zumindest einen geschäftlichen Schlussstrich unter sein unternehmerisches Handeln vor 1945 ziehen konnte, als alle Lastenausgleichsverfahren beendet und bilaterale Einigungen erzielt waren. Fasst man alle geltend gemachten Ansprüche aus dem Lastenausgleichsgesetz zusammen und summiert die ausgezahlten Leistungen, so verblieben am Ende 107.499,72 DM bei ihm. Davon trat er 10.935,73 DM an die Lauters ab, hinzu kam eine freiwillige Zahlung von 50.000 DM, an Hille gingen 5.939,85 DM.[153] Dies waren in der Welt des Milliardärs wahrlich keine großen Summen. Für Horten waren die Ansprüche nicht mehr als eine symbolische Leistung. Doch Hille und die Lauters waren darauf angewiesen in ihren angespannten finanziellen Lagen. Horten führte die Verfahren auf seine Kosten, wozu weder Hille noch die Lauters allein im Stande gewesen wären. Dafür behielt Horten das Gros der Ansprüche ein. Im Fall der Rüstungsbetriebe zeigt sich, dass Horten auf Grund der rechtlichen Situation und einer Schlussstrichmentalität keine negativen Konsequenzen durch den Einsatz von Zwangsarbeitern fürchtete.

Wiederaufstieg: Der „Bau der 100 Tage"

Als Helmut Horten am 18. März 1948 das Internierungslager in Recklinghausen verließ, hatte sich die Welt, in die er zurückkehrte, in den vergangenen 17 Monaten grundlegend verändert. Als er am 1. August 1946 festgenommen worden war, stand die Besatzungspolitik der Alliierten noch ganz im Zeichen der Aufarbeitung der Verbrechen aus der NS-Zeit. So war der Prozess gegen die Hauptkriegsverbrecher in Nürnberg zu diesem Zeitpunkt noch nicht abgeschlossen. Doch es hatte sich bereits abgezeichnet, dass die westlichen Siegermächte und die Sowjetunion in ihren Besatzungszonen unterschiedliche Ziele verfolgen würden und sich die Besatzungszonen höchst verschieden und getrennt voneinander entwickeln würden. Die Welt zerfiel in die beiden Machtblöcke Ost und West.

Während in der sowjetisch besetzten Zone ein kommunistisches Regime installiert wurde, versuchten US-Amerikaner und Briten durch die Gründung der Bizone 1947 eine freiheitliche Demokratie

Wiederaufstieg: Der „Bau der 100 Tage"

zu etablieren. Statt den ehemaligen Kriegsgegner weiter strukturell zu schwächen, war nun der Aufbau eines Verbündeten im Kampf gegen den Kommunismus vorrangig. Diese unterschiedliche politische Entwicklung der Westzonen und der Sowjetzone zeichnete das Schicksal Deutschlands vor und sollte eine Trennung nach sich ziehen, die erst 1989 überwunden werden konnte.

Dies bedingte unterschiedliche wirtschaftliche Konzepte. Eng verbunden mit dem politischen System eines Einparteienstaats war das sozialistische Wirtschaftsideal, welches in der SBZ zwar von aus dem Exil heimgekehrten Kommunisten und Sozialdemokraten aufgebaut, jedoch von der Sowjetunion diktiert wurde: eine zentral gelenkte Planwirtschaft, in der der Staat die Märkte und die Versorgung kontrolliert. Die weitgehende Einschränkung des Privateigentums und die Verstaatlichung der Industrie schufen zusammen mit der Bildung von Zwangskollektiven die wirtschaftliche Basis des totalitären politischen Systems. Helmut Horten hatte dies bereits kurz nach dem Krieg erfahren müssen. Seine Vermögenswerte im Osten waren verloren.

Die westlichen Besatzungszonen schlugen politisch und wirtschaftlich einen anderen Weg ein. Vorrangig war zunächst, die Versorgung der Bevölkerung zu sichern. Anfängliche Planspiele, das Deutsche Reich langfristig durch eine strikte Deindustrialisierung zu schwächen, wurden rasch obsolet. Auch die Amerikaner, Briten und Franzosen setzten zunächst auf ein zentral gesteuertes Zuteilungssystem. Waren wurden rationiert und Preise festgeschrieben. Die Reichsmark unterlag einer starken Entwertung. Die Versorgung war primär über Bezugsscheine möglich. Schwarzmarkt und Schmuggel schufen aus der Not eine Schattenwirtschaft, die ebenso ineffizient wie unbefriedigend war. Knappe Waren wie Zigaretten oder Treibstoff zu erhalten, war mitunter so aufwändig, dass ein Angestellter einen ganzen Arbeitstag mit der Beschaffung verbringen musste. Diese Situation war ebenso unbefriedigend wie prekär: denn es drohte große Unzufriedenheit und damit die Gefahr, dass die Besatzungspolitik der Westalliierten die mühevoll gewonnene Akzeptanz wieder verlor.

So wurde früh deutlich, dass eine positive Entwicklung der westlichen Besatzungszonen im Sinne einer nachhaltigen Herausbildung einer freiheitlichen Demokratie und eines verlässlichen Partners im Konflikt mit dem Osten eng verbunden war mit einem wirtschaftlichen Aufschwung. Die Voraussetzungen waren dafür keinesfalls schlecht. Trotz des Krieges verfügten alle Besatzungszonen über Fachkräfte und industrielles Know-how. Zwar waren Industriebetriebe bombardiert worden, doch die Konzentration auf die Kriegswirtschaft bis zum Ende des Krieges bedingte auch, dass zahlreiche Firmen rasch wieder auf- und sogar ausgebaut wurden und teilweise noch immer erhalten waren, wenngleich es aufgrund der zu leistenden Reparationsleistungen in der SBZ zu Demontagen kam. Im Westen, insbesondere in den industriellen Zentren an Rhein und Ruhr, war Potenzial erhalten. Kohlebergwerke, Stahlhütten, Chemiebetriebe, Automobilwerke und Pharmaunternehmen arbeiteten aber mit angezogener Handbremse für einen Markt, für den es sich kaum zu produzieren lohnte.

Dieses Potenzial an Produktivkräften war auch den Besatzungsbehörden nicht verborgen geblieben. Bereits vor dem Ende des Krieges hatten sich vor allem US-amerikanische Spezialisten mit der Frage beschäftigt, wie sich die deutsche Nachkriegswirtschaft in das System westlicher internationaler Märkte eingliedern lassen könnte. Auch auf deutscher Seite hatte es vor 1945 Überlegungen im Verborgenen gegeben, wie man dem Dilemma der Geldentwertung und ineffizienten Märkte unter den Bedingungen des Krieges entrinnen könnte, freilich ohne Zustimmung der NS-Führung. Nun, in den Jahren 1947 und 1948, verschmolzen die Ideen deutscher Experten und vorrangig US-amerikanischer Militärs und Wirtschaftsfachleute. Das Ziel war der Aufbau einer stabilen Volkswirtschaft in der Bizone, die nach dem Grundprinzip einer Marktwirtschaft funktionierte und zugleich die sozialen Notwendigkeiten der Nachkriegsgesellschaft nicht vernachlässigte – die Geburtsstunde der Sozialen Marktwirtschaft. Eine Voraussetzung für die Stabilität dieses Konzepts war eine starke Währung. Die wertlose und kaum vertrauenswürdige Reichsmark konnte diese Aufgabe nicht übernehmen. Eine Währungsreform war notwendig, auch um einen symbolischen Schnitt zu markieren. Beide Stränge, die Einführung einer Marktwirtschaft und die Neuordnung des Geldwesens, manifestierten sich als ineinander verzahntes Konzept in den Jahren von Hortens Inhaftierung von 1946 bis ins Frühjahr 1948.[154]

Welchen Druck diese sich verändernde Welt auf einen dynamischen und noch immer jungen Kaufmann ausübte, lässt sich kaum ermessen. Auch aus geschäftlicher Sicht war es für Horten Ende 1947 unabdingbar, möglichst bald den Stacheldraht hinter sich zu lassen, um selbst die Chancen dieser Entwicklungen nicht zu verpassen. Dieses Motiv sowie die Empfindung, zu Unrecht der NS-Gefolgschaft verdächtigt zu werden, erklären den drastischen Schritt, in den Hungerstreik zu treten. Horten verließ das Internierungslager mit dem Ziel, an die unternehmerischen Erfolge der Vorkriegszeit anzuknüpfen. Dies war sein fester Vorsatz, denn er machte sich direkt nach einer kurzen Phase der gesundheitlichen Erholung nach den Strapazen der Haft an dieses neue Projekt.

Doch die Welt, in die Helmut Horten in diesem Frühjahr 1948 entlassen wurde, war keinesfalls derart rosig und auch der wirtschaftliche Erfolg war nicht vorgezeichnet. Noch war die neue Währung nicht eingeführt und die Wirtschaftsreformen nicht in Kraft. Erst am 21. Juni 1948 verkündete Ludwig Erhard in seiner Position als Direktor der Verwaltung für Wirtschaft des Vereinigten Wirtschaftsgebietes diese in einer Radioansprache.

Jene Wochen und Monate in Helmut Hortens Leben standen im Zeichen einer Bestandsaufnahme: Was war nach den Jahren des Krieges, der Verluste und der Vermögenskontrolle noch da? Worauf konnte er seine neuen Vorhaben gründen? In den Jahren 1939 bis 1944 hatte er in kurzer Zeit ein beträchtliches Vermögen aufgebaut. Nach Steuern hatte er nach Rechnung der Finanzbehörden aus allen seinen Unternehmungen in dieser Zeit 1.878.039 RM verdient. Die Helmut Horten KG konnte einen Gesamtgewinn von 6.352.470 RM aus den Jahren 1938 bis 1945 verbuchen.[155] Am Ende des Zweiten Weltkriegs standen Horten persönlich wie auch dem Unternehmen beträchtliche Werte zur Verfügung. Die

Posten	Summe
Barvermögen	470.321,93 RM
Beteiligungen	147.293,00 RM
Grundbesitz	455.000,00 RM
Anleihen	15.000,00 RM
Gesamt	**1.087.614,93 RM**

Vermögensaufstellung Helmut Horten, Quelle: Wirtschaftsberatung Meßing an Oberbürgermeister Duisburg, Vermögensaufstellung Helmut Horten, 10.7.1946, in: BR 366, Nr. 11–260–9525, Landesarchiv NRW Duisburg

Vermögensaufstellung des Treuhänders Walter Messing aus dem Jahr 1946 sah zumindest auf den ersten Blick keineswegs schlecht aus: Er kam zum Ergebnis, dass Horten im Juli des Jahres noch ein wohlhabender Mann gewesen sein muss (vgl. Tabelle S. 170).[156]

Doch bei näherer Betrachtung erwiesen sich viele der privaten Vermögenswerte als tatsächliche Verluste. Zum Posten des Privatvermögens wurde eine Reihe von privaten Darlehen gezählt, darunter eines an seine Schwester Josefa Helene in Höhe von 283.000 RM. Dieses und andere erwiesen sich als verloren, da es sich hierbei um wenig später von den britischen Besatzungsbehörden konfiszierte Gelder handelte. Horten versuchte sie ohne Erfolg durch eine Übertragung zu verschleiern. Gleiches galt für einen großen Teil der Beteiligungen. Der Grundbesitz umfasste primär das zerstörte Kaufhaus der Helmut Horten KG in der Duisburger Beekstraße, der noch mit dem Buchwert verzeichnet war. Die Anleihen fielen kaum ins Gewicht. Der Treuhänder führte auf, dass die Besitzungen im Osten verloren seien.

Die finanziellen Umstände müssen für Horten persönlich durchaus bedrückend gewesen sein. Er verkaufte seinen geliebten Mercedes-Kompressor im Jahr 1946,[157] ebenso das private Wohnhaus in Duisburg.[158] Die Bilanzsumme der Helmut Horten KG, also alle Vermögenswerte des Unternehmens, wies 1946 noch 4.528.745,32 RM aus. Auch wenn der Gewinn nicht gesondert ausgewiesen wurde, so stiegen die Einlagen auf den Gesellschafterkonten von Horten,

Rump und Reinold, Fieger war 1945 als Kommanditist ausgeschieden. Das hatte den Hintergrund, dass die Gewinne in Reichsmark auf Grund der hohen Inflation kaum Kaufkraft darstellten. Auf den Gesellschafterkonten erhöhten sich damit wenigstens die Unternehmenswerte. Auf Hortens Konto befanden sich 730.609 RM.[159] Doch die Vermögenssperre verhinderte den Zugriff darauf.

Im Juli 1946 wurde auch das Privatvermögen von Helmut Horten gesperrt.[160] Das bedeutete, dass er von diesem Tag an keine Geschäfte mehr im eigenen Namen tätigen konnte und ein Treuhänder über sein Vermögen wachte. Kurz darauf folgte die Internierung in Recklinghausen. Unter den schwierigen Umständen des Jahres 1947 sank der Umsatz der Helmut Horten KG auf 4.120.726,36 RM.[161] Nach Schätzungen des Amts für gesperrte Vermögen betrug der Unternehmenswert aber noch immer 3.641.507,22 RM.[162] Hortens Privatvermögen war indes geschrumpft. Davon waren 1947 noch 876.066 RM übrig.[163] Binnen eines Jahres hatte er rund ein Fünftel seines Vermögens unter den Umständen der Vermögenssperre verloren. Am 1. September 1947 übernahm das Amt für gesperrte Vermögen auch die Kontrolle über die Helmut Horten GmbH in Wattenscheid.[164]

Als Horten aus der Haft entlassen wurde, blieben ihm nach eigenen Angaben vom 17. April 1948 noch 422.500 RM.[165] Davon waren bereits die Verluste im Osten des Reichs sowie das zerstörte Gebäude in Duisburg abgezogen. Doch auch dieser Grundstock hatte kaum einen Wert. Die Währungsreform stand unmittelbar bevor und Bankguthaben und Bargeld über 1.000 RM wurden nur zum überaus ungünstigen Wechselkurs von 100 RM zu 6,5 DM umgetauscht; allerdings wurden auch die Schulden im Verhältnis von zehn zu eins umgerechnet.[166] Nach der Währungsumstellung hatte die Helmut Horten KG noch eine Bilanzsumme von 1.408.856,27 DM.[167] Von Helmut Hortens einstiger Einlage auf seinem Gesellschafterkonto von zwischenzeitlich über einer Million Reichsmark waren nur 100.748,33 DM geblieben.[168] Das war alles in allem nicht genug, um im Frühjahr 1948 aus eigenen Mitteln ein neues Kaufhaus zu erbauen. Auf der anderen Seite wurden auch

4 · Blick zurück, Augen nach vorne (1945–1950)

Hypotheken- und Grundschulden umgestellt, was Horten faktisch einen Schuldenschnitt bescherte, wenngleich dies im Fall des ursprünglichen und weit größeren Duisburger Hauses wenig an der Situation änderte, da dies ohnehin zerstört war.

Dennoch, einige Teile des Vermögens überdauerten den Krieg und erbrachten tägliche Umsätze. Das Wattenscheider Haus war nahezu unzerstört und der Betrieb der Helmut Horten GmbH lief weiter. Vor der Währungsreform lag die Bilanzsumme bei 526.257,45 RM.[169] Bis 1949 sollte sie auf 763.014,44 DM steigen.[170] In Duisburg blieb die Filiale der Helmut Horten KG im Kolkmanngebäude trotz großer Einschränkungen bestehen. Das Gesellschafterkapital der KG hatte sich in den Jahren der Vermögenskontrolle erhöht, denn die Gewinne und die Ausschüttungen an die Gesellschafter Horten, Wilhelm Reinold und Erich Rump wurden allesamt als Einlagen gesichert, so dass im Jahr 1949 2.900.000 RM Gesellschafterkapital zu Buche standen.[171] Durch die Währungsreform veränderte sich zwar die Höhe der Einlage in DM, nicht aber deren Verhältnis. Durch Umrechnungen, etwa auf Bareinlagen, musste die Helmut Horten KG einen Umstellungsverlust von 826.131,98 DM hinnehmen. Die neue Währung hatte aus diesem Blickwinkel nicht nur Vorteile für das Unternehmen, trotz des steigenden Warenangebots und des Endes der Zuteilung von Waren an Betriebe, ganz zu schweigen von den gestiegenen Gewinnmöglichkeiten. Zudem hatte die KG in den Jahren 1946 bis 1948 keine Steuern entrichtet. Diese mussten 1948 in D-Mark gezahlt werden.[172]

Für Helmut Horten ging es nach der Entlassung aus der Haft im ersten Schritt darum, die volle Kontrolle über die beiden Unternehmen und Häuser wiederzuerlangen. Am 17. April 1948 stellte er daher einen ersten Antrag auf Entsperrung des Vermögens.[173] Doch schnell wurde klar: Solange die Wiedergutmachungsansprüche der jüdischen Vorbesitzer nicht geklärt waren, konnte es keine Freigabe geben. Hier war Horten in einem Dilemma. Ein gerichtliches Einigungsverfahren würde zu lange dauern. Und für einen außergerichtlichen Vergleich, wie er später mit Hermann Strauß, Curt und Ernst Lauter sowie Sally Hess getroffen wurde, fehlte ihm noch das Geld. Horten musste in dieser Lage einen Weg finden, auch ohne die Entsperrung des Vermögens den geschäftlichen Wiederaufbau zu betreiben. Das bedeutete: ein neues größeres Kaufhaus ohne eigenes Kapital zu errichten.

Die Standortwahl fiel auf Duisburg. Dort lebten rund 400.000 Menschen. Im erweiterten Einzugsgebiet zwischen Köln und Essen waren es 4,5 Millionen. Die Entscheidung war keineswegs aus nostalgischen Gründen getroffen worden. Vielmehr standen für Horten wirtschaftliche Erwägungen im Vordergrund.

Für den Standort innerhalb Duisburgs kamen in der weitreichend zerstörten Innenstadt einige Plätze infrage. Zuerst lag es nahe, das neue Kaufhaus Horten an alter Stelle in der Beekstraße, Münzstraße und Universitätsstraße wieder aufzubauen. Das Grundstück gehörte Horten. Doch in der ehemaligen Altstadt waren die Räumlichkeiten begrenzt. Durch die enge Bebauung, die zwar nur noch als Ruinen, aber doch auf ihren eigenen Parzellen stand, blieben wenige Möglichkeiten zur Erweiterung. Der Neuaufbau an dieser Stelle wäre von Beginn an limitiert gewesen.

Die Zerstörung der Stadt bot aber auch an anderer Stelle Möglichkeiten: der König-Heinrich-Platz und die angrenzende Königstraße. Beide waren vor dem Krieg zwar belebte Orte der Innenstadt gewesen. Doch waren hier nur wenige Geschäfte. In der Nähe des prestigeträchtigen Stadttheaters und der Tonhalle gelegen waren sie Plätze des bürgerlichen Lebens, weniger der Geschäftstätigkeit, die sich auf die Altstadt konzentriert hatte. Doch bei genauerem Hinsehen boten sich Vorteile für den neuen Standort. Das Grundstück lag näher am Hauptbahnhof und war auch durch den Straßenverkehr besser zu erreichen. Die großen Ausfallstraßen der Stadt lagen nicht weit entfernt. Zudem boten sich Möglichkeiten zur räumlichen Erweiterung zum König-Heinrich-Platz hin sowie rückwärtig in Richtung der Altstadt. Diese Option wurde von Helmut Horten früh einkalkuliert.

Doch noch immer waren Hortens Vermögen und das der KG gesperrt. Darüber hinaus war auch für den Fall der Freigabe nicht genügend Kapital vorhanden, um erst ein Grundstück zu kaufen und dann einen aufwändigen Bau zu errichten. Die Lösung bestand in einer verschachtelten Konstruktion aus Miet- und Eigentumsverhältnissen.

Das Grundstück der Wahl am König-Heinrich-Platz in der Königstraße befand sich im Besitz der Erbengemeinschaft Gatermann aus Duisburg. Dort hatte bis zu den Luftangriffen auf Duisburg das Möbel- und Einrichtungshaus Gatermann gestanden, eines der größten in der Region. Das Grundstück wurde dann nicht von der Helmut Horten KG oder Horten persönlich gekauft, sondern von der Jung & Co KG aus Mülheim gemietet. Diese wurde am 15. September 1948 gegründet, Geschäftsführer und Gesellschafter waren Josef Jung und Martin Augustin. Horten war aber indirekt involviert. Jung & Co mietete das Grundstück von der Erbengemeinschaft Gatermann für zwei Prozent des Umsatzes der Helmut Horten KG, mindestens aber 75.000 DM jährlich.[174] Das Unternehmen erbaute außerdem auf dem Grundstück jenes Kaufhaus, welches als „Bau der 100 Tage" in die Geschichte Duisburgs eingehen sollte. Die Helmut Horten KG war ihrerseits Mieterin bei der Jung & Co KG. Die Monatsmiete belief sich auf sechs Prozent des Monatsumsatzes, mindestens aber 150.000 DM pro Jahr.[175] Diese Lösung schuf einen Ausweg für Hortens Probleme: Er konnte die Miete über die monatlichen Einnahmen begleichen und das Vorhaben benötigte keine Genehmigung durch das Amt für gesperrte Vermögen. Im Kleingedruckten des Mietvertrages zwischen Jung & Co, der Erbauerin des Kaufhauses, und den Vermietern des Grundstücks, der Erbengemeinschaft Gatermann, fand sich folgender Passus:

> „Dem Mieter ist bekannt, dass der Neubau entweder mit Ablauf des zwischen den Erben Gatermann und dem Vermieter bestehenden Mietvertrages oder auf Wunsch der Erben Gatermann auch schon zu einem von diesen zu bestimmenden früheren Zeitpunkt in das Eigentum der Erbengemeinschaft entschädigungslos übergeht."[176]

Das bedeutete, dass auch die Immobilie früher oder später im Besitz der Erbengemeinschaft landen würde.

Wiederaufstieg: Der „Bau der 100 Tage"

Der „Bau der 100 Tage" ist in der Erinnerungskultur Duisburgs eng mit der Person Helmut Horten verbunden. Dabei war er weder der Erbauer noch der Eigentümer. Denn in das Gebäude, welches die Jung & Co KG auf dem Grund der Erbengemeinschaft Gatermann errichten und weitervermieten sollte, zog die Helmut Horten KG als Mieterin ein. Deren Gesellschafter waren neben Horten selbst als Mehrheitseigner noch immer die Gesellschafter Reinold und Rump. In der Öffentlichkeit war davon freilich nichts bekannt. Nur Helmut Horten trat als schillernde Persönlichkeit auf. Kredite der Helmut Horten KG für die Jung & Co KG hatten zwar geholfen, das Vorhaben umzusetzen. Doch formell handelte es sich stets um zwei getrennte Unternehmen. Von dieser Konstruktion ausgehend begann der „Bau der 100 Tage".

Zu Beginn stand allerdings – wie fast überall – das große Aufräumen. Auf dem Grundstück lagen die Trümmer des ehemaligen Möbelhauses verstreut. Sie türmten sich an manchen Stellen mehr als ein Stockwerk hoch. Zudem waren sie mittlerweile großflächig mit Sträuchern und Büschen überwachsen. Der Ort machte ganz den Eindruck einer verwilderten Ruine. In einem Bildband mit Fotografien der Bauphase, der bei der offiziellen Eröffnung des Kaufhauses nach Beendigung des dritten Bauabschnitts am 30. September 1950 für die geladenen Gäste ausgelegt wurde, geben einige Abbildungen den Zustand des Grundstücks wieder. Eine der Bildunterschriften lautete: „Während noch wildes Wachstum in den Ruinen des Gatermann-Geländes – Am König-Heinrich-Platz – wuchert, reift eine Idee zur Tat ..."[177]

Am 13. August 1948 begann die Enttrümmerung. Von nun an lief die Zeit. Mit Lastwagen wurde der Bauschutt an den etwa 1,5 Kilometer entfernten Hafen am Schwanentor gebracht und dort auf Kähne verladen. Insgesamt mussten 13.000 Kubikmeter bewegt werden.[178] Bereits Anfang September 1948 wurden die ersten Fundamente gesetzt. Durch die wieder intakte Straßenbahnlinie, eine der meistgenutzten Verbindungen zwischen Bahnhof und ehemaliger Altstadt, konnten die Duisburger täglich den Fortschritt beobachten. Das atemberaubende Bautempo hatte einen ge-

4 · Blick zurück, Augen nach vorne (1945–1950)

Blick vom Grundstück des späteren Neubaus
auf das Stadttheater in Duisburg

schäftlichen Hintergrund: Horten wollte keinesfalls das erste Weihnachtsgeschäft mit harter DM-Währung verpassen.

Ende September 1948 stand ein erstes Stahlgerüst als Unterkonstruktion. Die Fotografien des Baus zeigen, dass, während an einer Seite noch die Gerüstträger montiert wurden, an der anderen Seite bereits mit der Betonverkleidung begonnen wurde. Eine unterirdische Einfahrt ermöglichte die Warenanlieferung und die direkte Entladung innerhalb des Gebäudes. Die Bilder der Bauphase zeigen zahllose Schaulustige am Rande der Baustelle. Ein Werbeschild mit der Aufschrift „Horten" wurde allerdings nicht aufgestellt. Es sollte so lang wie möglich ein Mysterium bleiben, was an dieser Stelle entstand. Ähnlich hatte es Horten bereits bei der Übernahme der Gebr. Alsberg OHG 1936 gehalten. Im November 1948 brannte erstmals Licht in den 32 noch leeren Schaufenstern. Bald wurden sie mit Stoffen abgehängt. Die eisernen Rolltore waren fest verschlossen. Ein eigens verbautes Notstromaggregat sollte in den Jahren, in denen Gas, Öl und Strom noch immer rationiert waren, für eine sichere Versorgung sorgen. Während der Bauphase ermöglichte dies auch Nachtschichten. Nach der Eröffnung sollte das Aggregat sicherstellen, dass die Schaufenster stets hell erleuchtet waren und einen Blick auf die 19.000 Kubikmeter umbauten Raum gaben.[179]

Symbolträchtig war der Blick auf das Dach. Von unten war sichtbar, dass die Stahlträger einen Meter aus dem Betondach hinausragten. Dies bedeutete: Die ersten zwei Geschosse waren nur der Anfang.

Aus dem ersten Stock schaute man in gerader Linie auf das benachbarte Stadttheater, das Landgerichtsgebäude und die Straßenbahnlinie. Nur etwa 100 Meter entfernt befand sich das noch immer laufende Geschäft der Helmut Horten KG im ehemaligen Café Kolkmann, welches angesichts des neu entstehenden Baus ganz den Charakter eines Provisoriums betonte. Bei der baulichen Gestaltung sprach Horten von Beginn an mit, so etwa bei der Architektur der Treppenhäuser und Rolltreppen. Diese sollte möglichst so angeordnet werden, dass „das Publikum sogleich den Ausgang übersieht". Die Kunden sollten so lange wie möglich im

Gebäude bleiben, auch wenn sich der Stadtbrandinspektor dafür auf Kompromisse einlassen musste.[180] Das Bauwerk hatte für die Stadt und das beginnende Wirtschaftswunder im Westen Deutschlands eine enorme Symbolkraft. Es setzte einen prägenden städtebaulichen Akzent und wurde das erste fertiggestellte Gebäude der neuen Einkaufspromenade in der Königstraße. Die Enge der mittelalterlichen Altstadt hatte man damit hinter sich gelassen. Der Bau signalisierte den Aufbruch in eine neue Zeit, die zugleich ein Versprechen für eine noch erfolgreichere Zukunft war, wie die hinausragenden Stahlstützen auf dem Dach zeigten.

Erst kurz vor der Eröffnung am 1. Dezember 1948, einem Mittwoch, wurde über dem Eingangsportal der altbekannte Horten-Schriftzug angebracht. Obwohl der Tag ein Werktag war, kamen bereits in den frühen und kalten Morgenstunden mehrere zehntausend Menschen aus Duisburg und dem gesamten Ruhrgebiet, um im Innern einen Blick auf das Warensortiment zu werfen. Vor den Toren musste berittene Polizei postiert werden. Schutzmänner regelten den Zutritt. Nur blockweise konnten die Kunden hineingelassen werden. Da störte es auch niemanden, dass tatsächlich 111 Tage vergangen waren vom Beginn der Räumung des Grundstücks bis zur Fertigstellung.

Zur Eröffnung waren 300 Persönlichkeiten der Stadt, der Region und des gesamten Landes geladen. Das Festessen fand im vornehmen Duisburger Hof statt. Für Speisen und Getränke wurden 7.545,77 DM aufgewendet. Für Rauchwaren schlugen 906 DM zu Buche. Insgesamt beliefen sich die Kosten für das Fest auf rund 11.000 DM – für Helmut Horten eine lohnende Ausgabe.[181] Er wollte signalisieren, dass er zurück war. Die Eröffnung wurde auch vom britischen Besatzungskommando genau beobachtet. Der Vertreter in Duisburg, Captain Hutchinson, bemerkte in seinen monatlichen Berichten an das Oberkommando im Dezember 1948, dass anlässlich der Eröffnung die örtliche Prominenz, darunter auch der Polizeichef von Duisburg, anwesend gewesen sei. Bemerkenswert erschien Hutchinson insbesondere das aufgefahrene Festessen. Eine Abschrift der Menüfolge war seinem Bericht als Anhang beigefügt. Nach dem Essen und den Reden, so habe man ihm berichtet, seien laute Rülpser („belching") zu hören gewesen. Nur wenige Zeilen über der Notiz über die Eröffnung bei Horten stand Hutchinsons Vermerk, dass die Konsumgüterpreise in Duisburg enorm gestiegen seien. Er ging davon aus, dass kaum ein Duisburger sich die angebotenen Waren bei Horten würde leisten können. Auch die Versorgungslage mit Nahrungsmitteln sei stellenweise noch immer nicht zufriedenstellend.[182] Das Gelage bei der Eröffnung von Hortens Kaufhaus erschien im starken Kontrast zur Lebenswirklichkeit vieler Menschen.

Der Andrang der Duisburger Bevölkerung war jedoch enorm. Er ebbte auch in den Tagen und Wochen nach der Eröffnung nicht ab. Das Weihnachtsgeschäft wurde zu einem großen Erfolg. Doch es gab auch eine Schattenseite. Es war ein Erfolg auf Pump. Wieder einmal kam Hortens enorme Risikobereitschaft zum Zug. Um das Lager mit Waren zu füllen, musste er bei der Duisburger National-Bank einen Kredit über eine Million DM aufnehmen. Dafür wurde das Grundstück des alten Kaufhauses in der Beekstraße beliehen. Hinzu kamen Schuldverschreibungen an Lieferanten in Höhe von rund 250.000 DM. Vor der Eröffnung des neuen Kaufhauses hatte der Vermögensbestand der Helmut Horten KG noch 173.000 DM betragen. Daraus waren Ende 1948 Schulden in Höhe von insgesamt 1.471.000 DM geworden. So war Horten dringend auf den Erfolg seiner Unternehmung angewiesen. Aber die Rechnung ging auf: Trotz der enorm hohen Aufwendungen für die Warenbeschaffung standen in den Büchern der Helmut Horten KG am Ende des Jahres 1948 rund 277.000 DM Gewinn, allein aus den vier Wochen des Betriebs. Der Gesamtumsatz lag bei etwa 3,8 Millionen DM, wobei davon rund 1,4 Millionen noch vom alten Geschäft erwirtschaftet worden waren.[183]

Schon im Folgejahr begannen neue Arbeiten am Gebäude. Die Stadtteile Duisburgs links und rechts des Rheins waren wieder miteinander verbunden. Straßen- und Eisenbahnbrücken überspannten den Fluss. Dies erleichterte es den Kunden, in die Innenstadt zu strömen. Die Aufstockung einer dritten Etage wurde am 13. August 1949, genau ein Jahr nach dem ersten Spatenstich, von der Jung & Co KG begonnen. Die Bedingungen dafür hatten sich erheblich verbessert. Inzwischen standen moderne Betonpumpwagen zur Verfügung – die ersten ihrer Art in der jungen Bundesrepublik. Diese ermöglichten es, dass der Beton direkt an Ort und Stelle in den dritten Stock geschafft werden konnte, ohne dass das Gebäude eingerüstet werden oder Arbeiter das Material händisch befördern mussten. Der Kaufhausbetrieb in den unteren beiden Etagen konnte ungestört weiterlaufen. Zudem beschleunigte sich das Arbeitstempo nochmals. Der Stahlbetonbau wuchs in nur wenigen Tagen. Über die Tonhallenstraße wurde eine improvisierte Holzbrücke errichtet, die den Arbeitern den Zugang von einem dort liegenden Materialplatz auf die Baustelle ermöglichte. Schon in der letzten Augustwoche stand das Stahlgerippe und parallel wurde mit der Verkleidung begonnen. Während unten während des ersten von Horten groß beworbenen Sommerschlussverkaufs 1949 weiter großer Andrang herrschte, wurde das neue Stockwerk bereits am 30. September 1949 eröffnet.

Auch jetzt sollte nicht Schluss sein, denn aus dem Dach des neuen Stockwerks ragten wie schon ein Jahr zuvor lange Stahlträger nach oben hinaus. Eine weitere Aufstockung war bereits geplant. Horten ließ auch die Eröffnung des neuen Stockwerks ausgiebig feiern. Sein untrügliches Gespür für das Geschäft wurde deutlich: Statt wie noch im Jahr zuvor ein großes Bankett mit den meist männlichen Honoratioren der Stadt und der Region zu feiern, lud er im September 1949 300 Gäste zu einer Modenschau ein, in der Mehrzahl Damen. Draußen auf dem König-Heinrich-Platz ließ er eine etwa 100 Meter lange Bühne errichten, auf der Mannequins die neuesten Moden für den Herbst und Winter präsentierten. 15.000 Schaulustige kamen zu diesem Event. Auch später noch wurden im obersten Stockwerk des Gebäudes dreimal täglich Modenschauen für 300 bis 500 Personen abgehalten. Hinzu kam 1949 ein Verkaufswagen, der nach einem festgelegten Terminplan kleinere Städte des Niederrheins abklapperte und nicht selten völlig ausverkauft zurückkam. Für die Standorte wurden eigens Grundstücke angemietet. Aus diesem Geschäft heraus entwickelten sich ab 1950 angemietete Kleinstfilialen in Wesel, Kleve, Rees, Emmerich und Geldern. Diese hatten selten mehr als 150 Quadratmeter Verkaufsfläche. In Emmerich und Geldern wurden die Verkaufsagenturen später durch Kaufhäuser ersetzt.[184]

Horten erzielte auch einen privaten Erfolg. Am 1. April 1949 wurde er vom Amt für gesperrte Vermögen komplett entsperrt.[185] Dieser Schritt bedeutete, dass Horten wieder auf eigene Rechnung Geschäfte tätigen durfte. Er konnte wieder Vermögenswerte kaufen und verkaufen. Es blieb aber bei der Praxis, dass die Gewinnanteile der Gesellschafter direkt wieder auf die Gesellschafterkonten und damit zurück in die KG flossen. Die Helmut Horten KG blieb unter treuhänderischer Verwaltung. Denn noch immer waren zu diesem Zeitpunkt die Wiedergutmachungsverhandlungen mit Hermann Strauß sowie Curt und Ernst Lauter nicht abgeschlossen. Hinzu kam, dass Horten einstweilen überhaupt keine Notwendigkeit sah, am Status des gesperrten Vermögens etwas zu ändern, denn die Helmut Horten KG konnte weiterhin Mieterin bei der Jung & Co KG bleiben. Außerdem konnten in dieser Zeit keine Ansprüche Dritter in Wiedergutmachungsfragen geltend gemacht werden. Horten bat daher den Bezirksbeauftragten für gesperrte Vermögen darum, die Sperre sogar noch ein wenig länger aufrechtzuerhalten.[186]

Doch im Verlauf des Jahres 1949 zeigte sich, dass die wirtschaftliche Entwicklung nicht ohne Tücken war. In Folge der Währungsreform im Juni 1948 waren die Preise stark gestiegen. Somit kaufte die Helmut Horten KG die Waren im Winterhalbjahr 1948 vergleichsweise teuer ein. Gleiches galt für das erste Halbjahr 1949. Über zwei Millionen DM mussten in die Hand genommen werden, um die Lager des Kaufhauses in Duisburg zu füllen. Doch der erste Kaufrausch der Deutschen ebbte durch die hohen Preise und nach der ersten Euphorie relativ abrupt im zweiten Halbjahr 1949 ab. Folglich fielen die Verbraucherpreise. Auf die unter den Umständen der Preissteigerungen in Folge der Währungsreform zu Jahresbeginn 1949 teuer eingekauften Waren mussten im Sommer

1949, als sich die Einkaufs- und Verkaufspreise wieder stabilisierten, hohe Nachlässe gegeben werden, die nicht selten die gesamte Gewinnspanne aufzehrten. Dieser Umstand belastete die Helmut Horten KG. Zwar hatte in keinem Monat seit der Währungsreform der Umsatz unter 1.200.000 DM gelegen. Selbst der eher schwache Januar machte keine Ausnahme. Der Gesamtumsatz zwischen Juni 1948 und September 1949 lag bei 17.900.000 Millionen DM. Die Bilanzsumme hatte sich damit binnen einem Jahr mehr als verdoppelt.[187] Doch auf Grund der starken Nachlässe konnte die Helmut Horten KG im Juni 1949 nur einen überaus schmalen Gewinn verbuchen.[188] Auch die Vermögen auf den Konten der Gesellschafter verringerten sich. Sie mussten die erwirtschafteten Einnahmen in das junge Unternehmen reinvestieren.

Zu Beginn des Jahres 1950 stabilisierten sich die Preise für den Einkauf. Die Turbulenzen der ersten Monate mit der D-Mark waren überstanden. Gewinnkalkulationen aus einer gesicherten Position heraus wurden möglich. Wieder mussten etwa zwei Millionen DM in die Warenausstattung investiert werden, diesmal allerdings mit einer erheblich höheren Marge. Und wieder setzte Horten alles daran, sein Kaufhaus in dieser günstigeren Situation erweitern zu lassen.

Ab dem 1. Juni 1950 veränderte sich dafür das grundlegende Setting des Miet- und Untermietverhältnisses durch die Gründung der Gatermann & Co KG. Darin versammelte sich die Erbengemeinschaft gemeinsam mit der Jung & Co KG und Helmut Horten. Persönlich haftender Gesellschafter neben ihm wurde Otto Gatermann. Die Erben brachten je ihre Erbteile mit ein und waren je nach Höhe prozentual beteiligt. Die Jung & Co KG steuerte das Kaufhaus im Gegenwert von 300.000 DM bei. Horten leistete eine Kapitaleinlage von 75.000 DM. Zugleich wurde im Gründungsvertrag festgelegt, dass die neu geschaffene KG eine Hypothek auf das Kaufhaus und das Grundstück in Höhe von einer Million DM aufnehmen würde. Dieses Geld diente zur Finanzierung der dritten Ausbaustufe des Kaufhauses.[189] Damit hatte Horten genügend Mittel zur Verfügung, um diese voranzutreiben.

Wiederaufstieg: Der „Bau der 100 Tage"

Vor der Fertigstellung des Baus im Sommer 1950

Fortan mietete die Helmut Horten KG von der Gatermann & Co KG Kaufhaus und Grundstück weiterhin für sechs Prozent des Jahresumsatzes oder mindestens 150.000 DM jährlich. Damit war Horten wieder in jenem steuersparenden Setting, welches er bereits in der Vorkriegszeit gerne genutzt hatte und welches auch nach 1945 favorisiert wurde: Beim Großteil der Kaufhäuser waren Grundbesitz und Betreibergesellschaft getrennt. Sie waren stets in einem Mietverhältnis mit einem oder mehreren Unternehmen des eigenen Konzerns.

Vielleicht hing damit 1950 auch der Entschluss zusammen, nicht nur eines, sondern gleich drei weitere Stockwerke aufzusetzen. Zwei sollten als zusätzliche Verkaufsfläche dienen. Ganz oben wurden Aufenthaltsräume sowie eine Kantine und sanitäre Einrichtungen für die Belegschaft geplant. Wieder war das Bautempo rasant. Wieder wurde der Geschäftsbetrieb trotz der Bauarbeiten beibehalten. Diesmal konnte allerdings auf eine größere Einrüstung nicht verzichtet werden. Am 30. September 1950 wurde dieser letzte Bauabschnitt abgeschlossen. Es ragten keine Pfeiler mehr nach oben aus dem Dach. Mit sechs Stockwerken schien das Haus nun seine endgültige Höhe erreicht zu haben. Auch die Ausstattung wurde komplettiert und war vielen Konkurrenten voraus. Das Kaufhaus verfügte über Rolltreppen und Aufzüge. Für ein angenehmes Raumklima sorgten separate Klimaanlagen für jede Etage. Zwei Nottreppenhäuser dienten als Sicherheitseinrichtungen.[190]

Bereits bei diesem ersten Projekt war Helmut Horten eines besonders wichtig gewesen, auch wenn ihm die Immobilie nicht gehörte: Ästhetik. Dem Kaufmann, der nach Einschätzung seines Weggefährten Rudolph Tesmann auch als Architekt erfolgreich gewesen wäre, war das äußere Erscheinungsbild ein besonderes Anliegen.[191] Ob Horten selbst oder die Firma Jung & Co KG den Düsseldorfer Architekten Emil Fahrenkamp mit der Gestaltung der Außenfassade des Gebäudes beauftragte, ist nicht eindeutig zu klären. Wahrscheinlich ist, dass Horten ein gehöriges Wort bei der Auswahl mitsprach. Die Beauftragung von Fahrenkamp war bemerkenswert. Während der NS-Zeit hatte er als Architekt an der Reichsausstellung „Schaffendes Volk" 1937 in Düsseldorf mitgewirkt. Zudem war er Leiter der dortigen Kunstakademie gewesen. Fahrenkamp gehörte zu den führenden Architekten des „Dritten Reiches" und zeichnete auch verantwortlich für die Hermann-Göring-Meisterschule für Malerei in Kronenberg in der Eifel. Nach dem Krieg kämpfte er zunächst vergeblich um Anerkennung und neue Aufträge. Der Entwurf für das Kaufhaus Horten in Duisburg war sein erster Nachkriegsbau. Später sollte er in Hortens Auftrag auch das Gebäude des Düsseldorfer Golfclubs entwerfen. Zum Zeitpunkt der Fertigstellung des dritten Bauabschnitts des Kaufhauses war die Fassadengestaltung von Fahrenkamp allerdings noch nicht abgeschlossen. Diese sollte erst 1954 beendet werden.

Die Eröffnung am 30. November 1950 wurde zu einem gesellschaftlichen Ereignis. In seiner Ansprache betonte Duisburgs Oberbürgermeister August Seeling von der SPD, der nur drei Jahre älter als Horten und ebenfalls vergleichsweise jung in seine Führungsposition aufgestiegen war, die städtebauliche Bedeutung des neuen Kaufhauses. Auch die Kundenfreundlichkeit wurde hervorgehoben: „Es kommt nicht nur darauf an, dieses Kaufbedürfnis schlechthin zu befriedigen, sondern gute Ware von geschmacklichem Niveau zu liefern."[192] Dass Horten längst auch in der Führungsspitze der frühen Bundesrepublik bekannt und anerkannt war, zeigt der Umstand, dass der Bundeswirtschaftsminister Ludwig Erhard ebenfalls eine kurze Ansprache zur Eröffnung hielt. Für den Politiker hätte es kaum eine passendere Versinnbildlichung von „Wohlstand für alle" geben können.

Das Kaufhaus bedeutete aber auch „Wohlstand für Horten". Durch die neuen beiden Verkaufsstockwerke, die langsam stabilisierten Preise und das weiter ungebrochene Interesse der Kunden konnten die Möglichkeiten, die sich nach der Entsperrung des persönlichen und geschäftlichen Vermögens der KG ergaben, voll ausgeschöpft werden. Das Duisburger Kaufhaus legte eine rasante Umsatzsteigerung hin. Eine Bilanz für das Jahr 1950 ist nicht erhalten geblieben. Doch die entrichteten Gewerbesteuer- und Kapitalertragssteuern der Helmut Horten KG geben einen Eindruck von der geschäftlichen Entwicklung.[193]

Steuerjahr	Summe aus Gewerbe- und Kapitalertragssteuern der Helmut Horten KG
2. Halbjahr 1948	1.016,75 DM
1949	2.033,50 DM
1950	58.525,75 DM
1951	124.405,34 DM

Gewerbesteuer- und Kapitalertragssteuern der Helmut Horten KG, Quelle: Stadtkämmerei an Oberstadtdirektor Klimpel, Stadt Duisburg, 10.3.1955, in: 101–181, Stadtarchiv Duisburg

Das fertiggestellte Kaufhaus bot den Kunden auf fünf Etagen ein breites Angebot an Waren. Für viele von ihnen war nach den Kriegsjahren voller Entbehrungen vermutlich bereits das Schauen

4 · Blick zurück, Augen nach vorne (1945–1950)

Lederwaren im Erdgeschoss (im Hintergrund Kurzwaren)

und Staunen über die Präsentation und die Angebote ein Erlebnis. Nicht alle, die durch die gläserne Eingangstür traten, wurden zu Kunden. Viele nutzten auch die Gelegenheit für einen Rundgang. Hortens Angebot machte Hunger auf mehr. Es war ein Anreiz für die Mitwirkung am Wiederaufbau und die Teilhabe am Wirtschaftswunder.

Die Innenausstattung entsprach den neuesten Konzepten der 1950er Jahre und hatte nichts mehr mit dem Geschäft der Vorkriegsjahre oder gar den kleineren Ladenlokalen, wie sie in der Duisburger Altstadt noch zu finden waren, zu tun. Direkt im Eingangsbereich des Erdgeschosses stand ein runder Tisch, ganz ähnlich wie er zu Hortens Zeit im Kaufhaus Michel gestanden hatte. Er teilte die Besucherströme, die durch das einzige Eingangsportal hineinkamen. Auf ihm waren Saisonartikel und Warenaufsteller platziert. Zur Linken befanden sich Kurzwaren, zur Rechten Herren-

Dekoration hinten: Gardinen

artikel und ganz in der Ecke die Abteilung für Hüte. Im Zentrum des Erdgeschosses standen vier Verkaufstresen für Lederwaren, Porzellan und Textilien. An zwei Kassen konnten die Kunden zahlen. Wer in das erste Obergeschoss gelangen wollte, der musste das Erdgeschoss einmal der Länge nach durchqueren, um zu den Treppenaufgängen und den Aufzügen zu gelangen.

Im ersten Obergeschoss wurden die Kunden direkt von breiten Tischen mit Sonderangeboten empfangen. Die Etage präsentierte ausschließlich Stoffe und Tücher sowie Badezimmertextilien. Noch immer nähten viele Hausfrauen ihre Kleider selbst. Im Zentrum des Geschosses befand sich die Rolltreppenanlage, die erst hier begann und in die oberen Etagen führte.

Das zweite Obergeschoss stand ganz im Zeichen der Damen- und Mädchenmode. Wer dem Aufzug entstieg, fand gleich zur rechten Hand den „Salonbereich". Hier wurden höherpreisige Wa-

4 · Blick zurück, Augen nach vorne (1945–1950)

Etage 3, Knabenkonfektion

ren in kleineren Separees präsentiert. Hüte, Pelze und Abendkleider konnten etwas abgeschirmt von der restlichen Etage begutachtet und anprobiert werden. Etwa die Hälfte der Etage war von Kabinen umgeben. Rechts vom Aufzug befand sich eine damals populäre Milchbar, die jungen Kundinnen eine kleine Erfrischung bot. Den größten Raum nahm die Damenkonfektion ein.

Die darüber liegende dritte Etage präsentierte Knaben- und Herrenmoden, allerdings auf ungleich kleinerer Fläche als die Damenabteilung. Denn hier waren auch ein kleines Kabinett mit hochwertigen Teppichen und die Bettenabteilung untergebracht. Die Kunden konnten hier auch volumenweise Federn für die Füllung der Bettwäsche kaufen.

Eine einzelne kleinere Rolltreppe führte in die vierte Etage. Diese war zweigeteilt. Rund die Hälfte wurde von der Abteilung für Spielwaren und Porzellan eingenommen. Auch Haushaltsartikel und Lampen wurden dort angeboten. Außerdem war hier die Reparaturwerkstatt untergebracht. Die andere Hälfte der Etage beherbergte die Büros und einige Besprechungsräume. Hortens Eckbüro ganz außen war von gleich zwei Sekretariaten eingerahmt. In Rufweite saß auch Marianne Weißenbach als Prokuristin.

Die fünfte und oberste Etage war funktional gestaltet. Hier befanden sich der Aufgang zum darüberliegenden Dachgarten für die Angestellten, deren Umkleideräume und ihre Kantine. Außerdem gab es einen „Schlafraum" zur kurzen Erholung. Ein gesonderter Schulungsraum war im Stile eines universitären Vorlesungssaals gestaltet. Auf der gleichen Ebene befanden sich die Schneiderateliers, in denen Umarbeitungen vorgenommen und Maßanfertigungen angefertigt wurden. Großen Raum nahm auch die Dekorabteilung und das damit verbundene Lager ein, in dem Schaufensterpuppen und Werbeartikel aller Art aufbewahrt wurden. Die Plakatmalerei befand sich gleich nebenan. Ebenfalls in direkter Nähe war der Raum der Einkäufer untergebracht. Hier wurden Muster und neue Waren kritisch begutachtet.[194]

Das Innere des fertiggestellten Kaufhauses wirkte nicht nur auf die kauflustige Kundschaft überaus anziehend. Auch Konkurrenten schauten neugierig hin. Ein alter Bekannter besuchte 1950 das Kaufhaus Horten. Franz Jacobi, der nach dem Tod seines Bruders Paul die Geschäfte des Kölner Kaufhauses Jacobi übernommen hatte, beobachtete aufmerksam den Werdegang des ehemaligen Angestellten Helmut Horten. Er sammelte Prospekte und Einladungskarten der Helmut Horten KG. Jacobi machte auch Fotografien aus dem Inneren, vermutlich kurz vor der Eröffnung oder nach Ladenschluss, da keine Kunden zu sehen sind. Seine angefertigten Aufnahmen sind die einzig erhaltenen aus dem Inneren des Duisburger Hauses.

Doch Eingeweihte wussten, dass der Aufschwung auch eine Kehrseite hatte. Denn die Helmut Horten KG war bei der Stadtkasse und dem Finanzamt nur als sehr störrischer Steuerzahler bekannt. Die Stadt Duisburg hielt immer wieder Baugenehmigungen und Genehmigungen für das Aufstellen von Vitrinen im Außenbereich zurück, solange fällige Steuern noch nicht entrichtet waren.[195] Das Thema der Steuermoral sollte Horten noch in zahlreiche weitere Konflikte mit dem Fiskus führen.

Das Gefüge der Helmut Horten KG änderte sich in jenen Jahren des Aufschwungs ebenfalls. Horten hatte mittlerweile durch seine stetig vergrößerte Einlage wieder die Mehrheit des Unternehmens erhalten. Im Juni 1951 gab er eine Unterbeteiligung an seinem Geschäftsanteil an eine „Gruppe Rasche". Dabei handelte es sich um Karl Rasche, dessen Ehefrau und Töchter. Rasche war vor 1945 Vorstandssprecher der Dresdner Bank und Leiter des Tochterunternehmens Handelstrust West gewesen, das während des Krieges „Arisierungen" in den besetzten Niederlanden finanziert hatte. Ob der 1950 aus alliierter Haft entlassene ehemalige SS-Obersturmbannführer noch aus dieser Zeit Kontakte zu Horten hatte, ist ungewiss.[196] Am 5. Juni 1951 wurde zwischen der Gruppe Rasche und Horten ein Unterbeteiligungsvertrag geschlossen. Damit war diese entsprechend ihrer Einlage von 180.000 DM am Anteil Hortens von 480.000 DM gewinnbeteiligt.[197]

Die Hintergründe dieses Geschäfts sind aufgrund der dünnen Quellenlage nur schwer zu erhellen. Tatsächlich stellte sich die Frage, wer hier wen bezahlte. Denn die Unterbeteiligung wurde mit einem zweiten Vertrag, der ebenfalls auf den 5. Juni 1951 datierte, von einer Beteiligung an den Sachwerten in eine reine Gewinnbeteiligung umgewandelt, die in Form eines fixen Gewinns von jährlich 20 Prozent auf den Anteil von 180.000 DM der Gruppe ausgezahlt wurde. Diese Vereinbarung war auf eine Laufzeit von 10 Jahren angelegt.[198] Fraglich ist, ob sich die Rasches wirklich in Hortens Anteil „einkauften", da vermutlich kaum die dafür notwendigen Mittel vorhanden waren.

Rasche verstarb bereits im September 1951. Im August 1950 war er aus der Haft entlassen worden. Bereits während seiner Zeit im Gefängnis hatte er Kontakt zu ehemaligen Geschäftspartnern aus der Zeit vor 1945 aufgenommen. Da Rasche in seinem Prozess auch Horten erwähnt hatte, ist es wahrscheinlich, dass dieser zu den kontaktierten ehemaligen Kunden der Dresdener Bank gehört hatte. Nach der Haftentlassung war Rasche kurze Zeit als Angestellter der Dresdner Bank aufgetreten, ohne jedoch einen Arbeitsvertrag besessen zu haben. Im Mai 1951 einigte er sich mit der Bank auf eine Vergleichssumme für den Verzicht auf eine Klage auf Wiedereinstellung. Fortan beteiligte er sich bis zu seinem Tod als Berater für Unternehmen in Westdeutschland.[199] Es liegen keine Unterlagen darüber vor, ob auch die Helmut Horten KG dazugehörte. Das Geschäftsverhältnis bestand zudem nicht zwischen Rasche und der KG, sondern zwischen ihm und Horten persönlich. Nach dem Ableben Rasches verwies eine Auskunft der Helmut Horten KG gegenüber dem Steuerberater der Erben darauf, dass nur ein „Darlehensvertrag" zwischen Helmut Horten und Rasche bestanden habe.[200] Er bezog sich dabei auf die Verträge vom 6. Juni 1951. Es ist wahrscheinlich, dass es sich bei der ganzen Sache um ein Privatdarlehen Hortens an die Rasches handelte. Die Motive, weshalb sich der Kaufhausgründer darauf einließ, liegen im Dunkeln. Es ist möglich, dass sich Horten damit auch ein Schweigen von Rasche erkaufte, der seinerseits stets darauf pochte, nur als Stellvertreter für viele andere Geschäftsleute der NS-Zeit verurteilt worden zu sein. Das Geschäft fiel in eine Zeit, in der Horten begann, in Form von Wiedergutmachungsvereinbarungen mit der Vergangenheit abzuschließen; zumindest aus seiner Sicht.

Erich Rump schied 1952 mit seinem Geschäftsanteil als Kommanditist aus. Einzig verbliebener Gesellschafter neben Horten war nun Wilhelm Reinold. Aber auch der umtriebige Bankdirektor zog sich im Jahr darauf zurück. Am 26. Mai 1953 wurde die Helmut Horten KG aus dem Handelsregister gelöscht. Helmut Horten führte das Unternehmen nun als Einzelunternehmer weiter, ein einmaliger und später in dieser Form nicht wiederholter Schritt. Im Dezember 1954 wurde das Einzelunternehmen in die neu gegründete Helmut Horten GmbH eingebracht.[201]

Für die umliegenden Wohn- und Geschäftsgebäude bedeutete der Kaufhausbetrieb auf Hochtouren neben der willkommenen Laufkundschaft auch erhebliche Belastungen. Bereits 1950 war es zu Beschwerden gekommen. Die LKWs, die ständig neue Waren anlieferten, verursachten ein hohes Verkehrsaufkommen. Hinzu kam, dass die Warenanlieferung nicht oder nur teilweise, wie zu Beginn geplant, unterirdisch erfolgte. Eine angrenzende Firma beschwerte sich, dass der Zugang zu ihrem Bürogebäude andauernd vermüllt sei. Papier und Kartons flögen von der Entladung ständig über die Straße. Auch der Lärm des Betriebes wurde mit dem voranschreitenden Ausbau zunehmend größer. Schließlich beschwerten sich die Anwohner auch über Geruchsbelästigungen. Einige schrieben an die Stadt Duisburg und äußerten den Verdacht, dass die Helmut Horten KG minderwertiges Heizöl verbrenne oder eine eigene Müllverbrennung betreibe.[202] Auf Seiten der Stadt Duisburg nahm man dies zwar zur Kenntnis. Aber angesichts des wirtschaftlichen Erfolgs des Kaufhauses hatte man wenig Motivation, die Missstände anzusprechen oder gar durch Auflagen zu beseitigen.

Ab 1954 machten Gerüchte in Duisburg die Runde. Plante Horten etwa noch eine weitere Ausbaustufe seines Kaufhauses? Die Beschwerden der Nachbarn hatten nicht nachgelassen. Noch immer gab es offenbar Probleme im Gebäude, die zu Belastungen der Anwohner führten. Im Mai 1954 stellte Horten dann bei der Stadt einen förmlichen Antrag. Vermutlich gingen er und seine führenden Mitarbeiter davon aus, dass die Erweiterungspläne auf Zustimmung stoßen würden, wie bereits in den vorangegangenen Jahren. Doch schnell zeigte sich, dass die Stadtverordneten keineswegs mit einem weiteren Ausbau einverstanden waren.[203] Geplant war eine Ausweitung des Baus auf zwei benachbarte Grundstücke, die teilweise im Besitz der Stadt, teilweise in Händen Privater waren. Horten habe, um die Stadt zum Verkauf ihrer Grundstücke zu bewegen, außerdem eine größere Anleihe für den Bau einer Stadthalle versprochen, so ein weiteres Gerücht, das von Seiten der Stadt unwidersprochen blieb.[204]

Insbesondere Wilhelm Flory, der Geschäftsführer des Stahlhändlers Carl Spaeter GmbH, wurde zu einem erbitterten Widersacher des Bauvorhabens. Sein Unternehmen war unmittelbarer Nachbar des Kaufhauses. Durch den Erweiterungsbau wäre der Zugang zu seinem Bürogebäude stark eingeschränkt worden. Das Unternehmen war mit einem Jahresumsatz von 300 Millionen DM allein am Standort in Duisburg ein bedeutender Gewerbesteuerzahler. Einen solchen Widersacher konnte selbst Horten nicht einfach beiseitewischen, denn eine finanzielle Einigung konnte teuer werden. So zogen sich die Erweiterungsverhandlungen zwischen Flory und insbesondere Rudolf Tesmann als Verhandlungsführer der zwischenzeitlich gegründeten Helmut Horten GmbH hin. Bis ins Jahr 1955 konnte keine Einigung erzielt werden. Die Stadt Duisburg war nicht mehr restlos von dem Vorhaben überzeugt, zumindest nicht zu den ursprünglich lose besprochenen Konditionen. Die Grundstückspreise in Duisburg waren gestiegen und dem sollte auch Hortens Rechnung tragen. Zudem „wünschte" man sich eine Spende Hortens in Höhe von 100.000 DM für das städtische Museum oder eine Grünanlage.[205] Allmählich wurden die Konditionen immer unattraktiver.

Mittlerweile hatten sich die Gegebenheiten grundsätzlich geändert. Durch Hortens Übernahme der Merkur-Häuser, die er 1953 dem jüdischen Inhaber Salman Schocken abkaufen sollte und wovon noch ausführlich berichtet wird, hatte sich seine Geschäftstätigkeit verlagert. Schockens Konzern hatte vor der Übernahme durch Horten ein eigenes Merkur-Kaufhaus in Duisburg errichtet, welches bis dahin als Konkurrenz zu Hortens Kaufhaus bestanden hatte und nun zu Horten gehörte. Auf das alte Kaufhaus Horten, das nach dem Ausscheiden des letzten Gesellschafters als Einzelunternehmen geführt wurde, hatte seit 1950 die Rudolf Karstadt AG ein Auge geworfen, zu der Horten beste Verbindungen in Person des Aufsichtsratsvorsitzenden Max Hoseit unterhielt. Eine Übereinkunft mit Karstadt konnte nun dafür sorgen, dass frisches Geld in die Kasse kam.

Im Februar 1955 wurde die Kaufhaus Horten AG gegründet. An ihr waren eine Reihe von Hortens inzwischen gegründeten Untergesellschaften beteiligt. Vom Grundkapital von 960.000 DM wurden 470.000 DM von der Rudolph Karstadt AG aufgebracht. Der Rest verteilte sich auf die Karstadt nahestehende Platz GmbH (10.000 DM), Helmut Horten (20.000 DM), Hortens Allgemeine

Deutsche Inkasso AG (10.000 DM) und schließlich die 1955 gegründete Helmut Horten GmbH mit 450.000 DM.[206] Horten blieb über diese Verschachtelungen der Herr über 50 Prozent der Aktien. Die Rudolph Karstadt AG übernahm das Haus in der Königstraße in ihren Bestand und führte es unter ihrem Namen weiter. Im Aufsichtsrat der Kaufhaus Horten AG saßen neben Horten persönlich auch sein guter Bekannter Hoseit, Vorstand der Rudolph Karstadt AG als Vorsitzender des Aufsichtsrates, daneben Rudolf Tesmann, Marianne Weißenbach und Oskar Kirchner. Tesmann und Weißenbach gehörten zu den langjährigsten Mitarbeitern Hortens. Gemietet wurde weiterhin von der Firma Gatermann & Co KG, an der Horten als Kommanditist neben Otto Gatermann ebenfalls beteiligt war.

Der „Bau der 100 Tage" in Duisburg hat für die Stadt und die Region eine besondere erinnerungskulturelle Wirkung. Er veränderte die Baupolitik und das Gesicht der Innenstadt so nachhaltig wie kein anderes Gebäude der Nachkriegszeit. Noch heute verbinden ältere Bewohner mit dem Namen Horten den Wiederaufstieg Duisburgs, des Ruhrgebiets und Nachkriegsdeutschlands, auch wenn sich längst keine Spuren vom Kaufhaus und seinem Betreiber mehr finden lassen. An seiner Stelle steht inzwischen der Neubau einer Shoppingmall. Nichts erinnert mehr an den Vorgänger. Für Helmut Horten war der Wiederaufstieg mit dem Duisburger Kaufhaus in den Jahren 1948 bis 1953 ebenfalls ein Meilenstein. In späteren Betrachtungen und Interviews rekurrierte er häufig darauf. Sein Name war untrennbar mit dem Bau verbunden, auch wenn er weder der Erbauer noch der Finanzier war.

Der Neustart in Duisburg stand zugleich am Ende und am Anfang: Er beendete für Helmut Horten die Vorkriegs- und Kriegsjahre, deren Auswirkungen bis zur Haftentlassung, Entnazifizierung und Abwicklung der Wiedergutmachungsverfahren 1951 reichten. Hier begann zugleich der Aufstieg zu einem der bedeutendsten Kaufmänner der Bundesrepublik, denn das Geld, welches er in Duisburg verdiente, ermöglichte einen raschen Aufstieg in noch höhere Sphären.

Wiederaufstieg: Der „Bau der 100 Tage"

* * *

Die Jahre zwischen dem Ende des Krieges und der Fertigstellung seines ersten Nachkriegskaufhauses in Duisburg dürften für Helmut Horten die prägendsten seines Lebens gewesen sein. In ihnen finden sich schicksalhafte Tiefpunkte, wie die Festnahme, die Internierung und die Ermittlungen der alliierten Besatzungsbehörden gegen ihn. Nicht zuletzt verlor er in den ersten Nachkriegsmonaten und -jahren fast sein gesamtes Vermögen. Zugleich umfassen sie auch die entscheidenden Schritte von Hortens Wiederaufstieg zum erfolgreichen Unternehmer, insbesondere den Neubau des Kaufhauses in Duisburg und die Wiedererlangung der Entscheidungsgewalt über seine Unternehmen.

Ein wichtiger Schritt des Aufstiegs war, dass sich Horten der Vergangenheit zumindest teilweise stellte. Die gegen ihn gerichteten Wiedergutmachungsforderungen konnten seinen Wiederaufstieg bedrohen. Sie waren das Bindeglied zwischen den absoluten Tief- und Höhepunkten. Wenn sie erledigt waren, dann war der Weg nach oben wieder frei. Das bedeutete nicht, dass Horten als reuiger und dann geläuterter Mann aus diesem Prozess hervorging. Er verschleierte und verschwieg entscheidende Teile seiner Erwerbsbiografie in der NS-Zeit vor den alliierten Befragern. Die vermuteten zwar, dass hinter den Gerüchten um Hortens Verstrickungen ein wahrer Kern stecken musste. Nachweisen ließ sich dies allerdings nicht. Wie ambivalent Horten mit der Vergangenheit umging, zeigen insbesondere die Verhandlungen um Gelder aus dem Lastenausgleich. Den Lauters trat er eigene Forderungen ab und gab zudem einen rückzahlungsfreien Kredit. Den ehemaligen Inhabern seines Kaufhauses in Königsberg verwehrte er hingegen jede Anerkennung. Gleiches galt für die Zwangsarbeiter, die in seinen Rüstungsbetrieben eingesetzt wurden. Horten stellte sich nur den Teilen seiner Vergangenheit, die seinen Wiederaufstieg in der Gegenwart gefährden konnten. Damit war er nicht allein in der Führungsriege der deutschen Wirtschaft in der Nachkriegsgesellschaft.

Kapitel 5
Der Herr im „Paradies der Damen"
(1951–1968)

Der Kaufhausbesitzer Octave Mouret ist eine der Hauptfiguren in Émile Zolas „Paradies der Damen".[1] Die Figur entlehnte der Autor den berühmten Geschäftsführern und Kaufhausbesitzern in Paris in den Jahren vor der Jahrhundertwende. Die Grands Magasins du Louvre und der noch bekanntere Au Bon Marché hatten sich zu den ersten Konsumtempeln für die bessere Gesellschaft der Stadt entwickelt und waren dabei, die kleineren Einzelhändler zu verdrängen. Darüber schrieb Zola seinen Roman, der 1884 erstmals erschien und dessen Titel der *Spiegel* im Jahr 1955 in einer großen Titelgeschichte über Helmut Horten aufnahm.[2] Zu diesem Zeitpunkt war er bereits mitten in seinem Aufstieg in die erste Liga der Warenhäuser in der Bundesrepublik, der sich nur wenige Jahre zuvor keineswegs abgezeichnet hatte.

Im Jahr 1951 hatte Horten einige wichtige Hürden genommen. Sein Einstieg ins Wirtschaftsleben der Nachkriegszeit war geglückt. Er hatte Geschick bewiesen bei der Wahl seiner Mittel und war risikobereit. Sein Duisburger Haus warf Gewinne ab und das Versprechen der Zukunft in den Jahren des Wirtschaftswunders war, dass diese stetig steigen würden. Die Altlasten der NS-Zeit waren entsorgt oder zumindest derart beiseitegeschoben, dass von ihnen keine Gefahr drohte. Mit den ehemaligen Besitzern der Gebrüder Alsberg OHG und dem Kaufhaus Hess war er zu Übereinkünften gelangt. Von dieser Seite aus hatte Horten den Rücken frei. Die Vergangenheit war keine akute Bedrohung mehr für das Geschäft im Hier und Jetzt.

Hätte Horten im Jahr 1951 Bilanz gezogen, dann wäre er als einer jener klugen Geschäftsleute in die Geschichte der Stadt Duisburg eingegangen, die ihr Geld mit einem mittelgroßen Kaufhaus in den Jahren des Wirtschaftswunders gemacht hatten. Sein Geschäft war weder das größte noch das ertragreichste in der Stadt, rangierte aber unter den bekanntesten. Zudem bescherte es seinen Besitzern, von denen Horten die längste Zeit nur einer war, gute Erträge. Die Bilanz konnte wahrlich schlechter aussehen.

Doch zugleich war sein Unternehmen bedroht. Die großen Konkurrenten im Einzelhandel bestimmten den westdeutschen Markt. Die bundesweit erzielten Umsätze von Karstadt und Kaufhof lagen im Jahr 1955 bei über 700 Millionen DM. Hertie rangierte kurz dahinter mit 550 Millionen DM.[3] Das vergleichsweise kleine Kaufhaus Horten war ein potenzieller Übernahmekandidat, wie die Anfragen der Rudolf Karstadt AG zeigten, denen Horten in letzter Konsequenz nachgab, als er 1955 50 Prozent seines Duisburger Hauses in einer Gesellschaft mit dem ehemaligen Konkurrenten teilte. Er wusste, dass der Druck auf ihn und seine Unternehmung stieg. Die Uhren würden sich weiterdrehen und im umkämpften Markt des Einzelhandels würde es früher oder später auf die Konzentration weniger großer Konzerne hinauslaufen. Dies zeichnete sich in den Monaten und frühen Jahren des wirtschaftlichen Erfolges in Duisburg schon ab.

Der schon häufiger beschrittene Weg ins Risiko, in die Expansion und die Investition sollte sich auch nach dem Krieg für Horten auszahlen. Im Jahr 1968, als er mit dem Rückzug aus dem Konzern begann, sah seine Bilanz vollkommen anders aus als 1951. In den vergangenen 17 Jahren war ihm der Aufstieg vom Kaufhausbesitzer zum Konzernmagnaten gelungen. 29.000 Angestellte, 51 Warenhäuser und annähernd zwei Milliarden DM Umsatz standen zu Buche. Horten war an der Spitze des Wirtschaftswunders angekommen. Mit der Gründung der Horten AG 1968 begann zugleich sein Weg aus dem operativen Geschäft. Wie schaffte Horten diesen Ausbau seines Unternehmens? Welche Motive trieben den Kaufmann dabei an? Und wie führte Horten seinen weit verzweigten Konzern?

Nicht selten prägen Zufälle die Biografie. Einer war das Angebot von Salman Schocken, dem Herrn über die Schocken-Kaufhäuser. Dort kaufte man preiswert und qualitätsbewusst. Nach der „Arisie-

5 · Der Herr im „Paradies der Damen" (1951–1968)

rung" im Jahr 1938 hatte der Konzern von seinen neuen Eigentümern den Namen Merkur AG erhalten – nach dem römischen Gott der Getreidehändler. Nun, im Jahr 1952, nach der Rückgabe und dem Wiederaufbau des Unternehmens unter dem beibehaltenen neuen Namen, entschied sich Schocken zum Verkauf. Da Karstadt, Kaufhof und Hertie ablehnten, ergab sich für den risikobereiten Unternehmer Horten die Gelegenheit, gleich zwölf Kaufhäuser zu erwerben.

Schon im Jahr nach der Übernahme der Merkur AG bot sich Horten eine neue Möglichkeit zum Ausbau. Der Kauf der Emil Köster AG bedeutete den Zuwachs um 18 weitere Kaufhäuser im gesamten Bundesgebiet. Doch zuvor galt es, den geschickten Eigentümer Jakob Michael, der seine Preisvorstellungen immer weiter nach oben korrigierte, je länger Horten mit ihm verhandelte, mit einer üppigen Kaufsumme zu überzeugen. Horten bewies Geduld und Geschick, denn er wusste um die versteckten Werte der Emil Köster AG. Der Zukauf veränderte das Gefüge des bundesdeutschen Einzelhandels. Horten war nun an Platz vier der größten Warenhauskonzerne.

Seit seinem Wiederaufstieg ab 1948 strickte der Konzernherr an seinem Geflecht aus Kommanditgesellschaften, Aktiengesellschaften und Gesellschaften mit beschränkter Haftung. Durch Unterbeteiligungen waren Hortens gut ein Dutzend wichtigste Unternehmen alle untereinander verflochten. Bei jedem einzelnen war er in entscheidender Position. Ohne ihn ging nichts in der 1955 gegründeten Helmut Horten GmbH, in der nach und nach ein Großteil seiner Firmen versammelt wurde. Das schuf schnelle Entscheidungsmöglichkeiten und genügend Bewegungsspielraum für notwendige Weiterentwicklungen. In den 1960er Jahren diversifizierten sich die Kaufhäuser durch Zusatzangebote. Horten machte nicht jeden Trend mit. Doch an einigen Stellen war er Vorreiter für den deutschen Einzelhandel, etwa mit seinen Boutique- und Gastronomiekonzepten. Die Umwandlung in die Horten AG 1968 war der Beginn vom Rückzug aus dem aktiven Geschäft. Schritt für Schritt gab er Verantwortung ab und bekam dafür die

5 · Der Herr im „Paradies der Damen" (1951–1968)

Erträge seiner Arbeit. Horten wurde zum Milliardär. Gerade rechtzeitig! Denn langsam, aber sicher begann die bundesdeutsche Kaufhauswelt zu erodieren.

Je größer der Horten-Konzern wurde, desto wichtiger wurde dessen Erscheinungsbild und Wahrnehmung in den deutschen Innenstädten. Helmut Horten verfügte laut Weggefährten über eine ausgeprägte Neigung zu anspruchsvoller Architektur. Folglich waren Neubauten Chefsache. Doch bei der Gestaltung der Häuser kam es immer wieder zu Konflikten. Einer drehte sich um die Horten-Kachel, die in der Erinnerungskultur noch heute eng mit dem Konzern verbunden ist. Den bundesdeutschen Innenstädten hinterließ der Konzernherr ein sperriges Erbe. Viele seiner Bauwerke überlebten den Inhaber nur wenige Jahre.

Sein Unternehmen war durch die Übernahmen binnen weniger Jahre zu einem großen Faktor des bundesdeutschen Einzelhandels geworden. Tagtäglich strömten Hunderttausende Kunden in seine Horten-, Merkur- und DeFaKa-Kaufhäuser, die 1954 zu Hortens Imperium stoßen sollten. Für den leidenschaftlichen Verkäufer ergaben sich neue Problemlagen. Die alten Duisburger Zeiten, in denen er selbst regelmäßig durch den Verkaufsraum schlenderte und bei Bedarf den Kunden mit Rat und Tat zur Seite stand, waren vorüber. Er war längst zum Konzernlenker geworden. Mehr als gelegentliche Abstecher in neu eröffnete Kaufhäuser als getarnter „Testkäufer" waren zu aktiven Zeiten bei seinem dichten Terminkalender nicht mehr möglich. Das bedeutete, dass Aufgaben delegiert und abgegeben werden mussten. Bei seinen Managern setzte Horten auf eine Mischung aus patriarchalischer Entscheidungskultur, in der er das letzte Wort hatte, auf der einen und den Einsatz neuester Methoden der Unternehmenskultur auf der anderen Seite. Viele der leitenden Angestellten hatten Erfahrung im Einzelhandel und nicht wenige stammten aus übernommenen Unternehmen, die nun unter dem Horten-Konzerndach versammelt waren. Doch der Chef wusste um sein Kerngeschäft. Nicht die Manager verkauften der Hausfrau das neue Porzellangeschirr und dem Großvater den Pfeifenreiniger. Die Verkäuferinnen und Verkäufer in den Gängen

5 · Der Herr im „Paradies der Damen" (1951–1968)

der Kaufhausetagen und hinter den Kassen sorgten für den Umsatz, bei kaum 200 DM Monatsverdienst für Frauen im Bundesdurchschnitt 1960. Auf ihr Auftreten, ihr Erscheinungsbild und ihre Einstellung legte Horten ebenso viel Wert wie auf seine eigene Wirkung. Die „Hortensien", jene meist weiblichen Verkaufskräfte, waren das Herz der Kaufhäuser. Das wusste auch der Chef.

In den 1960er Jahren intensivierte Horten seine Versuche der politischen Einflussnahme, ermöglicht durch seine Stellung als Unternehmer, sein Vermögen und seine exzellenten Kontakte. Was er stets versucht hatte zu vermeiden – sich in die Niederungen politischer Machtstrukturen und Entscheidungsscharmützel zu begeben –, wurde nun zu einem notwendig erscheinenden Betätigungsfeld von der Lokal- bis auf die Bundesebene. Für Horten ging es um die Sicherung des Erreichten, aber auch um das Mitmischen. Er versuchte durch Parteispenden, Politik in seinem Sinne zu beeinflussen. Alte Freunde sollten helfen, wenn die politische Wetterlage wechselte. Und nicht zuletzt hielt er über seinen Vetter Alphons Horten, CDU-Bundestagsabgeordneter und gut vernetzt in der Parteispitze, auch aus dem Rückzugsort in der Schweiz Fühlung zur Bundespolitik.

Es sind die 1950er und 1960er Jahre, die Hortens Lebensgeschichte besonders machen – nicht die Verstrickungen der NS-Zeit und nicht die 1970er Jahre der bloßen Mehrung des Wohlstands. In beidem unterschied er sich wenig von anderen bundesdeutschen, europäischen oder US-amerikanischen Unternehmern. Was ihn aus dieser Gruppe heraushob, war sein außerordentliches Gespür für die Entwicklung des Einzelhandels in der Bundesrepublik in den Nachkriegsjahren. Er war fest davon überzeugt, dass dieser Markt in jener Zeit jede Investition rechtfertigen würde, egal ob in Unternehmen oder in Parteien. Und er wusste, dass seine Zeit begrenzt war und der Markt nur eine bestimmte Zahl an Anbietern aufnehmen konnte. Dieses Gespür verleitete ihn zu halsbrecherischer Risikobereitschaft, die eher an moderne Hedgefonds-Manager als an einen Wirtschaftswunderkapitän erinnert.

5 · Der Herr im „Paradies der Damen" (1951–1968)

Der erste Zukauf:
Die Übernahme der Merkur-Kaufhäuser

Wer bei Salman Schocken kaufte, der zahlte meist nicht in großen Scheinen oder gar in Bankschecks. Oft waren es Münzen bis hinunter zum Pfennig, die hier an der Ladentheke klingelten. Das bedeutete nicht, dass Schockens Kunden anspruchslos kauften. Die Waren mussten lange halten, was insbesondere für Textilien galt. Nicht selten waren die Investitionen vom Mund abgespart und für die Kunden aus der Gruppe der Arbeiterschaft und kleineren Angestellten eine finanzielle Belastung. Schocken wusste um diese Anforderungen. Preiswert und doch qualitativ hochwertig mussten die Waren sein. Der Schlüssel dazu lag im möglichst günstigen Einkauf, in der Berechnung einer knappen Marge, die sich über die Masse der abgesetzten Waren summierte, und in der stetigen Prüfung der Materialqualität. Bereits 1927 hatte der wissenschaftsbegeisterte Salman Schocken ein eigenes Institut für Materialprüfungen in Zwickau einrichten lassen – das erste seiner Art im deutschen Einzelhandel.[4]

Die Wiege des Konzerns lag in Sachsen. Simon Schocken, der Bruder Salmans, war in den 1890er Jahren Geschäftsführer des Warenhauses Tietz in Braunschweig gewesen. Dort empfahl er sich als umsichtiger und erfolgreicher Manager. Zur gleichen Zeit bauten die Gebrüder Ury ihr Kaufhaus in Leipzig auf. Sie waren um die Jahrhundertwende zu durchaus wohlhabenden Händlern aufgestiegen. Mit dem Branchenriesen Tietz war ihr einzelnes Kaufhaus in der Messestadt dennoch nicht zu vergleichen. Doch Simon Schocken erkannte, dass großes Potenzial in ihrem Geschäftsmodell lag. Die Brüder kauften günstige und zugleich hochwertige Waren des täglichen Bedarfs ein und boten diese ihren Kunden in den sächsischen Industriezentren und Mittelstädten an. 1901 gründeten die Urys in Zwickau ein Schwestergeschäft des Leipziger Mutterhauses. Die Stadt war vor allem für die Montan- und Textilindustrie bekannt. Die Leitung des dortigen Kaufhauses übernahm Simon Schocken. 1902 wurde er einer der Mitinhaber des Unternehmens und übernahm 1906 auch die übrigen Anteile von den Ury-Brüdern. Mittlerweile waren in Bremerhaven und in Oelsnitz erste Kaufhäuser mit dem Namen Schocken entstanden. In das neu geschaffene Unternehmen stieg bald auch Simons Bruder Salman ein. Noch vor 1914 bestanden insgesamt elf Schocken-Häuser, vorwiegend in Mittel- und Norddeutschland. 1907 wurde mit der I. Schocken Söhne OHG eine Einkaufsgenossenschaft für die Kaufhäuser des Konzerns ins Leben gerufen, der sich weitere unabhängige und kleinere Häuser anschlossen. Sie alle boten Waren im Niedrigpreissegment an.[5]

Nach dem Ersten Weltkrieg begann die Expansion der Gebrüder Schocken in größere deutsche Städte. In Stuttgart und Ingolstadt wurden Kaufhäuser eröffnet. Hier zielte man nicht mehr nur auf Arbeiter als Kunden. Nun fanden sich in den Schaufenstern und Auslagen auch höherpreisige Waren. Der Konzern begann sich zu diversifizieren. Er war straff organisiert. 1931 hatte er über 30 Filialen im gesamten Deutschen Reich. Rund 6.000 Beschäftigte waren für sie tätig. Der Jahresumsatz lag bei 100 Millionen RM.[6] Nach dem plötzlichen Tod seines Bruders übernahm Salman 1929 das Unternehmen und steuerte es durch die schwierigen Zeiten der Weltwirtschaftskrise. Der feinsinnige Unternehmer hatte ein ausgeprägtes Gespür für die Ästhetik seiner Häuser. Der expressionistische Architekt Erich Mendelsohn gehörte zu Salman Schockens Freunden und gestaltete eine Reihe bedeutender Kaufhäuser wie 1925 in Nürnberg, 1926 in Stuttgart und 1927 in Chemnitz.

Mit der Machtübernahme der Nationalsozialisten änderte sich die wirtschaftliche Situation für den jüdischen Kaufhausbesitzer. 1933 brach der Umsatz um die Hälfte ein. An allen Standorten waren die Geschäfte von Boykotten und Protestaktionen betroffen. Die Schocken-Kaufhäuser wurden in dreifacher Weise zur Zielscheibe der nationalsozialistischen Propaganda: Ihr Inhaber war Jude und gehörte als solcher nicht zur „Volksgemeinschaft". Hinzu kam, dass die Kaufhäuser per se in der NS-Ideologie als Feinde des Mittelstandes und der im Fokus stehenden Kleinbetriebe galten und auch nichtjüdische Inhaber daher von Einschränkungen betroffen waren. Schließlich waren Schockens Kaufhäuser für besonders günstige Waren bekannt. Dies verstärkte die beiden vorgenannten Ressentiments noch. Der jüdische Kaufmann bedeutete auf Grund seiner billigen Waren das Ende der kleinen Mittelständler, so die Propaganda.

Schocken erkannte diese für ihn und sein Geschäft bedrohliche Lage. Bereits 1933 begann er sich schrittweise aus seinem Unternehmen zurückzuziehen. Er wandelte sein Unternehmen am 29. November 1933 in eine Aktiengesellschaft um, um eine Transferierung von Anteilen ins Ausland zu erleichtern.[7] Schocken war weiterhin Hauptaktionär. Er dachte nicht daran, seinen Konzern Hals über Kopf „arisieren" zu lassen. Er kaufte trotz der schwierigen Lage Grundstücke in besten Innenstadtlagen an, um dort neue Häuser errichten zu können.[8]

1936 wurde die Aktienmehrheit Schockens, der 1934 erst nach Palästina und danach in die USA emigriert war, durch ihn selbst an einen britischen Treuhänder übertragen. Teile des Grundbesitzes verblieben im Besitz Schockens und seiner Familienangehörigen. 1938 erfolgte dann mit Hilfe niederländischer Geschäftsbanken der Verkauf der Aktienmehrheit an ein Konsortium aus Deutscher Bank und der Reichs-Kredit-Gesellschaft. In diesem Zug wurde die Gründung der Merkur AG realisiert.[9]

Der Verkaufspreis von Schockens Unternehmen lag deutlich unter Wert, wie in einem späteren Wiedergutmachungsverfahren festgestellt wurde. Es kam nach dem Krieg zu einer Rückgabe von 51 Prozent der Aktien der Merkur AG. „Arisierte" Grundstücke aus Schockens Besitz wurden in diesem Verfahren nicht berücksichtigt.[10]

Nach der Rückgabe ging der alte Gründer dazu über, sein Unternehmen neu auszurichten und wiederaufzubauen. Den Namen behielt er auf Grund der etablierten Marke bei. In vielen deutschen Städten waren die Merkur-Häuser zerstört. Bereits vor der Restitution hatte Salman Schockens Sohn Theodor einige der ehemaligen Kaufhäuser besichtigt und seinem Vater von den Zuständen berichtet. Eine vordringliche Aufgabe waren die Beschaffung neuen Kapitals und die Wiedererrichtung. Das zentrale Problem lag in der Teilung Deutschlands. Die überwiegende Zahl der Kaufhäuser befand in Sachsen und damit in der Sowjetischen Besatzungszone. Daher war 1948, noch unter den alten Eigentümern, die Verlegung der Firmenzentrale von Zwickau nach Nürnberg erfolgt. In den Westzonen stand allerdings nur ein Viertel aller Schocken- und späteren Merkur-Häuser aus der Vorkriegszeit. Von ihnen waren 1950 lediglich 63 Prozent wieder im Betrieb und warfen damit auch Gewinne ab. Als Salman Schocken das Unternehmen wieder übernahm, musste er zudem auf 49 Prozent der Aktienanteile und einen großen Teil der Verkaufsfläche verzichten.[11]

Trotz dieser schwierigen Ausgangslage entschloss er sich zur Wiedererlangung der Entscheidungsgewalt über das Unternehmen und nicht zu einer monetären Entschädigung, die zweifelsohne im hohen einstelligen Millionenbereich gelegen hätte. Stattdessen legte der über siebzigjährige Schocken alle Energie in den Wiederaufbau. 1951 und in den Jahren danach wurden neue Kaufhäuser in Heilbronn, Reutlingen und Bremerhaven gegründet. Er behielt den zwischenzeitlich gewählten Firmennamen Merkur bei. Der Warenumsatz lag 1951 bei 85 Millionen DM, Schockens Gewinn bei über 500.000 DM jährlich.[12]

Auch in den Nachkriegsjahren setzte er bei der Gestaltung seiner Häuser auf eine ansprechende Architektur der Außenfassade und des Innenbereichs. Da Erich Mendelsohn 1933 zunächst nach England und später in die USA emigriert war, stand er als Architekt nicht mehr zur Verfügung. Schocken kontaktierte daher Egon Eiermann in Karlsruhe. Der Architekturprofessor entwarf für Schocken neue Kaufhäuser in Heidenheim, Ulm und Bremerhaven. Die Abstimmung mit Eiermann war intensiv. Bis zur Gestaltung der Fensterrahmen war Schocken in die Planungen involviert.[13]

Trotz des großen Engagements für sein neues altes Unternehmen verlegte Schocken seinen Wohnsitz nicht nach Deutschland. Ob es tatsächlich der Wahrheit entspricht, dass der gläubige Jude nicht in der Nähe des Firmensitzes in Nürnberg, der Stadt der Reichsparteitage der NSDAP, nächtigen wollte und stattdessen im benachbarten Fürth unterkam, bleibt ungewiss. Mit dem Freistaat Bayern stritt Schocken ab 1951 über die Rechtmäßigkeit seiner Vergütung. Als Aufsichtsratsvorsitzender, was offiziell sein Amt war, stand ihm eine Entlohnung zu. Nach den geltenden Finanzgesetzen war eine Überweisung des Honorars in die USA allerdings komplex. Es entfaltete sich eine jahrelange Auseinandersetzung, in die letztlich sogar Ludwig Erhard als Bundeswirtschaftsminister involviert werden sollte.[14]

Im Jahr 1952 reifte bei Schocken der Gedanke, das Unternehmen zu verkaufen. Biografen und Beobachter rätselten später über Schockens Gründe angesichts des großen Eifers, den er beim Wiederaufbau an den Tag gelegt hatte. Keiner seiner Söhne beabsichtigte freilich die Fortführung des Unternehmens. Gesundheitliche Beeinträchtigungen des inzwischen 75 Jahre alten Geschäftsmanns sind nicht überliefert. Möglich ist, dass der feinsinnige Schocken, der auch als Verleger großen Erfolg hatte, sich künftig mehr der Kunst und Literatur widmen wollte.[15]

Wie letzten Endes der Kontakt zwischen Helmut Horten und Salman Schocken entstand, ist den Quellen nicht zu entnehmen. Rudolf Tesmann, einer von Hortens engsten Mitarbeitern, hatte eine Erklärung parat: „Der gute Ruf aus der Arisierungszeit war lebendig geblieben."[16] Vielleicht lag der Umstand aber auch im mangelnden Interesse anderer Kaufkandidaten. Denn bevor das Gerücht zu Horten drang, dass Schocken seine Aktienmehrheit an der Merkur AG verkaufen wolle, fragte der zunächst bei den Branchengrößen Karstadt, Kaufhof und Tietz an. Doch keiner der Konzerne schien Interesse an dem Unternehmen zu haben, da alle ihrerseits das verfügbare Kapital für den Wiederaufbau der eigenen Kaufhäuser benötigten. Die Situation lief damit auf einen Bewerber wie Horten hinaus: einen Kaufmann, der risikobereit genug war, den zwar gut laufenden, aber auf starkem Expansionskurs befindlichen Schocken-Konzern mit seinen zahlreichen Verbindlichkeiten durch die Investitionen in Kaufhausneubauten zu kaufen. Eine Rolle spielte der emigrierte jüdische Anwalt Ernst C. Stiefel. Dieser war für Horten tätig und vermittelte Gespräche zwischen seinem

Der erste Zukauf: Die Übernahme der Merkur-Kaufhäuser

Mandanten und Salman Schocken. Denn der befand sich trotz seines Engagements beim Wiederaufbau der Merkur AG einen Teil des Jahres in New York. Stiefel arrangierte zwei Termine zwischen Horten und Schocken, in denen die groben Vertragsdetails geklärt wurden.[17]

Dem eigentlichen Übernahmevertrag ging auf Seiten Hortens zunächst die Kreditbeschaffung voraus. Allein aus eigenen Mitteln ließ sich die Übernahme nicht realisieren. Dabei spielte Wilhelm Reinold erneut eine wichtige Rolle. Er saß inzwischen im Vorstand der Hamburger Commerz- und Disconto-Bank. Sein Haus führte ein Konsortium von insgesamt fünf Finanzinstituten an, welches an Horten und die eigens gegründete Merkur Horten & Co KG mit Sitz in Nürnberg einen Kredit in Höhe von 9,5 Millionen DM zum Zweck der Übernahme der Merkur AG vergab.[18] Größter Kommanditist der Merkur Horten & Co KG war die Allgemeine Deutsche Inkasso AG, deren Aktien sich zu 100 Prozent im Besitz Helmut Hortens befanden. Mit einer Einlage von einer Million DM an den insgesamt 1,46 Millionen DM Kapital bestimmte er die Geschicke.[19]

Das Bankenkonsortium kaufte seinerseits offiziell 51 Prozent der Aktienanteile an der Merkur AG von der Schweizer Bank Dreyfus Söhne & Cie. in Basel. Denn Schocken ließ seinen Anteil über die Schweizer Institute abwickeln.[20] Zum Kredit des Bankenkonsortiums kamen drei Millionen DM Eigenkapital von Horten und der Horten & Co KG. Somit ergab sich ein Übernahmepreis von 12.500.000 DM, der über eine verschachtelte Konstruktion zur besseren Devisenabwicklung in Sperrmark hinterlegt und letztlich in US-Dollar über die Schweiz an Schocken gezahlt wurde. Die Kaufsumme entsprach 290 Prozent des Aktienkurses und war nach Berechnungen des Bayerischen Finanzministeriums überaus hoch angesetzt.[21] Weitere 13,3 Prozent der Aktienanteile erwarb Horten 1955 von der Vermögensverwaltung des Hauses Hohenzollern.[22]

Horten verpflichtete sich dazu, den Kredit in drei Tranchen am 31. Dezember 1953, 1954 und 1955 zurückzuzahlen. Der Zinssatz

5 · Der Herr im „Paradies der Damen" (1951–1968)

betrug mehr als doppelt so viel wie der damalige Zentralbanksatz, nämlich zehn Prozent.[23] In einem Zusatzvertrag wurde vereinbart, dass eine erste Rate über zwei Millionen DM am 1. August 1953, nur rund vier Monate nach der Übernahme, fällig war.[24] Diese Konditionen waren für die beteiligten Banken günstig und für Horten enorm risikobehaftet. Als Sicherheitsleistung wurde den Kreditinstituten die Aktienmehrheit übereignet. Der Schuldner hatte daher zwar ein Interesse an der schnellen Rückzahlung. Doch die vereinbarten Details waren mehr als ambitioniert.

Im direkten Nachgang der Übernahme benötigte Horten weitere Mittel, um den unveränderten Expansionskurs zu finanzieren. Dabei half Rudolf Münemann. Der Geschäftsmann, ehemaliges Mitglied der NSDAP und während des Zweiten Weltkriegs Generalbevollmächtigter für die Finanzverwaltung des Messerschmitt-Konzerns, bezeichnete sich selbst als „Industriefinanzier" und war in den Nachkriegsjahren Enfant terrible der bundesdeutschen Finanzwelt. Münemann fungierte als Vermittler von Krediten zwischen der Versicherungs- und Bankenwirtschaft einerseits und Industrieunternehmen sowie Mittelständlern andererseits. Sein Vorteil gegenüber Banken war die unkomplizierte und eher hemdsärmelige Abwicklung. Dazu bündelte er kurzfristige Einlagen von Kunden und Banken mit niedriger Verzinsung zu einem großen Gesamtkredit zu einem höheren Zinssatz und lebte selbst von der Differenz. Dieses von Münemann fabrizierte „Revolver"-Prinzip der Kreditfinanzierung bescherte ihm zu Beginn der 1950er Jahre großen Reichtum, nachdem er bereits vor 1945 wirtschaftlichen Erfolg bei der Finanzierung der Rüstungsindustrie erzielt hatte.[25]

Der Kontakt zwischen Horten und Münemann kam Ende 1952 zustande. Münemanns Assistent Ernst Balan erinnerte sich später, dass Horten ihnen von einem Düsseldorfer Geschäftsfreund „zugeführt" worden sei.[26] Der Finanzier wurde von Horten kontaktiert, um unbürokratisch an weitere Gelder zu kommen. Münemann fädelte eine verschachtelte Konstruktion zwischen der Bayerischen Gemeindebank-Girozentrale Düsseldorf, der Badischen Bank und der Württembergischen Bank ein. Am Ende flossen Horten so weitere sechs Millionen DM zu. Dabei handelte es sich um einen der berüchtigten „Revolverkredite" Münemanns.[27] Diese Mittel ermöglichten es Horten, den Umbau des Konzerns und die beabsichtigte Trennung der Geschäftszweige voranzutreiben.

Was die Übernahme der Merkur AG durch Horten besonders machte, war der Zusatzvertrag, der zwischen Salman Schocken, Helmut Horten und der Merkur Horten & Co KG geschlossen wurde. Dieser umfasste Vereinbarungen über Beratungsleistungen des ehemaligen Eigentümers. Schocken sollte bis ins Jahr 1955 als Ratgeber des Vorstandes und des Aufsichtsrates fungieren. Ihm wurde ein zwar schwammig formuliertes, aber dennoch fixiertes Mitspracherecht ins operative Geschäft eingeräumt.[28] Noch ungewöhnlicher war die Regelung, die unter Punkt B-2 getroffen wurde:

> „Die Merkur AG verpflichtet sich, den früheren Angehörigen der Gesellschaft in der Ostzone und in Israel im gleichen Maße wie bisher in den nächsten 3 Jahren Pakete auf Kosten der Firma zu schicken."

Schocken hatte sein prosperierendes Geschäft zu Beginn der 1950er Jahre dazu genutzt, notleidende Menschen in Israel beim Aufbau des jüdischen Staates durch Warenpakete zu unterstützen. Durch den Vertrag verpflichtete er Horten und sein Unternehmen dazu, dies auch weiterhin zu tun. Außerdem ließ sich Schocken verbriefen, dass die Merkur AG auf Empfehlung von Schocken auch Hilfspakete an andere Personen im In- und Ausland schickte. Der Vertrag enthielt ebenso einen Passus zur Regelung von Wiedergutmachungsansprüchen ehemaliger jüdischer Angestellter an die Merkur AG. Hier wurde mit Schocken vereinbart:

> „Die Merkur AG wird die Ansprüche ehemaliger jüdischer Angestellter des Unternehmens aufgrund der Wiedergutmachungsgesetzgebung wie bisher und in entgegenkommender Weise ordnen."

Horten nahm diese Bedingungen durch seine Unterschrift an. Dass es sich dabei nicht um ein leichtfertiges Bekenntnis des neuen

Eigentümers handelte, zeigte sich einige Jahre später, als der ehemalige Mitinhaber Siegfried Jacobsohn, der als Jude 1936 aus dem Unternehmen ausgeschieden war, um die Zahlung seiner ihm zustehenden Pension bat. Jacobsohn hatte wie Schocken auch seinen Aktienanteil 1938 über eine niederländische Geschäftsbank unter dem Druck der nationalsozialistischen „Arisierungspolitik" verkaufen müssen.[29] Sein Ersuchen nach einer Pensionsrückzahlung war damit auch eine Art Forderung nach der Wiedergutmachung für das erlittene Unrecht. Es wurde von der Merkur AG ohne Einwände angenommen, die Auszahlung allerdings durch das bayerische Finanzministerium erschwert, da Jacobsohn in Tel Aviv lebte. Horten ließ die Anwälte einwirken und konnte 1955 durch Vorsprache an höchster Stelle erwirken, dass Jacobsohn neben seiner monatlichen Pension von 1.000 DM von seinem Unternehmen eine Pensionsnachzahlung von 101.632 DM nach Tel Aviv überwiesen bekam.[30]

Später ergaben sich Unstimmigkeiten über die Rolle Schockens als Berater. Der alte Inhaber mischte sich immer wieder in strategische Fragen wie die Standortwahl und die Gestaltung des Sortiments ein. Das konnte der neue Inhaber nicht dulden. Beide Bereiche waren unbedingte Chefsache. 1955 endete der Beratervertrag zwischen Schocken und der Merkur AG.

Helmut Horten war durch die Übernahme der Merkur AG auf einen Schlag einer der großen Spieler auf dem Feld des Einzelhandels in der frühen Bundesrepublik geworden. Das Dreiecksgeschäft zwischen ihm, Schocken und den Finanzinstituten ermöglichte den Übergang von zwölf Kaufhäusern in seinen Besitz. Nur kurz, bis zum Juli 1953, verblieben die Immobilien und die Kaufhäuser unter einem Dach. Danach führte Horten auch hier die Trennung von Grundbesitz und Betrieb ein. Die Merkur AG wurde eine reine Verwaltungsgesellschaft und Inhaberin der Immobilien. Die Aktien hielten zur Hälfte Horten persönlich und die neu gegründete Merkur Horten & Co KG. Diese übernahm auch den Betrieb der Kaufhäuser. Hinter dem Unternehmen stand Horten als persönlich haftender Gesellschafter. Beteiligt waren hier wiederum die Merkur AG mit einer Einlage und die Allgemeine Deutsche Inkasso AG, die zu 100 Prozent Horten gehörte.[31] Die Allgemeine Deutsche Inkasso AG finanzierte das Teilzahlungsgeschäft der Kunden, also Ratenkäufe, in der Helmut Horten KG. Durch ihre Involvierung in die Übernahme der Merkur AG entwickelte sie sich allerdings stärker zu einer Beteiligungsgesellschaft. Die alte Führungsriege der Merkur AG, an deren Spitze Wilhelm Fonk gestanden hatte (der bereits vor der „Arisierung" des Unternehmens in den Schocken-Konzern eingestiegen war), blieb auch nach der Übernahme Vorstand und wurde einer der Generalbevollmächtigten der Merkur Horten & Co KG.

Damit begann für Horten die Zeit als Lenker eines bundesweit operierenden Kaufhauskonzerns. Mit diesem Geflecht bezweckte er den Zuschnitt ganz auf sich als alleinigen Entscheidungsträger und gleichzeitig eine optimale Steuergestaltung. Zwischen der Merkur AG und der Merkur Horten & Co KG wurden in allen Städten mit Merkur-Kaufhäusern eigene Mietverträge geschlossen. Wie gewohnt war die Monatsmiete an den Umsatz gekoppelt und eingehegt durch eine Mindest- und Höchstmiete. Gleiches galt für das Inventar. So profitierte Horten auch hier gleich mehrfach, indem er direkt über die Mieten seinen Teil vom Aufschwung seiner Häuser bekam. Die Merkur AG machte im ersten Jahr nach der Übernahme als reine Grundstücksgesellschaft einen Gewinn von 797.447,88 DM. 1956 lag der Gewinn bei annähernd einer Million DM.[32]

Die Übertragung des „Baus der 100 Tage" in eine Gesellschaft mit der Rudolf Karstadt AG ermöglichte neue Pläne in Duisburg. Ab 1956 forcierte Horten den Neubau einer Merkur-Filiale vor Ort. Er versicherte gegenüber der Stadt, dass er spätestens 1958 mit dem Neubau beginnen würde. Horten versprach einen Bau der Superlative. In Duisburg sollte das größte Warenhaus des Ruhrgebiets entstehen. Die Baukosten wurden mit acht Millionen DM angesetzt. Der zuständige Oberstadtdirektor hielt den Bau aus „stadtwerberischen Gründen für überaus wesentlich".[33] 1958 wurde das Merkur-Haus dann gebaut und im Jahr darauf eingeweiht. Die Eröffnung erlebte Salman Schocken noch mit, allerdings aus der Ferne seiner neuen Heimat in den USA. Er verstarb 1959 auf einer Urlaubsreise in der Schweiz.

Wachsen um jeden Preis:
Die Übernahme der Emil Köster AG

Im weit verzweigten Netz aus Beteiligungen, Aktienmehrheiten, Anleihen und Krediten des Eigentümers Jakob Michael war die Emil Köster AG nur eines von vielen Unternehmen, das der umtriebige Finanzier seit den 1920er Jahren sein Eigen nannte. Michael war kein Einzelhändler und verwandte nur wenig Eifer auf die Führung der Kaufhäuser des Unternehmens. Anders als Salman Schocken, der sich mit viel Hingabe der Entwicklung seiner Geschäfte widmete, blieb Michael stärker in der Rolle des Investors im Hintergrund. Nur einmal schenkte er seine ganze Aufmerksamkeit jenem Teil seines Vermögens: Im Sommer 1954 suchte er nach einem Käufer. Der Kandidat musste ähnlich finanzkräftig sein wie er und ähnlich beschlagen in geschäftlichen Angelegenheiten.

Der 1894 in Frankfurt am Main geborene Michael stammte aus kleinen Verhältnissen. Sein Vater war Kaufmann. Die Familie gehörte zur großen jüdischen Gemeinde der Stadt. Die Lehrjahre in einem Metallhandel gaben ihm das notwendige Handwerkszeug, um 1912 in Paris in den Handel mit Radium einzusteigen und dort seine ersten lukrativen Geschäfte zu machen. Zurück in Deutschland gründete er mit zwei Geschäftspartnern einen Betrieb, der aus Metallschlacke der großen Zechen Edelmetalle gewann. Hinzu kam eine Handlung mit Chemikalien, die ebenfalls große Gewinne abwarf.[34] In den Jahren nach dem Ersten Weltkrieg war der Mittzwanziger bereits ein wohlhabender Mann.

Sein bestes Geschäft machte er in den Jahren der Hyperinflation in Deutschland ab 1922. Während alle Anleger und Unternehmen aus der entwerteten Reichsmark in Sachwerte, Immobilien und Aktien flüchteten, kaufte Michael große Barbestände auf. Am Tag des Währungsschnitts, dem 15. November 1923, tauschte er seine Reichsmark zum Kurs von einer Billion zu einer Goldmark. Die Anleger suchten nun wieder den Weg zurück in die Währung. Allerdings hatten auch die Geldinstitute kaum flüssige Mittel zur Verfügung und die Reichsbank verfolgte einen strikten Deflationskurs. Mit einem Schlag war Michael ein gefragter Kreditgeber, der seine Position auszunutzen wusste. Er verlieh Geld zum Kurs von 20 Prozent Zinsen pro Tag. Besichert waren diese mit den Sachwerten der Schuldner, zu denen neben Firmen und Beteiligungen vor allem Immobilien gehörten. Da viele der Kredite auf Grund der hohen Zinsen ausfielen, gelang es Michael binnen kürzester Zeit, zahlreiche Unternehmen in seinem Besitz zu versammeln. In Berlin gehörte er Mitte der 1920er Jahre zu den größten Grundbesitzern.[35] Michaels Rolle als Finanzier war zwielichtig. Er war auch in den Barmat-Kutisker-Skandal verwickelt, in dem mehrere Politiker der Weimarer Republik unter Bestechungsverdacht standen. Zeitweise zog Michael daher in die Schweiz. 1925 berichtete *Das interessante Blatt*: „Der reichste Mann Deutschlands auf der Flucht."[36] Zu einer Anklage kam es allerdings nicht.

1924 kaufte Jakob Michael die Textil Credit AG. Deren Aufgabe lag in der Vergabe von Krediten an Unternehmen aus der Textilbranche. Da viele Schuldner zahlungsunfähig geworden waren, war das Institut seinerseits in Schieflage geraten und wurde zu einer günstigen Kaufgelegenheit für Michael. Zu den Kunden der Textil Credit AG gehörte auch die Einkaufsstelle für Beamtenverbände und -vereine Emil Köster Textil AG. Das Hamburger Unternehmen kaufte nach der Übernahme die Beamten-Einkaufsgenossenschaft GmbH und die Gemeinnützige Beamtenversorgungs-GmbH. Emil Köster selbst war Lederfabrikant aus Neumünster und hatte in den beiden Unternehmen eine günstige Möglichkeit zu großen Erträgen gesehen. Denn das Kerngeschäft der Einkaufsstelle für Beamtenverbände und Vereine Emil Köster Textil AG war der Verkauf von Textilien an Beamte und Angestellte des öffentlichen Dienstes. Um diesen trotz der eher schmalen Besoldung eine angemessene Ausstattung zu bieten, wurde das Unternehmen einer der Pioniere auf dem Gebiet des Kaufs auf Raten. Die Beamten konnten die erstandenen Waren zu einem Prozent Zinsen monatlich abzahlen. Die Ausfallquote der Kredite war minimal, da die Beamten über eine hohe Zahlungsmoral und feste Soldeingänge verfügten. Trotz dieses ertragreichen Geschäftsmodells war das Unternehmen Kösters 1924 auf einen Kredit der Textil Credit AG über eine Million RM angewiesen. Als dieser auf Grund der stagnierenden Wirtschaftslage nicht bedient werden konnte, gelangte das Unternehmen in Jakob Michaels Besitz. Der gründete sogleich die Emil Köster Deutsche Beamten Einkaufs AG, in die das Unternehmen zu 100 Prozent eingebracht wurde. Michael war Inhaber aller Aktien. 1928 kaufte er zusätzlich die Bekleidungsgesellschaft für deutsche Beamte AG, die einzige Konkurrentin.

Damit versammelte Michael in seiner Emil Köster Deutsche Beamten Einkaufs AG das Monopol für Beamtenkaufhäuser. Allerdings ließ er das Sortiment rasch erweitern, um auch anderen Kunden den Kauf auf Raten zu ermöglichen.[37] Die von beiden eingebrachten Unternehmen betriebenen Kaufhäuser firmierten 1930 gemeinsam unter dem Namen DeFaKa – Deutsches Familienkaufhaus. Im gesamten Deutschen Reich unterhielt das Unternehmen 22 Häuser. Eine Million Kunden kauften dort Waren auf Kredit, was für immense Forderungen im Unternehmen und damit hohe Buchgewinne sorgte. Im Jahr 1932 lag der Gesamtumsatz bei 150 Millionen RM.

Im selben Jahr entschloss sich Michael mit seiner Familie zur Emigration. Zunächst übersiedelten sie nach Holland, 1938 in die USA.[38] Sicher war aber, dass der Geschäftsmann seine Unternehmen in Deutschland nicht einfach verkaufen wollte. Michael gründete in Amsterdam eine niederländische Aktiengesellschaft, der er sämtliche Aktien der Emil Köster Deutsche Beamten Einkaufs AG im Nennwert von zehn Millionen RM übertrug. Im April 1933 übereignete er diese einem US-amerikanischen Rechtsanwalt, der als Strohmann Michaels fungierte. Der Treuhänder gründete im Auftrag des Inhabers die New Jersey Industries Inc. mit Sitz in der 120th Wall Street in New York. Dieser wurden die Aktien der AG übertragen. Erna Michael, Ehefrau von Jakob Michael, war als Inhaberin der US-amerikanischen Gesellschaft eingetragen. Er blieb über sie der Besitzer der Aktien. Seit seiner Emigration und in den Folgejahren hatte er keine Steuern im Deutschen Reich mehr gezahlt. Der Fiskus war allerdings der Ansicht, dass dies durchaus nötig war. Im Zuge eines Prüfungsverfahrens wurde 1941 festgestellt, dass Michael nach wie vor Inhaber der Emil Köster AG war. Die Aktien befanden sich zwar im Besitz der New Jersey Industries Inc., waren jedoch in Paris deponiert. Dort wurden sie im Dezember 1941 beschlagnahmt und gelangten in die Verfügungsgewalt des Oberfinanzpräsidenten Berlin-Brandenburg, der sie auf Grund des laufenden Steuerverfahrens pfänden ließ. Im April 1942 wurde eine „Feindvermögensverwaltung" eingesetzt. Damit war das Unternehmen Michaels unter deutscher Führung. Die Aktien gehörten weiterhin der New Jersey Industries Inc. Michaels Anwälte und Treuhänder wehrten sich gegen die Beschlagnahmung. Der Fall wurde bis zur Ebene der Minister des Reichswirtschafts- und Finanzministeriums getragen. Schließlich einigte man sich darauf, dass die Aktien bis zum Friedensschluss zwischen dem Deutschen Reich und den USA und sechs Monate darüber hinaus nicht verwertet und gewinnbringend verkauft werden sollten. Damit blieb die Emil Köster AG weiter unter der Führung einer von der NS-Verwaltung eingesetzten Stelle.[39]

Die Geschäftsführung übernahm Herbert Tengelmann, Leiter des Branchenzusammenschlusses der deutschen Bekleidungsindustrie und Produktionsbeauftragter für Bekleidung im Zuge der Rüstungsproduktion. Entscheidend war jedoch, dass die Emil Köster AG nicht im herkömmlichen Sinne „arisiert" wurde. Das Unternehmen wurde weiter ausgebaut und DeFaKa-Kaufhäuser wurden in Süd- und Osteuropa eröffnet. Die NS-Verwaltung vergrößerte damit unwissend Michaels Firmenimperium. Nach dem Krieg unterstand die Emil Köster AG einer von den Alliierten eingesetzten Verwaltung. Die in der SBZ gelegenen Kaufhäuser wurden enteignet, was etwa ein Drittel der Niederlassungen betraf.

5 · Der Herr im „Paradies der Damen" (1951–1968)

Als nach der Währungs- und Wirtschaftsreform in den Westzonen 1948 die Gewinne der DeFaKa-Häuser wieder sprudelten, profitierte davon auch Jakob Michael. Am 12. Januar 1950 beantragte die New Jersey Industries Inc. die Gutschrift neuer Aktien auf ein Konto in den USA, da die alten durch Kriegseinwirkung verloren waren. Beim damit verbundenen Prüfungsverfahren ergab sich, dass das Unternehmen zweifelsfrei Inhaberin der Emil Köster AG war. Darüber hinaus wurde hervorgehoben, dass ein Restitutions- oder Wiedergutmachungsverfahren weder eingeleitet noch nötig war. Am 22. März 1951 wurden die Aktien zum Nennwert von acht Millionen DM auf dem Konto in den USA gutgeschrieben.[40] Damit hatte Michael neben der wirtschaftlichen Verfügung über das Unternehmen auch die Aktienpapiere zurück in seinem Besitz.

Das Sortiment der DeFaKa-Häuser war anspruchsvoll. Man führte gehobene Artikel längst nicht mehr nur für Staatsdiener. Am alten Geschäftsmodell hatte sich wenig geändert. Weiterhin konnten Kunden hier Waren auf Kredit kaufen. 1950 lagen deren Verbindlichkeiten bereits bei 15 Millionen DM. Bis Ende 1955 stiegen diese auf 50 Millionen DM. Dies wusste der Inhaber und auch die gut informierten Konkurrenten kannten den verdeckten Wert des Unternehmens.[41]

Trotz dieser positiven Entwicklung entschied sich Michael im Verlauf des Jahres 1954, seine Aktienmehrheit zu verkaufen. Seine Frau hatte den Großteil ihrer Familie im Holocaust verloren. Der Geschäftemacher war in seinen Sechzigern und suchte vermutlich auch nach etwas mehr Ruhe und Zurückgezogenheit in den USA. Das bedeutete allerdings nicht, dass Michael seine Häuser für einen Schleuderpreis an Konkurrenten veräußern würde.

Wie Salman Schocken ein Jahr zuvor tat sich Michael schwer, unter den Kaufhauskonzernen einen interessierten und finanzkräftigen Käufer zu finden. So landete er schließlich im Sommer 1954 bei Friedrich Flick, der gerade an der Umstrukturierung seines Konzerns arbeitete. Er hatte während des Krieges durch seine Beteiligungen in der Rüstungsindustrie große Gewinne erzielen können und war 1947 in Nürnberg zu sieben Jahren Haft verurteilt, bereits 1950 aber wieder entlassen worden. Der Unternehmer schaffte den Wiederaufstieg erneut durch Industriebeteiligungen. Doch dem besonnenen Flick schien das Angebot des Geschäftemachers Michael nicht attraktiv zu sein. Der rief anfangs 40 Millionen DM als Kaufpreis auf, was immerhin dem Fünffachen des Handelswerts der Aktien entsprach. Je mehr Interesse Flick zeigte, desto weiter korrigierte Michael den Preis nach oben bis zu einer unbekannten Höhe. Doch ab einem bestimmten Punkt war es diesem zu viel. Er stieg aus.[42] Für ein derartiges Geschäft kam in Flicks Augen nur einer infrage: Helmut Horten.

Dass der trotz der gerade erst realisierten Übernahme der Merkur AG und weiterhin hohen Verbindlichkeiten sofort großes Interesse bekundete und sogar persönlich zu Michael nach New York flog, bestärkte die Masche des Verkäufers. Bei jedem Treffen der beiden in der Ostküstenmetropole – angeblich sollen es elf gewesen sein – schraubte Michael seinen Preis nach oben. Es schien, als habe sogar Horten in dem umtriebigen deutsch-amerikanischen Geschäftsmann seinen Meister gefunden. Und er war kurz davor, angesichts der immer höheren Preiskorrekturen wie schon Flick von dem Geschäft abzulassen. Sollten sich doch andere die Finger verbrennen. Am Ende konnte Horten aber nicht von der Gelegenheit lassen. Zu verlockend war die Möglichkeit, nach der Übernahme der Merkur AG ein weiteres Husarenstück zu vollbringen und den entscheidenden Schritt in die erste Liga der Warenhauskonzerne in Deutschland zu machen.

Der Übernahmevertrag für die Aktien der Emil Köster AG wurde zwischen der New Jersey Industries Inc. einerseits und Helmut Horten gemeinsam mit der Merkur AG andererseits geschlossen. Horten war nicht der alleinige Käufer. Im Vertrag wurde aufgeführt, dass Erna Michael die alleinige Aktionärin der New Jersey Industries Inc. war. 64 Anteile der 80 Aktien gingen an Horten, 16 an die Merkur AG. Der gesamte Übernahmepreis belief sich auf 77.600.000 DM. Die Summe sollte auf ein Konto in der Schweiz überwiesen werden. Es wurde zudem vereinbart, dass die neuen Eigentümer der Emil Köster AG mit der Aktienmehrheit nicht alle Geschäftsbereiche übernahmen. Die Reste geschäftlicher Aktivitäten in den Niederlanden, Jugoslawien und Rumänien verblieben im Besitz der Verkäuferin. Dies betraf die dort als Niederlassungen gegründeten Kaufhäuser der DeFaKa.[43]

Horten begann sogleich mit der Aktivierung der Verbindlichkeiten der Kunden in den Büchern der Emil Köster AG. Rund 50 Millionen DM Ausstände waren dort verzeichnet. Auf Grund der hohen Zahlungsmoral waren diese nahezu ebenso sicher wie bereits erzielte Einnahmen. Horten kontaktierte den Vorstandsvorsitzenden Hermann-Josef Abs von der Süddeutschen Bank AG, einem Nachfolgeunternehmen der aufgelösten und später wiedergegründeten Deutschen Bank. Das Institut war an der Abwicklung des Deals mit Michael beteiligt gewesen und gab Kredite an Horten und die Merkur AG. Der neue Eigentümer schlug Abs vor, die Kundenkredite schnell zu Geld zu machen. Sämtliche Forderungen wurden an die neu gegründete DeFaKa Kreditbank GmbH abgetreten.[44] Damit konnte Horten seine Kredite bedienen und musste die Angestellten der DeFaKa-Kreditabteilung nicht länger bezahlen. Nebenbei wurde vereinbart, dass das Unternehmen, welches nicht im Besitz Hortens war, in der späteren Horten-Hauptverwaltung in Düsseldorf angesiedelt werden sollte. Dort musste es freilich Miete zahlen. Horten goutierte den gesamten Deal mit den Worten: „Dieses Geschäft finanziert sich zum größten Teil aus sich selbst heraus."[45] Die Übernahme brachte weitere 18 Kaufhäuser in seinen Besitz. Im Geschäftsjahr 1955 war mit einem Umsatz von 250 Millionen DM zu rechnen.[46]

Horten wandelte kurz nach der Übernahme die Emil Köster AG in die Emil Köster KG auf Aktien (KGaA) um. Damit unterlag das Unternehmen nicht mehr der Berichtspflicht und musste keine Jahresbilanzen veröffentlichen. Geschäftszahlen konnten damals noch spärlich und nach eigenem Gutdünken veröffentlicht werden. Horten wurde persönlich haftender Gesellschafter und konzentrierte damit alle Entscheidungskompetenzen allein auf sich. Die Merkur AG und die zu gründende Helmut Horten GmbH wurden

Kommanditisten. Wie bei der Übernahme der Merkur AG rückten führende Mitarbeiter der Emil Köster AG auch unter dem Horten-Dach in Führungspositionen auf. All dies beschloss der neue Eigentümer auf einer grotesk anmutenden Aktionärsversammlung der Emil Köster AG am 15. Dezember 1954. Der einzige Teilnehmer war Horten selbst. Als Mehrheitsaktionär der alten AG sowie der neuen KGaA und in seiner Rolle als alleiniger Aktionär der Merkur AG beschloss er außerdem, sich selbst zum alleinhaftenden Gesellschafter der neu zu gründenden Helmut Horten GmbH zu machen.[47]

Das Meisterstück: Die Helmut Horten GmbH

Was sich bereits bei der Vertragsgestaltung der Übernahme der Emil Köster AG angedeutet hatte, wurde kurze Zeit später zu einem der großen Projekte des Kaufmanns Horten. Der Vertrag zwischen ihm und der New Jersey Industries Inc. war bereits mit Helmut Horten GmbH unterschrieben gewesen, bevor diese gegründet und beim zuständigen Finanzamt registriert war. Wieder einmal schuf Horten Fakten, ohne lähmende bürokratische Prozesse abzuwarten.

Die Übernahme der Aktien der Emil Köster AG und der 18 DeFaKa-Kaufhäuser war der Anlass für die grundlegende Neustrukturierung des Konzerns. In dessen Zentrum stand Horten selbst, der wahlweise Mehrheits- oder Alleinaktionär, Mehrheitsgesellschafter oder alleinhaftender Gesellschafter der unterstehenden Unternehmen und im Fall der GmbH Geschäftsführer war. Ohne seine Entscheidung lief nichts in seinem Reich. Alle Stränge endeten stets bei ihm. Der Konzern, der Ende der 1950er Jahre auf einen hohen dreistelligen Millionenumsatz zusteuerte, gehörte ihm alleine. Keine Aktionäre konnten ihn überstimmen und ihre Dividende einfordern, kein Geschäftsführer oder Generalbevollmächtigter war derart mächtig, dass er ihn absetzen konnte. Jeder der 16 Generalbevollmächtigten war nur für seinen eng abgesteckten

Bereich, entweder im Komplex Merkur oder DeFaKa, zuständig. An einen Putsch, wenngleich die Stimmung in der Chefetage auf Grund der glänzenden wirtschaftlichen Entwicklung stets gut war, war so nicht zu denken, ebenso wenig wie an eine feindliche Übernahme, da die Aktien nicht gehandelt wurden.

Die Gründung der Helmut Horten GmbH im Jahr 1955 hatte auch den Zweck, dem verschachtelten Systems von Hortens Firmen einen weiteren Mantel der Undurchsichtigkeit zu geben. Da das Unternehmen keine AG war, entfiel die Berichtspflicht zur Veröffentlichung von Geschäftszahlen. Der Gründungsvertrag der Helmut Horten GmbH datierte auf den 30. November 1954. Die beteiligten Parteien waren Helmut Horten und Generaldirektor Wilhelm Fonk mit Direktor Fritz Müller als Vertreter der Merkur Horten & Co KG. Als Sitz der GmbH wurde Duisburg gewählt, allerdings wurden Büros in Düsseldorf bezogen, wofür es Gründe gab, die später noch erläutert werden. Ihr Zweck war der „Fortbetrieb der in Duisburg bestehenden und dem Kaufmann Helmut Horten gehörenden Firma Helmut Horten". Damit fußte die GmbH auf dem Einzelunternehmen Hortens in Duisburg, welches nach dem Ausscheiden von Wilhelm Reinold als letztem Komplementär der Helmut Horten KG 1953 gegründet worden war. Das Einzelunternehmen wurde von Horten als sein Anteil (fünf Millionen DM) am Gesellschafterkapital von zehn Millionen DM eingebracht. Der Rest kam von der Merkur Horten & Co KG. Trotz der gleich hohen Einlage sah der Vertrag vor, dass zwei Drittel der Stimmrechte auf Horten entfielen.[48] Nur wenige Tage später übertrug Horten seinen Anteil an der Merkur Horten & Co KG ebenfalls als Unterbeteiligung auf die Helmut Horten GmbH.[49] Im April 1955 folgten weitere Unterbeteiligungsverträge zwischen der Helmut Horten GmbH und den beteiligten Firmen zu Gunsten von Horten persönlich. Am Ende war das neu geschaffene Unternehmensdach ganz auf seine Person ausgerichtet. 1955 verbuchte die Köster-Gruppe 268 Millionen DM und die Merkur-Gruppe 255 Millionen DM Umsatz.[50]

Das Meisterstück: Die Helmut Horten GmbH

Dass Horten im gleichen Zuge mit der Umwandlung seines Imperiums auch dessen Erweiterung vorantrieb, zeigt die prestigeträchtige Eröffnung des Berliner DeFaKa-Hauses an der Rankestraße/Ecke Tauentzienstraße in Berlin im Jahr 1955. Direkt gegenüber der noch zerstörten Kaiser-Wilhelm-Gedächtniskirche ließ Horten einen repräsentativen Bau mit 2.000 Quadratmetern Verkaufsfläche, einer breiten Marmorfreitreppe im Inneren und niedrigen Verkaufstischen errichten, die man bis dahin in keinem der Berliner Kaufhäuser kannte. 400 „Hortensien" warteten auf die Kunden. Einmalig war auch, dass Horten anlässlich der Eröffnung dem Berliner *Rundfunk im Amerikanischen Sektor* (RIAS) ein Radiointerview gab. „Ich komme heute Morgen aus Klagenfurt, wo am Wörthersee ein Ausbildungskurs unserer DeFaKa-Inspektoren stattfindet, hierher geflogen", leitete Horten seine Ausführungen ein.[51] Er referierte über die Bedeutung Berlins als Standort für sein Unternehmen. Nach einem geeigneten Ort für das Kaufhaus habe man in der Stadt lange gesucht. „Es ist die repräsentativste Stelle, die in Berlin noch zu haben war", erklärte er. Horten rekurrierte auch auf die Gründung und den ehemaligen Hauptsitz der DeFaKa in Berlin vor und während des Krieges, freilich ohne zu erwähnen, in welchen Händen das Unternehmen damals war. „Wir kommen gerne nach Berlin und fühlen uns Berlin aus alter Zeit sehr verbunden." Angesprochen auf das Risiko, welches der Standort für den Geschäftsmann bedeute, antwortete Horten lapidar: „Berlin ist nicht wegzudenken aus den Betrieben der Kauf- und Warenhäuser. Wir mussten unbedingt wieder eine repräsentative Filiale hier haben."[52]

1957 kam es zu einer weiteren entscheidenden Erweiterung von Hortens Konzern. Das Vermögen der Merkur AG, die Kaufhäuser, wurden auf die Helmut Horten GmbH übertragen. Motiviert war das durch das neu geschaffene Umwandlungssteuergesetz. Es ermöglichte die steuergünstige Transformierung von Kapitalgesellschaften in Gesellschaften bürgerlichen Rechts. Hintergrund war, dass zahlreiche GmbHs der Vorkriegszeit in Aktiengesellschaften umgewandelt worden waren, um Wiedergutmachungsvereinbarun-

5 · Der Herr im „Paradies der Damen" (1951–1968)

gen zu erleichtern. Nachdem ein großer Teil dieser Verfahren abgeschlossen war, wollte der Gesetzgeber die Rückumwandlung in eine GmbH erleichtern, um die Führung durch einen Geschäftsführer im Gegensatz zu einer Gesellschaft im Streubesitz zu ermöglichen. Obwohl dies bei Hortens Unternehmen keineswegs der Fall war, nutzte er die rechtliche Möglichkeit zur Umwandlung und konnte somit seinen Konzern steuerlich günstiger ausrichten und zugleich ganz auf ihn als Geschäftsführer zuschneiden.[53] Die Emil Köster KGaA wurde nun gänzlich mit der GmbH verschmolzen. Die zu diesem Zeitpunkt bestehenden 22 Merkur-Kaufhäuser wurden weiter von der Merkur Horten & Co KG betrieben und fortan von der Helmut Horten GmbH gemietet. Die 22 DeFaKa-Häuser wurden als Zweigniederlassungen der Helmut Horten GmbH betrieben. Ein Drittel der Häuser wurde von kleineren Einzelgesellschaften gemietet, die ihrerseits mehrheitlich wahlweise Horten selbst oder zu einer seiner Gesellschaften gehörten. Das Geflecht war verwirrend. Vermutlich hatte keines der betreffenden Finanzämter an den Sitzen der Unternehmen in Duisburg, Nürnberg, Düsseldorf oder Berlin einen umfassenden Überblick. Lange bevor Helmut Horten in den Ruf des Steuerflüchtlings kam, beherrschte er die Klaviatur der progressiven Steuervermeidung meisterhaft. So wurde, wie Horten selbst erklärte, der größte Teil der Konfektionsware in den 1950er und 1960er Jahren in Berlin gefertigt. Durch die „Berlinförderung", also die steuerliche Besserstellung der geteilten Stadt durch verminderte Umsatz-, Einkommen- und Körperschaftssteuer, ließen sich die Waren hier steuergünstiger produzieren.[54] Der Konzern, der bald auf einen Milliardenumsatz zusteuerte, sparte so jedes Jahr erhebliche Abgaben, die sich bis zum Ende der überaus ertragreichen 1960er Jahre auf einen satten dreistelligen Millionenbetrag angehäuft haben dürften. Bei aller Komplexität folgte das Vorgehen doch einem einfachen Prinzip: Am Ende war immer Helmut Horten der entscheidende Mann.

Gegenüber seinen Konkurrenten wie der Rudolph Karstadt AG hatte dies den Vorteil, dass der Konzern zu keinem Zeitpunkt vom Willen der Aktionäre oder einem Dividendenversprechen abhängig

Das Meisterstück: Die Helmut Horten GmbH

Helmut Horten, Düsseldorf, ca. 1968

war. Dies ermöglichte schnelle Entscheidungen ohne Versammlungen der Anteilseigner. Wenn Horten eine geschäftliche Entscheidung traf, dann war er niemandem Rechenschaft schuldig. Möglicherweise war dies – noch vor der Steuervermeidung – die Triebfeder für die Verschachtelung seines Unternehmens. Alle Fäden liefen bei ihm zusammen. Einzig die 30 Prozent der Papiere an der Warenhaus Liegenschaften AG (Walag) waren als stimmrechtlose Vorzugsaktien für kurze Zeit im Handel. Das Unternehmen war aus der Horten Wohnungsbau GmbH hervorgegangen und stellte ursprünglich günstigen Wohnraum für Betriebsangehörige und deren Familien in der Nähe der Kaufhäuser zur Verfügung. Die AG wurde 1961 gegründet. Ausgegeben wurden 90 Millionen Stammaktien, von denen 60 Millionen bei Horten verblieben. Die Walag fungierte als Bauherrin und Eigentümerin von Kaufhäusern. Durch die Ausgabe von Aktien wurde Kapital für Neubauten beschafft. 1968 urteilte der Bundesfinanzhof, dass bei dieser Art der Besitzverhältnisse nicht die besonders günstigen Regelungen der Grunderwerbssteuer anzuwenden seien.[55] Daher erfolgten der Rückkauf der Aktien, die Rückumwandlung in eine GmbH und die Eingliederung in die Helmut Horten GmbH und wenig später in die Horten AG.

Der Zuschnitt des gesamten Konzerns auf Horten und die damit verbundene Flexibilität der Entscheidungswege erwies sich im Verlauf der 1960er Jahre als eine günstige Konstellation, denn der Konzernherr konnte rasch auf aktuelle Entwicklungen reagieren und Trends des Einzelhandels aufnehmen oder selbst setzen. 1961 war die Eingliederung der meisten Einzelunternehmen in die GmbH abgeschlossen. Horten stand vor der Aufgabe, die beiden Teile seines Unternehmens, die Merkur- und die DeFaKa-Häuser, miteinander zu verschmelzen. Beide Unternehmensteile bestanden noch immer als parallel laufende Betriebe. Einkauf und Vertrieb unterschieden sich stark. Die Zulieferer waren grundverschieden. Während die Merkur-Kaufhäuser weiter auf das günstige Sortiment setzten, hatten die DeFaKa-Häuser alles für die anspruchsvoller werdende Kundschaft des Wirtschaftswunderlandes im Programm. Horten versuchte aus Effizienz- und Kostengründen ab 1961 beide Teile enger miteinander zu verschmelzen, indem er seinen Generalbevollmächtigten beider Kaufhaustypen auferlegte, zentral über die GmbH bei den Zulieferbetrieben zu bestellen. Durch manche Doppelung fielen einige der Lieferanten weg.

Doch rasch zeigte sich, dass die gemeinsame Einkaufspolitik zu erheblichen Problemen und Irritationen bei der Kundschaft führte.

Ein Beispiel: In Stuttgart gab es seit der Mitte der 1950er Jahre ein Merkur- und ein DeFaKa-Kaufhaus. Die Betriebe waren nur wenige hundert Meter voneinander entfernt. Durch die neue Einkaufspolitik konnte es passieren, dass in beiden Geschäften die gleiche Damenbluse zu erstehen war. Farbe, Form und Schnitt waren identisch. Das Kleidungsstück wurde in beiden Fällen unter je einer der Eigenmarken vertrieben. Der Unterschied bestand nur im Preis. Im DeFaKa-Haus war die Damenbluse teurer, da das Kaufhaus auf die bessergestellte Kundschaft zielte. Derlei Entwicklungen sorgten für zunehmende Verwirrung bei den Käufern. Hinzu kam, dass die Einkäufer und das Personal mit dem Sortiment der jeweils anderen Gruppe nicht vertraut waren. Für den leidenschaftlichen Verkäufer Horten zeigte sich schnell, dass in diesem Nebeneinander erhebliches Konfliktpotenzial steckte. Vor allem hemmte es die Umsatzentwicklung.

Ab 1965 reifte daher der Entschluss, einen eigenen Warenhaustyp zu entwickeln, der es ermöglichte, beide Seiten des Konzerns in sich zu vereinen. Diese Entscheidung, die letztlich dazu führte, dass die Mehrzahl der Merkur- und DeFaKa-Häuser zu Horten-Häusern wurden, wurde in einer Phase der tiefgreifenden Umbrüche im Einzelhandel gefällt. Zu Beginn der 1950er Jahre standen die Kauf- und Warenhäuser vor allem im Dienst der Konsumbefriedigung. Die Kunden hielten sich vergleichsweise kurz im Gebäude auf. Sie schlenderten nicht durch die Etagen, sondern suchten gezielt nach den Waren, die auf dem Einkaufszettel standen. Für spontane Käufe und Luxusartikel war noch kein Geld übrig. Dementsprechend waren die Geschäfte ausgerichtet. Doch der steigende Wohlstand der Deutschen führte seit Beginn der 1960er Jahre dazu, dass die Kunden mehr und mehr zu Waren griffen, die nicht dem Bereich des täglichen Bedarfs zuzurechnen waren. Was mit größeren Süßwarenabteilungen begann und sich über eine ausgedehnte Rauchwarenabteilung entwickelte, gipfelte letztlich in den ersten Juwelieren in den Kaufhäusern der 1960er Jahre. Horten erkannte diesen Trend früh. Seine ausgedehnten Erkundungsreisen in die USA, wo er zahlreiche Kaufhäuser und Malls besichtigte und Anregungen für seine Betriebe in der Bundesrepublik aufnahm, führten ihm diese neue Erscheinung vor Augen.⁵⁶

Seit dem Ende des Zweiten Weltkriegs verstärkten sich jene Veränderungsprozesse, die bereits in den 1920er Jahren ihren Ausgang genommen hatten. Das Warensortiment wuchs, der Fokus verlagerte sich weg von Textilien und der Trend der Selbstbedienung setzte sich immer mehr durch. Ein wichtiger Teil der Neuausrichtung war die Integration von Lebensmitteln als Warengruppe. Horten probierte das neue Konzept in seinem alten Stammhaus in Duisburg aus, das nun unter gemeinsamer Führung mit der Rudolph Karstadt AG stand. Dafür hatte er extra einen Architekten aus den USA als Berater engagiert. Auf nahezu 1.900 Quadratmetern fanden die Kunden exklusive Südfrüchte und Genussartikel aller Art. Waren des täglichen Bedarfs wie Mehl und Eier gab es ebenfalls, wenn auch zu etwas höheren Preisen als im regulären Lebensmittelhandel. Gänzlich neuartig war die Schlange von Gefriertruhen, die mehr als 100 Meter maß. In einer Zeit, in der nur wenige Menschen in Deutschland einen Kühlschrank besaßen, konnte man hier bereits tiefgefrorenes Fleisch und die völlig neuartigen Fischstäbchen kaufen.

Nicht weniger beeindruckend muss die Frischfleischtheke gewirkt haben. Die Verarbeitung geschah hinter einer gläsernen Wand. Die Kunden hatten Einblick in den Herstellungsprozess. Die Fleischabteilung entwickelte sich zu einer besonderen Attraktion, die zudem zum Einkauf und dem Verzehr vor Ort animieren sollte. Dass hungrige Kunden in Kaufhäusern auch Speisen bekommen konnten, war nicht gänzlich neu. Dabei handelte es sich jedoch traditionell um kleine Stehimbisse, die zumeist im Vorbereich oder an der Außenwand des Kaufhauses angebracht waren. Hier gab es einfache Speisen und Bier. Die kleinen Buden waren das bevorzugte Anlaufziel der Ehemänner, deren Frauen derweil im Inneren des Kaufhauses stöberten. Horten erkannte jedoch das Potenzial einer Bewirtung der ganzen Familie in seinen Häusern. Indem der Gang ins Kaufhaus mehr und mehr von einer Notwendigkeit zu einem Freizeitvergnügen für alle Familienmitglieder wurde, eröff-

Das Meisterstück: Die Helmut Horten GmbH

nete sich hier ein ganz neues Betätigungsfeld. 1963 wurde die erste Kupferspieß-Grillbar im Merkur-Haus in Köln eröffnet. Statt an zugigen Stehtischen im Außenbereich wurden die Speisen nun im Inneren des Hauses in einem Sitzlokal serviert. Das Konzept setzte noch immer auf vergleichsweise einfache und schnell herzustellende Gerichte, die man nun im Sitzen und mit Messer und Gabel aß. Rasch zeigte sich der Erfolg. Im Verlauf der 1960er Jahre wurden alle Häuser des Konzerns mit einer Kupferspieß-Grillbar ausgerüstet. Auch diese Innovation war optisch und strukturell von US-amerikanischen Kaufhäusern mit integriertem Diner inspiriert.

Auch die Innenausstattung der Kaufhäuser wurde seit Beginn der 1960er Jahre angepasst und vereinheitlicht. Die Präsentation der Waren war bis dahin eher bieder und einfach gewesen. Die Böden bestanden aus einfachem Parkett oder günstigen Kunststoffbelägen. Die Kleider hingen auf Stangen aus Edelstahl. Es gab kaum Sitzmöglichkeiten und wenige abgehängte oder separierte Bereiche, um sich in Ruhe vor einem der Spiegel zu betrachten. Mit den neuen Kundeninteressen veränderte sich dies. Hortens Affinität zu den schönen Dingen des Lebens, zu denen aus seiner Sicht seit jeher elegante Autos, Häuser und Kunstwerke gehörten, sollte sich auch hier niederschlagen. Diesmal ließ er sich nicht von amerikanischen Vorbildern beeinflussen. Stattdessen genügte ihm der Blick in seine eigenen vier Wände in Düsseldorf-Lohausen. Die wenigen erhaltenen Fotografien der Inneneinrichtung Hortens in den 1960er Jahren zeigen die Vorliebe des Hausherrn für hochwertige Teppichböden und Möbel im modischen Danish Design mit ihrer zugleich funktionalen und modernen Gestaltung, in dunklem Teakholz, bezogen mit braunem und schwarzem Leder. Diese Formsprache war überaus modisch in den 1960er Jahren. Demgemäß beauftragte er die Neugestaltung seiner Kaufhäuser in einem ganz ähnlichen Stil.

So präsentierte sich 1964 das Merkur-Haus in Pforzheim nach einer Erweiterung und Neueröffnung den Kunden im modischen Erscheinungsbild. Bereits im Eingangsbereich standen hochwertige Teakholzmöbel auf teurer Auslegware. Statt des bisher vorherrschen-

5 · Der Herr im „Paradies der Damen" (1951–1968)

den Lichts aus Leuchtstoffröhren kam die Beleuchtung nun aus eigens konzipierten farbigen Lampenschalen, welche die Textilien und ihre Trägerinnen und Träger in ein schmeichelhaftes, warmes und leicht gedimmtes Licht tauchten. Mit farblich unterschiedlich gestalteten Teppichböden waren einzelne Bereiche des Kaufhauses wie die Herrenkonfektion und die Damenoberbekleidung voneinander abgesetzt. Alle Punkte der Inneneinrichtung mussten von den jeweiligen Geschäftsführern der Häuser mit der Zentrale in Düsseldorf abgestimmt werden. Eigenmächtige Umgestaltungen waren streng verboten. Im Fokus standen das einheitliche Erscheinungsbild der Marke Horten und die Corporate Identity.[57] 1962 standen die umsatzstärksten Warenhäuser in Stuttgart (64.600.000 DM), Duisburg (60.700.00 DM) und Nürnberg (49.800.000 DM).[58] Demgegenüber verbuchten die Kaufhäuser, die über keine Lebensmittelabteilung verfügten und baulich oft auch in den übrigen Abteilungen kleiner waren, erheblich geringere Umsätze. Bei ihnen lagen Essen (38.400.000 DM), Hannover (37.000.000 DM) und Hamburg (31.700.000 DM) an der Spitze. Alle Kaufhäuser waren DeFaKa-Filialen.[59] Das gehobene Textilsortiment sorgte dort nicht für insgesamt höhere Umsätze, wenngleich dieser Sortimentsgruppe traditionell besondere Beachtung geschenkt wurde. Drei Viertel der Umsätze der Helmut Horten GmbH wurden zu Beginn der 1960er Jahre durch die Warenhäuser erzielt. Hortens Häuser lebten längst nicht mehr nur von Hemden und Röcken, sondern auch von Schallplattenspielern und Dosenananas.

Die innenarchitektonische Neugestaltung war wegweisend. Horten entwickelte ein Shop-in-Shop-Prinzip, welches er in seiner Urform bereits als Lehrjunge im großen Kaufhaus Tietz in Düsseldorf gesehen hatte. Schon damals hatte es Nischen und Separees gegeben, in denen meist gehobenere Waren und ihre Verkäufer lokalisiert waren. 1963 etablierte Horten erstmals einen „Herrenausstatter" in seinem Kieler DeFaKa-Haus. Dabei handelte es sich jedoch nicht um einen Schneider, sondern um einen ersten Shop-in-Shop. Herren und Knaben fanden hier Anzüge, Mäntel, Krawatten und Hemden für den besseren Anlass oder das Büro. Ein integrierter Änderungsservice, falls Ärmel zu lang oder Hosen zu eng waren, vermittelte den Kunden das Gefühl exklusiver Maßanzüge, auch wenn es sich dabei nur um Maßkonfektion handelte. 1965 führte Horten dieses Prinzip im Haus in Duisburg-Hamborn und später flächendeckend ein. Die Modeboutique „Miss H" war ebenfalls eine ureigene Schöpfung des Inhabers. Bereits bei seinem Wiederaufstieg 1948 hatte ihn sein Gespür nicht getäuscht, dass das größte Geschäft in der Damenabteilung schlummerte. Besonders die weibliche Kundschaft achtete auf modische Kleidung und gab dafür auch gerne ihr eigenes oder das Geld der Ehemänner und Väter aus. „Miss H" bot von der farbigen Bluse über die ersten Miniröcke Ende der 1960er Jahre bis hin zu Schuhen und Accessoires alles für die junge Frau von Welt. Unter dieser Eigenmarke wurde eine Warenpalette vertrieben, die immer größeren Raum in den Kaufhäusern einnahm.

Für die Geschäftsführer der einzelnen Kaufhäuser gab es beim Sortiment nur einen schmalen Ermessensspielraum. Alle Artikel wurden aus Kostengründen zentral von Düsseldorf aus vorgegeben. Als sich im Weihnachtsgeschäft 1965 allerdings zeigte, dass regional die Anforderungen der Kunden sehr verschieden waren, lockerte die Konzernleitung ihren Kurs etwas. Von 1966 an konnten die Geschäftsführer der Kaufhäuser immerhin 20 Prozent ihres Sortiments selbst bestimmen. Ihnen wurde ein eigenes Budget zur Verfügung gestellt, mit dem sie modische Artikel bei den Zulieferern direkt einkaufen konnten. Erwiesen sich die Waren dann aber als schlecht verkäuflich, konnten die Budgets von Düsseldorf aus wieder drastisch gekürzt werden. Alle Kosten des Betriebs und Umsätze des Verkaufs mussten monatlich in die Hauptzentrale übermittelt werden.[60] Der Chef vergewisserte sich immer wieder persönlich, ob seine Weisungen und Ideen umgesetzt wurden. Als Kunde getarnt, schlenderte er mit tief ins Gesicht gezogenem Schlapphut durch die Gänge und notierte alle negativen Punkte. Noch immer steckte in ihm die Leidenschaft des Modeverkäufers, die einst seinen Ehrgeiz beflügelt hatte.[61]

5 · Der Herr im „Paradies der Damen" (1951–1968)

Bei vielen der oben aufgeführten Entwicklungen war Horten Vorreiter für andere Kaufhäuser in der Bundesrepublik. Anderen Trends verschloss er sich. Als Karstadt und Hertie auf Grund der stark gestiegenen Preise für Grundstücke in den deutschen Innenstädten mehr und mehr auf B- und C-Lagen sowie auf Gewerbeparks und Industriegebiete in der Peripherie der Metropolen auswichen, blieb Horten in den Zentren. Da die Immobilien auf die eine oder andere Art in seinem Besitz waren, musste er Preissteigerungen durch Vermieter nicht befürchten. Außerdem konnte er entspannt dabei zusehen, wie der Wert seiner Innenstadtbauten Jahr um Jahr stieg. Auch die Angebotspalette verschob sich und nahm nun Dienstleistungen stärker auf. Ende der 1960er Jahre steigerte sich die Reiselust der Deutschen durch den gestiegenen Wohlstand. Nicht mehr nur Italien war nun das Sehnsuchtsziel. Auch Fernreisen mit dem Flugzeug wurden erschwinglicher. Horten folgte diesem Trend nicht. Er hielt nichts vom Einstieg ins Touristikgeschäft. Erst nach seinem Ausstieg wurde 1977 die Horten Touristik GmbH als 100-prozentige Tochter der Horten AG gegründet.

1963 gab es unverhofft die Gelegenheit zu einem weiteren strategischen Ausbau des Horten-Imperiums. In Frankfurt am Main hatte Josef Neckermann nach dem Zweiten Weltkrieg seinen Versandhandel neu begründet. Mit finanzieller Unterstützung von Friedrich Flick gelang ihm ein steiler Aufstieg, wenngleich dieser immer wieder von hohen finanziellen Investitionen und Risiken begleitet war. Der alternde Flick betrieb seit Beginn der 1960er Jahre den schrittweisen Rückzug aus dem Geschäftsleben und trennte sich dafür auch von Beteiligungen. 1963 forderte er von Neckermann seine Investition zurück. Er wusste dabei, dass er damit den Versandhausbetreiber in arge Bedrängnis bringen würde, da dieser noch kurz zuvor große Investitionen getätigt hatte. Flick schlug vor, dass Neckermann und Horten gemeinsame Sache machen sollten. Die beiden Kaufmänner, die nach Neckermanns Einschätzung bereits während der NS-Zeit „hervorragend zusammengearbeitet" hatten, standen nun kurz vor einer geschäftlichen Verbindung.

Das Meisterstück: Die Helmut Horten GmbH

Doch sehr zum Missfallen des Versandhausbetreibers hatte Horten seine Wirtschaftsprüfer ohne Absprache nach Frankfurt fahren lassen, um dort die Bücher Neckermanns zu prüfen. Zudem hegte Neckermann ein tiefes Misstrauen gegen Horten. Klar war, dass Neckermann nach einer Übernahme durch Horten nur noch in der zweiten Reihe stehen würde. Zudem war ihm bewusst, dass Horten auf diese Zusammenlegung weniger angewiesen war als er selbst. Am Ende wurde nichts aus der Vereinigung. Neckermann schaffte es, die nötigen Mittel zur Auszahlung von Flick selbst aufzubringen.[62]

1969 änderte sich erneut die gewerbliche Rahmengesetzgebung in der Bundesrepublik. Auch GmbHs ab einer Größe von 250 Millionen DM Jahresumsatz und mehr als 5.000 Angestellten unterlagen nun der Publizitätspflicht. Sie mussten Geschäftszahlen veröffentlichen. Es war eine der Triebfedern für die Gründung der Helmut Horten GmbH gewesen, dieser Pflicht zu entkommen, auch wenn die GmbH freiwillig einige Geschäftszahlen vorlegte.[63] Eine rechtliche Vorschrift gab es nicht. In der Rechtsform einer AG bestand kein Nachteil mehr. Im Gegenteil bot diese die günstige Konstellation, den gesamten Konzern für Investoren von außen zu öffnen. Zugleich bot eine Aktiengesellschaft dem inzwischen sechzigjährigen Horten mit der Möglichkeit der Aktienveräußerung eine relativ komfortable Exitstrategie. Für ihn öffnete sich damit das Fenster für einen Rückzug aus dem operativen Geschäft. Dieser musste nicht abrupt sein, sondern konnte auf Raten erfolgen. Der angenehme Nebeneffekt war, dass Horten viel einfacher die Früchte seiner Arbeit einsammeln konnte. Dividenden und Boni konnten den Ausstieg versüßen.

1970 intensivierte sich mit dem Rückenwind der Umwandlung der forcierte Umbau der Kaufhäuser. Der Firmengründer hatte ironischerweise bereits seinen Weg aus dem Unternehmen begonnen, als der größte Teil der Merkur- und DeFaKa-Häuser in Horten-Häuser umgewandelt wurde. Damit einher ging auch der Ausbau in Häuser mit Vollsortiment. Es sollte dort von der Zahnpasta bis zum Kleinkraftrad alles angeboten werden und in allen Kaufhäusern das gleiche Sortiment verfügbar sein. Diese Ausrichtung bündelte viele der Entwicklungen der 1960er Jahre. In Wuppertal, Aachen und Münster wurden die ersten Häuser unter dem neuen Label Horten mit dem Vollsortiment betrieben.

Ende 1968, zum Zeitpunkt der Umwandlung der GmbH in die AG, bestanden von den einstmals mehr als 20 Merkur-Häusern nur noch 15 Stück, 1975 waren es noch acht.[64] Bis 1977 wurden alle DeFaKa-Filialen bis auf eine Berliner Filiale umgewandelt. Die Kosten der Transformation waren enorm. Jedes Jahr entfielen darauf zwischen 1970 und 1977 rund 100 Millionen DM vom Umsatz, der 1976 bei über dreieinhalb Milliarden DM lag.[65]

Der Streit um die Kachel:
Die Architektur der Horten-Kaufhäuser

Zu den Leidenschaften des Chefs gehörte die Architektur. Rudolf Tesmann attestierte Helmut Horten auf diesem Gebiet ein außergewöhnliches Talent und die Neigung, sich intensiv und im Detail mit bautechnischen Fragen zu beschäftigen.[66] Die architektonischen Überlegungen waren eng mit wirtschaftlichen Gesichtspunkten verbunden. Jeder Bau bedeutete eine erhebliche Investition. Daher mussten aus betriebswirtschaftlicher Sicht Fragen der Gestaltung genau abgewogen werden. Jeder nutzbare Quadratmeter Ladenfläche bedeutete viele tausend D-Mark Umsatz pro Jahr. Für Horten lohnte es sich, den Gestaltern seiner Häuser genau auf die Finger zu schauen und sich in den Prozess einzumischen. Hier unterschied er sich nur wenig von anderen großen Kaufmännern. Auch Salman Schocken war intensiv in die Gestaltung seiner Schocken- und Merkur-Häuser involviert gewesen.

Um das architektonische Erbe eines der ehemaligen Schocken-Häuser entbrannte 1959 ein öffentlich ausgetragener Streit. In Stuttgart hatte Erich Mendelsohn 1928 als Architekt im Auftrag Salman Schockens einen modernen Kaufhausbau errichtet. Das Gebäude war deutlich beeinflusst von Mendelsohns expressionistischem Architekturverständnis. Es enthielt Einflüsse des Stromliniendesigns, welches ihn aus dem gründerzeitlichen Stadtbild Stuttgarts in der Vorkriegszeit heraushob.

Im Krieg war das Gebäude zwar stark getroffen, allerdings nicht vollständig zerstört worden. Nach der Wiedererlangung der Aktienmehrheit der Merkur AG entschloss sich Salman Schocken 1952 zur Neugestaltung des Gebäudes. Ausschlaggebend waren die unzureichenden baulichen Gegebenheiten. Der Baukörper besaß keine Möglichkeit zur Erweiterung. Auch die Einrichtung von großen Rolltreppen war nicht möglich. Dennoch verblieb das Gebäude zunächst in seiner alten Struktur und auch nach der Übernahme durch Horten wurde die bauliche Substanz nicht weiter verändert.

Gegen Ende der 1950er Jahre erhöhte sich der wirtschaftliche Druck auf das Haus. Die Verkaufsfläche genügte nicht mehr den Ansprüchen der Kunden und des Inhabers. So entschied sich Horten nach der Übernahme der Merkur AG dazu, den bereits von Schocken mit der baulichen Planung anderer Häuser beauftragten Egon Eiermann mit der Neukonzeption zu beauftragen. Der Karlsruher Architekturprofessor hatte seine Diplomarbeit über Kaufhausbauten geschrieben und war in den späten 1920er Jahren für die Bauabteilung des Karstadt-Konzerns tätig gewesen.[67]

Rasch wurde klar, dass das alte Gebäude in seiner Substanz nicht zu erhalten war, wollte man eine signifikante Vergrößerung der Verkaufsfläche erzielen. Eiermann bemühte sich um alternative Lösungsvorschläge zu einem Abriss, der 1959 gleichwohl die bevorzugte Option wurde. Auf das Bekanntwerden dieser Pläne folgte ein Sturm der öffentlichen Entrüstung. Teile der Stuttgarter Bürgerschaft und der Fachöffentlichkeit der Architekten und Bauingenieure in Deutschland wandten sich gegen die Pläne und polemisierten dagegen.[68] In einem offenen Brief warf Hartmut G. Rebitzki von der Zeitschrift *Baukunst und Werkform* Horten vor, der Erhaltung eines bedeutenden Stückes Baukultur harte ökonomische Erwägungen überzuordnen.[69] Er forderte auch, einen erfahrenen und ansprechenden Architekten in das Projekt zu involvieren. Der Autor wusste nicht, dass Eiermann längst an den Plänen arbeitete. In der folgenden Ausgabe antwortete Rudolf Tesmann sachlich auf die Vorwürfe. Er verwies darauf, dass Eiermann bestrebt war, einen ansprechenden Bau zu verwirklichen.[70] Inzwischen gab es auch Initiativen interessierter Architekturfreunde, das Gebäude unter Denkmalschutz stellen zu lassen. Auch die Stadt Stuttgart war nicht ganz abgeneigt, diesen Weg zu gehen, hätte dies doch ein Ausweg aus dem Dilemma zwischen öffentlicher Erregung und dem Vorhaben Hortens bedeutet. Doch auch dies konnte nicht verwirklicht werden. Horten drohte gar mit einer Klage gegen das Land Baden-Württemberg für den Fall, dass der Bau unter Denkmalschutz gestellt werden würde.[71] So kam es schließlich 1960 doch zum Abriss des Mendelsohn-Baus.

Auch in Augsburg gab es tiefgreifende Verwerfungen um den Ausbau eines Merkur-Hauses. Das stand direkt neben dem Alten Zeughaus, einem Bau von Elias Holl aus dem Jahr 1607. Trotz der schweren Luftangriffe auf die Stadt im Zweiten Weltkrieg war das Gebäude unbeschädigt geblieben. 1954 beabsichtigte Horten den Kauf des Alten Zeughauses, um es in eine Erweiterung des Merkur-Kaufhauses einzubeziehen. Dabei ging es nicht um einen Abriss, sondern um eine Integration weiter Teile des Gebäudes in den neu geplanten Baukörper des Kaufhauses. Dagegen wehrte sich eine Augsburger Bürgerinitiative. Es folgte eine langwierige rechtliche Auseinandersetzung zwischen der Stadt Augsburg, die Horten die Genehmigung zum Umbau erteilen wollte, und dem Freistaat Bayern, der dagegen Einwände erhob. Letztlich wurde der Ausbau nicht realisiert. Das Alte Zeughaus blieb bis 1975 in direkter Nachbarschaft zum Kaufhaus der Stützpunkt der Feuerwehr der Stadt Augsburg. Während der gesamten Auseinandersetzungen wurden Horten und sein Unternehmen immer wieder Gegenstand teils heftiger Kritik. Dem Inhaber wurden von den Denkmalschützern maßloses Profitstreben und Missachtung von Kunst und Kultur vorgeworfen.[72]

Der Neubau des Kaufhauses in Stuttgart an der Stelle des alten Mendelsohn-Baus wurde hingegen umgesetzt. Er stand ganz im

Der Streit um die Kachel: Die Architektur der Horten-Kaufhäuser

Zeichen einer erneuerten und amerikanisierten Architektur, die sich gegen Ende der 1950er verstärkt auch in der Bundesrepublik durchsetzte. Diese Bauten bestanden im Kern aus einer Stahlbetonkonstruktion, die mit einer Fassade als Außenhaut verkleidet wurde. Die „schwebend" angebrachte Verkleidung ließ enorme Freiräume für die bauliche Gestaltung. Die langen Fensterfronten in den Obergeschossen alter Kaufhausbauten verschwanden. Allenfalls das Erdgeschoss verfügte noch über Schaufenster. Die Außenhaut ermöglichte es, die Verkaufsfläche im Inneren bis an die Außenwände des Gebäudes zu vergrößern. Im Vergleich zur herkömmlichen Bauweise wurden wertvolle Quadratmeter hinzugewonnen. Die relativ geschlossenen Elemente der Außenfassade ließen wenig Tageslicht ins Innere. Inspiriert von der US-amerikanischen Casinoarchitektur sollte so der Effekt erzielt werden, dass die Kunden im Kaufhaus die Zeit vergaßen. Außerdem ließ das eingesetzte Kunstlicht alle Waren zu jeder Tages- und Jahreszeit gleichbleibend farbig erscheinen.

Diese Art der architektonischen Gestaltung war in den USA eigentlich fast ausnahmslos in der Peripherie der großen Städte zu finden, nicht jedoch in Innenstädten, auch weil man erkannt hatte, dass sie einen erheblichen Eingriff ins Stadtbild bedeutet. Horten hatte die neuen Kaufhäuser selbst auf zwei „Studienreisen" mit seinem Architekten Helmut Rhode erkundet.[73] Der Architekt wurde dennoch sogleich mit dem Transfer in bundesdeutsche Innenstädte beauftragt.

Horten ließ von Rhode eine Außenfassade für den Neubau des Merkur-Hauses in Duisburg entwickeln. Der eigentlich ausführende Architekt Harald Loebermann wurde in die zweite Reihe versetzt. Rhodes Bau war der erste Kaufhausbau der Nachkriegszeit, der eine geschlossene Wabenstruktur besaß. Diese bestand allerdings noch nicht aus den später berühmt gewordenen rechteckigen Horten-Kacheln. Die Elemente waren hier ornamentartig in Form von Bienenwaben angebracht. Später war auch vom „Kettenhemd" die Rede, als Besucher über die Hülle des Kaufhauses sprachen. Angesichts der neuartigen komplizierten Fassade gab es auf Seiten der

5 · Der Herr im „Paradies der Damen" (1951–1968)

Stadt Duisburg Sicherheitsbedenken. Man fürchtete, dass sich einzelne Elemente lösen und hinabstürzen könnten. Immerhin war das Gebäude 27 Meter hoch. Sechs Stockwerke ragten über dem Boden auf, zwei gingen als Untergeschosse in die Tiefe. 12.000 Quadratmeter Fläche standen zur Verfügung. Doch Horten stellte die Behörden vor vollendete Tatsachen und ließ die Außenfassade ohne behördliche Genehmigung anbringen. Die Bauabnahme erfolgte erst, als das Haus bereits mehr als zwei Monate in Betrieb war.[74]

Egon Eiermann war unterdessen in enger Abstimmung mit den Vorständen der Merkur AG und mit Horten persönlich zu einer Neugestaltung des Kaufhauses übergegangen, welches 1961 an der Stelle des alten Schocken-Hauses in Stuttgart eröffnet werden sollte. Auch Eiermann hatte bei zwei Studienreisen in die USA 1952 und 1956 Anregungen im Bereich des Kaufhausbaus gesammelt. Das Besondere an der Gestaltung des neuen Hauses in Stuttgart war nicht die Bauform. Diese entsprach ganz und gar den US-Vorbildern. Neuartig war die Fassadengestaltung. Eiermann ersann ab 1958 für den Neubau in Stuttgart eine Wabenstruktur, die dazu dienen sollte, den Kaufhäusern des Horten-Konzerns ein eigenständiges Erscheinungsbild zu geben. Nach dem Kauf der Merkur AG 1953 war Horten auf der Suche nach einer Corporate Identity seiner Kaufhäuser. Den Kunden sollte einerseits ein Wiedererkennungswert der Marke vermittelt werden. Andererseits sollten die Fassaden selbst Flächen der Werbung für das Unternehmen sein, ohne wie Reklame zu wirken.[75] Dies war die Aufgabenstellung an den Gestalter.

Eiermann beklagte sich während des Gestaltungsprozesses immer wieder über die große Ungeduld Hortens.[76] Zahlreiche Entwürfe wurden zwischen der Bauabteilung der Merkur AG, Horten persönlich und dem Architekten diskutiert. Letztlich war auch die Frage der Materialität ungeklärt. Eiermann ließ Versuche mit Beton und Keramik anstellen. Wiederholt wurden Horten persönlich Fotos der Kacheln zugesandt. Der Entwurf von zwei ineinandergeschlungenen „H", die die Anfangsbuchstaben des Inhabers symbolisierten und Grundlage der berühmten Horten-Kachel werden

Der Streit um die Kachel: Die Architektur der Horten-Kaufhäuser

sollten, stieß letztlich auf die Zustimmung Hortens. Da Eiermann mit der Gestaltung des Neubaus in Stuttgart beauftragt war, wurden diese Elemente erstmals hier in der Fassade verbaut.

Nachdem Eiermann die Planungen für das Stuttgarter und parallel für das Heidelberger Haus fertiggestellt hatte, kam es zum Bruch zwischen ihm und Horten. Bei der Eröffnung des Baus in Heidelberg, der auch mit einer geschlossenen Fassade versehen war, äußerte der Architekt öffentlich Kritik an Hortens Baukultur. Er kritisierte die damit verbundene Ausrichtung auf die Maximierung des Gewinns. Ästhetische Gesichtspunkte stünden hintan. Eiermann verteidigte seine Gestaltung der Außenfassade damit, dass dies ein Versuch war, dem aus seiner Sicht unansehnlichen Bau eine hinreichend leichte Erscheinung zu geben. Er sah in seinem eigenen Bauwerk dennoch eine Verschandelung des Stadtbildes in Heidelberg und gab zu, dass er das Gebäude an Stelle der Stadtverwaltung nie genehmigt hätte.[77] Dabei trug der dortige Bau noch nicht die in Stuttgart verwendete H-Kachel. Eiermann ließ seinen Kollegen Detlef Eckelmann wissen: „Ich wünsche für die Firma Horten nichts mehr zu tun zu haben."[78]

Entsetzt musste der anspruchsvolle Architekt feststellen, dass Horten und seine Firmen auch nach der Zusammenarbeit mit ihm und ohne weitere Absprachen eine Version der von ihm entworfenen H-Kachel zur Verkleidung der von Eiermann inzwischen ungeliebten geschlossenen Fassaden späterer Neubauten verwandten. Bereits 1960 hatte er mit dem Gedanken gespielt, sich das Copyright für die Kachel zu sichern. Allerdings war dies nie geschehen. 1969 richtete er einen wütenden Brief an die Hauptverwaltung der Horten AG in Düsseldorf, in dem er dem Unternehmen vorwarf, seine Fassadenelemente „für alle Neubauten in mehr oder weniger harmlosen Abwandlungen zum Prinzip" zu erheben, ohne bei ihm nachgefragt zu haben.[79]

In der Zwischenzeit hatte die Horten AG weitere Versionen der H-Kachel entwerfen, anfertigen und verbauen lassen. Die Bauabteilung antwortete Eiermann recht kühl:

5 · Der Herr im „Paradies der Damen" (1951–1968)

„Wir hatten aus kaufmännischen Erwägungen den Wunsch, unseren Warenhäusern ein einheitliches Bild zu geben. Eine entsprechende Vorgabe erhielten die von uns beauftragten Architekten. Es war Herr Architekt BDA Helmut Rhode, der für unser Warenhaus in Duisburg-Mitte erstmalig eine vorgehängte Fassade ausersehen hatte; dieses Warenhaus wurde bereits im Oktober 1958 eröffnet. ... Die Warenhäuser in Stuttgart und Heidelberg sind später gebaut worden. Aber nicht die Fassadenelemente, die bei diesen gebauten Häusern verwendet worden sind, wurden das Vorbild für die endgültige Form der Elemente, sondern die Elemente unserer Fassade in Neuss. Das Warenhaus in Neuss wurde von Herrn Prof. Hentrich – beginnend 1960 – geplant, ab Anfang 1961 gebaut und am 5.4.1962 eröffnet. Alle weiteren Warenhäuser erhielten eine Fassade nach dem von Prof. Hentrich entwickelten Fassadenelement. Die Verwendung des Steines haben wir ausdrücklich von Prof. Hentrich genehmigen lassen."[80]

Diese Version verschleierte ihrerseits, dass das von Hentrich entwickelte Bauelement auf einen Entwurf von Rhode zurückging. Der hatte beim Bau der Horten-Hauptverwaltung in Düsseldorf erstmals das später bei weiteren Häusern verwendete Design eingesetzt. Die Türklinken des Gebäudes waren damit gestaltet.[81]

Die berühmt gewordene Horten-Kachel hatte damit gleich mehrere Väter, von denen Eiermann nur einer war. Er ließ daher sein Ansinnen fallen, die Horten AG zu verklagen. Eiermann war darüber so verbittert, dass er die mit „seiner Kachel" versehenen Horten-Kaufhäuser mit den Kaufhausbauten minderwertiger Art in der DDR verglich.[82] Bis zum Bruch hatte Eiermann zehn Gebäude für Horten gestaltet. Acht davon waren Merkur-Häuser, davon vier noch von Schocken in Auftrag gegeben. Rhode baute als ausführender Architekt elf Häuser für die Horten AG, allerdings nur jenes in Duisburg mit einem Auftrag von Helmut Horten persönlich. Alle weiteren wurden erst nach dessen Rückzug aus dem Unternehmen in Auftrag gegeben. Harald Loebermann baute vier Merkur-Häuser für Horten.[83]

Patriarch im Garten der Hortensien: Unternehmens- und Mitarbeiterführung

Die Hortenkacheln von Egon Eiermann
(ehemaliges Hortenhaus, Hamburg, Mönckebergstraße 2)

Die Horten-Kachel prägte in vielfacher Form das Bild der deutschen Innenstädte. Nicht nur die Fassaden der Kaufhäuser waren damit gestaltet. Mit der Einführung der Rhode/Hentrich-Version der Kachel am Kaufhaus in Neuss 1962 wurde auch eine neu gestaltete Tüte eingeführt. Auch darauf waren die stilisierten Kacheln zu finden. 1961 ließ das Unternehmen 80.000 Exemplare für die Filiale fertigen, die ab der Eröffnung ausgegeben wurden. Mehrere tausend Kunden pro Tag trugen so die Kachel am Handgelenk durch die Fußgängerzone. Damit war Horten auch dann präsent, wenn die Menschen anschließend noch zu Karstadt, Hertie oder Kaufhof schlenderten. Die anderen Konzerne zogen mit dieser Art des Corporate Designs auf Einkaufstüten erst schrittweise nach.[84]

Patriarch im Garten der Hortensien: Unternehmens- und Mitarbeiterführung

Als Unternehmer war Horten ein typischer Patriarch, der zwar genau den in- und ausländischen Markt beobachtete, Innovationen

5 · Der Herr im „Paradies der Damen" (1951–1968)

einführte und einen eigenen Warenhausstil kreierte. Er setzte aber fortwährend auf eine starke Hierarchie und auf ihn allein zugeschnittene Unternehmensstrukturen. Als klandestiner Testkäufer beobachtete er seine Häuser und ihr Personal, das von den ihm genau bekannten Direktoren bis zu den in adretten blauen Kostümen gekleideten „Hortensien", wie die Verkäuferinnen genannt wurden, reichte. Das alte Personal hatte ihm noch während der Internierung und des Entnazifizierungsverfahrens treu mit Bekundungen seiner antinationalsozialistischen Haltung zur Seite gestanden. Horten hatte seinerseits von Anbeginn das Wohl seiner Mitarbeiter im Auge gehabt. Schon im alten Haus an der Münz- und Beekstraße in Duisburg hatte es einen großzügig ausgestatteten Belegschaftsraum gegeben und den Beschäftigten hatte ein Ferienheim auf dem Feldberg im Schwarzwald zur Verfügung gestanden.

Im neuen Haus am König-Heinrich-Platz in Duisburg gab es 1950 wieder einen großen in Stahl und Glas gehaltenen Gemeinschaftsraum, Duschräume, „moderne Küchenversorgung" und ein Sonnendach. Ferner konnte die Belegschaft kostenlos in einem „Horten Gefolgschaftshaus" in Niedeggen in der Eifel urlauben. Betriebs- und Weihnachtsfeiern sollten den Zusammenhang stärken und die Mitarbeiter belohnen. Das Betriebsfest 1950 war etwa eine Ganztagsveranstaltung auf einem Dampfer mit Frühstück, deftigem Mittagsgedeck mit Schweine- oder Schmorbraten, Kaffee und Kuchen am Nachmittag sowie Abendessen, begleitet von verschiedenen musikalischen Darbietungen und Spielen.[85] Für die Nachkriegszeit war dies alles sehr üppig und ungewohnt.

Der mit Helmut Horten seit 1933 bekannte Betriebsratsvorsitzende der Helmut Horten KG Bernhard Nippen schwärmte in der Festschrift zur Vollendung des dritten und letzten Bauabschnitts des neuen Horten-Hauses in Duisburg über die „soziale Arbeitsstätte":

> „Dem Hause Horten sind arbeitsgerichtliche Streitfälle, wie sie aus sachlichen Gründen in einem Betrieb vorkommen können, seit jeher fremd. Angestellte und Arbeiter haben ihren nach gleichen Prinzipien

entwickelten Anstellungsvertrag, dessen hervorstechendes Merkmal ein über den gesetzlichen Rahmen wesentlich hinausgehender Kündigungsschutz ist. Die Geschäftsleitung bemüht sich immer, Dauerverträge zu begründen."[86]

Hinzu kamen Lebensversicherungen nach zehnjähriger Betriebszugehörigkeit und ein Unterstützungsverein für in wirtschaftliche Not geratene Betriebsangehörige. Es gab Jahresabschlussprämien in Form eines 13. Monatsgehaltes und einen Kaufrabatt von 15 bzw. für Lebensmittel zehn Prozent, der auch für Pensionäre galt. Diese erhielten ab 1962, sofern sie 25 Jahre ununterbrochen bei Horten beschäftigt waren, mit Vollendung des 65. Lebensjahres (Frauen bereits ab dem 60. Lebensjahr) eine Firmenpension, so dass sie auf insgesamt 75 Prozent des letzten Grundgehalts kommen konnten, was wegen des Wegfalls der Sozialversicherungsbeiträge und Lohnsteuer realiter 90 Prozent ausmachte. Das Leitbild war die Beamtenversorgung. Mit dieser Berufsgruppe sollten die Horten-Mitarbeiter gleichstellt werden, auch in der Witwen- und Waisenrente.[87] Treueprämien je nach Länge der Betriebszugehörigkeit und Weihnachtsgratifikationen kamen hinzu.[88] Zudem gab es eine kostenfreie betriebs- und zahnärztliche Versorgung. All das sollte die Identifizierung mit dem Unternehmen stärken und eine langfristige, möglichst lebenslange Bindung ermöglichen.

Dahinter stand ein ganzheitliches Personalkonzept, wie Geschäftsführer Philip Seidensticker 1950 erläuterte. Im Kern stand das „Drei-A-Programm": „Auslese, Ausbildung und Ansporn auf die ständige Verbesserung der kundendienstlichen Beratung". Die Zielvorstellung für das Personal war „die gemeinschaftsbejahende, leistungsfreudige und verantwortungsbewußte Persönlichkeit". Semantische Spuren der Vergangenheit, nicht nur zum Ideal der Betriebsgemeinschaft aus der NS-Zeit, mit einem Betriebsführer an der Spitze und einer treuen Gefolgschaft, sind unübersehbar, zugleich gepaart mit einem modernen Anspruch. Die Kundenberaterin an der Ladentheke war der „Schlußmann" (sic!) der „Leistungskette", an dem letztlich der gesamte Erfolg des Unternehmens hing.⁸⁹ Neben der Betonung von Leistungsbereitschaft, Persönlichkeit und Kundenorientierung gab es aber auch viele finanzielle und immaterielle Anreize zur Identifikation mit dem Hause Horten. Dessen Inhaber schaute sich sicher bei seinen Besuchen in amerikanischen und europäischen Kaufhäusern, wo er sich gerne als einfacher Kunde umtat, einiges in puncto moderner Mitarbeiterführung und Betreuung ab. Häufig besuchten später ausländische Gäste die Horten-Zentrale in Düsseldorf. Der Konzern besaß insgesamt 13.000 Lieferanten in aller Welt, die sein Sortiment von 120.000 Artikeln befüllten.⁹⁰

Das Personalkonzept wurde weiterentwickelt und an die Belegschaft über die Mitarbeiterzeitschrift *Einblick* kommuniziert. Man verfolgte den Anspruch der „Erfassung des ganzen Menschen". Betont wurden 1962 das lebenslange Lernen, die Anpassung an neue Umstände und die zentrale Rolle des im Einzelhandel Beschäftigten für eine sich individualisierende Verbrauchergesellschaft. Nicht eine dienende, sondern eine „vermittelnde und vor allem eine beratende Funktion von großer wirtschaftlicher Bedeutung" stelle dieser dar. Wichtig war es für das Unternehmen also, die Beschäftigten fortzubilden. Dafür standen die Abteilungen Ausbildung, Fortbildung und „Warenkundlicher Informationsdienst" zur Verfügung. In speziellen Seminaren sollte der Führungsnachwuchs herangezogen werden.⁹¹ Das wurde dann mit einem Förderungsvertrag systematisiert, den 1967 250 Mitarbeiter erhielten, die von der Berufsförderung in der Hauptverwaltung betreut wurden. Mit diesem Instrument wurde der Aufstieg zum Substitut, also der Vertretung und Unterstützung der Abteilungsleitung, gebahnt. Prinzipiell stand er den Absolventen aller Schulformen offen.⁹² Der Leiter der Berufsförderung Robert Maier machte die Anstrengungen, die für den Aufstieg aufzubringen und die unter jungen Leuten im Jahr 1970 nicht mehr so populär waren, der Belegschaft schmackhaft: „Als Führungskraft haben Sie Sozialprestige, haben Sie ein höheres Gehalt, haben Sie Spielraum in Eigenverantwortlichkeit. Sie sind wer!" Führung beschrieb er als Kontaktfreudigkeit, Einfühlung in

Mitarbeiter, als „[g]eistige Beweglichkeit, Elastizität, Reaktionsschnelligkeit".[93]

Idealtypisch stellte sich Helmut Horten den Führungsnachwuchs so wie sich selbst vor: Ausbildung als Kaufmann, schneller Aufstieg mit 22 oder etwas älter zum Abteilungsleiter, dann mit 30 zweiter Geschäftsführer und mit 40 ganz vorne als Geschäftsführer, Zentraleinkäufer oder Ähnliches. Von Jobhopping hielt Horten dagegen wenig, mehr als drei Wechsel insgesamt sogar für bedenklich.[94]

Horten nannte seine stetig anwachsende Belegschaft – in seiner Hochzeit, 1968, waren es 29.000 in 51 Häusern, die 1,9 Milliarden DM Umsatz erwirtschafteten,[95] – laut *Stern* ein „graues Heer"[96], was er freilich in einem Brief an den Gesamtbetriebsratsvorsitzenden umgehend dementierte.[97] Er kommandierte zunächst von Duisburg aus, dann in einem 1955 in nur dreieinhalb Monaten – das erinnerte an den „Bau der 100 Tage" – hochgezogenen zwölfgeschossigen Bau in der Grafenberger Allee in Düsseldorf.[98] Dort waren auch die DeFaKa-Mitarbeiter angesiedelt. Die Merkur-Leute blieben vorerst in Nürnberg. Nach der schrittweise vorangetriebenen Vereinigung beider Zweige zeigte sich, dass an beiden Standorten die räumlichen Gegebenheiten zunehmend an ihre Grenzen stießen.

So entschied sich die Führungsetage 1960 zum Bau einer gemeinsamen Hauptverwaltung. Das alte Verwaltungsgebäude wurde dabei noch zu einem guten Geschäft für Horten. Er verkaufte es für 4.300.000 DM an das Land Nordrhein-Westfalen.[99] Für ihn hatte der Bau mehrere praktische Gründe. Die Lage in Düsseldorf versprach Nähe zu einem großen Teil der Kaufhäuser im Rheinland und dem Ruhrgebiet. Zudem war die Bundeshauptstadt Bonn nicht weit entfernt, was notwendige Kontakte zu politischen Entscheidungsträgern erleichterte. Düsseldorf war darüber hinaus Landeshauptstadt. Auch die Gewerbesteuern waren in der wohlhabenden Landeshauptstadt unternehmerfreundlich. Horten selbst konnte seinen privaten Wohnsitz ganz in der Nähe im noblen Stadtteil Lohausen beziehen und musste nicht auf die Kontakte

5 · Der Herr im „Paradies der Damen" (1951–1968)

zur gut situierten Schickeria auf der Kö verzichten. Und Düsseldorf war schon 1955 eine Rückkehr gewesen. Hier hatte Horten in den 1920er Jahren seine Lehre beim Kaufhaus Tietz begonnen.

Für die Hauptverwaltung wurde ein Grundstück im Nordteil der Stadt gefunden, auf dem sich bis dahin nur einige Schrebergärten befunden hatten. Ein von Horten ausgelobter Architektenwettbewerb brachte zunächst kein befriedigendes Ergebnis. Alle Pläne sahen einen Hochhausbau vor. Allerdings schritt das Land Nordrhein-Westfalen mit der Bauvorschrift ein, dass das Gebäude höchstens 103 Meter hoch sein durfte, um den Flugverkehr des nahen Flughafens nicht zu behindern. Letztlich setzten sich Helmut Rhode und Friedel Kellermann mit ihren Entwürfen durch. Horten hatte, bevor er die Auswahl des Architekten traf, in den USA eine Reihe von Büroneubauten besichtigt und dort wichtige Anregungen mitgenommen.

Das von Rhode und Kellermann entworfene Gebäude war der erste in der Bundesrepublik errichtete Bau, der als reiner Bürokomplex für ein einziges Unternehmen realisiert wurde. Der Anspruch des Horten-Imperiums als moderner Konzern spiegelte sich auch in den zahlreichen Glasfronten der neuen Hauptverwaltung wider. Der Entwurf entsprach der Vorgabe Hortens, das Gebäude in eine parkähnliche Anlage zu integrieren. Der Bau bestand aus zwei Komplexen. Einem rund 12.000 Quadratmeter großen Zentrallager mit Spedition und Zollabfertigung war ein 5.000 Quadratmeter großer Verwaltungsbau vorgeschaltet. Beide waren mit einer gläsernen Brücke verbunden. Mehrere Lichthöfe sorgten für eine angenehme Arbeitsatmosphäre im Inneren. Auf die Bedürfnisse der Mitarbeiter wurde besonders Wert gelegt. Ein hauseigenes Schwimmbad entsprach allen Vorschriften eines Sportleistungsbads. Im Gebäude gab es betriebsärztliche Einrichtungen mit kostenlos konsultierbarer Zahnarztpraxis, Sporthalle, zwei Kegelbahnen, Ruheräumen und Verpflegung aus einer eigenen Betriebsküche. Besucher äußerten ob derart vieler Annehmlichkeiten sogar Kritik an der überbordenden Fürsorge.[100] Ein integrierter Supermarkt stand den Angestellten auch nach den im Handel üblichen

Öffnungszeiten für Besorgungen des täglichen Bedarfs offen, was hauptsächlich von den wenigen weiblichen Mitarbeiterinnen in der Zentrale zur Erledigung der Wocheneinkäufe genutzt wurde. Die umfassende Grünanlage bot Gelegenheiten zum Verweilen an der frischen Luft. Auch die technische Ausstattung war modern. Als erste Abteilung zog die Buchhaltung im März 1961 mit einem riesenhaften „Rechenzentrum" in das noch nicht fertiggestellte Gebäude ein. Der Rechner war ein für damalige Verhältnisse leistungsfähiger Computer, der täglich bis zu 1.500 Aufträge mittels Lochkarten bearbeiten konnte. Die Anmutung der Büros war amerikanischen Großraumoffices nachempfunden. Im neuen Hauptverwaltungsgebäude war Platz für tausend Mitarbeiter. Trotz der großen Mühe, die sich Horten und seine Architekten bei der Gestaltung des Gebäudes gegeben hatten, waren die modernen und luftig gestalteten Großraumbüros bei den Mitarbeitern zunächst unbeliebt. Erst nach und nach etablierte sich die beabsichtigte Zusammenarbeit. Das gehörte schließlich auch nicht zu den Stärken des Chefs.[101]

Als das Mitarbeitermagazin *Einblick* die Angestellten über die Vorzüge des neuen Hauses unterrichtete, stand dahinter auch die Absicht, für Zustimmung zur geplanten Zusammenlegung des Merkur- und DeFaKa-Zweigs zu werben.[102] Die neue Hauptverwaltung des Horten-Konzerns war ein Symbol des Aufbruchs in die Moderne des Einzelhandels. Die Kaufhausunternehmen wurden zu Konzernen mit erheblicher wirtschaftlicher Potenz.

Für die Landeshauptstadt hatte die Ansiedlung von Hortens Unternehmenszentrale noch weitere städtebauliche Aspekte. Denn um den Umzug der Merkur-Mitarbeiter nach Düsseldorf zu erleichtern, baute der Konzern gleich zwei Wohnquartiere für Angestellte. Im Stadtteil Golzheim wurde auf einem 9.000 Quadratmeter großen Komplex ein Wohnhochhaus mit 96 Einheiten errichtet. Auf der anderen Rheinseite wurde fußläufig zur neuen Hauptverwaltung eine Wohnsiedlung im Stadtteil Lörick erbaut. Diese umfasste 15 zweigeschossige Vierfamilienhäuser und ein dreigeschossiges Sechsfamilienhaus. Ein weiteres benachbartes Wohnhochhaus um-

5 · Der Herr im „Paradies der Damen" (1951–1968)

Die 1961 in Dienst genommene Horten-Hauptverwaltung heute

fasste noch einmal 55 weitere Wohnungen. Die in Lörick gebauten Häuser waren in den ersten Jahren nach der Errichtung den Mitarbeitern aus Nürnberg vorbehalten.[103] Die Wohnungen waren für jene Mitarbeiter gedacht, die im Zuge der Unternehmensverschmelzung mit Merkur aus Nürnberg an den Rhein zogen.[104]

Gleichwohl, nur ein kleiner Teil der Mitarbeiter genoss die Annehmlichkeiten des neuen Hauptquartiers. Das Gros arbeitete in den Fluren und hinter den Kassen der Warenhäuser. Das Ambiente in den großzügigen, modernen und weitläufigen Bauten war für die „Hortensien" – 1963 waren rund 75 Prozent der Belegschaft weiblich[105] – dennoch angenehmer als in anderen Warenhäusern. Vor allem die Einführung des Boutique-Konzepts in der Mitte der 1960er Jahre verbesserte die Arbeitsbedingungen. Statt endloser

enger Reihen von Kleidungsständern gab es nun kleine Nischen und breitere Gänge. Kunden und Angestellte sollten sich hier wohlfühlen.

Bei aller Fürsorge für die Mitarbeiter – der rigide Ladenschluss in der Bundesrepublik Deutschland passte Horten gar nicht, zumal er in den USA eine liberale Regelung kennengelernt hatte; dort konnte jeder Ladenbesitzer selbst über seine Öffnungszeiten bestimmen. Über ein Schichtwechselsystem wollte Horten Ladenschluss- und Arbeitszeiten trennen, was aber auf wenig Gegenliebe bei den Angestellten stieß.[106] Horten erlebte die Lockerung seit 1989 nicht mehr. Zu seiner Zeit gab es die strikten Ladenschlusszeiten um 18:30 Uhr in der Woche und sogar schon um 14 Uhr an Samstagen. Ab 1957 wurden die langen Samstage eingeführt, die ersten im Monat, an denen bis 18 Uhr geöffnet werden konnte. Horten war bei diesem Thema kunden- und dienstleistungsinteressiert, der Erfolg einer durchgreifenden Liberalisierung war ihm freilich nicht beschieden.

Zum Teambuilding, der Integration der drei Betriebe Horten, DeFaKa und Merkur sowie als Instrument der Mitarbeiterführung war der bereits erwähnte *Einblick* ein wichtiges Werkzeug. Die aufwändig produzierte Hauszeitschrift erschien ab Frühjahr 1956. *Der Einblick*, bis 1963 verantwortet von Redaktionsleiter Wolfgang Paul, dann von Ernst-Erwin Klug, wurde auf gutem Fotopapier gedruckt, aufwändig bebildert, zunächst schwarz-weiß, dann in Farbe. Die regelmäßige Vorschau auf die neue Damen-, Herren- und Kindermode war farbig gezeichnet und wurde später durch Model-Fotografien ersetzt. In der Zeitschrift wurden neue Zweigstellen und Arbeitsbereiche des Unternehmens vorgestellt, Preisausschreiben für die Belegschaft veranstaltet, und der Betriebsarzt Dr. Daniel gab Ratschläge; später wurden auch Leserbriefe der Angestellten beantwortet. Zum Jahresbeginn richtete der Konzernchef sein Wort an die Betriebsangehörigen, daneben der Vorstand und der Gesamtbetriebsrat, auf dessen positive Mitwirkung man großen Wert legte und der seinerseits sehr den sozialen Frieden im Unternehmen und die langfristige Bindung an das Unternehmen betonte. Er äußerte sich bisweilen in fast unterwürfiger Dankbarkeit gegenüber „unserem verehrten Chef"[107] und seiner „Sozialordnung" und forderte jeden Mitarbeiter auf, „Tag für Tag seine ganze Kraft für die Arbeit einzusetzen. Dadurch geben wir in der Gesamtheit unserer Belegschaft Herrn Horten erst die Möglichkeit, die sozialen Leistungen zu unseren Gunsten im Laufe der Zeit noch weiter auszubauen."[108] Die Betriebsräte wurden in der Zeitschrift auch pfleglich behandelt. Die Diskussion um die paritätische Mitbestimmung wurde mit Contra- und Pro-Stellungnahmen von Geschäftsführer Fritz Seydaack und DGB-Vorstandsmitglied Friedhelm Farthmann abgebildet, das seltene Beispiel einer Kontroverse in der Hauszeitschrift.[109]

Patriarch im Garten der Hortensien: Unternehmens- und Mitarbeiterführung

Insgesamt legte man Wert auf eine moderne Aufmachung, die „Covergirls" verkörperten selbstbewusste, modische Frauen, die mit den Jahren ebenso wie die Models bei den Modevorschauen freizügiger und wilder wurden. 1968 wurde auf dem Cover mit einem Bikinimodel neben Kamel und Fotograf unter dem Titel „Palmen Show und schöne Mädchen" über die Werbeabteilung und die Shootings von Bademoden berichtet. Das war an die zeittypische Illustrierten-Optik angepasst, und ein *Stern*-Fotograf begleitete dann auch das Mode-Shooting.[110]

Daneben wurden eher autoritär anmutende Artikel gegen Diebe, auch aus der Belegschaft, und „Bummelanten" publiziert. Unter dem Titel „Die große Versuchung" wurde 1962 gedroht, dass „wir keinen Unehrlichen unter uns dulden und ständig bestrebt sein [werden], daß in unsren Unternehmen Ordnung herrscht".[111] Ähnlich hieß es dann 1967: „Bummelanten leben gefährlich". Drohend wurde hier auf eine Entlassung hingewiesen. Die Zielgruppe wurde als „unverbesserlich" dargestellt und in sechs Gruppen eingeteilt, die „Dauerschwätzer", die „Tranlampen", die „falschen Kranken", die „Patzigen", die „Pausenverlängerer" und die „Viertelstundenjäger". Wie im Falle der Kunden- und Personaldiebstähle wurde einer skrupellosen Minderheit die rechtschaffene Mehrheit der Belegschaft gegenübergestellt, zu deren Lasten die Diebe und Phlegmatiker handelten.[112] Ein anderer Artikel stellte eine Benimmtafel für das Kasino auf, die freundlich als „Punkte zum Nachdenken" ausgegeben wurde, aber doch recht deutliche Verhaltensanweisungen gab, etwa: „Das Kasino ist kein Schönheitssalon. Müssen es denn alle sehen, wenn Sie sich auf Starlett trimmen?". Oder: „Vor dem Schalter sind alle gleich. Es geht nach der Reihe, nicht nach Ellbogenstärke."[113] Solche Artikel verwiesen auf eine klare und bisweilen recht autoritäre Führungsstruktur, wie sie in den 1950er Jahren in Unternehmen üblich war. Insgesamt waren diese Beiträge aber eher selten. Es überwogen positive Artikel, die Anreize im Sinne des unternehmensinternen Aufstiegs setzen wollten. Dabei hatte man die vielen Lehrlinge im Blick, die man zur unternehmensinternen Karriere motivieren wollte.

5 · Der Herr im „Paradies der Damen" (1951–1968)

Horten selbst steuerte nur den jährlichen Neujahrsgruß bei. Man kann aber angesichts der Bedeutung dieses Kommunikationsmittels, das alle Beschäftigten erreichte, davon ausgehen, dass die Zeitschrift in seinem Sinne konzipiert war. Der Personenkult hielt sich ansonsten in Grenzen. Nur gelegentlich wurden Fotografien von Horten gedruckt, die ihn meist im Verbund mit Vorstandskollegen oder Mitarbeitern zeigten. Die NS-Vergangenheit wurde diskret beschwiegen.

Seine Angestellten vergaß Horten auch nach dem Ausscheiden aus dem Konzern nicht. Zu seinem 70. Geburtstag erfreute er den alten Stamm, sehr zum Ärger der Neueingestellten und auch des neuen Konzernchefs, Bernd Hebbering, mit einem Tausendmarkschein. Schon 1969 hatte Horten sich zu seinem 60. Geburtstag am 8. Januar großzügig gezeigt und jedem Mitarbeiter, auch den pensionierten, einen 500-DM-Schein geschenkt, was ihn insgesamt 15 Millionen DM gekostet hatte. Die Freude der Hortensien wurde nicht nur ausgiebig in der Mitarbeiterzeitschrift dokumentiert, die Kunde drang auch bis zum amerikanischen Nachrichtenmagazin *Newsweek*, das staunend über diese ungewöhnliche Geste berichtete.[114] Freilich hatte Horten sich selbst als frischgebackener alleiniger Aktionär des in eine AG umgewandelten Konzerns eine Ausschüttung von 75 Millionen DM genehmigt.[115]

Ein Gegenbild zu dieser Idylle zeichnete 1973 Günter Wallraff. Während sich sein Ko-Autor Bernt Engelmann in dem sprechend betitelten Buch „Ihr da oben – wir da unten" über Hortens Luxusleben ausließ, arbeitete Wallraff nicht undercover in einem Horten-Haus, wie er es in anderen Fällen so gerne tat, sondern befragte drei Angestellte: eine Verkäuferin, eine Beschäftigte am Hähnchenstand und einen kriegsversehrten Lagerarbeiter. Alle drei schilderten einen von Hektik, Kontrolle, Hierarchien und Rücksichtslosigkeit geprägten, ungesunden Arbeitsalltag. Diese Schilderungen muss man mit Vorsicht zur Kenntnis nehmen. Die Absicht des Buches – die Kontrastierung unverdient zu Reichtum gekommener Unternehmer und ausgebeuteter Arbeitnehmer – ist überdeutlich. Im Vergleich zu den geschilderten Arbeitsbedingungen beim Schweinfurter Unternehmen Fichtel & Sachs und zum autoritären Gehabe des Versicherungsmagnaten Gerling schneiden Horten und sein Unternehmen dennoch relativ gut ab.[116]

Auch der *Stern* hatte kurz zuvor sein Interview im Zuge der Homestory mit Horten mit dem Beispiel einer in Kettenverträgen befristet Beschäftigten eingeleitet und damit normativ gerahmt. Die Mitarbeiterin hatte entgegen den Versprechungen in Anzeigen eine nach einem Arbeitsunfall beanspruchte sechswöchige Lohnfortzahlung vor Gericht einklagen müssen. Es handelte sich dabei allerdings um eine im hohen Alter eingestellte Verkäuferin, also nicht um Hortens vorgesehenen Idealtypus der von Jugend an mit dem Unternehmen verbundenen langjährigen Angestellten.[117] Die älteren befristet Beschäftigten standen durchaus auf der Schattenseite des Unternehmens. In der Rückschau erinnern sich ehemalige Horten-Mitarbeiter aber eher an eine familiäre Atmosphäre und die Wertschätzung der Mitarbeiter wie auch die verschiedenen Annehmlichkeiten und Einrichtungen bei Horten.[118]

Hortens Mitarbeiterführung und die Struktur seines Konzerns waren zentralistisch, die verschachtelte Unternehmensstruktur ganz auf ihn ausgerichtet und durch Personalunion zusammengehalten. Horten entschied, nachdem er sich einen Überblick über die zentralen Optionen geschaffen hatte, schnell und klar. Er war die „Zentralfigur", er „allein der Herr im Hause"[119], so waren die Besitz- und Machtverhältnisse, und das wussten alle. Horten machte auch äußerlich einiges her, war groß und schlank und, wie könnte es bei einem Kaufhauskönig anders sein, immer elegant und korrekt im Anzug mit Krawatte gekleidet. Den Mitarbeitern wollte er Vorbild sein, sein kaufmännisches Ethos vorleben und sie motivieren, so wie er selbst bereits in seinen Schülerjahren von seinem Mentor Otto Bayer vom Kaufhaus Tietz, dem Tennisfreund seiner Eltern, begeistert worden war.[120]

Zu den engen Vertrauten aus der Führungsetage des Konzerns zählten Persönlichkeiten, die dem Unternehmen und Horten selbst gegenüber überaus loyal waren. Es war unüblich, nach einem En-

5 · Der Herr im „Paradies der Damen" (1951–1968)

gagement bei ihm eine andere Stellung anzunehmen. Viele der Weggefährten waren Horten über Jahrzehnte hinweg verbunden:

Rudolf Tesmann hatte Horten in der britischen Gefangenschaft kennengelernt. Tesmann war zuvor Adjutant von Ernst Wilhelm Bohle, dem Leiter der NSDAP-Auslandsorganisation NSDAP/AO, und SS-Obersturmbannführer gewesen. Zum 60. Geburtstag Tesmanns erschien im *Einblick* ein Porträt, in dem dessen nationalsozialistische Vergangenheit mit keinem Wort erwähnt wurde. Lapidar hieß es nur: „Während seiner Ausbildungszeit wurde Rudolf Tesmann zur Verwendung im auslandsdeutschen Aufgabenbereich beurlaubt."[121] 1948 fing der Ostflüchtling aus Stettin und Jurist in Hortens Unternehmen an und wurde 1955 Mitglied der Geschäftsleitung. Neben den Fragen des Wirtschaftsrechts beschäftigten Tesmann vor allem die Öffentlichkeitsarbeit und Kontaktpflege zu den Verbänden und in die Politik. Schon zehn Jahre vor dem Börsengang setzte Tesmann eine Teilpublizität der Jahresabschlüsse durch, was damals für den inhaberbetriebenen Einzelhandel ungewöhnlich war. Beim Ausscheiden Hortens war er der dienstälteste Mitarbeiter in der Unternehmensspitze.[122]

Der ehemalige Duisburger Oberstadtdirektor, dort ein „Meister der Regie", ein „Mann der schnellen Entschlüsse"[123] und über viele Jahre Bearbeiter von Hortens Bauanträgen, Fritz Seydaack, gab seinen Beamtenposten und seine Pensionsansprüche auf – was Horten sicher sehr imponierte –, um trotz SPD-Parteibuch 1960 Hauptgeschäftsführer der Helmut Horten GmbH zu werden und dort die Verwaltung zu vereinheitlichen. Später wurde der Jurist Vorstand und zwischen 1974 und 1977 Vorstandssprecher der Horten AG, dann Aufsichtsrat.

Auch der mit dem Erwerb der Emil Köster AG 1954 gekommene Gerhard Potthoff erlebte einen rasanten Aufstieg bei Horten. Im Zweiten Weltkrieg war er Fliegerleutnant gewesen, erst nach der Lehrzeit bei einer Sparkasse machte er Abitur. Wie Horten passionierter Jäger, wurde Potthoff Mitglied der Geschäftsleitung im DeFaKa-Bereich, dann Vorstandsmitglied der Helmut Horten GmbH mit Zuständigkeit für den Verkauf, mit immer weiter aus-

Patriarch im Garten der Hortensien: Unternehmens- und Mitarbeiterführung

gedehnten Kompetenzen dann auch für das Personalwesen.[124] Er war zwischen 1972 und 1974, also vor Seydaack, Vorstandsvorsitzender der AG, was seine deutlicher akzentuierte Chefrolle betonte, als es dann bei Seydaack der Fall war. Der Verdienst der Vorstände lag unterhalb der anderen großen Kaufhauskonzerne Karstadt oder Kaufhof, wie mit der Publikationspflicht anlässlich der Umwandlung in eine AG herauskam. Die vier Vorstandsmitglieder erhielten 1969 zusammen 1,04 Millionen DM, die neun Mitglieder des Aufsichtsrates insgesamt 210.000 DM Aufwandsentschädigungen.[125]

Ein enges Vertrauensverhältnis bestand auch zu Hans Winschuh, der 1963 als Prokurist und Fachmann für Steuern in die Helmut Horten GmbH einstieg. Er löste Marianne Weißenbach ab, die Horten bereits seit den gemeinsamen Tagen im Kölner Kaufhaus Michel begleitete. Sie war in den frühen Tagen, insbesondere in den Jahren zwischen Kriegsende und Wiederaufstieg 1948, eine der führenden Kräfte des Unternehmens. Weißenbach war überaus loyal. Sie vertrat Horten in geschäftlichen Angelegenheiten und setzte sich, wie bereits gezeigt, auch für dessen Haftentlassung und Entlastung von den Vorwürfen der alliierten Untersuchungsbehörden ein. Ihr Nachfolger Winschuh hatte bereits vor seinem Einstieg in die Helmut Horten GmbH mit dieser zu tun. Als Beamter im Düsseldorfer Finanzamt war er für die Erstellung der Steuerbescheide für den Konzern zuständig. 1963 wechselte er dann die Seiten. Winschuh hatte vor allem die Expansion der Helmut Horten GmbH und die steuerliche Optimierung im Blick. Er war es, der Horten 1966 auf die Idee der Gründung der Horten AG bringen sollte und diese auch an führender Stelle vorbereitete. Winschuh war in jenen Jahren enger Berater Hortens und begleitete auch das anschließende sich länger hinziehende Verfahren gegen seinen Chef in der Frage der Besteuerung der Aktiengewinne in der Bundesrepublik. In der Horten AG war Winschuh bis zu seinem Ausscheiden 1980 Finanzvorstand.[126]

Zu seinen Mitarbeitern kamen Männer, mit denen Horten geschäftliche Verbindungen pflegte und die zu seinem engeren Bekanntenkreis zählten. Darunter war Wilhelm Reinold, der schon bei den ersten Geschäften in den 1930er Jahren eine tragende, sicher die bedeutendste Rolle gespielt hatte. Große Bewunderung hegte Horten für den Kreditvermittler Rudolf Münemann, der ihm im Nachgang der Übernahme der Aktienmehrheit der Merkur AG 1953 helfend unter die Arme gegriffen hatte. Der joviale Finanzier, stets gut gekleidet und bekennender Cadillac-Fahrer, traf sich häufig mit Horten, oft verbunden mit geschäftlichen Besprechungen. Zwischen 1953 und 1970 nahm Horten von Münemann vermittelte Kredite im Umfang von rund 20 Millionen DM in Anspruch. Auch privat war der Kontakt recht vertraut. Münemann gehörte zu den Gästen auf Hortens 50. Geburtstag. Beide besprachen häufiger gemeinsam die Entwicklung von Hortens Unternehmen, bei der die historische Perspektive nicht ausgespart wurde. Ernst Balan, Assistent Münemanns, erinnerte sich später auch an Gespräche über die Geschäftsübernahmen Hortens vor 1945. Dessen Bewunderung für den Finanzjongleur sei überaus stark gewesen. Als Münemanns Unternehmen 1970 trotzdem in den Konkurs ging, übernahm Horten persönlich Schuldverschreibungen im Umfang von sieben Millionen DM und half seinem einstigen Geschäftspartner damit aus der ärgsten Bedrängnis.[127] Gute Verbindungen bestanden auch zwischen Horten und Hermann Josef Abs, dem langjährigen Vorstandssprecher der Deutschen Bank. Als Großkunde waren Horten und seine Ehefrau bei allerlei Feierlichkeiten der Bank geladen. Hinzu kamen Freunde aus dem Politikbetrieb. Unter ihnen war Franz Josef Strauß der engste, wie an anderer Stelle noch gezeigt wird.

Horten führte patriarchalisch, aber nicht beratungsresistent. Die Entscheidungsautorität zu seiner aktiven Zeit im Unternehmen lag allein bei ihm. Von einer partizipativen Entscheidungskultur hielt Horten eher wenig, er führte straff, bestimmt und so viel wie möglich allein. Bei aller Modernität und Aufgeschlossenheit gegenüber Entwicklungen im Einzelhandel des Auslandes war Horten also doch ein Unternehmer klassischer Schule. Zudem war er überall erreichbar, per (Funk-)Telefon, Funkgerät oder Fernschreiber. Seine Fahrzeuge verfügten allesamt bereits zu einer Zeit über Autotelefone, als selbst Hausanschlüsse noch vergleichsweise selten waren. So kontrollierte er das Unternehmen bis hinunter zu den einzelnen Häusern und deren Angestellten.

Wunschkoalitionen, Parteispenden und eine Kegelbahn: Horten und die Politik

Horten wollte nicht Politiker sein. Das Geschäft ging vor. Dies bedeutete allerdings nicht, dass er sich ganz politischen Logiken und ihren Akteuren entziehen konnte. Vom Beginn seiner selbstständigen kaufmännischen Tätigkeit an stand er in Kontakt mit Politikern und politischen Instanzen. Bereits die Auseinandersetzung mit dem Gauwirtschaftsamt Westfalen-Süd, in die Horten bei der Übernahme des Kaufhauses Hess in Wattenscheid 1936/37 involviert war, hatte gezeigt, dass Politik und Geschäft interagieren konnten. Auch bei seinem Wiederaufstieg in Duisburg nach dem Zweiten Weltkrieg spielten die politischen Rahmenbedingungen eine wichtige Rolle. Schon bald reichten seine Beziehungen bis an die Spitze des Bundeswirtschaftsministeriums, wie der Besuch Ludwig Erhards bei der Eröffnung des Duisburger Hauses zeigte. Jedoch gilt es hier zu unterscheiden zwischen Besuchen von Politikern bei Empfängen und Eröffnungen und informellen Gesprächskreisen, die nach dem Motto Quidproquo funktionierten. Sicher nahm Horten auch bei den Lokalpolitikern in Duisburg Einfluss auf die eine oder andere Entscheidung, etwa als er das Baugesuch für sein neues Warenhaus 1956 mit einem Kreditangebot an die Stadt versüßte. Allerdings blieben die Auswirkungen dieser Aktionen eher begrenzt und sie waren auch nur bedingt erfolgreich, denn wie im Fall von Duisburg konnte Hortens Geld nicht bewirken, dass ein größerer Bau an selbiger Stelle genehmigt wurde.

Der Versuch der Einflussnahme auf politische Entscheidungsprozesse auf allerhöchster Ebene, die mithin weitreichende wirtschaftliche Folgen für Horten und sein Unternehmen haben konnten, war eine ganz andere Ebene. Er betrat sie erst, nachdem er mit der Übernahme der Merkur AG und der Emil Köster AG ab 1955 einen großen Warenhauskonzern führte. Dieser Umstand ist keineswegs banal. Horten suchte den Kontakt zu den Mächtigen der Politik, als er endgültig jemand war und durch seine Übernahmen viel zu verlieren hatte.

Dabei war er kein parteipolitischer Mensch im eigentlichen Sinne. Dogmatisches Denken lag ihm fern. Er hatte aber einige fundamentale Grundüberzeugungen. Vor allem fürchtete er eine Beeinträchtigung der Sozialen Marktwirtschaft durch eine Linkswende und durch zu starke sozialpolitische Ambitionen des entsprechenden Flügels der Union. Dies brachte eine gewisse, wenngleich recht unkonkrete Verortung im Parteienspektrum der frühen Bundesrepublik mit sich. Hortens Wunschregierung war die christlich-liberale Koalition, die allerdings 1966 zerbrochen war. Zu einigen Politikern hatte er engere Beziehungen geknüpft: so zum CDU-Finanzminister der Jahre zwischen 1957 und 1961 Franz Etzel, der Adenauers Wunschnachfolger war; so über die gemeinsame Ritterschaft im elitären katholischen Deutschen Orden zu Franz Josef Strauß. Mit ihm duzte er sich und unterhielt eine lebenslange Freundschaft. Eng verbunden war Horten auch mit dem ehemaligen nordrhein-westfälischen Finanzminister und Vorsitzenden des FDP-Landesverbandes in Nordrhein-Westfalen, Willi Weyer, und er stand in gutem Kontakt mit dem seit 1960 amtierenden FDP-Parteichef Erich Mende. Hortens rechte Hand, sein Generalbevollmächtigter Rudolf Tesmann, unterhielt ebenfalls beste Verbindungen in die Düsseldorfer Führungsgremien der FDP. Diese Beziehung rührte daher, dass Horten der FDP aus der Patsche geholfen hatte, als die „Jungtürken" in Düsseldorf – neben Weyer gehörten dazu Walter Scheel und Wolfgang Döring – 1956 den christdemokratischen Ministerpräsidenten Karl Arnold gestürzt und mit der SPD eine Koalition gebildet hatten.[128] Als die von der CDU und dem Bundesverband der Deutschen Industrie (BDI) gegründete Staatsbürgerliche Vereinigung daraufhin ihre Spenden an die FDP einstellte, sprang Horten mit Eigenmitteln finanziell ein und brachte seine Freunde vom Boykott ab. Zugleich machte Horten deutlich, dass die Liaison der FDP mit der SPD nur eine vorübergehende sein dürfe.[129]

Nun galt Quidproquo: Horten unterstützte die FDP finanziell, sein Vertrauter Tesmann war mit der FDP-Fraktion im Bundestag wegen des gewünschten Wegfalls oder der Senkung der Großhandelsumsatzsteuer für Nahrungs- und Genussmittel im engen Austausch. Mende sagte ihm zu, sich für den Weg einer Neuregelung einzusetzen, während die Union zögerte.[130] Horten hatte Mende auch schon zu sich nach Hause und zum Tanz eingeladen und der Politiker hatte ihm für „die grosszügige Unterstützung" gedankt, „die dem neuen Bundesvorsitzenden die Möglichkeit eines günstigeren Startes erschließt".[131] Gemeint war damit eine Spende von 100.000 DM, die Horten im Verbund mit Kaufhof und Karstadt jeweils zu gleichen Anteilen für einen Verfügungsfonds Mendes gespendet hatte (über den dieser aber laut Beschluss des engeren FDP-Vorstandes nur gemeinsam mit dem Bundesschatzmeister und Bundesgeschäftsführer verfügen konnte).[132]

Der von Horten gewünschten erneuten Koalition mit den Unionsparteien standen nach der Bundestagswahl 1961 allerdings zahlreiche Hürden gegenüber. Adenauers Absichten einer Wahlrechtsänderung zulasten der FDP, sein ungeschicktes Agieren nach dem Mauerbau, seine sinkenden Umfragewerte und sein hohes Alter – er war Jahrgang 1876 – hatten in der FDP die Absicht reifen lassen, zwar eine Neuauflage der Koalition mit der Union einzugehen, aber nicht mit einem Kanzler Adenauer. Die Befürchtung, mit einem Eintritt des als zu kompromissbereit geltenden Parteichefs Mende in ein Kabinett Adenauer in selbigem unterzugehen oder wie 1956 eine Parteispaltung zu riskieren – damals waren die FDP-Minister nach dem Verlassen der Koalition zusammen mit einigen Getreuen in der Fraktion aus der Partei ausgetreten –, grassierte und zwang Mende, sich im Wahlkampf gegen Adenauer zu positionieren.[133]

Zugleich gab es auch in der Union schon länger Bestrebungen, Konrad Adenauer durch den populären Ludwig Erhard zu ersetzen. Auch Strauß, dem man getrost eigene Ambitionen unterstellen kann, spielte dabei eine Rolle. Nun betrat Horten die Szenerie, der dafür plädierte, die Koalitionsbildung nicht von der Kanzlerfrage abhängig zu machen. Er ließ Tesmann bei der Düsseldorfer FDP sondieren, ob sie von Mende eine Erklärung einholen könnte, einem neuen Kabinett Adenauer nicht beizutreten. Im Anschluss schrieb Horten Mende und traf sich mit ihm im Bundeshaus. Der FDP-Politiker ging auf Hortens Ansinnen ein. Nun nahm dieser Kontakt zu Strauß auf. Der Bayer und Mende waren bereits seit 1959 im Gespräch. Nach einer Einladung bei Horten informierte Mende den Gastgeber im März 1961, dass er sich mit Strauß, jeweils mit wenigen Paladinen, verabredet habe. Auch bei der Einweihung von Hortens neuer Düsseldorfer Zentrale am 12. Mai 1961 traf man aufeinander. Klandestin lud Horten nun Mende und Weyer für die FDP sowie Strauß und Generalsekretär Friedrich Zimmermann für die CSU am 10. Juli 1961 in seine Düsseldorfer Villa ein. Tesmann bereitete das Gespräch mit Vorschlägen für Themen vor: Wahlkampfmethoden, politische Standpunkte und die Koalitionsbildung, sogar die Zuteilung der Ministerämter sollte schon besprochen werden. Mende ließ Tesmann daraufhin ausrichten, dass das Gespräch allerdings „selbstverständlich lediglich allgemein informativen Charakter haben und zu keinerlei Festlegungen oder Absprachen führen" solle. Im Vordergrund stand das Ziel der Ablösung Adenauers und der Bildung einer christlich-liberalen Koalition unter einem Kanzler Erhard.

Nach dem Treffen kamen bald verschiedene Gerüchte über die getätigten Absprachen auf: Der *Spiegel* vermutete Böses, nämlich dass Strauß seine eigene Kanzlerschaft im Visier habe. Tesmann hielt die Vereinbarung einer zweijährigen Kanzlerschaft Adenauers ohne Mende im Kabinett bereits für das Ergebnis der geheimen Zusammenkunft; dem war aber nicht so. Erich Mende erinnerte sich, man habe eine direkte Ersetzung Adenauers durch Erhard vereinbart. Am 21. September 1961 habe man dann mit Erhard selbst für den Fall der Fälle eine Kampfabstimmung gegen Adenauer abgemacht.[134]

Alleine die Nachricht vom Stattfinden des Treffens durch den Bericht des kleinen *Spandauer Volksblatts* wertete die FDP auf, obgleich es in der Partei auch heftigen Unmut über Mendes Privatsondierungen gab.[135] Strauß brachte das Bekanntwerden des Gesprächs in eine wenig komfortable Lage, gab es dem alten Fuchs Adenauer doch Gelegenheit, sich auf die Widerstände gegen seine erneute Kanzlerschaft vorzubereiten und den ungeliebten Erhard von seiner Nachfolge fernzuhalten, einstweilen zumindest. Trotz Dementi der Gegnerschaft gegen einen Kanzler Adenauer von Strauß und Horten per Leserbrief in der *Zeit*[136] – die Wochenzeitung hatte insinuiert, Horten habe ein „Geheimabkommen" mit Mende geschlossen, dem zufolge finanzielle Zuwendungen von Mendes Verhinderung einer Regierung unter Adenauer abhängig gemacht würden[137] – war Adenauer seitdem gegenüber Strauß sehr kritisch eingestellt. Dies sollte sich noch in der Spiegel-Affäre zeigen, die zum Rücktritt von Strauß führte.[138]

Die auch in der *Zeit* kolportierten Gerüchte, die im Machtkampf innerhalb der FDP Verwendung fanden, wussten von finanziellen Zusagen Hortens für die FDP und Mende persönlich, quasi als Ausgleich für entgangene Ministergehälter, wenn er einem Kabinett Adenauer fernbliebe.[139] Mende und Horten dementierten entschieden sowohl Festlegungen als auch finanzielle Zusagen und daran geknüpfte Bedingungen. Der FDP-Politiker drohte gerichtliche Schritte gegen die Verbreitung dieser Gerüchte an. Tatsächlich hatte er sich gegenüber Tesmann ja sehr vorsichtig zurückhaltend über den Charakter der Gespräche geäußert. Horten hatte freilich immer wieder darauf gedrungen, dass Mende nicht in ein Kabinett Adenauer eintrete.[140]

Bei der Bundestagswahl am 17. September 1961 verlor die Union fünf Prozentpunkte und damit die absolute Mehrheit. Die FDP hingegen erstarkte um fünf Prozentpunkte. Bei einem erneuten Treffen von Strauß und Zimmermann mit Mende und Weyer am Folgetag, wiederum bei Horten, plädierte Strauß dafür, vom resoluten Vorgehen Adenauers direkt nach der Wahl beeindruckt, dem Alten noch eine Art Gnadenfrist als Kanzler zuzugestehen. Die Signale hörte Mende, von seiner Partei unter Druck gesetzt, nicht richtig und verkündete einen Tag später höchstselbst, die FDP trete

5 · Der Herr im „Paradies der Damen" (1951–1968)

nicht in ein Kabinett Adenauer ein, auch nicht mit einer befristeten Kanzlerschaft. Tesmann versuchte dann noch am 28. September 1961 gegenüber Mende, diese Festlegung als Probelauf umzudeuten und Mende für eine auf ein Jahr befristete Kanzlerschaft Adenauers zu gewinnen. Nach langem Hin und Her wurde diese dann tatsächlich für zwei Jahre terminiert, was der FDP das Etikett „Umfall" einbrachte. Denn Mende und die FDP mussten ihre Festlegungen revidieren und zurückrudern, man sah sich durch die geschickte Taktik des „Alten" gezwungen, doch in ein Kabinett unter seiner Führung einzutreten – freilich ohne Mende. Erst 1963 erhielt man den Wunschkanzler Erhard, in dessen Regierung Mende als Minister für gesamtdeutsche Fragen eintrat.[141]

Der damit vollzogenen Traumhochzeit folgte zwar ein Wahlsieg 1965. Ein Jahr darauf traten die FDP-Minister aber wegen eines Streits um die Konsolidierung der Finanzen und Steuererhöhungen aus Erhards Kabinett aus.[142] Nun folgte die erste große Koalition, die ihrerseits 1969 von Hortens Albtraum, einer sozialliberalen Koalition, beerbt wurde. Da war Horten bereits ins Ausland, in die neutrale Schweiz, geflohen. Allerdings hatte er wesentlich dazu beigetragen, seine Wunschkoalition für immerhin fünf Jahre, von 1961 bis 1966, in den Sattel zu heben. Das wurde von den mächtigen Herren der Hamburger Magazine *Spiegel* und *Stern*, Rudolf Augstein und Henri Nannen, nicht goutiert, die Mendes Kurs heftig kritisierten, selbst ein sozialliberales Bündnis präferierten und hier sicher eine Gegnerschaft zu Horten ausbildeten. Strauß, Mende, Horten – das war für die Hamburger Magazine *Spiegel* und *Stern* ein Trio infernale. Die beiden *Spiegel*-Opfer Strauß und Mende waren sich allerdings bei den Horten-Gesprächen auch verteidigungspolitisch nähergekommen, was angesichts abweichender Vorstellungen des einflussreichen Freidemokraten Thomas Dehler nicht unwichtig war.[143] In der FDP zeitigten die „Horten-Gespräche" noch erhebliche Turbulenzen. Der stellvertretende Bundesvorsitzende und Chef des saarländischen Landesverbandes, Heinrich Schneider, wandte sich entschieden gegen eine Wiederwahl Adenauers und trat von seinen Ämtern zurück.[144]

Wunschkoalitionen, Parteispenden und eine Kegelbahn: Horten und die Politik

1962 war Horten erneut Gastgeber von Politikern, diesmal kamen der Geschäftsführende Vorsitzende der CDU, Josef Hermann Dufhues, und der Papierfabrikant und CDU-Politiker Klaus Scheufelen nach Düsseldorf. Das Treffen war die Keimzelle des juristisch von der Partei unabhängigen Wirtschaftsrats der CDU, dessen Gründungsvorsitzender Scheufelen ein Jahr später wurde. Auch hier hatte Horten also seine Finger im Spiel und behielt großen Einfluss, da sein Vetter Alphons Horten und Rudolf Tesmann an führender Stelle im Wirtschaftsrat tätig waren. Beim Adenauer-Intimus Heinrich Krone stieß die Kunde von diesem Treffen auf Verärgerung: „Kein gutes Zeichen. Ich will von Horten nichts wissen und lehne jeden Kontakt mit ihm ab. Mich wundert, daß Dufhues das tat."[145] Der Ärger über die „Verschwörung" von 1961 war noch präsent. Horten aber hatte die Nach-Adenauer-Zeit schon fest im Blick.

Auch über Verbindungen Hortens in die USA, im Zeichen des Vietnamkrieges Feindbild Nr. 1 der europäischen Linken, wurde spekuliert. Die linke Zeitschrift *konkret* führte 1971 aus, dass Horten nach dem Scheitern von Erhards Kanzlerschaft ein enger Kontaktmann des Weißen Hauses gewesen sei. John McCloy, ehemaliger Hoher Kommissar der Besatzungszeit und dann Berater von US-Präsident Lyndon B. Johnson, habe sich bei vertraulichen Gesprächen in Hortens Düsseldorfer Villa vom Hausherren führende Bundespolitiker wie Kurt Georg Kiesinger, Franz Josef Strauß, Willy Brandt und Herbert Wehner vorführen lassen, um deren politische Einstellung zu überprüfen.[146] Ob sich dies tatsächlich so zutrug, oder ob *konkret* hier einem Gerücht aufsaß, ist nicht zu ergründen. Aufzeichnungen eines solchen Gesprächskreises sind nicht erhalten geblieben und erscheinen eher unwahrscheinlich.

Doch es ging nicht nur um die große Politik. Hortens Kontakte nach oben wurden von ihm auch genutzt, um lokalpolitische Problemlagen um einzelne Kaufhäuser oder geplante Neubauten zu lösen. Eines war das bereits an anderer Stelle beschriebene Merkur-Kaufhaus in Augsburg, für das bereits seit Ende der 1950er Jahre Erweiterungspläne bestanden, die eine Integration des be-

5 · Der Herr im „Paradies der Damen" (1951–1968)

Kegelbahn Sekirn, 1971

nachbarten historischen Zeughauses betrafen. Über die Frage der Erhaltung und baulichen Veränderung des barocken Gebäudes entbrannte ein hartnäckiger politischer Streit, der im Jahr 1966 in die „Affäre Kegelbahn" mündete.

Horten hatte zum Jahreswechsel 1965/66 gerade die Erweiterung seines Anwesens am Wörthersee in Kärnten fertiggestellt. Wie gewohnt war dieses mit allerlei Schikanen versehen. Dazu gehörte auch eine Kegelbahn. Diese galt es, im Kreise enger Freunde im Februar 1966 einzuweihen. Unter den Gästen war auch das Ehepaar Strauß. Marianne reiste mit der Bahn an, Franz Josef gemeinsam mit CSU-Parteifreund Friedrich Zimmermann per Privatflugzeug. Vor Ort verbrachte man nette Stunden. Die Dresscodes waren Dirndl für die Damen und Trachtenanzüge für die Herren. Laut Strauß' Sekretärin wurde an diesem Abend nicht über Politik und Geschäft gesprochen („Wenn man das wollte, brauchte man ja nicht erst nach Kärnten zu fahren").[147] Sie berichtete dies dem

Das Zeughaus, Karikatur, in: Augsburger Allgemeine, 23.2.1966

Augsburger Bundestagsabgeordneten Anton Ott (CSU), der seinerseits auf eine Karikatur in der *Augsburger Allgemeinen* vom 23. Februar 1966 aufmerksam geworden war. Diese nahm die Einweihung der Kegelbahn auf und suggerierte, dass Hortens Freund Strauß für seinen alten Kumpan die Weichen für den Umbau des Zeughauses in Augsburg stellen werde, der gerade intensiv diskutiert wurde. Der Vorwurf der „Spezlwirtschaft" stand im Raum.

Horten und Strauß waren vom Augsburger Maler Günther Strupp überaus treffend in seiner Karikatur porträtiert worden. Auch der Augsburger Oberbürgermeister Wolfgang Pepper wurde bedacht. Die Kegel symbolisierten das Bürgerbündnis, welches sich für die Erhaltung des Zeughauses einsetzte und von Hortens Kugel hinweggefegt werden sollte. Für den Karnevalisten Horten war es wohl nur ein schwacher Trost, dass die Karikatur in der Aschermittwochsausgabe der *Augsburger Allgemeinen* erschien.[148]

Über die Inhalte der an der Kegelbahn geführten Gespräche gibt es keine Aufzeichnungen. Sicher ist allerdings, dass Horten auch 1968 noch versuchte, über Strauß Einfluss auf die Entscheidungswege in Sachen Zeughaus zu nehmen, in die inzwischen auch der Freistaat Bayern involviert war. Allerdings entwickelte sich die Sache nicht nach Hortens Wünschen. „Es fehlt ganz einfach immer noch an dem notwendigen Klima auf der kommunalpolitischen Ebene", so Horten 1968.[149] Horten setzte Strauß sogar ein Ultimatum. Innerhalb von drei Wochen sollte die Sache bereinigt und

Horten endlich die notwendigen Genehmigungen haben. Doch auch das Einwirken von Strauß führte letztlich nicht zum Erfolg. Die Integration des historischen Zeughauses in den Erweiterungsbau des Kaufhauses scheiterte. Die Freundschaft zwischen Horten und Strauß wurde dadurch aber nicht beeinträchtigt.

Für den Konzernherren gab es bald wichtigere Schlachtfelder als die kommunalpolitischen Niederungen. Der Eintritt der Liberalen in die Koalition mit der SPD auf Bundesebene im Jahr 1969 und die Wahl von Willy Brandt zum Bundeskanzler waren für Horten nicht die gewünschte politische Konstellation. Auch innerhalb der liberalen Partei war die sozialliberale Koalition umstritten. Vor allem nationalliberale Vertreter um den bereits erwähnten Erich Mende formierten sich nach den herben Verlusten der FDP bei den Landtagswahlen in Niedersachsen und dem Saarland als innerparteiliche Dissidenten auf Bundesebene. Die von Mende und dem stellvertretenden Vorsitzenden der FDP in Nordrhein-Westfalen und Bundestagsmitglied Siegfried Zoglmann im Juni 1970 gegründete Nationalliberale Aktion (NLA) war zunächst als innerparteiliche Oppositionsgruppe konzipiert. Sie zog aber auch die Sympathien von konservativen Politikern und Unterstützern rund um Franz Josef Strauß auf sich. Inhaltlich wandte sich die NLA, gestützt auf zahlreiche Mitglieder aus den Vertriebenenverbänden, gegen die Ostpolitik von Willy Brandt und kritisierte die gesellschaftliche und politische Liberalisierung jener Jahre.[150] Aus diesem Blickwinkel lagen die Auffassungen der NLA nicht sehr weit von denen Hortens entfernt.

Das dachte sich vermutlich auch William Borm, FDP-Abgeordneter und Alterspräsident des Bundestages. Borm gehörte zum entgegengesetzten Flügel der Liberalen um Walter Scheel, der die Koalition mit der SPD befürwortete und für einen progressiven Kurs eintrat. Borm war aber auch in den späten 1950er Jahren vom Ministerium für Staatssicherheit (MfS) der DDR als Inoffizieller Mitarbeiter (IM) angeworben worden. Er trat von Ost-Berlin aus gesteuert in seiner Position als Alterspräsident des Bundestages für den Entspannungskurs und die Anerkennung der DDR ein. Er suchte den Kontakt zu linken und intellektuellen Kreisen in der Bundesrepublik, um diese für die Ziele der Stasi zu instrumentalisieren.[151]

Die Ziele der NLA lagen konträr zu Borms Vorstellungen und den Absichten der Stasi. Vor allem barg eine mögliche Abspaltung die Gefahr, dass aus ihr eine ernstzunehmende Konkurrenz zur FDP erwuchs und dies zu einem Bruch der Regierungskoalition führte. In der Ostpolitik Brandts hingegen sah die DDR-Führung die beste Konstellation zur eigenen Anerkennung im Westen. Also wandte sich Borm, vermutlich von der Stasi darauf angesetzt, in einem Artikel in der *Frankfurter Rundschau* vom 14. Oktober 1970 in scharfer Form gegen die NLA und deckte auch gleich die mutmaßlichen Hintermänner auf: „Die Drahtzieher halten sich im Hintergrund. Es sind einflußreiche Wirtschaftskreise – unter anderem werden ein Großindustrieller, ein Kaufhaus-Unternehmer, eine Flugzeug- und eine Nahrungsmittelfirma genannt –, die den Ausbau der NLA zur rechtskonservativen Partei finanziell fördern und forcieren."[152] Es war den politisch interessierten Zeitungslesern schnell klar, um wen es sich bei dem „Kaufhaus-Unternehmer" handeln musste, auch wenn dessen Name nicht genannt wurde.

Horten reagierte schnell. Rasch ließ er durch seine Anwälte Kontakt zu Borm aufnehmen. Er sollte öffentlich eingestehen, dass es sich bei dem „Kaufhaus-Unternehmer" nicht um Helmut Horten handelte. Der Alterspräsident dachte allerdings nicht daran. Schließlich, so hatte er aus sicherer Quelle gehört, war Horten involviert. Dieser ließ nun eine Unterlassungsklage erheben. Das Urteil des Landgerichts Düsseldorf vom 3. Mai 1971 war bemerkenswert. Die Kammer stellte fest, dass es sich bei den Behauptungen Borms um unbegründete Gerüchte handele. Er wurde dazu verurteilt, „es bei Meidung einer vom Gericht für jeden Fall der Zuwiderhandlung festzusetzenden Geldstrafe bis zu unbegrenzter Höhe oder Haftstrafe von bis zu sechs Monaten" zu unterlassen, von einem „Kaufhaus-Unternehmer" als Unterstützer der NLA zu schreiben oder zu sprechen.[153] Borm erkannte das Urteil an und erwähnte den „Kaufhaus-Unternehmer" in diesem Zusammenhang

5 · Der Herr im „Paradies der Damen" (1951–1968)

nicht weiter. Das Gericht empfand es als glaubhaft, dass Horten „der NLA oder deren Mitgliedern weder mittelbar noch unmittelbar auch nur die geringste finanzielle Unterstützung gewährt oder in Aussicht gestellt habe".[154] Tatsächlich findet sich in den zahlreichen Spendenquittungen, die Horten für seine Steuererklärungen aufbewahren ließ, keine der NLA. Horten unterstützte die FDP in den Jahren der Koalition mit der SPD auch nicht weiter. Erst danach wurde er wieder aktiv.

Die Liberalen agierten trotz der Regierungsverantwortung in den 1970er Jahren stets auf finanziell recht dünnem Eis. Die Wahlkämpfe verschlangen Millionen und nach wie vor war die FDP die kleinste Partei auf Bundesebene. Nach dem erneuten Koalitionswechsel 1982 und dem konstruktiven Misstrauensvotum gegen Helmut Schmidt, das Austritte und Sympathieverlust zur Folge hatte, verschlechterte sich die wirtschaftliche Lage zunehmend. Die Rettung kam in Form einer ausländischen Spende. Aber von wem stammte sie?

Zunächst stand eine Zuwendung in Höhe von zehn Millionen DM im Raum, ein Gerücht, das bei den FDP-Granden kursierte. Bedingung des Spenders sei es, dass das Geld an eine Vertrauensperson übergeben werde. Diese war mit dem Ehrenvorsitzenden Walter Scheel rasch gefunden. Spenden über 20.000 DM mussten mit Herkunftsangabe veröffentlicht werden, aber erst seit dem Januar 1984 mussten anonyme Zuwendungen beim Bundestagspräsidenten abgeliefert werden.[155]

Nun kam der Name Horten ins Spiel. Er war seit den gemeinsamen Düsseldorfer Jahren mit Scheel gut bekannt. Nach der bald kursierenden Version habe Scheel Horten sein Leid über den finanziellen Engpass der FDP geklagt und der Milliardär habe sich im Sommer 1983 schnell zu einer Spende bereitgefunden. Später, als Hortens Rolle in der Sache bekannt geworden war, stellte Scheel es so dar, dass Horten beim Wiener Opernball auf ihn zugekommen sei und ihm seine Hilfe angeboten habe.[156] Scheel habe Hortens Namen auf dessen Wunsch zunächst geheim gehalten: Eine Spende von sechs Millionen DM konnte nach einigen Komplikationen bei der Überweisung als Nikolauspräsent im Dezember 1983 transferiert werden. Im Rahmen des Flick-Untersuchungsausschusses, in dem es im selben Jahr um die Aufklärung von illegalen Parteispenden vom Großindustriellen ging, wurden verschiedene Mutmaßungen über die Herkunft der Spende an die FDP angestellt. Der Druck auf die Spendenempfänger und den Spender stieg. Horten gab in dieser Situation eines seiner seltenen Interviews. „Ich habe im Dezember 1983 der FDP sechs Millionen DM zugewendet, weil sie in finanziellen Schwierigkeiten war, und nach meiner Auffassung diese kleine bürgerliche Partei nicht aus dem politischen Bild verschwinden darf. [...] Ich kann mir schlecht eine deutsche politische Welt ohne die FDP vorstellen", sagte er.[157] Der Moderator der Sendung fragte Horten: „Warum wollten Sie anonym bleiben?" Dieser antwortete: „Gut, ich lebe nicht mehr in Deutschland, ich lebe in der Schweiz, ich lege keinen Wert auf Publicity, es wäre mir lieber gewesen, dass ich überhaupt nicht darauf angesprochen wurde." Zugleich, das betonte er auch, habe Scheel stets gewusst, woher das Geld kam. Horten behauptete, dass Scheel ihn angerufen habe und gebeten habe, sich zu erkennen zu geben. „Ich habe dem zugestimmt und habe sofort eine Meldung an die DPA gegeben."[158] Anders lautenden Aussagen zufolge war es der Parteivorsitzende Hans-Dietrich Genscher, der Hortens Rolle preisgegeben habe. Das Geld sei versteuert und die Spende nicht an Bedingungen geknüpft worden, so betonte der angebliche Spender selbst.[159]

Es wurden jedoch innerhalb der FDP Zweifel laut, ob Horten wirklich der Spender sei oder nicht nur ein Strohmann für einen Rüstungskonzern. Zudem habe es sich um zehn Millionen DM gehandelt, die Differenz sei als Provision an einen Vermittler aus der FDP geflossen.[160] Sprang hier Horten ein, um Scheel und Genscher den Kopf zu retten? Einiges spricht dafür. Das Geld ging ohne Absendernamen über Umwege auf ein FDP-Konto in Luxemburg ein.[161] So oder so – Horten unterstützte die FDP in prekärer Lage nach dem „Machtwechsel", als die FDP sich endlich wieder in Hortens bürgerliche Wunschkoalition mit der Union begeben hatte. Als Horten im Radiointerview von 1984 gefragt wurde, ob er auch

5 · Der Herr im „Paradies der Damen" (1951–1968)

weiterhin Zuwendungen an Parteien machen werde, antwortete er trocken: „Vorher ist das nicht abzusehen."[162] Das spricht dafür, dass er eher situativ im Sinne seiner politischen Grundüberzeugungen handelte und weniger darauf bedacht war, systematisch und strukturell mit Zuwendungen zur politischen Landschaftspflege beizutragen.

In Hortens persönlicher Korrespondenz nahmen die Briefe mit seinem Vetter Alphons, von 1965 bis 1972 CDU-Abgeordneter und Mitgründer des CDU-Wirtschaftsrats sowie bestens vernetzter Kommunikator in der Partei, großen Raum ein. In den Briefen ging es fast ausnahmslos um politische Themen. Häufig wurden Interna des CDU-Vorstandes besprochen und von Alphons an Helmut berichtet. Die Korrespondenz offenbart, dass Helmut Horten das politische Geschehen in der Bundesrepublik der 1970er und 1980er von der Schweiz aus nicht nur intensiv beobachtete, sondern auch begleitete.

1976 ging es zwischen den beiden Vettern um ein pikantes Thema. Einer jener Politiker, die immer wieder Gegenstand der Diskussionen zwischen den beiden waren, war der CDU-Generalsekretär Kurt Biedenkopf. Der bekleidete dieses Amt von 1973 bis 1977 und erhielt dafür ein über dem eigentlich vorgesehenen Satz dotiertes Gehalt, das mutmaßlich aus nicht korrekt angegebenen und versteuerten Spenden stammte.[163] Dass auch Helmut Horten zu den Spendern gehörte, ist wahrscheinlich. Am 22. Januar 1976 berichtete Alphons an Helmut:

> „Gestern habe ich mich länger mit Kohl unterhalten – teilweise im Beisein von Biedenkopf – und heute mit B. gesprochen. Die Angelegenheit B. ist in Ordnung. Einzelheiten über Art und Umfang können nach Deiner Rückkehr besprochen werden, da die Verpflichtungen erst ab 1.6. beginnen. Bis zu diesem Zeitpunkt ist alles von Kohl abgedeckt."[164]

Unabhängig davon wurden auch andere Interna rund um „unseren Freund B." besprochen.[165] Alphons berichtete seinem Vetter, dass

Ende 1975 ein Telefongespräch zwischen Kohl und Biedenkopf abgehört worden sei. Die Hintergründe lagen zunächst im Dunkeln. Helmut Horten hatte allerdings den richtigen Riecher und vermutete Biedenkopfs eifersüchtige Ehefrau dahinter, „zur Überwachung der Amouren ihres Mannes".[166] Die Biedenkopf-Ehe wurde dann zwei Jahre später geschieden.

Dass Horten aber nicht nur Beobachter war, sondern auch aktiv einzuwirken versuchte, zeigen die weiteren Zeilen von Helmut Hortens Brief:

> „Es muss also damit gerechnet werden, dass die Tatsache nunmehr an die Öffentlichkeit dringt, wahrscheinlich mit dem richtigen ‚timing' kurz vor dem Wahlkampf, wodurch Biedenkopf dann natürlich ungeheuer lächerlich gemacht wird. Ich empfehle doch, bei der zuständigen Stelle [vermutlich Helmut Kohl; Anm. der Verf.] auf diese Tatsache hinzuweisen."[167]

Nach der knappen Niederlage Kohls bei der Bundestagswahl 1976 machten sich die beiden Hortens eingehend Gedanken darüber, wer die CDU in Zukunft effektiver führen könnte. Auch über einen Austritt der FDP aus der Regierungskoalition mit der SPD wurde spekuliert und spätestens 1978 auch damit gerechnet. Schließlich sahen beide in Franz Josef Strauß, der Helmut Horten so viele Jahre verbunden war, einen geeigneten Oppositionsführer. Biedenkopf war stark in der Gunst der beiden gesunken („Er ist für mich im Grunde ein zweiter Hallstein, der auch immer das Richtige formuliert und versucht, aber nicht genügend einkalkuliert hat.").[168]

Wie so viele andere politische Akteure unterschätzten Alphons und Helmut Horten die Durchsetzungskraft Helmut Kohls. Im Bundestagswahlkampf 1980 hatte man naheliegenderweise Strauß unterstützt. Als Kohl 1982 jedoch Bundeskanzler wurde, konnten sich die Hortens trotz der Wunschkoalition mit der FDP nicht für ihn erwärmen. Sie sahen gar eine große Gefahr für die CDU durch Kohls Ränkespiele und Machtkonzentration. Nur wenige Tage vor Helmut Hortens Tod schrieb ihm sein Vetter eine schonungslose

5 · Der Herr im „Paradies der Damen" (1951–1968)

Analyse des Bundeskanzlers, zu dem es allerdings „keine Alternative" gebe.[169] Bis in seine letzten Tage blieb Horten politisch interessiert und mit Hilfe von Alphons' Briefen und Kontakten in die Parteispitze auf dem Laufenden.

* * *

Für Helmut Horten markierten die Jahre zwischen 1951 und 1968 einen rasanten Aufstieg. Vom lokal bedeutenden Kaufhausbesitzer hatte er sich zum Herrn des viertgrößten Warenhauskonzerns der Bundesrepublik entwickelt. Er war der patriarchalische Lenker eines Konzerns, der ganz auf ihn zugeschnitten war. Horten war das Unternehmen und das Unternehmen war Horten. Seine Kontakte reichten gemäß seiner Bedeutung tief in die wirtschaftlichen, gesellschaftlichen und politischen Strukturen des Landes hinein. Sein Aufstieg begann mit den risikoreichen Käufen der Merkur AG und der Emil Köster AG. Doch sein Erfolg ließ sich keineswegs darauf beschränken. Er verstand es als geschickter und leidenschaftlicher Verkäufer, sein Unternehmen stets entlang der Markterfordernisse der Zeit auszurichten. Wenn neue Warengruppen Umsatz versprachen, dann nahm er sie in sein Sortiment auf. Wenn eine bauliche Veränderung mehr Profit bedeutete, dann ließ er sie umsetzen. Wenn eine Veränderung der Rechtsform günstig erschien, dann ließ er sie durchführen. Und wenn es Kontakte in die Politik für die notwendige Rückendeckung brauchte, dann nutzte er diese durch seinen finanziellen Gestaltungsspielraum. Am Ende der 1960er Jahre stand Horten vor einem neuen Kapitel seines Lebens. Der Geschäftsmann wurde zum Privatmann.

Kapitel 6
Absprung ins Privatleben
(1968–1987)

Arbeit und Leben waren in Helmut Hortens Leben eng verbunden. Dafür sprach bereits, dass seine wichtigsten Unternehmungen alle seinen Namen trugen. Dass er bei ihnen stets im Mittelpunkt stand und alle Entscheidungsstrukturen bei ihm zusammenliefen, wurde im vorangegangenen Kapitel umfassend beleuchtet.

Dieser Zuschnitt des Konzerns auf die Person und die Persönlichkeit des Chefs hatte aber auch einen gravierenden Nachteil, den Horten 1966 am eigenen Leibe zu spüren bekam. Er erkrankte ernsthaft. Zeitweise wurden innere Blutungen in Folge einer Medikamentenunverträglichkeit so stark, dass er um sein Leben fürchten musste. Doch so weit kam es nicht. Er erholte sich wieder. Aber was wäre gewesen, wenn Horten, ohne seine geschäftlichen Angelegenheiten zu regeln, gestorben wäre? Diese Frage musste er sich stellen. So wurde die Krankheit der Auslöser für die Entscheidung, sich langsam aus dem aktiven Geschäft zurückzuziehen. Würde er weiter das Zentrum des Konzerns bleiben, würden Rückzug, Erholung und letztlich auch der Genuss der Früchte der jahrelangen Arbeit kaum möglich sein. Um ein Privatleben führen zu können, musste sein Berufsleben enden oder zumindest auf ein Minimum reduziert werden.

Die Gründung der Horten AG, die schon nicht mehr seinen Vornamen trug, war der entscheidende Schritt. Er hatte viel Vorlauf, war wohl geplant und verband persönliche mit geschäftlichen Aspekten. Zugleich war der damit vorbereitete und wenig später vollzogene teilweise Rückzug der Aufstieg Helmut Hortens zum Milliardär.

Eng verbunden mit der Gründung der AG war der Umzug in die Schweiz. Er war ein integraler Schritt hin zu Hortens Absprung.

6 · Absprung ins Privatleben (1968–1987)

Die Distanz zur Bundesrepublik war für den Unternehmer, dem es stets wichtig war, dass Horten ein „deutsches Unternehmen" blieb, jedoch kein Garant für Zurückgezogenheit und ein Leben abseits der Schlagzeilen. Der Umzug, der für ihn erhebliche Steuervorteile mit sich brachte, bescherte ihm einen Ruf, den er nie wieder loswurde. Horten, der „Steuerflüchtling" – dieser Vorwurf nagte an ihm. Er versuchte, sich zu wehren.

Fehden mit der Presse wurden nun zu einem Dauerthema. Nicht immer bewies er dabei Geschick. Insbesondere die „Helmut-Horten-Story" des *Stern* aus dem Jahr 1971 prägte sein öffentliches Image. Der Artikel und vor allem die Bilder, die ihn und seine Frau Heidi in – inszenierten – privaten Momenten zeigten, offenbarten unbekannte Seiten des Unternehmers. Nach Erscheinen des Artikels war nichts mehr, wie es gewesen war. Von da an ließ das Paar nie wieder Journalisten derart nah an sich heran. Horten wehrte sich gerichtlich gegen die „Helmut-Horten-Story" und andere Berichterstattungen.

Die späten Jahre waren geprägt von Krankheitsängsten und einem fortschreitenden Rückzug aus Geschäft und Öffentlichkeit. Nur noch selten hörte man von ihm. Doch für enge Freunde und Vertraute hatte er bis zuletzt ein offenes Ohr. Als sein Vermächtnis sah er die Warenhäuser mit seinem Namen in den deutschen Innenstädten an. Doch dieses Vermächtnis begann bereits zu bröckeln.

Geld machen:
Gründung der AG und Börsengang

1968 machte Horten Kasse. 14 Jahre lang hatte er seiner Firma keine Gewinne entnommen, nur das Gehalt bzw. eine feste Tantieme als Geschäftsführer in Höhe von schließlich ca. einer Million DM jährlich bezogen. Die Gewinne hatte er in die Expansion reinvestiert. Im Februar 1960 hatte er das ursprüngliche Stammkapital von 10 Millionen DM auf 80 Millionen DM erhöht. Im Mai 1963 folgte eine weitere Erhöhung auf nun 150 Millionen DM.[1] Zu Hortens Ge-

Geld machen: Gründung der AG und Börsengang

schäftsführergehalt kamen zwar Zuflüsse aus persönlichen Unterbeteiligungen einzelner Firmen an der Helmut Horten GmbH. Doch das Gros verblieb auch hier unter dem Dach der GmbH.

Die Gründung der AG war in Verbindung mit dem Umzug in die Schweiz Hortens Exit-Strategie. Beides hatte eine Vorgeschichte. Horten führte selbst eine schwere Krankheit als ausschlaggebend für die Gründung der AG an, die ihn habe nachdenklich werden lassen. 1967, kurz nach der Hochzeit, reagierte er auf ein Antibiotikum allergisch und bekam eine schwere, lebensbedrohliche Darmblutung. Das war ein Anstoß, seine Verhältnisse besser zu regeln und für die Zeit nach seinem Ableben Vorsorge zu treffen, für sein Unternehmen und für seine Frau, mithin also die GmbH in eine AG umzuwandeln und damit seinen Konzern von seiner Person zu entkoppeln und handel- und verwertbar zu machen.

Im September 1968 wurde die Helmut Horten GmbH – gegen den Trend wegen der vielen Unternehmen lästigen Publizitätspflicht[2] – in eine Aktiengesellschaft umgewandelt. Beides sind Kapitalgesellschaften. Bei einer Umwandlung einer GmbH in ein AG wird das Grundkapital in Einzelpapiere zerlegt und damit der Verkauf und die Kapitalbeschaffung über die Veräußerung erleichtert. Dies kann mit der Absicht zusammenhängen, kurzfristig Geld für Investitionen zu beschaffen, oder einen steuerlich vorteilhaften und unkomplizierten Verkauf vorzubereiten. Die letzte Option traf auf Horten zu. Dies geschah vergleichsweise spät. Andere Kaufhauskonzerne waren längst oder seit jeher Aktiengesellschaften gewesen. Diese Gesellschaftsform ermöglichte es im investitionsintensiven Einzelhandel, an den Märkten Geld einzusammeln, wenn es nötig war. Zunächst blieb es auch jetzt bei der Konzentration auf Hortens Person: Alleinaktionär war Helmut Horten. Aber die Namensgebung der am 26. September 1968 gegründeten Horten AG bedeutete einen ersten Schritt der Abkopplung vom Gründer. Dessen Vorname, der bis dahin stets auch in GmbHs und KGs präsent gewesen war, entfiel.[3]

Die Deutsche Bank, mit der Horten seit vielen Jahren verbunden gewesen war, sollte bei der Umwandlung der Helmut Horten

GmbH in die Horten AG eine führende Rolle einnehmen. Ihr oblag die Aufgabe, als Emissionsbank die Aktien auszugeben und Großaktionäre in ihren Reihen zu finden, die das nötige Kapital besaßen, um sich groß bei Horten einzukaufen. Im Februar 1966 zirkulierten im Vorstand der Deutschen Bank erste Planspiele für die Platzierung der Aktien und die Ansprache möglicher Großaktionäre. Um in den involvierten Abteilungen der Bank nicht unnötige Gerüchte zu streuen, war in dem Gutachten von „Gesellschaft X" die Rede, wobei jedem aufmerksamen Leser klar werden musste, dass es sich um die Helmut Horten GmbH handelte. Zunächst galt es zu klären, ob sich die Deutsche Bank überhaupt an diesem Emissionsgeschäft beteiligen sollte. Denn die zu erwartenden Margen waren eher gering. Doch es bestehe begründete Hoffnung, so das Gutachten, dass man nach der Umwandlung in die AG auch von der persönlichen Vermögensverwaltung von Helmut Horten profitieren könnte.[4] So engagierte man sich weiter in dem Projekt. Die beteiligten Banker arbeiteten bereits einen Zeitplan für die Platzierung und Emission der Aktien aus. Horten sollte nach den Plänen des Geldinstituts als Vorsitzender des Aufsichtsrates weiter für die Kontinuität des Unternehmens stehen.[5]

Das Gutachten kam zu dem Ergebnis, dass keinesfalls eine Platzierung der gesamten Aktien zu empfehlen sei. Dies hätte die Kapitalmöglichkeiten des deutschen Aktienhandels Ende der 1960er Jahre erheblich überstrapaziert und damit ausländische Investoren auf den Plan gerufen. Dies gelte es nach dem Willen des Bundeswirtschaftsministeriums, wo die Banker bereits vorgesprochen hatten, zu vermeiden. Folglich wurde nach bundesdeutschen Kandidaten für die Übernahme größerer Pakete gesucht.

Dafür kamen nur die finanzkräftigsten Unternehmen und Privatleute infrage. Hortens Preisvorstellungen, der inzwischen mit dem Wunsch der Umwandlung offiziell an das Institut herangetreten war, waren durchaus ambitioniert. Sie schreckten jedoch keineswegs ab. Im August 1969 hinterlegte Herbert Quandt für die Quandt-Gruppe sein Interesse. Aus dem Kauf des Aktienpakets wurde allerdings nichts. Denn Quandt wollte nur einsteigen, wenn er auch die Mehrheit der Aktien kaufen konnte.⁶ Dazu war Horten allerdings nicht bereit – noch nicht.

Vor der Umwandlung entnahm Horten zehn Millionen DM, anschließend genehmigte er sich eine Dividende von 18 Prozent des Aktienkapitals in Höhe vom um 50 Millionen aufgestockten Grundkapital von 250 Millionen DM – also 45 Millionen DM –, ferner einen Bonus von zwölf Prozent in Höhe von 30 Millionen DM. Zusammen machte das satte 75 Millionen DM, was sich für das Unternehmen jedoch steuerlich günstig auswirkte. Hortens Griff in die Unternehmenskasse führte zu allseitiger Verwunderung. Vorstand Fritz Seydaack beruhigte aber alle, dass sich das nicht wiederholen würde und Horten nicht plane, seine Aktien zu verkaufen.⁷ Die genauen Hintergründe kannten nicht einmal die engsten Mitarbeiter. Nur Hans Winschuh, der Prokurist der Helmut Horten GmbH, war in die weiteren Pläne seines Chefs eingeweiht.

1969 gab Horten trotz der öffentlichen Zusicherung, dies nicht vorzuhaben, 25 Prozent der Aktien zum Preis von 230 DM je 50-Mark-Aktie an eine Bankengruppe, bestehend aus Deutsche Bank und Commerzbank. Dieser Preis lag im Mittelfeld der Aktienwerte des Börsenjahres 1969. Im Hintergrund hatte der Vorstand der Deutschen Bank, Hortens Freund und Ratgeber Heinz Osterwind, entsprechend Einfluss genommen.⁸

Auch nach der Umwandlung des Imperiums in eine AG blieb Horten zunächst „Alleinherrscher". Er wurde Vorsitzender des Aufsichtsrates, hatte damit weiter alle Zügel in der Hand und leitete die Hauptversammlung. Kein geschäftlicher Vorgang über einem Volumen von 500.000 DM durfte ohne Einverständnis des Aufsichtsrats und seines Vorsitzenden erfolgen. Die Deutsche Bank und die Commerzbank hielten zusammen, im Verhältnis von 75 Prozent zu 25 Prozent, über die Gemeinschaftsgründung Deutsche Gesellschaft für Anlagenverwaltung mbH (DEGAV) 25 Prozent an der AG. Sie konnten daher durch Fernbleiben von der Jahreshauptversammlung eine Sperrminorität nur gemeinsam ausüben. Seydaack dementierte nun erneut, dass ein weiterer Verkauf von Hortens Anteilen geplant sei.⁹ Das war wiederum nicht richtig. Horten sondierte mit dem amerikanischen Handelsunternehmen Sears, Roebuck and Company. Trotz eines lukrativen Angebots von bis zu 300 DM je Aktie kam es aber nicht zum Abschluss. Über die Gründe wurde entweder berichtet, Horten wolle seinen Konzern nicht parzellieren, oder er wolle ihn nicht amerikanisieren. Er wurde mit folgenden Worten zitiert: „Ich wünsche, daß meine Firma deutsch bleibt, meinen Namen trägt und von Deutschen geleitet wird."[10] Diese Ansicht teilte Horten mit vielen erfolgreichen Unternehmern seiner Generation. Dem Land seines Aufstiegs fühlte er sich verbunden. Hinzu kam, dass er kaum Managementerfahrung außerhalb des bundesdeutschen Marktes hatte, sieht man von den wenigen Geschäftsreisen in die USA ab.

Unter Führung der ihm vertrauten Deutschen Bank und Commerzbank ließ Horten dann den Börsengang von weiteren 50 Prozent des Aktienkapitals vorbereiten, wobei „bewährte Mitarbeiter und Freunde" bevorzugt bedacht wurden, insgesamt mit 20.000 Aktien.[11] Die pro Stück wieder 230 DM kostenden Aktien wurden mehrfach überzeichnet. Der „Telefonkurs" schnellte auf 280 bis 290 DM hoch. Doch noch vor der ersten amtlichen Notierung Anfang Januar 1970 sackte der Kurs auf 235 DM ab. Die Käufer, die gerade im Falle der Deutschen Bank nur Minipakete erhalten hatten, stießen diese umgehend wieder ab.[12] Bis Sommer verbilligte sich die Aktie dann um 18 Prozent. Bei Horten verwies man darauf, dass sie im Vergleich zu Karstadt (27 Prozent), Kaufhof (24 Prozent) und Neckermann (38 Prozent) weniger stark gesunken sei. An der Ausschüttung für 1969 nahmen die Aktionäre noch nicht teil, da Horten sich ja bereits bedient hatte. Immerhin sah die zukünftige Dividende mit 18 Prozent für 1970 einigermaßen rosig aus.[13] Trotzdem gab es auf der ersten Aktionärsversammlung der Horten AG Ärger. 800 der über 100.000 Publikumsaktionäre waren erschienen und fragten nach Hortens Gebaren. Horten salvierte den Vorstand, der an den Verhandlungen nicht beteiligt gewesen sei. Aber im Endeffekt gab er auf derlei Anfeindungen nicht viel. Er war bereits unumkehrbar auf dem Rückzug.

50 Prozent waren also nun in Streubesitz, 25 Prozent bei den Banken, so dass Horten noch ein Viertel hielt, das er mit den Bankbeteiligungen poolte. Er blieb einstweilen Aufsichtsratsvorsitzender.[14] Angesichts der ganzen Konzerngeschichte und der herausgehobenen Stellung wenig verwunderlich, ging weiter nichts ohne oder gar gegen Horten in der AG.

Ende 1971 machte er dann den endgültigen Schnitt und trennte sich von seinen restlichen Anteilen. Für ca. 280 Millionen DM verkaufte er – nun weniger patriotisch – seine Anteile an den britischen Tabakkonzern B.A.T., der nun größter Aktionär wurde. 1972 schied Horten aus dem von ihm begründeten Konzern ganz aus. Den Schrumpfungskurs des einst von Karstadt gekommenen Vorstandssprechers Bernd Hebbering,[15] Nachfolger seines Vertrauten Fritz Seeydack, verfolgte er, der immer auf wagemutige Expansion gesetzt hatte, missmutig. Mittlerweile war Horten zum Milliardär geworden. Denn schon aus den Aktienverkäufen an die beiden Großbanken und an das Publikum hatte Horten zwischen 745 und 850 Millionen DM erzielt.[16]

Der einstige Konzernherr hinterließ ein gut bestelltes Haus bzw. 51 Zweigniederlassungen, davon 28 Horten-Warenhäuser, 16 Merkur-Warenhäuser und sieben DeFaKa-Kaufhäuser. Die Verkaufsfläche erstreckte sich auf 390.000 qm. 1969 hatte die AG rund 28.000 Mitarbeiter, 70 Prozent davon weiblich. 8,7 Prozent gehörten zu den Führungskräften, vom Substitut über den Abteilungsleiter, Geschäftsführer und Zentraleinkäufer bis zum Vorstand. 4.750 der Beschäftigten arbeiteten in Teilzeit. Pro Kopf setzten die Mitarbeiter in den Häusern durchschnittlich 97.200 DM pro Jahr um, der Gesamtumsatz belief sich auf knapp über zwei Milliarden DM. Die Bekleidung führte dabei das Geschäft mit 40,7 Prozent an, vor Hartwaren und Heimtextilien mit 34,3 Prozent und Lebens- und Genussmitteln sowie Gastronomie mit 25 Prozent. Es konnte damit ein Jahresüberschuss von 76 Millionen DM erzielt werden und eine Dividende von 18 Prozent, das waren neun DM je 50-Mark-Aktie, insgesamt 45 Millionen DM. Die Vorstandsmitglieder erhielten Bezüge von knapp zwei Millionen DM. Das

6 · Absprung ins Privatleben (1968–1987)

Grundkapital am Jahresende belief sich nach viermaliger Aufstockung, auch dank des 14-jährigen Verzichts auf Entnahmen seitens Hortens, auf 250 Millionen DM. Das war durchaus beachtlich. Auch der wesentlich größere Konkurrent Karstadt hatte 1969 nur 270 Millionen Grundkapital.[17] Pensionsrückstellungen von 51.800.000 DM ließen ebenso wie weiteres Wachstum trotz der anziehenden Inflation nach den Boom-Jahren eine gesicherte Entwicklung erwarten.[18]

Nachdem Horten Anfang 1972 aus seiner AG ausgeschieden war, widmete er sich vorrangig, und dies sehr erfolgreich, der Mehrung seines Vermögens. Wie sein Vetter Walter Horten bemerkte, habe es Horten stets verstanden, aus „Geld noch mehr Geld" zu machen.[19] Die 1,2 Milliarden DM, die er in die Schweiz transferiert hatte, konnte er durch geschickte Anlagen auf 3,5 Milliarden DM steigern. Unter anderem setzte er erfolgreich auf den Dollar, auf Gold und Aktien von der Wall Street. Auch der Anstieg des Franken und seine wertvollen Liegenschaften kamen Horten zupass. Horten verwaltete – und das hieß bei ihm: vergrößerte – mit seinen Mitarbeitern beständig sein Vermögen. Auch dabei ging er ins Risiko, so wie er es als Unternehmer immer wieder getan hatte. An der Spitze der zehnköpfigen privaten Vermögensverwaltung stand der Jurist Hans-Dietrich Schwahn, der 1955 bei der von Horten gegründeten Emil Köster KGaA, welche die DeFaKa-Kaufhäuser betrieb, als Justitiar eingestiegen war. 1958 wurde Schwahn Justiziar bei den Merkur-Kaufhäusern, die Horten ja ebenfalls erworben hatte, und 1961 im Horten-Konzern in Düsseldorf. Als Horten privatisierte, wurde Schwahn sein Generalbevollmächtigter mit dem Auftrag, Hortens private Vermögensverwaltung in der Schweiz aufzubauen. Auch nach seinem altersbedingten Ausscheiden 1986 behielt Schwahn die Generalvollmacht. Horten hatte mit ihm also einen langjährigen loyalen Begleiter um sich, der wie er im kleinen und noblen Ort Villalta im Schweizer Tessin ein Anwesen erwarb und zu dem ein enges Vertrauensverhältnis bestand. Sein monatliches Gehalt stieg analog zur Entwicklung des Index der Verbraucherpreise von 20.000 Schweizer Franken im Jahr 1971 auf 35.000

Franken im Jahr 1986. Hinzu kamen verschiedene Versicherungen und Versorgungszusagen.[20]

Sein Nachfolger wurde der promovierte Volkswirt Hans Georg Lerch, der vom Schweizerischen Bankenverein kam. Lerch fand eine akkurat organisierte Verwaltung mit vierteljährlicher Überprüfung vor. Er kümmerte sich besonders um die Liegenschaften, das Personal und die Steuern. Mit den Anlagen befasste sich operativ ein weiteres Büro in Basel. Auch Lerch erlebte Horten als wenig nahbaren, aber charismatischen, klar denkenden, strukturierten, zielorientierten und sachlichen Chef.[21]

Wenn Horten sich allein schon aus steuerlichen Gründen verpflichtet hatte, in der Schweiz keiner Erwerbstätigkeit mehr nachzugehen, und deswegen allerlei Offerten ausschlug, so heißt das nicht, dass er nicht im Hintergrund großer Deals bisweilen noch die Fäden zog – so etwa, als sein ebenfalls in die Schweiz emigrierter Golfpartner, der Gründer der Metro Otto Beisheim, bei der Kaufhof AG einstieg.[22] 1996 verschmolz die Metro AG dann mit der Kaufhof AG, die bis 1994 bereits die Horten AG übernommen hatte. Da war der Gründer Helmut Horten schon tot. Sein Erbe ging zu einem Teil an die von ihm gegründeten österreichischen und schweizerischen Stiftungen, zum Großteil aber an seine Frau mit dem Ziel, das Vermögen später in die Helmut Horten Stiftung in Agno einzubringen. Der Testamentsvollstrecker war, wie von Horten vorgesehen, sein engster Vertrauter Hans-Dietrich Schwahn, der diese Aufgabe auch bis 1992 wahrnahm. Er folgte Horten als Präsident im Vorsitz der drei Stiftungen nach.

Lex Horten:
„Steuerflucht" ins Tessin

Das Jahr 1968 markierte in Hortens Biografie vielschichtige Wendepunkte. Es begann mit dem Rückzug aus seinem Konzern. Die Schaffung der Horten AG und seine Gratifikationen machten ihn zum Milliardär. Schließlich prägte die Übersiedlung in die Schweiz im selben Jahr eine bis heute verhaftete Zuschreibung: Horten, der „Steuerflüchtling".

Seit jeher hatte Horten es verstanden, dem Fiskus nach Möglichkeit nur so viel zuzugestehen, wie nach maximaler Ausdehnung der Gesetze zu seinen Gunsten notwendig war. Steuern waren Kosten. Und die gilt es zu senken, wenn der Kaufmann Erfolg haben will. Horten machte keinen Hehl aus seiner offenen Ablehnung gegenüber den Finanzämtern. Zum Neubau des seiner Meinung nach üppig ausgestalteten Duisburger Finanzamtes schaltete er Zeitungsanzeigen mit dem spöttischen Grußwort: „Zu der Einweihung des neuen, eleganten Finanzamtes Duisburg-Süd haben auch wir, der Einzelhandel in Duisburg, unser ‚bescheidenes' Scherflein beigetragen, um künftig bei der ‚Behebung unserer Sorgen' in wunderbar gestalteten, lichtvollen Räumen empfangen zu werden."[23] Das war offensiv, ja frech, aber auch nicht verboten oder gar rechtswidrig. Ähnlich sah auch Hortens Weg in die Schweiz aus.

Beim Umzug von Düsseldorf-Lohausen ins waldreiche Tessin Mitte Dezember 1968 wurden nicht nur Hortens private Gegenstände, Kunstwerke und Jagdwaffen sorgsam in Kisten verstaut. Auch sein Vermögen wurde mit in die Schweiz transferiert, während die Konstituierung der AG und die Monetarisierung seines Lebenswerks im Gange waren. Es führte zu großer Erregung, als bekannt wurde, dass Horten durch die Kombination beider Schritte dem deutschen Fiskus rund 250 Millionen DM vorenthalten konnte. Bereits im September 1968 hatte Horten einen Ausländerausweis erhalten, der einen Wohnsitz voraussetzte, seit dem 1. Oktober 1968 unterlag er der schweizerischen Besteuerung.[24]

Der Umzug hatte eine Vorgeschichte. Bereits 1963 hatte Hans Winschuh bei seinem Eintritt in die Helmut Horten GmbH als Prokurist seinem Chef empfohlen, eine Übersiedelung in die Schweiz zu erwägen, um „legal erhebliche Steuern sparen zu können".[25] Damals hatte Horten abgelehnt und darauf verwiesen, lieber in der Bundesrepublik bleiben zu wollen. 1966 erkrankte der Konzernchef dann schwer. Die Phase der Erholung gab ihm Gelegenheit, über die Zukunft nachzudenken. Er ließ Winschuh zu sich ans Krankenbett kommen und beide nahmen die Überlegung wieder auf, dass Horten in die Schweiz umzog.

Ausschlaggebend waren neben der eigenen Gesundheit und der seiner Frau, deren Bronchien „stark unter der Düsseldorfer Luft" litten, noch andere Erwägungen.[26] Dass sich sein Prokurist und nicht sein Leibarzt um den Umzug bemühte und zum großen Planer wurde, offenbart, dass geschäftliche Überlegungen eine wichtige Rolle spielten. Horten war zur Erkenntnis gelangt, dass sich die große Zeit der Warenhäuser, in der er große Gewinne erzielt und sein Unternehmen begründet hatte, allmählich dem Ende zuneige. Zudem sah er die Gefahr politischer Spannungen und Konflikte in der Bundesrepublik („Der Sozialismus wird immer stärker"). Doch er war auch persönlich bedroht. Sein Name fiel fast immer, wenn es um grenzenlosen Reichtum und skrupellose Geschäftspraktiken im Einzelhandel ging. Im 68er-Klima wurde in vielen Städten gegen Warenhäuser und gegen Horten persönlich demonstriert. Er wurde zum Opfer krimineller Machenschaften. So wurde er 1967 von drei Personen erpresst und bedroht und führte zeitweilig eine Pistole mit sich. Zwei Erpresser konnten gefasst und Sprengstoff- und Waffendepots sichergestellt werden.[27] Mit Hans Winschuh, der ihm bereits Jahre zuvor zur Auswanderung geraten hatte, besprach er all jene Punkte in diesen für Horten schweren Tagen der gesundheitlichen Beeinträchtigung. Diese lagen auf der Hand. Schließlich galt es, den Konzern umzubauen und so zu gestalten, dass die Übersiedlung auch aus wirtschaftlicher Sicht sinnvoll wurde. In den folgenden zwei Jahre bis 1968 plante Winschuh generalstabsmäßig die wirtschaftlich notwendigen Schritte des Umzugs, die vorrangig in der Umfirmierung von Unternehmen und Beteiligungen des Horten-Imperiums bestanden. Die AG war aus Winschuhs Sicht der zentrale Schritt auf diesem Weg. Als diese 1968 gegründet wurde, waren selbst die Vorstandsmitglieder nicht genau über die Hintergründe im Bilde. Nur Horten und Winschuh wussten, was hinter der Umwandlung stand. Die Wohnsitzverlagerung und der Verkauf des Aktienanteils waren zwei Seiten derselben Medaille. Am 30. Dezember 1968 meldete sich das Ehepaar Horten beim Einwohner-

6 · Absprung ins Privatleben (1968–1987)

meldeamt in Düsseldorf ab und in Madonna del Piano im Tessin an.[28] Die Hektik, die im Finanzamt Düsseldorf-Nord nach der Mitteilung Hortens über seinen Wegzug geherrscht haben muss, lässt sich nur erahnen.

Horten war in der Schweiz nur mit seinen jährlichen Kapitalerträgen mit 30 Prozent steuerpflichtig. Da er aber im Tessin keinem Erwerb nachging, brauchten die Erträge der Vermögensverwaltung nicht als Einkommen versteuert zu werden. Stattdessen zahlte er eine Pauschalsteuer auf seinen jährlichen Aufwand für die Lebenshaltung von zunächst nur einer, später dann acht Millionen DM an den Kanton und den Bund.[29] Sowohl bei der Suche nach einem geeigneten Grundstück und dessen Erweiterung als auch bei der Einrichtung der neuen Steuerkonstruktion sowie der sofortigen Erteilung einer Daueraufenthaltsgenehmigung auf Lebenszeit, auf die Ausländer normalerweise lange warten mussten, hatte der Tessiner Anwalt und Präsident des Bankrates der Schweizerischen Nationalbank, Brenno Galli, Horten entscheidend geholfen. Galli besaß erstklassige Verbindungen. So war er über die ehemalige gemeinsame Kanzlei und die Freisinnig Demokratische Partei mit dem Bundesrat Nello Celio, der 1972 als Bundespräsident amtierte, verbunden, ebenso mit Bixio Celio, dem Vorsteher des Finanzdepartments des Kantons Tessin, der öffentlich ganz ungeniert auf die kommende üppige Erbschaftssteuer beim Ableben Hortens hinwies.[30] Die Schweizer Sozial- wie auch Christdemokraten kritisierten ebenso wie weite Teile der Schweizer Presse den Steuerdeal und drangen auf höhere Steuern für Horten.[31] Die Gallis aber arbeiteten in dynastischer Abfolge für Horten: Brennos Sohn Antonio war Hortens Steuerberater, Anwalt und Notar im Tessin und eröffnete nach dessen Tod das Testament, Antonios Sohn Francesco sitzt heute im Stiftungsbeirat der Helmut Horten Stiftung in Agno.[32]

In der Bundesrepublik waren die Veräußerungsgewinne aus den Verkäufen seiner Aktien der Horten AG, so Hortens Kalkül, dank des deutsch-schweizerischen Doppelbesteuerungsabkommens und des Wohnortsprinzips nicht steuerpflichtig. Der Verkauf der vormaligen GmbH hätte dagegen wegen des Betriebsstättenprinzips bei dieser Gesellschaftsform mit 53 Prozent versteuert werden müssen. Die Umwandlung der GmbH in eine AG war nach dem deutschen Umwandlungsgesetz keiner Besteuerung unterworfen.[33] Horten war kein Amateur und hatte seine Schritte genau geplant. Mit der Entrichtung von 11 Millionen DM Vermögenssteuer und 20 Millionen DM Körperschaftssteuer im Dezember 1968, die auf Grund eigener Berechnungen ohne Steuerbescheid von Horten verfügt wurden, sah er seine Steuerschuld restlos beglichen.[34]

Die deutschen Steuerbehörden und der Bundesfinanzminister Alex Möller (SPD) versuchten gleichwohl noch zuzugreifen. Dies führte zu einer längeren Auseinandersetzung mit Horten, der wieder einmal ein Steuerschlupfloch legal genutzt hatte; in der Öffentlichkeit galt er seither als „Steuerflüchtling". Auf seine Steuererklärung für das Jahr 1968 erhielt er zunächst einmal keinen Steuerbescheid. Die Gespräche zwischen dem Finanzamt Düsseldorf-Nord, dem Finanzministerium NRW und dem Bundesfinanzministerium wurden über das ganze Jahr 1969 von Hortens Seite von Hans Winschuh geführt, ohne dass die Finanzbehörden eine Entscheidung fällten. Am 4. Juni 1970 kam es zu einem emotionalen Zusammentreffen der Streitparteien im Finanzamt Düsseldorf-Nord. Winschuh konfrontierte die anwesenden Amtsleiter mit dem Vorwurf, dass bis dato keine stichhaltige rechtliche Begründung für die Unrechtmäßigkeit von Hortens Vorgehen vorgebracht worden sei. Tatsächlich waren die Finanzbeamten in einer schwierigen Situation: Sie wussten um die politische Brisanz des Falles, hatten aber offenbar keine Handhabe zur Begründung ihrer Forderung. „Über die Rechtsauffassung der FinVerw könne sachlich nicht diskutiert werden", leiteten die Beamten das Gespräch ein.[35] Sie versuchten gar nicht erst, über die rechtlichen Hintergründe zu streiten. Winschuh platzte der Kragen und er warf seinem Gegenüber Willkür vor. „Meine Herren, was ist das?", fragte er in die Runde. Darauf habe, so Winschuh in seiner Notiz, der Regierungsdirektor Dr. Werkmeister vom Finanzamt Düsseldorf-Nord den Ausspruch „Nazi" in dem Wortgefecht „scherzhaft dargebracht".[36] Ob sich die

Beschimpfung gegen Winschuh oder Horten richtete, ergibt sich aus der Notiz nicht. Fest steht aber, dass die Atmosphäre damit vergiftet war.

Horten beauftragte den pensionierten Hamburger Senatsdirektor Aloysius Schmitz, einen SPD-Mann, mit einem Gutachten zur Steuercausa, das ihm recht gab. Hortens Freund Willi Weyer, Innenminister für die FDP in Düsseldorf, fädelte ein Treffen im Haus von Finanzminister Möller ein, das am 8. Juli 1970 stattfand. Geladen waren neben Weyer und Möller der nordrhein-westfälische Finanzminister Hans Wertz (SPD) und eben Horten, worüber Möller offenbar nicht informiert war. Möller kam wegen eines Unwetters später, er hielt Horten für einen Referenten Weyers. Möller entfaltete dann seinen Vorschlag: Horten solle 150 Millionen DM in die geplante Conterganstiftung einbringen. Nun ergriff Horten das Wort und erklärte dem verdutzten Möller, dass er höchstens 50 Millionen DM zahlen werde. Möller empfand Hortens Angebot als schäbig. Er versuchte, mit einem Kompromiss über einen Steuerbescheid von 100 Millionen DM weiterzukommen, doch Horten bestand darauf, er sei in Deutschland nicht mehr steuerpflichtig. Sein Vermögen gehe jedoch später an die Düsseldorfer Stiftung „Gemeinnützige Einrichtung zur Förderung des Gesundheitswesens in der Bundesrepublik auf dem Gebiet der Heilbehandlung und der Krankenpflege". Möller verwies auf Hortens junge Ehefrau. Sie war tatsächlich Vorerbin, so dass die Stiftung erst nach ihrem Tod zum Zuge gekommen wäre. Es gebe aber, so versicherte Horten, eine Sicherungsklausel, dass das Vermögen nicht von ihr und einem späteren Mann durchgebracht werde. Man wurde sich nicht einig und der stets verschlossene Horten dementierte sogar die Zusammenkunft gegenüber der *Zeit*. Er ließ jedoch das Schmitz-Gutachten an Finanzbeamte verteilen.[37]

Unmittelbar nach dem ergebnislosen Treffen wandte sich Finanzminister Möller an seinen Duzfreund, den Vizepräsidenten des Bundesverfassungsgerichtes, Walter Seuffert, mit der Bitte um Einschätzung, ob man einen Vergleich anstreben solle oder den Gang durch die juristischen Instanzen. Er sei, so schrieb Möller, in "einem inneren Zweifel, was zu tun richtig ist. Ich habe uneingeschränktes Vertrauen zu Deiner Sachkenntnis und Urteilsfähigkeit."[38] Seuffert kam zu dem Ergebnis, dass mit dem Umzug in die Schweiz und der danach erfolgten Aktienveräußerung eine „Steuerentstrickung" eingetreten sei und daher das Doppelbesteuerungsabkommen nicht ziehe. Er hielt „eine Steuer zwischen 100 und 200 Millionen" auf alle, also auch die nicht veräußerten Aktien, für angemessen. Damit hätte Horten immer noch 50 Millionen DM Steuern gespart.[39] Möller folgte Seufferts Einschätzung hocherfreut und leitete sie umgehend an seinen Landeskollegen, Partei- und Duzfreund Wertz weiter.[40] Auch Horten legte noch einmal mit einem umfangreichen Nachtrag seines Gutachters Schmitz nach, mit dem er auf das Gespräch in Möllers Wohnung reagierte.[41]

Das Klima wurde dadurch nicht verbessert, dass Seufferts Gutachten unter dem reißerischen Titel „Geheim-Dokument: Steuerflucht Horten" in der Linksaußen-Zeitschrift *konkret* veröffentlicht wurde.[42] Horten vermutete einen Komplott zwischen dem *Stern*, mit er wegen der „Helmut-Horten-Story" über Kreuz lag (siehe unten), und der ebenfalls in Hamburg ansässigen *konkret*. Tatsächlich hatte der frühere *Stern*-Redakteur Peter Neuhauser das Gutachten widerrechtlich weitergegeben.[43] Das brachte auch Möller in Verlegenheit, der das Gutachten *Stern*-Redakteur Manfred Bissinger zum Lesen gegeben hatte. Dieser versicherte aber, es aus anderen Quellen erworben zu haben.[44]

Horten machte noch den Vorschlag zur Güte, 100 Millionen DM sofort in seine Düsseldorfer Stiftung zu geben, wenn damit alles bereinigt sei. In den komplexen Verhandlungen zwischen Hans Winschuh und dem nordrhein-westfälischen Finanzministerium wurden noch größere Zuwendungen bis zum Wert des 25-prozentigen Aktienanteils der Horten AG erörtert. Sogar eine Satzungsänderung der Stiftung wurde miteinander abgestimmt, zwei von fünf Beiratsmitgliedern sollten von der Landesregierung bestellt werden.[45]

6 · Absprung ins Privatleben (1968–1987)

Am Ende kam der Deal – Zuwendungen an die Düsseldorfer Stiftung gegen Verzicht auf Steuerforderung – nicht zustande. Dahinter standen Entscheidungen auf allerhöchster Ebene. Bundesfinanzminister Möller und sein Nachfolger Karl Schiller ließen sich auf eine Abmachung nicht ein. Das Land NRW war durchaus geneigt, die Konstruktion der Zahlung an die Stiftung anzunehmen. Weyers Einwirken war in diesem Punkt nicht ohne Wirkung geblieben. Doch der politische Druck aus Bonn überwog. Die nordrhein-westfälischen Finanzbehörden ermittelten daher eine Steuerschuld von rund 261 Millionen DM auf Grund des Tatbestandes der Entstrickung. Horten war über die Ablehnung seines Angebots derart verbittert, dass er sich entgegen seiner vorherigen Planungen nun auch umgehend vom Rest seiner Aktien trennte und diese an die britische B.A.T. verkaufte. Aus seiner Sicht hatte ihm der Fiskus die Freude am Unternehmer- und Mäzenatentum gänzlich genommen.[46]

Letztinstanzlich wurde die Steuersache erst 1977 vom Bundesfinanzhof in einem differenzierten Urteil geklärt und an das Finanzgericht zurückverwiesen. Im Endeffekt wurden nur zehn Prozent der Veräußerungsgewinne besteuert.[47] Horten hatte also nicht uneingeschränkt, aber doch weitgehend Recht bekommen. Über das Vorgehen gegen ihn und die öffentliche Brandmarkung war er sehr verärgert: „Es gibt 700 Deutsche, bei denen die Dinge ebenso wie bei mir liegen; aber nur gegen mich will man vorgehen, weil ich gerade der Größte bin." Horten verwies zudem darauf, dass Bundesfinanzhof wie Bundesverfassungsgericht anerkannt hatten, dass jeder Steuerpflichtige seine Angelegenheiten so einrichten könne, dass er möglichst wenig Steuern zahlen müsse.[48]

Aus Verärgerung über die öffentliche Steuerjagd auf ihn entschied er nun, die Düsseldorfer Stiftung verdorren zu lassen. Fortan bildete die 1971 gegründete, nach seinem neuen Domizil benannte Stiftung Fondazione Villalata im Tessin sein Hauptaugenmerk, die heute Helmut Horten Stiftung heißt. Sie dient der Förderung medizinischer Forschung und unterstützt unter anderem die entsprechenden Einrichtungen und Lehrstühle der ETH Zürich, die 2017 einen Hörsaal nach Helmut Horten benannte, und der Universität Zürich. Die Stiftung wurde von Horten großzügig ausgestattet, aber das Stiftungskapital darf nicht angegriffen werden, nur die Erträge stehen zur Vergabe zur Verfügung. Der Kanton und die Gemeinde Croglio bzw. der Ortsteil Madonna del Piano profitierten dagegen direkt erheblich von Hortens Zuwendungen, nicht zuletzt für ein modernes Zentrum für Kardiodiagnostik in Lugano. Zudem spendierte Horten zwei Kindergärten 300.000 Schweizer Franken, die Kommune Croglio erhielt Steuern und Spenden und konnte ihr Gemeindehaus modernisieren. Dort galt Horten fortan als der „Grand Tedesco".[49] So richtig integriert scheint er im Tessin allerdings nicht gewesen zu sein, so sprach er auch kein Italienisch. Die Bundesrepublik Deutschland reagierte 1972 mit der Verabschiedung des Außensteuergesetzes. Diese „Lex Horten" sollte verhindern, dass der Fiskus noch einmal beim Wegzug eines Milliardärs fast leer ausging. Es wurde nun der neue Entstrickungstatbestand geschaffen, „der durch eine Veräußerungsfiktion die Verlagerung des Steuersubstrates ins Ausland unterbinden soll".[50]

Horten wurde 1971 von der steiermärkischen Landesregierung, zusätzlich zur deutschen, die von ihm angestrebte österreichische Staatsbürgerschaft verliehen, seine Frau hatte neben ihrer österreichischen 1967 die deutsche Staatsangehörigkeit angenommen. Beide waren also Doppelstaatler. Anzunehmen ist, dass die schlechten Erfahrungen, die Horten zuletzt mit seinem Heimatland gemacht hatte, und die von ihm als bedrohlich empfundene politische Entwicklung das Motiv gewesen sind, auch die österreichische Staatsbürgerschaft anzunehmen.

Es besteht kein Zweifel: Hortens Wegzug in die Schweiz war von der attraktiven Option motiviert worden, beim „Kasse machen", dem Verkauf des von ihm gegründeten Konzerns, erheblich Steuern vermeiden zu können. Horten war in all den vergangenen Jahren ein pünktlicher und für den Staat lukrativer Steuerzahler gewesen, er hatte aber die Steuervermeidung durch Überkreuzbeteiligungen und Auslagerungen bereits zu einer gewissen Perfektion getrieben. Gleichwohl hatte er zehntausende Arbeitsplätze geschaffen, eine

Stiftung gegründet, die ursprünglich einmal einen Großteil seines Erbes erhalten sollte, er hatte sich vielfältig mäzenatisch für öffentliche Institutionen engagiert und mehr Steuern als die meisten Landsleute gezahlt. Das sah er nicht gedankt, im Gegenteil, und so zog er seine Konsequenzen.

An seiner Seite:
Heidi Horten und Freunde

Wie oben beschrieben, hatte Helmut Horten seine erste Frau Elisabeth Strick mitten im Krieg, am 25. August 1941, geheiratet. Sie beging mutmaßlich schon wenige Wochen nach der Hochzeit Suizid. Über die Hintergründe seiner ersten Ehe sprach Horten nicht. Auch der engste Familienkreis war kaum informiert.[51] Im Anschluss an diese unglückliche Episode blieb Horten lange Zeit Single. In einer juristischen Auseinandersetzung verwiesen die Anwälte des *Stern* 1971 darauf, dass die Illustrierte es vermieden habe, „auf die umlaufenden Geschichten über das intensive ‚Privatleben'" Hortens einzugehen, obgleich dem *Stern* hierüber „ausführliche Unterlagen und Beweise" vorlägen.[52] Horten war sicherlich ein begehrter Junggeselle und er verstand es, die von ihm verehrten Frauen mit luxuriösen Geschenken zu überhäufen.[53]

1958 veränderte ein Abend in der mondänen Hotelbar im Falkensteiner Schlosshotel in Velden am Wörthersee alles für den jungen lebenslustigen Teenager Heidi Jelinek. Mit der Familie war sie in den Urlaub nach Krumpendorf gereist. Mit einer Freundin lernte sie dann in der Schlossbar Helmut Horten kennen. Heidi war Jahrgang 1941, der Altersunterschied betrug 32 Jahre. Der durch die Verbindung mit Horten folgende soziale und materielle Aufstieg der Tochter eines Wiener Graveurs, die eine Hotelfachschule besucht und dann als Sekretärin in einer Anwaltskanzlei gearbeitet hatte, war beträchtlich.[54] In der Boulevardpresse war sogar von Aschenputtel – allerdings „blond, witzig und attraktiv"[55] – und Märchenprinz die Rede. Horten schwärmte aber nicht nur von der

Heidi Horten, um 1962

Schönheit des Teenagers: „Du hast die Weisheit einer uralten Frau in den Augen ..."[56]

Zur Überraschung seiner Weggefährten heiratete der Lebemann, der stets junge Freundinnen gehabt hatte, Heidi nach einer allerdings mehrjährigen „Probezeit", in der er seine hübsche Frau an Wochenenden nach Düsseldorf einfliegen ließ. Die standesamtliche Trauung fand am 23. Juli 1966 in Düsseldorf statt, die kirchliche folgte am 27. August desselben Jahres in der Pfarrkirche Maria Wörth am Wörthersee. Freilich wollte der dominante ältere Part keine glamourös aufgezogene Märchenhochzeit, aber eine Hochzeitsparty im Cap d'Antibes gab es schon.[57] Heidi wurde von einer Hausdame – angeblich waren auch noch ein Sprachlehrer, eine Visagistin und ein Modeberater beteiligt[58] – auf ihre Rolle als Gastgeberin und Frau an der Seite des Millionärs vorbereitet.[59] Die Rolle der „Grande Dame" füllte Heidi bald sehr souverän aus. Darauf legte Helmut Horten auch großen Wert. Und natürlich war die hübsche Heidi für ihn auch eine Vorzeigefrau, die er gerne präsentierte und fotografieren ließ, aber auch nach seinen Vorstellungen formte. So wachte er darüber, dass sie nicht zu viel Alkohol trank, und bestimmte auch ansonsten stark über das Leben seiner nicht berufstätigen Frau – Letzteres war damals noch ein weithin geteiltes Ideal.

Seine junge Freundin und spätere Frau überschüttete Horten zudem mit hochpreisigen Geschenken, vom Rolls-Royce zum 24. Geburtstag bis zu zahlreichen Schmuckstücken, die zu einer echten Leidenschaft von Heidi wurden: einem 35-karätigen blauen Diamanten im Wert von einer Million DM, 14-karätigen Brillanten und 72-karätigem Saphirschmuck. Überstrahlt wurden diese Preziosen vom 36 Karat schweren berühmten Diamanten Blauer Wittelsbacher, der jahrhundertelang zu den österreichischen – erste urkundlichen Erwähnung im Jahr 1664 – und dann bayerischen Kronjuwelen gehört hatte und die zur Königserhebung von Maximilian I. Joseph 1806 neu gefertigte bayerische Königskrone als Leitstein zierte. Horten erwarb diesen außergewöhnlichen Diamanten, den zweitgrößten der Welt, klandestin und schenkte ihn seiner Lebensgefährtin noch vor der Hochzeit. Lange nach Hortens Tod ließ seine Witwe den Stein 2008 bei Christie's versteigern und erzielte dafür einen Erlös von knapp 19 Millionen Euro – der höchste bis dahin erzielte Auktionspreis für einen Diamanten.[60] „Heidi liebt nun einmal schönen Schmuck. Warum soll ich ihn ihr dann nicht kaufen?" fragte Helmut Horten 1971 rhetorisch im *Stern*.[61]

Einfach war das Leben an der Seite des dominanten Geschäftsmanns sicher nicht. Verbunden war das Ehepaar durch die gemeinsame Tierliebe, insbesondere zu ihren zahlreichen Hunden. Helmut

Wiener Opernball, 1965

ging leidenschaftlich auf die Pirsch und staffierte seine Häuser mit Geweihen und Fellen aus. Er unterhielt eine gepachtete 20.000 Hektar große Jagd in Neuberg an der Mürz in der Steiermark und ging gerne im Ausland, vorzugsweise in Jugoslawien, aber auch in den Karpaten und in Afrika jagen. Auch seine Frau ging mit auf

Großwildjagd, etwa in Kenia, die in jenen Jahren noch unumstritten war und ein deutliches soziales Distinktionsmerkmal darstellte. Ein weiteres gemeinsames Hobby war die Kunst. Der linke Schriftsteller Bernt Engelmann berichtete über die Düsseldorfer Ausstattung: „In den hellen Gängen hingen allerlei Gemälde – von Chagall, Degas, Corinth, Nolde, Cézanne, auch zwei Porträts des Hausherrn von Prof. Mathias Padua …"[62] Padua hatte schon in der NS-Zeit reüssiert und war als Porträtist des „Führers" bekannt geworden. In der Nachkriegszeit hatte er bedeutende Politiker und eben Unternehmer porträtiert, hier war Horten kein Sonderfall. Er erwarb auch aus der ersten Liga der Klassischen Moderne hochwertige Kunstwerke von Pablo Picasso, Emil Nolde, Marc Chagall, aber auch von alten Meistern wie Lucas Cranach und anderen. Horten war sicher kein originärer Kunstsammler, der sich dezidiert mit der Bedeutung der Werke auseinandersetzte und gezielt nach Epochen oder Namen kaufte. Dazu entwickelte sich später seine kunstbegeisterte Frau. Mancher Besucher der Villa am Wörthersee spöttelte eher über den Kunstsinn des Hausherrn. „Die meisten Wände seiner Villa dekorierten billiger Kitsch, Prunkrahmenbilder von weinenden Kindern und Madonnen, wie sie gewöhnlich auf Montmartre betrunkenen Touristen angedreht werden", meinte der Fotograf Robert Lebeck.[63] Letzteres traf aber wohl eher nicht auf Horten zu, er besaß auch keine Madonnendarstellungen.[64]

Heidi Hortens Kompetenz auf dem Gebiet der Kunst übertraf bald diejenige ihres Mannes, der sie freilich mit der hochpreisigen Kunstwelt erst in Kontakt gebracht hatte. Heidi malte auch selbst im Malzimmer des Anwesens in Sekirn. 1996 ließ sie in einer spektakulären Auktion bei Sotheby's für 22 Millionen Dollar anonym 30 Gemälde ersteigern, darunter Chagalls „Les Amoureux", ihr Lieblingsbild, Paul Klees „Geschwister", Lucian Freuds „Mädchen in weißem Kleid" sowie Werke von Francis Bacon, Matisse, Picasso und Renoir. Sie wandte sich zunehmend über die klassische Moderne hinaus der zeitgenössischen Kunst zu, so den Werken des französischen Künstlerpaars Les Lalanne, des britischen Bildhauers Antony Gormley oder jenen von Georg Baselitz, Damian Hirst und

An seiner Seite: Heidi Horten und Freunde

Eingangshalle Sekirn

Gerhard Richter. Auch amerikanische Künstler wie Roy Lichtenstein, Andy Warhol oder George Condo, den sie in dessen Atelier aufsuchte, gehörten dazu.

Ihre „Heidi Horten Collection" präsentierte die Sammlerin 2018 im Wiener Leopold Museum erstmals der Öffentlichkeit – 360.000 Kunstbegeisterte strömten in die Ausstellung. Das war die Initialzündung für das Projekt einer dauerhaften öffentlichen Präsentation ihrer Sammlung. Die Verwirklichung dieses Vorhabens konnte sie noch kurz vor ihrem Tod im Juni 2022 erleben: Sie hatte das ehemalige erzherzogliche Kanzleigebäude im Wiener Hanuschhof erworben, das zu einem modernen lichtdurchfluteten Museum umgebaut wurde. Die Eröffnung fand wenige Tage vor dem Tod von Heidi Horten statt. Ihre Beraterin, Kuratorin und nun Museumsdirektorin ist die ehemalige Geschäftsführerin von Sotheby's Österreich und Direktorin der Österreichischen Galerie Belvedere

6 · Absprung ins Privatleben (1968–1987)

Agnes Husslein-Arco, die seit 1996 die berühmten Werke für sie erworben hatte.[65] Für ihr neues Museum, das zum Auftakt vorrangig Skulpturen, darunter eigens für das Museum angefertigte, präsentierte, legte die Stifterin großen Wert auf zeitgenössische Kunst von Frauen und auf Tiermotive.[66]

Heidi Horten hatte kein einfaches Leben. Helmut Horten war ihr biografischer Fixstern, entsprechend nahm sie sein Tod 1987 sehr mit. Zwei Jahre zuvor hatte Horten noch eigens drei Gesellschafterinnen für seine Frau engagiert, mit denen sie nun Reisen auf ihren Schiffen unternahm. Sie heiratete noch zweimal, nahm von ihrem zweiten Mann, dem französischen Blumengroßhändler Jean-Marc Charmat, mit dem sie 1994 bis 1998 verheiratet war, vorübergehend den Namen an und ließ sich als „Madame Charmat" anreden. Mit dem dritten, ihr schon länger bekannten Ehemann, Karl Anton „Kari" Graf von Goëss, wurde sie inoffiziell zur „Gräfin" – in Österreich sind Adelstitel abgeschafft.[67] Gleichwohl bedeutete ihr das einiges, ihr Aufstieg war damit vollendet. Trotz ihrer neuen Verbindungen war sie häufig einsam und kränklich. Zu den vielen Angestellten konnte sie, so wird berichtet, bisweilen herrisch sein, tauschte das Personal häufig aus.

Heidi Horten betätigte sich wie zuvor ihr Mann als Mäzenin, sie war Vizepräsidentin der Helmut Horten Stiftung, unterstützte ein SOS-Kinderdorf und das TierschutzKompetenzzentrum (TiKo) in Klagenfurt und hielt „ihren" Eishockeyclub in Klagenfurt, dessen mit ihren Mitteln umgebautes Stadion nun Heidi Horten-Arena heißt, sowie den Kärntner Golfclub am Leben – alles mit Millionenbeträgen.[68] In die Kritik brachten sie Spenden in Höhe von 900.000 Euro für die Österreichische Volkspartei (ÖVP) unter Sebastian Kurz in den Jahren 2018 und 2019, die so gestückelt verbucht wurden, nämlich à 49.000 Euro, dass sie nicht anzeigepflichtig waren. Vor einem Untersuchungsausschuss wollte sie dazu mit Blick auf ihre angeschlagene Gesundheit nicht aussagen, die Konsequenz war aber, dass sie gänzlich von Parteispenden Abstand nahm.[69]

An seiner Seite: Heidi Horten und Freunde

Helmut und Heidi Horten, um 1970

Bereits vor der Verwicklung in die Spendenaffäre um die ÖVP war Heidi Horten als reichste Österreicherin immer wieder Gegenstand der Berichterstattung in den Gazetten des Landes. Man thematisierte ihre Kunst, die Stiftertätigkeit und nicht zuletzt ihr Privatleben intensiv. So war sie eng mit Udo Jürgens befreundet und schwärmte für diesen. Mit dem englischen Banker Jonathan Bevan fand sie noch einmal eine echte Liebe. Häufig ging es zuletzt aber auch um die Frage, wie ihr erster Mann sein enormes Vermögen aufgebaut hatte. Dass Helmut Horten den Grundstock seines Reichtums mit der Übernahme von Kaufhäusern aus vormalig jüdischem Besitz gebildet hatte, wurde auch seiner Witwe immer wieder angelastet. Dabei wurden auch eine Menge Gerüchte und unzutreffende Behauptungen transportiert. Deshalb entschloss Heidi Horten sich 2020, zwei Jahre vor der Eröffnung ihres neuen Museums in Wien, die Vorwürfe durch ein unabhängiges fachhistorisches Gutachten klären zu lassen.

6 · Absprung ins Privatleben (1968–1987)

Zurück zu Helmut Horten. Er liebte seine Frau und seine vielen Hunde und unterhielt auch einen kleinen Freundeskreis, in dessen Gesellschaft er sich wohlfühlte, aber ein klassischer Familienmensch oder geselliger Unterhalter abseits von Golfklub und Jagdpartien war er nicht. Nachwuchs wollte er nicht, das machte er zur Bedingung für die Ehe: „Ich will keinen Erben. Vielleicht wäre der auch Apo [Mitglied der Außerparlamentarischen Opposition; Anm. d. Verf.] geworden."[70] Horten fühlte sich zu alt für ein Kind und fürchtete wohl auch den Kontrollverlust. Zu seinen Familienmitgliedern hatte er ganz unterschiedlichen Kontakt. Bezeichnend ist die Beziehung zu seiner Schwester Gisela, denn diese war zugleich privater und geschäftlicher Natur. Sie belieferte mit ihrem Schmuckhandel die Warenhäuser Hortens. Ihre Tochter Angelika, die als junges Mädchen häufiger Gast in der Villa in Düsseldorf-Lohausen gewesen war, heiratete später in die Familie Windisch-Graetz ein. Horten stieß 1981 eine Ermittlung von Rechtsanwälten und Privatdetektiven an, die den Ehemann der Nichte näher durchleuchten sollte. Gegen Anton Windisch-Graetz wurde der Vorwurf erhoben, auf Grund seiner österreichischen Staatsbürgerschaft den Fürstentitel verbotenerweise geführt zu haben. Horten befürchtete, dass die „Regenbogenpresse" im Zuge der Berichterstattung darüber auch ihn ins Visier nehmen könnte. Letztlich klärte sich die Angelegenheit aber und stellte sich als recht banale Passangelegenheit heraus.[71]

Zu den engen Freunden zählten Politiker, Unternehmer und bekannte Persönlichkeiten. Wirklich vertraut war die Verbindung allerdings nur zu wenigen von ihnen. Zu Zeiten seines Engagements in der Rüstungsproduktion während des Krieges hatte er den gelernten Bäcker Erich Lassnig zum Freund gewonnen. Der Österreicher ging nach Kriegsende zusammen mit seiner Frau zurück in die Heimat und betrieb dort unter anderem das mondäne Golfhotel in Dellach am Wörthersee, wo sich Politiker und Film-, Show- und Sportstars ein Stelldichein gaben. Lassnig schwärmte Horten so vom Wörthersee vor, dass er dort regelmäßig hinfuhr und 1954 und 1960 Grundstücke – Wiesen, Gärten, Äcker, Wälder – erwarb.[72] Am Wörthersee in Sekirn, wo es anders als in Deutschland mittlerweile eine Helmut-Horten-Straße gibt, erwarb Horten 1954 von Maximilian Fürst Windisch-Graetz das um die Jahrhundertwende erbaute Schloss Sekirn, das schon illustre Gäste wie den Herzog von Windsor mit seiner Frau Wallis Simpson, den König von Siam, John F. Kennedy und James-Bond-Erfinder Ian Fleming samt Geliebter vorzuweisen hatte. Horten ließ die Karinderhütte abreißen und das Hauptgebäude grundlegend umbauen. Auf einem 38.000 Quadratmeter großen Grundstück befanden sich nun auch eine 1.200 Quadratmeter große Halle für Hortens Trophäen, ein Schießstand und zwei Kegelbahnen.[73] *Stern*-Reporter Robert Lebeck, der schon einiges gesehen hatte, empfand die Villa bei seinem Besuch 1971 als „protzig", dekoriert mit Kitsch.[74]

Hortens Mitarbeiterzeitschrift beschrieb 1970 das „Ferienparadies Wörthersee mit einem Hauch Adria-Klima" und Lassnig belohnte eine Mitarbeiterin Hortens für „40jährige Firmentreue" mit einem Gratisurlaub in seinem Golfhotel.[75] Für Lassnigs Tochter Brigitte war Horten „Onkel Helmut". Er kümmerte sich um sein „Brigittchen", staffierte sie modisch aus und finanzierte ihr später ein Auto. Brigitte Lampee-Baumgartner spricht heute noch voller Respekt von Horten, der stets großzügig, zugewandt und korrekt gewesen sei, allerdings auch hart sein konnte. Der große Respekt zeigt sich auch an folgender Episode: Als Brigitte älter war, wollte sie Horten nicht mehr mit „Onkel" anreden; auch nicht mit „Helmut" wie von ihm vorgeschlagen, daher wechselte sie zu „Herr Horten". Im Gegenzug untersagte sie ihm das „Brigittchen". Sie freundete sich dann auch mit Hortens Frau Heidi an und blieb deren Weggefährtin.[76]

Bemerkenswert war auch Hortens Freundschaft mit dem deutschstämmigen New Yorker Anwalt Ernst C. Stiefel. Der hatte im Wiedergutmachungsprozess und dem anschließenden Einigungsverfahren die Eigentümer des von Horten 1936 erworbenen Kaufhauses Gebrüder Alsberg OHG in Duisburg vertreten. Nach dem Abschluss des Verfahrens entwickelte sich ein reger Kontakt zwischen dem Rechtsanwalt und dem Unternehmer. Stiefel eröffnete, wie bereits berichtet, 1955 in Düsseldorf ein Büro, das deutschen Unternehmern und Investoren half, in den US-Markt einzusteigen. Horten war einer der ersten Kunden. Er ließ für ihn im Februar 1955 als eines seiner ersten Vermittlergeschäfte die Horten Corporation of New York in den USA registrieren. Zweck des Unternehmens waren der Im- und Export sowie der Handel mit und die Vermietung von Grundstücken. Auf Hortens Wunsch hin wurde auch das Chartern von Flugzeugen in den Unternehmenszweck mit aufgenommen.[77] Stiefel gehörte sogar dem Vorstand des Unternehmens an, das letztlich für Horten nicht zu einem wirklich ertragreichen Vorhaben werden sollte und eher in die Strategie der progressiven Steuervermeidung eingebunden war. Die beiden wurden Geschäftspartner und duzten sich sogar. Wenn Stiefel auf Reisen in Europa war, was jedes Jahr vorkam, dann traf er Horten in Düsseldorf. Im Gegenzug besuchte der Unternehmer Stiefel und seine Familie häufiger in New York. Diese Freundschaft kann als untypisch gelten so kurz nach Ende des Zweiten Weltkriegs.

Zum engen Kreis der Freunde zählte auch Franz Josef Strauß. Häufiger Gast in Düsseldorf-Lohausen und Madonna del Piano war Friedrich Karl Flick. In den Düsseldorfer Jahren bestand zudem ein freundschaftlicher Kontakt zum Zoologen und Filmautor Bernhard Grzimek, dessen Basis die gemeinsame Tierliebe und der Einsatz für die städtischen Zoos in Deutschland waren.[78]

Hortens Welt:
Arbeitsaskese und Leben im Luxus

Helmut Horten lebte für sein Unternehmen. Er war äußerst diszipliniert und arbeitsam. Früh um 6:30 Uhr stand er auf, der Arbeitstag endete erst spät am Abend. Auch im Urlaub war er ständig erreichbar, damals per Fax und Telefon, und hielt Kontakt zu seiner Zentrale. Horten war stets gut gekleidet und wenn seine Umgebung dies wie Franz Josef Strauß nicht war, wies er deutlich darauf hin: „So wie du aussiehst, kannst du nicht mehr verkauft werden. Kannst du dir nicht Hemden machen lassen? Ich zahle ja gern dafür."[79] Auch seine engere Umgebung musste stets weiße Hemden tragen, wie sein Arzt berichtete.[80] Er strahlte bei aller Korrektheit auch eine gewisse Lässigkeit aus, die von seiner schlanken Statur herrührte.

Horten wird von Weggefährten als starke charismatische Persönlichkeit beschrieben, zielstrebig, selbstbewusst, dynamisch, spontan, entscheidungsfreudig und durchsetzungsstark, aber auch autoritär und aggressiv, nicht unbedingt ein einfacher Charakter; zum Feind sollten man ihn sich besser nicht machen. Er sprach leise, zu schreien brauchte er nicht. Durch das leise Sprechen zog er noch mehr die Aufmerksamkeit auf sich, eine klassische Herrschaftstechnik derjenigen, die wissen, dass sie Gehör finden. War er erregt, wurde die Stimme „um einige Halbtöne zu hoch". Der ehemalige Chefredakteur der *Westdeutschen Allgemeinen Zeitung* schildert seinen Eindruck wie folgt: „Helmut Horten war ebenso aufmerksamer wie anstrengender Gastgeber oder Verhandlungspartner. Seine Gegenwart ließ die Luft knistern. Seine Zielvorstellungen kamen knapp, präzise, schnell und kurz. Sein Erwartungsdruck übertrug sich sofort auf sein Gegenüber."[81]

Horten war aber auch, zumindest in den Jahren am Niederrhein, Karnevalist. Er brachte es zum „General à la Suite" der Prinzengarde Duisburg. Daneben spielte er ausgezeichnet Tennis und Golf und begeisterte sich für die Jagd und Jagdwaffen. Seine zahlreichen Trophäen stellte er in einer riesigen Halle in Villalta zur Schau. Zudem war er ein großer Hundeliebhaber und besaß französische Doggen.[82]

Die Einsamkeit scheute Horten nicht, er bevorzugte Distanz zu etwaigen Nachbarn; in Düsseldorf-Lohausen bewohnte er im Leuchtenberger Kirchweg 63 ein 60.000 Quadratmeter großes Grundstück mit Privatzoo. Das Anwesen umfasste ein in der Grundfläche 1.348 Quadratmeter großes „Gästehaus", worin sich auch die Privaträume Hortens befanden, eine 227 Quadratmeter große Schwimmhalle, die zum Pool geöffnet werden konnte, Garagen mit Personalwohnung auf 504 Quadratmetern Grundfläche und ein Personalwohnhaus auf 406 Quadratmetern. Die Investitionen für Grundstücke, Gebäudeerrichtungen und Einrichtung beliefen sich auf knapp 5.640.000 DM. Der jährliche Gesamtaufwand inklusive Personal und Verpflegung betrug 1958 727.513 DM.[83]

Es gibt eindrückliche Schilderungen von dieser Anlage, etwa vom Architekten Walter Brune, der 1956/57 die Villa erbaut hatte:

> „Es war kein Haus, es war ein Gebäudekomplex. 100 Meter lang mit Tanzsaal, Kino und Schwimmhalle. Hat damals schon viele Millionen Mark gekostet. Die Räume waren riesig, die Türen raumhoch. Goldintarsien. Prunkvoll, aber modern. Zwei Etagen. Ein fantastisches Haus. Das Kino mit Bühne. Da hat er in Wien angerufen und ein paar nette Mädchen einer Tanzgruppe kommen lassen. Die haben dann getanzt. Kurz nach dem Anruf."[84]

Brune erlebte auch Hortens verschwenderische und hedonistische Züge unmittelbar aus nächster Nähe:

> „Er hat einen ungeheuren Lebensrahmen gespielt. Einmal hatte er ein paar Leute eingeladen. Er wollte essen gehen. Einer schlug den Breidenbacher Hof vor. ‚Nee, nee', sagte Horten, ‚ich würde gerne nach Paris.' Er nahm den Hörer ab. ‚Machen Sie die Maschine fertig, wir kommen in einer halben Stunde.' Eineinhalb Stunden später saßen wir in einem Restaurant auf den Champs-Élysées."[85]

An eine Party im Leuchtenberger Kirchweg erinnert sich die mondäne Unternehmergattin und Kunstsammlerin Gabriele Henkel wie folgt:

> „Für die Soiree wurden Tänzerinnen aus dem Lido in Paris eingeflogen, Kilodosen von Kaviar und riesige Silberplatten mit Austern und Hummer gereicht. Ich war verblüfft: Die biederen Sechzigerjahre konnten auf einmal richtig glamourös sein! Gemälde von Expressionisten schmückten die Wände: Emil Nolde, Ernst Ludwig Kirchner, Erich

Heckel, Otto Mueller, Max Beckmann. Ich trug mein erstes Couture-Kleid in Cognacfarbe mit Satinbändern. Am nächsten Morgen schickte Horten mir ein Geschmeide, exquisit und leuchtend. Später wurde ein hellgrauer Nerzmantel an der Haustür abgegeben. Was wollte Horten von mir? Ich schenkte den Mantel meiner Mutter."[86]

Horten selbst bzw. sein damaliger Generalbevollmächtigter, Walter Schäfer, sprachen hinsichtlich des Düsseldorfer Anwesens von einer „betont schlichten, aber gediegenen Ausstattung des Hauses".[87] Das hatte einen Grund. Sie machten diese Bemerkungen in einer Auseinandersetzung um die Bewertung und Einordnung des Hauses mit den Finanzbehörden, denn das üppige und im Unterhalt teure Anwesen war von der GmbH erbaut und als „Gästehaus" Hortens deklariert worden, in dem nur das Obergeschoss seine Privaträume unterhalte. Horten musste an die GmbH, deren alleiniger Gesellschafter er ja war, zur Abgeltung der Kosten von 1956 bis 1958 30.000 DM und ab 1958 dann jährlich 65.000 DM zahlen.[88] Damit stand der Vorwurf der „verdeckten Gewinnausschüttung" im Raum. Im Finanzamt tat man sich angesichts der „Verquickung von persönlicher und möglicher geschäftlicher Nutzung" mit der steuerlichen Beurteilung schwer, zumal Horten „ohne Familienanhang [lebe], woraus nach Ansicht des Vertreters der Firma geschlossen werden soll, daß er ein ins Gewicht fallendes Privatleben nicht führt".[89]

Der Fall ging an die Oberfinanzdirektion Düsseldorf. Schließlich wurde eine Ortsbesichtigung durchgeführt. Es dürfte Horten einige Mühe gekostet haben, den Finanzbeamten davon zu überzeugen, dass die Flamingos in der Teichanlage des Privatzoos nicht seiner, sondern der Zerstreuung der Gäste dienten. Nach längerem Hin und Her legte die Oberfinanzdirektion Düsseldorf fest, dass der „bei der Gesellschaft nichtabzugsfähige und daher Herrn Horten anzulastende Nutzungsanteil 35,96 v. H. beträgt. Eine Prüfung des Gesamtaufwandes des jeweiligen Wirtschaftsjahres, wie er sachlich bereits für 1958 abgegrenzt wurde, durch das zuständige Finanzamt bzw. die zuständige Betriebsprüfungsstelle bleibt vorbehalten."[90]

6 · Absprung ins Privatleben (1968–1987)

Villa in Düsseldorf-Lohausen

Das Beispiel zeigt, dass Hortens Privat- und Arbeitsleben eng verwoben waren und er als Alleinherrscher in seiner GmbH auch über sein Gehalt und die Nutzung seines Wohnsitzes zunächst keine Rechenschaft gab. Professionell nutzte er die Möglichkeiten des Steuerrechts, stellte die Finanzbehörden wiederholt vor Rätsel und schwer zu lösende Bewertungen, kooperierte dann aber und bewegte sich stets im Rahmen der Legalität. Das war ein Muster, das sich auch in den späteren Steuerstreitfällen zeigen sollte.

Im Rahmen der skizzierten Auseinandersetzung war die Frage nach Hortens Gehalt aufgekommen. Dies war bisher nur in einer Notiz an Schäfer zur einer monatlichen Auszahlung von 10.000 DM und nach der Inkorporation der Emil Köster KGaA in einer Anweisung an Schäfer zur Zahlung einer jährlichen Tantieme von 500.000 DM geregelt; das höchstbezahlte Geschäftsleitungsmitglied erhielt 262.0000 DM im Jahr 1959; man lag damit deutlich unter der Bezahlung der vier Vorstandsmitglieder der Kaufhof AG, die 1958 zusammen 3.500.000 DM erhielten. Auf die Nachfragen der Oberfinanzdirektion hin und um die geforderte Klarheit zu schaffen, wurden diese Anweisungen nun in vertragliche Form überführt und dem Lohnsteuervorabzug unterworfen. Zuvor hatte Horten eine vierteljährliche Einkommensteuer-Vorauszahlung vorgenommen.[91]

Anders als die Horten-Seite im Streit mit den Finanzbehörden schilderte der linke Schriftsteller Bernt Engelmann, der Hortens Anwesen aufsuchen durfte, im mokanten Ton die großzügige Flachdachvilla mit Flamingo-Teich zwischen Flughafen und Rhein als äußerst luxuriös: „Das Innere des Hauses entsprach durchaus den respekteinflößenden Parkanlagen: Da war zum Beispiel eine 180 qm große Kaminhalle mit Bibliothek, eine Bar (komplett mit hauseigenem Mixer), ein Vorführraum mit tiefen, unerhört bequemen Sesseln, der sich durch entsprechenden Knopfdruck in einen Stereo-Konzertsaal, ein Breitwand-Kino oder ein kleines, voll ausgestattetes Theater umwandeln ließ."[92]

Einen Zug ins Prahlerische beobachtete Krupps Generalbevollmächtigter Berthold Beitz. Horten behandle seine Angestellten gut, lasse diese aber ihre Abhängigkeit spüren, stellte er fest. Er habe das Bedürfnis, jeden seine finanzielle Überlegenheit fühlen zu lassen. Andere Unternehmer versetze er gerne in die Lage, an ihn Bitten heranzutragen. Beitz hatte sich den Spaß gemacht, bei Horten das Fehlen einer Musiktruhe in seinem Bootshaus am Wörther See zu bemängeln. Horten habe daraufhin sofort die größte Musiktruhe aus Klagenfurt samt zweihundert Schallplatten und der Maßgabe, diese müsse in zwei Stunden eintreffen, bestellt. Im Anschluss habe er dasselbe noch einmal bestellt, ebenfalls mit gewünschter Lieferungsfrist von zwei Stunden, nur um zu zeigen, dass es ihm möglich war.[93] Allerdings zeigte sich Horten ebenfalls großzügig gegenüber anderen, auch im Kleinen. So wurden die Kinder, die nach dem Martinszug bei ihm zum „Gripschen" klingelten, also dem Einsammeln von Süßigkeiten – ein Brauch, der heute an Halloween wieder aufgenommen wird –, Mitte der 1960er Jahre mit 5-DM-Stücken bedacht, damals eine außergewöhnliche Summe für einen solchen Anlass.[94]

6 · Absprung ins Privatleben (1968–1987)

An seinem Altersdomizil in Madonna del Piano ließ Horten das sowieso schon 16.000 Quadratmeter große Grundstück noch um sage und schreibe 100.000 Quadratmeter arrondieren, damit ihm nicht potenziell ein Nachbar zu nahe rückte. Horten im *Stern*: „Stellen Sie sich vor, da baut einer und kann einem auf den Hof schauen. Dann muss man doch schon wieder umziehen."[95] Das Anwesen hatte er über Vermittlung des Tessiner Anwalts Brenno Galli für zwei Millionen DM einem holländischen Werbefachmann abgekauft, der die Limitierung des Landverkaufs an Ausländer auf 3.000 Quadratmeter seinerseits mit der Gründung einer Firma namens Villalta SA (Società anonima) umgangen hatte. Das Anwesen ließ Horten dann mit Anbauten, Bürogebäude und einer unteririschen Schwimmhalle aufrüsten, Kostenpunkt ca. zehn Millionen DM.[96] Die großzügige Erwerbung durch einen Ausländer rechtfertigte man in den Tessiner Behörden damit, dass Horten keinen Spekulationskauf getätigt habe.[97]

War Horten eigentlich immer im Dienst, so konnte er seinen Wohlstand auch genießen und leistete sich einiges an Luxus. Zu seinem 50. Geburtstag ließ er eine Gedenkmünze mit der Aufschrift „non vivo laborandum, laboro vivendum" verteilen.[98] Horten kaufte mehrere Rolls-Royce, Flugzeuge wie eine holländische Fokker und 1964 für zehn Millionen DM das Passagierflugzeug BAC 1-11, das erstmalig als Geschäftsreiseflugzeug eingesetzt wurde.[99] Er erwarb großräumige Villen und Urlaubsdomizile wie 1958 die Villa des französischen „Aperitif-Königs" André Dubonnet auf dem Cap d'Antibes, bis heute ein Treffpunkt der „Reichen und Schönen", und eine Villa auf den Bahamas in der Gated Community „Lyford Cay", 30 Kilometer westlich von Nassau, und später noch eine 1985/86 erbaute Villa in St. Moritz.[100] Beim Um- und Ausbau dieser Anwesen konnte Horten seine Leidenschaft für Architektur ausleben. Berühmt wurden auch seine großen Yachten, die Carinthia, lateinisch für Kärnten, mit fortlaufender römischer Zählung; die 1965 erbaute Carinthia IV wurde bald durch größere Exemplare ersetzt. Nachdem die Carinthia V „bald in griechischen Gewässern auf einen Felsen aufgelaufen und gesunken war", erwarb

Horten 1973 für 16 Millionen DM die 71 Meter lange Yacht Carinthia VI mit 14 Mann Besatzung.[101] Eine weitere Leidenschaft galt dem Kino. Freilich verfügten die Privathäuser Hortens über eigene Vorführsäle. Hier wurden Familienfilme und aktuelle Straßenfeger gezeigt. Dorthin zog sich Horten aber auch zu eher privaten Stunden zurück. Er ließ sich dann vor allem politische und historische Dokumentationen vorführen. Viele von ihnen hatten einen Bezug zu den ehemaligen deutschen Ostgebieten und der DDR („Schlacht um Berlin", „Das Baltikum – Drei Staaten zwischen Ost und West", „Das Fanal – Aufstand der DDR, Polen und Ungarn"). Auch mehrere Filmrollen mit Aufnahmen aus Königsberg in der Vorkriegszeit, wo Horten selbst einst als Kaufmann gewirkt hatte, waren unter den häufig gesehenen Filmen.[102]

In jüngeren Jahren war Horten ein Partylöwe, der gerne große Gesellschaften gab, die zwar Kleiderordnungen vorsahen, aber ansonsten recht ungezwungen verliefen. Er gab etwa zu seinem 50. Geburtstag 1959 einen großen Empfang für 400 Geschäftsfreunde und Politiker im Breidenbacher Hof in Düsseldorf, bei dem ihm ein lebender Waschbär geschenkt wurde. Auf dem Gabentisch lagen außerdem kostbare Weine und ein Gemälde von Emil Nolde. Das Gros der Geschenke waren allerdings Spenden an das von Horten gestiftete Krankenpflegeheim in Düsseldorf – wofür freilich nach Abschluss der Feierlichkeiten Spendenquittungen ausgestellt wurden.[103] In späteren Jahren hat er die großen Gesellschaften wohl mehr pflichtmäßig denn aus Neigung ausgerichtet. Trotz Besitzes und Nutzung eines Jets und einer Yacht wurde Horten nicht unmittelbar zum Jetset gezählt. Dafür war er zu öffentlichkeitsscheu, zu selten Gast bei den internationalen Society-Events und zu wenig Objekt der Berichterstattung in der internationalen Presse und den Boulevardblättern.[104]

Horten war auf die Mehrung seines Vermögens, vor allem aber auf die Vermeidung unnötiger Kosten wie Steuerzahlungen, sehr bedacht. Er war aber auch sehr großzügig. Das kam dem Duisburger Karneval ebenso zugute wie dem ortsansässigen Zoo, dem er neben anderen Tieren einen Elefanten und eine Wisentgruppe sowie ein Delphinbecken beschied. Horten fungierte auch als Aufsichtsratsvorsitzender der auf seine Anregung gegründeten AG des Tierparks. Auf Bitten der Stadt Duisburg beseitigte er ferner nicht nur die Ruine seines ersten Kaufhauses in Duisburg, sondern errichtete an dieser Stelle das Haus der Altstadt, das Einzelhandelsgeschäfte und Wohnungen für viele Horten-Mitarbeiter vereinte.[105] Er stiftete dem Betriebssport der Duisburger Industriewerke den Horten-Pokal und unterstützte Gottfried von Cramms Tennisschule. Dem Duisburger Tennisclub Raffelberg präsidierte er seit 1958 und tat dies sage und schreibe bis 1986.[106] Auch die Tiergärten in Berlin, Köln und München förderte er. 1959 schenkte er der Düsseldorfer Caritas gar ein Krankenpflegeheim samt Schwesternhaus in Düsseldorf-Garath für hundert Patienten im Wert von zweieinhalb Millionen DM.[107] Daneben half Horten nicht nur der FDP, wenn sie in Schwierigkeiten geriet, mit Finanzspritzen aus, er rettete auch den befreundeten Finanzmakler Rudolf Münemann mit zwei Millionen DM vor dem Offenbarungseid, als dessen Kreditimperium zusammengebrochen war.[108]

In der Schweiz bedachte er großzügig seine neue, mit 700 Seelen sehr kleine Heimatgemeinde, die er zur reichsten im ganzen, ohnehin sehr wohlhabenden Kanton Tessin machte. Über die dort gegründete Stiftung alimentierte er das Schweizer Gesundheitswesen über das Tessin hinaus, so Spitäler in Genf oder die Klinik für Nuklearmedizin in Zürich.[109] Horten lag also nicht nur die eigene Gesundheit sehr am Herzen. Im Medizinwesen sah er die wichtigste Institution für die Wohlfahrt. Drei von ihm gegründete Stiftungen widmeten sich diesen Aufgaben: 1962 gründete er zur Förderung des Gesundheitswesens eine Stiftung in Düsseldorf, deren Kapital auf 460.000 DM anwuchs, die aber nach dem langwierigen Steuerstreit mit den Finanzbehörden in der Bundesrepublik letztlich aber doch wieder aufgelöst wurde. Die Stiftung an seinem neuen Wohnsitz Villalta rief er 1971 ins Leben und benannte sie auch danach. Diese wurde nach seinem Tod in Helmut Horten Stiftung mit Sitz in Agno umbenannt. Das Stiftungskapital betrug 60 Millionen SFr. Schließlich gründete Horten 1972 als Respektsbekundung vor seiner Frau auch eine österreichische Stiftung in Sekirn am Wörthersee. In die Stiftungsräte berief Horten neben seiner Frau seinen Vertrauten und Generalbevollmächtigten Hans-Dietrich Schwahn, der die Geschäfte führte und ihm auch als Präsident nachfolgte.[110] Horten führte auf sein Engagement für Medizin und Krankenversorgung hin angesprochen an, dass es ihm unverständlich sei, dass viele Menschen mehr Geld in ihr Auto als in ihre Gesundheit investierten; was freilich nicht für den Rolls-Royce-Fahrer Horten zutraf.

Der Wohlstand blieb trotz der Wohltätigkeit nicht ohne Neider und zog allerlei Bitten um Zuwendungen nach sich. Horten war hier keineswegs pauschal abweisend, wie die zahllosen positiv beantworteten Spendengesuche zeigen, die sich in manchen Fällen auf nicht mehr als 50 DM beliefen. Wenn die Anfragen allerdings zu absurd wurden, dann blieben er und seine Vermögensverwalter hart. Einer dieser Fälle hätte fast zu einem Strafverfahren geführt.

Roland Mangold war ein junger Mann, der im Jahr 1971 an einer Ausflugsfahrt nach Baden-Baden teilnahm. Er besichtigte die Stadt mit dem mondänen Kurhaus und auch das berühmte Casino vor Ort. Wie er selbst schilderte, habe er das Casino ohne auch nur eine Mark am Roulette-Tisch gesetzt zu haben verlassen wollen. Er erklärte Horten in einem Brief:

> „Als wir, gemeinsam, schon dem Ausgang zustrebten, hörte ich meinen Namen rufen. Eine, von früher her bekannte Frau, die am Roulette saß, forderte mich auf, neben ihr Platz zu nehmen. Schließlich ermunterte sie mich auch, es auch zu probieren. Wie es weiterging, weiß ich wirklich nicht, denn mich traf fast der Schlag, als mir gesagt wurde, ich hätte 13.000 DM verloren. Die Frau legte das Geld aus; später erwartete sie mich im Café. Sie verfertigte einen Schuldschein, auf Grund dessen ich verpflichtet wurde, den von ihr ausgelegten Betrag andern Tags schon zurückzuerstatten."[111]

Die aus Mangolds Sicht unverschuldete Misere durch die Femme fatale am Roulettetisch stürzte ihn und seine bereits hochbetagten Eltern in eine Lebenskrise. Vor allem Vater Richard (84 Jahre), ein pensionierter Beamter aus dem Württembergischen, übernahm nun das Heft des Handelns. Er schrieb fünf Briefe an die Vermögensverwaltung Hortens in Villalta und an Horten persönlich mit der Darlegung des Falles, versehen mit allerlei Bibelzitaten und Anleihen griechischer Tragödien, und der Bitte um ein Darlehen. Der erste Brief wurde von Hortens Vermögensverwaltung mit einer Ablehnung beantwortet. Auf die weiteren wurde nicht reagiert. Der sechste Brief des Vaters Mangold enthielt statt wehleidigen Flehens nun offene Drohungen:

> „Wenn Menschen schweigen, werden Steine schreien!' In heutige Sprache übertragen, könnte es heißen: ‚werden Bomben zünden' ... Machen Sie sich nicht zum Mörder und mich auch nicht."[112]

Vater Mangold beschwor, dass es sich um einen „Bombenschlag geistiger Art" handeln würde. Er kündigte ein Enthüllungsbuch mit dem Titel „Die Kapriolen des Milliardärs H. H." an, das er im Falle einer Nichtgewährung des Darlehens veröffentlichen werde. Sicher konnte man angesichts der Zeilen allerdings nicht sein, dass es sich nicht doch um eine physische Bedrohung durch eine reale Bombe handelte. Vermögensverwalter Hans-Dietrich Schwahn erstattete im Namen der Vermögensverwaltung Hortens Strafanzeige bei der Staatsanwaltschaft am Landgericht Heilbronn wegen versuchter Erpressung.[113] Es erleichterte die Arbeit der Ermittler, dass Mangold Sr. die Absenderadresse notiert, mit seinem Namen unterschrieben und Familienfotos angehängt hatte.[114] Auf Grund des schlechten Gesundheitszustands von Richard Mangold wurde das Verfahren allerdings nie eröffnet. Schwahn stimmte im Namen Hortens einer Einstellung des Verfahrens zu, versehen mit dem Hinweis, dass Sohn Roland durchaus zu belangen sei, was allerdings nicht geschah.[115]

Zwischen Abschottung und Homestory: Hortens Verhältnis zur Öffentlichkeit

Bereits die Eröffnung von Hortens erstem Duisburger Kaufhaus wurde 1936 mit großen, bunten und aufwändig gestalteten Werbeanzeigen inszeniert. Wenn es um das gute Geschäft ging, dann konnte das Medieninteresse nicht groß genug sein. Sogar über Betriebsausflüge wurde berichtet. Grundsätzlich aber machte sich Horten als Privatperson in der Medienöffentlichkeit rar, Vorstandsmitglied Fritz Seydaack stellte ihn dem interessierten Manfred Bissinger vom *Stern* als „verhältnismäßig pressescheu" vor.[116] Es existierten nicht viele Fotos von Horten und er gab kaum Interviews. Zugleich reagierte er sehr empfindlich auf negative Berichterstattung, insbesondere, wenn diese aus eigentlich von ihm geschätzten Häusern kam.

Ein Beispiel dafür ist eine Episode aus dem Jahr 1957. Am 24. August dieses Jahres stürzte Hortens Lockheed-Maschine, ein umgebauter amerikanischer Kleinbomber, bei Klagenfurt ab. Die beiden Piloten und ein Flugzeugmechaniker kamen dabei ums Leben. In der österreichischen Presse wurde ausführlich darüber berichtet, die regierungsnahe Wiener Zeitung *Neues Österreich* machte Horten schwere Vorwürfe: „Der Eigentümer des Flugzeuges hielt es nämlich nicht für notwendig, ein festliches Dinner, das in seiner schloßartigen Villa in Sekirn zu gleicher Zeit stattfand, abzubrechen und zum Katastrophenort zu fahren, um seine drei Angestellten wenigstens zu agnoszieren."[117]

Die Korrespondentin der *Frankfurter Allgemeinen Zeitung (FAZ)* in Wien, Hanni Konitzer, übernahm mit Angabe der Quelle diese Meldung, verschärfte sie dabei jedoch noch:

„Die Wiener Zeitung ‚Neues Oesterreich' hat am Dienstag Horten scharf angegriffen, weil er sich nach dem Absturz am Samstagabend geweigert haben soll, mit zur Unglücksstätte hinauszufahren und die Leichen der drei Flieger zu identifizieren. Horten habe als Begründung für diese Weigerung, angegeben, daß ein festliches Diner in seiner Villa stattfinde, von dem er unabkömmlich sei."[118]

Der Anwalt der *FAZ* verglich die beiden Fassungen intern mit Bismarcks Verschärfung der Emser Depesche, die 1870 zum deutsch-französischen Krieg geführt hatte.[119] Obwohl andere Printmedien unter detailreichen Schilderungen der „fliegenden Villa", die angeblich nur Blumen als Fracht geladen gehabt habe, und Hortens extravaganten Lebensstils Ähnliches berichteten, sah der Flugzeugeigner sich besonders durch den *FAZ*-Bericht in seiner Ehre angegriffen. Dies teilte er deren Mitherausgeber Hans Baumgarten in äußerster Erregung per Fernschreiben mit. Angesichts der Bedeutung der Zeitung stelle die „Verunglimpfung meiner Person", so Horten weiter, „einen besonderen Straftatbestand" dar.[120] Am selben Tag wie Konitzers Bericht war in der *FAZ* auch Hortens Todesanzeige für die Besatzung seines Flugzeuges erschienen.[121] Bei anderen Blättern protestierte er nicht.[122] Diese hatten allerdings, anders, als es Konitzer in ihrem internen Bericht insinuierte, die angebliche Weigerung Hortens, zum Unfallort zu kommen, nicht übernommen.[123]

Wie erzürnt und getroffen Horten war, berichtete der sich als Vermittler einschaltende Frankfurter Verleger Wilhelm Lorch, der Horten von einer Klage gegen die *FAZ* abzubringen versuchte und der den Verantwortlichen in Frankfurt berichtete:

> „Horten ist bitter verletzt und empört über die Veröffentlichungen ... Herr Horten sei tief getroffen, was die anderen Zeitungen über den Unfall geschrieben hätten, interessiere ihn nicht, aber dass die FAZ solche Verleumdungen über ihn bringen könnte, sei ganz unmöglich. Die Sache sei bitter ernst!"[124]

Die *FAZ* versuchte Horten mit einem als redaktionelle Meldung aufgemachten Auszug aus seinem Beschwerdebrief an Baumgarten und damit der Korrektur der Darstellung zu besänftigen. Darin bestritt Horten, dass am Unglücksabend ein Dinner bei ihm statt-

Zwischen Abschottung und Homestory: Hortens Verhältnis zur Öffentlichkeit

gefunden habe. Vielmehr habe er bei einem wegen eines vorausgehenden Bootzusammenstoßes auf dem Wörthersee verletzten amerikanischen Gast im Krankenhaus geweilt – es handelte sich um Rechtsanwalt Ernst C. Stiefel aus New York[125] – und sich dann direkt zur Unfallstelle begeben. Da die Identifizierung der Leichen des Flugzeugabsturzes in der Nacht nicht möglich gewesen sei, sei er frühmorgens erneut zur Unfallstelle gefahren. Ferner sei in seinem Flugzeug keine „Badeeinrichtung" vorhanden gewesen, wie Konitzer in ihrem Artikel geschrieben habe, und der hohe Preis des Flugzeuges von zwei Millionen DM sei den Sicherheitseinrichtungen geschuldet gewesen. Die Maschine habe auch keine Blumen transportiert.[126]

Hortens Generalbevollmächtigter Tesmann gab sich mit diesem Abdruck noch nicht zufrieden und verlangte zusätzlich eine „private Ehrenerklärung" der Zeitung zu Hortens persönlicher Verwendung.[127] Diese sah man in der *FAZ* mit der Antwort Baumgartens auf Hortens Beschwerde für gegeben an.[128] Horten nahm dies hin. Der Anwalt betonte allerdings die Sorgfaltsverletzung der Zeitung angesichts der „zweifelsfrei erkennbaren Schwere der Kränkung der wiedergegebenen Darstellung einerseits und der Stellung des Betroffenen andererseits".[129] Das war – wie auch die Reaktion Hortens und Tesmanns – nicht frei von Dünkel. Der Anwalt der *FAZ* riet aber, die Sache auf sich beruhen zu lassen, zumal die Verschärfung der Meldung in Konitzers *FAZ*-Bericht – Stichwort „Emser Depesche" – auf Seiten Hortens gar nicht aufgefallen sei.[130]

In der Folgezeit spöttelte man in der *FAZ* über Hortens Luxus, die Ausstattung seiner Privatvilla und sein Gebaren, über das Herausgeber Erich Welter und seine rechte Hand Jürgen Eick sich vom NRW-Korrespondenten Wilhelm Throm unterrichten ließen. Ende des Jahres präsentierte Horten der Presse dann sein neues Flugzeug. Die Maschine hatte wieder eine Bar, aber immer noch kein Badezimmer, wie man lakonisch in der Führungsetage der *FAZ* notierte.[131] Man berichtete darüber aber nicht mehr. Fortan überließ man das Thema Horten der Wirtschaftsberichterstattung im Blatt und konzentrierte sich damit auf das Geschäft statt auf Gossip.

6 · Absprung ins Privatleben (1968–1987)

Erst Hortens „Steuerflucht" in die Schweiz verschaffte ihm ein wirklich negatives Image. Sie sorgte für ein verheerendes Presseecho. Das kam auch in einem Interview des *Stern* mit dem damaligen rheinland-pfälzischen Ministerpräsidenten Helmut Kohl zum Ausdruck, im welchem der linke Investigativjournalist Manfred Bissinger, Leiter des Ressorts Deutsche Politik, Kohl suggestiv fragte: „Finden Sie es denn richtig, daß der Kaufhauskönig Horten 850 Millionen Mark außer Landes geschafft hat?" Kohl antwortete gemäß der rhetorischen Frage, dass er das nicht in Ordnung finde, und versuchte den Vorfall gegen die sozialliberale Bundesregierung zu wenden. Als er fortfahren wollte, „Das beste Mittel gegen Kapitalflucht ...", unterbrach ihn der *Stern*: „Wir reden nicht von Kapitalflucht, wir reden von Steuerhinterziehung."[132]

Die Hamburger Illustrierte warf Horten also ein strafbares Vergehen vor. Das markierte den Beginn einer langjährigen Konfliktgeschichte zwischen Horten und dem Hamburger Magazin. Horten und seine AG wollten dagegen eine Unterlassungs- und Schadensersatzklage erheben. Damit wurde der Presserechtler Martin Löffler beauftragt. Der *Stern* versuchte jedoch eine außergerichtliche Einigung zu erreichen. Dazu kamen Bissinger und ein weiterer *Stern*-Mitarbeiter ins Horten-Hauptquartier nach Düsseldorf, wo sie auf eine ganze Schar von Spitzenkräften trafen: auf Rechtsanwalt Löffler, Direktor Seydaack, den Generalbevollmächtigten der AG Rudolf Tesmann, Prokurist Hans Winschuh und den Juristen Hans-Dietrich Schwahn, ehemaliger Justiziar im Unternehmen und nun Hortens persönlicher Generalbevollmächtigter. Bissinger gab sofort zu, dass er den Vorwurf der Steuerhinterziehung nicht hätte erheben dürfen. Neben einem Berichtigungsschreiben und einem Leserbrief bot Bissinger eine „positive Fassung" einer sowieso geplanten „Helmut-Horten-Story" aus Anlass des Steuerfalles an. Dafür benötige man aber ein Interview mit Horten und eigene Fotoaufnahmen. Schwahn ging darauf unter der Bedingung ein, dass Bild und Text von Horten genehmigt werden müssten. Bissinger sagte das nach Rücksprache mit Chefredakteur Henri Nannen zu.[133]

Diese Naturalrestitution sah wie eine Win-win-Situation aus: Horten erhielt die Zusage für eine positive Berichterstattung, über die er die Kontrolle behalten würde, Bissinger ein Exklusivinterview und die für den *Stern* wichtigen Fotos. Angesichts der Vorgeschichte und der Rolle Bissingers, der den *Stern* zu einer politisierten Illustrierten gemacht hatte, barg das Ganze für Horten aber auch ein Risiko. Daher versicherte sich Schwahn beharrlich Bissingers Zusagen.[134]

Am 15. Februar 1971 reisten Bissinger und Starfotograf Robert Lebeck nach Villalta und begleiteten das Ehepaar Horten in dessen Privatjet sogar zum Wiener Opernball, wo ein Bodyguard mit der Bewachung von Heidi Hortens Schmuck beauftragt war. Auch zum Domizil in Sekirn am Wörthersee wurden die Journalisten geführt. Sie erhielten zudem private Fotoaufnahmen, etwa von einer Jagd in Kenia. Bissinger konnte lange mit dem Ehepaar Horten reden. Man schien sich blendend zu verstehen. Der Hausherr gab sich launisch und freimütig,[135] überließ Lebeck sogar einen Frack für den Opernball.[136] Die Rückfahrt bestritt Bissinger mit Hortens Prokurist Hans Winschuh, der darüber umfangreich an seinen Chef Bericht erstattete, was auf einen Rest an Misstrauen schließen lässt. Beide, Bissinger und Winschuh, gaben sich aber auf der Rückreise sehr gelöst, Bissinger zeigte sich von Horten sehr beeindruckt und Winschuh wurde noch auf eine *Stern*-Feier in Düsseldorf mit Henri Nannen und Ministerpräsident Heinz Kühn (SPD) eingeladen, die ihm freilich so gar nicht gefallen sollte.[137]

Der erste Wermutstropfen war nun, dass die Horten-Seite viele Zitate für das Interview nicht freigeben wollte oder diese stark redigierte. Horten missfiel die von Bissinger verfasste Story. Schwahn und Seydaack verabredeten sich mit Bissinger und unterbreiteten die Änderungswünsche. Die endgültige Fassung erhielten beide entgegen der Vereinbarung jedoch nicht. Bissinger hatte nie vorgehabt, wie er seinem Fotografen Lebeck wenig später gestand, Hortens Wünsche für den Artikel zu berücksichtigen.[138] Schwahn eilte daraufhin in die *Stern*-Redaktion, erhielt dort nach beharrlichem Drängen von Nannen aber nur die bereits fertiggestellte

Fassung, in welcher den Änderungswünschen nicht Rechnung getragen worden war. Auch die zweite *Stern*-Nummer der darauffolgenden Woche mit dem Interview mit Kohl stieß ob einer „böswillige[n] Voranstellung der sozial provozierend aufgemachten Jagd-Geschichten" auf Schwahns Empörung.[139] Bissinger hatte, wie sein Fotograf Lebeck berichtet, von vornherein eine Agenda verfolgt – er wollte den ungezügelten Kapitalismus Hortens bloßstellen: „‚Man muß solche Abmachungen treffen', verteidigte der Co-Chef des *Stern* seinen Wortbruch, ‚sonst kriegt man solche Leute ja gar nicht.'" Noch nach 30 Jahren ist bei Lebeck, dem Horten „charmant, höflich und zuvorkommend" erschienen war, das schlechte Gewissen spürbar.[140]

Das böse Erwachen aus dem Traum einer positiven Berichterstattung erfolgte also spätestens am 28. März 1971. An diesem Tag erschien die „Helmut-Horten-Story" im *Stern*. In der *Süddeutschen Zeitung* war eine große reißerische Anzeige geschaltet: „Diese Geschichte wurde noch niemals erzählt." Und: „Kaufhauskönig und Milliardär, Steuerflüchtling und Alles-Allein-Macher, Gesundheitsfanatiker und Großwildjäger, Hundenarr und Parteifinanzierer – das alles und mehr ist Helmut Horten".[141] Auf dem Cover des *Stern* wurde über einer sonnenbadenden Halbnackten – Unterzeile „Wenn Mädchen Ferien machen" – „Die Helmut-Horten-Story" angekündigt. Darunter war das Zitat von Horten montiert: „Wenn man so reich ist wie ich, vermehrt sich das Geld von allein." Die Fotos von Lebeck waren spektakulär, gewährten sie doch Einblick in Hortens Privatleben und Ehe. Zum freizügigen Zeitgeist passte, dass Heidi Horten im Bikini abgelichtet wurde, wie sie gerade dem Swimmingpool entstieg. Bilder vom Wiener Opernball, aus Hortens Privatflugzeug, von der heimischen Kegelbahn und Trophäenbilder, darunter Heidi vor einem von ihr geschossenen Leoparden in Kenia, sowie Wohnzimmerbilder und eine Draufsicht auf Villalta und Bilder von der Yacht sowie den Anwesen in Antibes und auf den Bahamas zeigten das Leben der Reichen und Schönen, wie man es wohl erwartete. Bissingers Text war recht mokant, im

Mittelpunkt standen Hortens Aufstieg und Reichtum sowie die „Steuerflucht" in die Schweiz.

Übel stießen auf Seiten der Horten-Leute die Passagen zur Vergangenheit Hortens im „Dritten Reich" auf. So wurde Horten als „Renommier-Arier" – dieser Begriff stand freilich nicht im Artikel-Entwurf – etikettiert, der nicht nur in der NS-Zeit „arisierte", sondern mit Blick auf den Erwerb der Kaufhauskonzerne Merkur AG von der jüdischen Familie Schocken und der Emil Köster AG vom jüdischen Geschäftsmann Jakob Michael in der Nachkriegszeit „schon wieder arisierte". Die erklärende Fußnote vom *Stern* machte es noch falscher, denn dort wurde „Arisierung" als vom „NS-Staat befohlene Überführung der im Besitz von Juden befindlichen Geschäfte und Unternehmen in ‚arische' Hände" definiert.[142] Das traf nun auf die Erwerbungen Hortens vor 1945 nicht zu und schon gar nicht auf die danach. Er hatte die Häuser gekauft und sie waren nicht in seinen Besitz „überführt" worden. Diese Passagen stießen neben der Darstellung als „Geldprotz" und der Behandlung der Jagd-Leidenschaft der Hortens am entschiedensten auf deren Widerspruch.[143] Daneben wurde eine ganze Reihe unwahrer Behauptungen oder Passagen, die entgegen der Vereinbarungen getilgt oder eben nicht getilgt worden waren, moniert. In diesem Lichte wurde eine Unterlassungsklage und Feststellungsklage auf Schadenersatz beschlossen.[144]

Zusätzlich holte Horten in Reaktion auf die *Stern*-Geschichte bei Rechtsanwalt Ernst C. Stiefel eine Art Leumundszeugnis ein. Stiefel bestätigte als ehemaliger Rechtsbeistand der jüdischen Eigentümerfamilien des Kaufhauses Gebrüder Alsberg in Duisburg in einem Brief an Horten, dass der Erwerb des Kaufhauses 1936 nach bilateral auf Augenhöhe verhandelten Konditionen abgelaufen sei. Zudem verwies er darauf, dass andernfalls auch die Geschäfte mit den jüdischen Kaufhausleuten Salman Schocken und Jakob Michael nach 1945 nicht zustande gekommen wären. Der Brief Stiefels war von Horten erbeten und vorformuliert worden. Auch eine knappere, ähnlich lautende Erklärung der Lauters war vorformuliert beigefügt.[145] Beide Schriftstücke wurden unterzeichnet und abgeschickt, was zumindest auf keine elementaren Widersprüche schließen lässt; die Lauters waren kurz zuvor mit einer größeren Zuwendung Hortens zur Überwindung eines finanziellen Engpasses bedacht worden.

Die nun beauftragte Rechtsanwaltskanzlei Schön & Klüger erreichte am 19. Mai 1972 immerhin einen für Horten günstigen Vergleich vor dem Oberlandesgericht Hamburg, der die Beklagten, also den Verlag Gruner + Jahr sowie Bissinger, strafbewehrt verpflichtete, über Horten nur noch aus aktuellem Anlass über die mit diesem Anlass zusammenhängenden Gegenstände publizistisch zu berichten, und dem Pressehaus die gesamten Prozesskosten auferlegte.[146]

Die Negative und die Abzüge der angefertigten Fotos des *Stern*, deren Wiederabdruck Horten über seine Anwälte verbieten ließ,[147] befinden sich nun in den Räumen der Helmut Horten Stiftung in Agno in einem kleinen hölzernen Sideboard neben allerlei Karnevalsorden und privaten Bilderalben. Helmut Horten schien für die Aufnahmen einen besonderen Platz zwischen Erinnerungsstücken und persönlichen Gegenständen ausgesucht zu haben. Einige sind stärker abgegriffen als andere, als seien sie regelmäßig gesichtet, später aber für lange Zeit weggeschlossen worden. Die Fotos zeigen Szenen einer harmonischen Partnerschaft zwischen Helmut und Heidi Horten, ganz ohne Scheu vor der Kamera.[148] Nie mehr sollten beide einem Journalisten derartige Einblicke gewähren.

Nach der Homestory des *Stern*, bei der Bissinger Horten hintergangen hatte, lieferte Horten sich einige juristische Scharmützel mit bundesdeutschen Printmedien, deren Erfolgsbilanz für ihn eher gemischt war, zumal damit der Vorwurf der „Steuerflucht" Hortens entgegen seinen juristischen Anstrengungen erneut im kollektiven Gedächtnis verankert wurde. Ungerechtfertigte Anwürfe wollte Horten aber nicht auf sich sitzen lassen. Das Verhältnis zur Presse war jedenfalls gestört.

Durch den Artikel im *Stern* und die teilweise öffentlich gewordenen Details der juristischen Auseinandersetzung in der Folge schien Hortens Image in der Öffentlichkeit noch stärker ramponiert. Vielleicht war dies der Anlass dafür, dass die stark linksgerichtete Zeitschrift *konkret* im Oktober 1971, wie weiter oben berichtet, lange Passagen aus Gesprächen zwischen Günter Wallraff und Mitarbeitern der Horten AG abdruckte. Flankiert wurden die Zitate von einem Auszug aus dem Steuergutachten, das Bundesfinanzminister Alex Möller anlässlich der Übersiedlung Hortens in die Schweiz anfertigen ließ. So sollte den Lesern klar vor Augen geführt werden, dass der Konzernherr seinen Wohlstand auf dem Rücken seiner Mitarbeiter verdient habe und sich nun vor der Steuerzahlung drücke.[149] Dem Artikel und dem in gekürzter Form wiedergegebenen Gutachten waren kurze Abschnitte über Hortens Vergangenheit, seinen Wiederaufstieg nach 1945, sein Privatleben und seine politischen Verbindungen vorangestellt. Die Gespräche mit den Horten-Mitarbeitern wurden 1973 erneut in dem Buch „Ihr da oben, wir da unten" von Wallraff und seinem Mitautoren Bernt Engelmann abgedruckt.[150] Gegen den Artikel von *konkret* und das Buch gab es keine juristischen Schritte Hortens. Offenbar ging man davon aus, dass diese ohnehin nur im linken Spektrum gelesen würden und dort das Urteil über Horten bereits feststehe.

Der Artikel aus *konkret* sowie die „Helmut-Horten-Story" des *Stern* und ihre juristische Aufarbeitung evozierte eine literarische und später auch wieder juristische Anschlusskommunikation. Bald nach Erscheinen der „Helmut-Horten-Story" publizierte der Schriftsteller F. C. Delius im „Jahrbuch für Literatur Tintenfisch 5" eine satirische „Moritat auf Helmut Hortens Angst und Ende", welche umfangreich und explizit die *Stern*-Geschichte und das Interview ausschlachtete. Die Moritat, also das Erzähllied, handelte in holprigen Versen mokant von dem sich am Ende als Traum herausstellenden Tod Helmut Hortens und dessen Ängsten und Obsessionen. Sie ist der in den „roten" 1970er Jahren verbreiteten Kunstform der politischen Lyrik zuzurechnen, in welcher die Botschaft durchaus die Form dominierte. Da das Gedicht so große Beachtung fand und viele Nachdrucke erschienen, soll es hier zitiert werden:

„Horten liegt flach – im eignen Schweizer Gras und weiß
und grün und das Gesicht voll Schmerz und Angst und Schweiß.

6 · Absprung ins Privatleben (1968–1987)

Was ist passiert? Es biß ihn eine böse Schlange,
er sah sie noch und schrie – doch sie ist weg schon lange.
Der Kaufhauskönig stöhnt, sein Leibarzt nimmt das Bein
und spritzt ihm gut gekühltes Schlangenserum ein,
das für den Notfall immer da ist, zu dem Zweck:
Dem guten Chef beißt ein Reptil das Leben weg.
Sein Arzt verfährt gewissenhaft, und doch, was nützt
das Serum, das er gegen diese Schlange spritzt,
denn die war giftig nicht, sondern giftig war diese
Angst vorm Biß, vor jedem Angriff, jeder Krise:
Die Angst vor den zu faulen Angestellten,
die Angst vor nichtkapitalistischen Welten,
die Angst vor Steuern und Verlusten,
die Angst vor Gewerkschaften, den zahmen und bewußten,
die Angst, seine Frau als Witwe zu wissen,
die Angst, Macht und Geld vermindern zu müssen,
die Angst vor Kindern, die sein Lebenswerk verprassen
(oder sich gar mit der Linken einlassen)
die Angst vor Krankheit und der schlechten deutschen Luft,
die Angst vor Konkurrenz, vor seinesgleichen, vorm Schuft,
und die Angst vor jenen Kreaturen,
die nicht nach seinem Willen spuren.
Was nützt da die Spritze? Natürlich nix.
Ein Hausmädchen reicht ihm ihr Kruzifix.
Da liegt er jetzt im Garten seiner Villa im Tessin,
an dem zentralen Punkt, von dem aus, wies ihm selber schien,
er seine europäischen geschäftlichen Interessen
sehr gut überblicken kann und auch, nach Wunsch, vergessen.
Da sieht er jetzt nur Beine und Gesichter, fassungslos,
in ihrer Mitte seine Frau, Frau Heidi, deren Schoß
er noch mal anstarrt, und die ihm aus dem Gesicht
den Schweiß wegwischt und die bekannten letzten Worte spricht.
Und in den paar Minuten, die er seinen Mund noch auf hat,
findet weiterhin der profitable Verkauf statt,
helfen ihm gut dreißigtausend Leute,

vergrößern ihm schnell noch die Ausbeutungsbeute,
steigt noch der Wert seiner Häuser und sonstigen Immobilien
in Österreich, Frankreich, Bahamas und in Brasilien,
steigt noch der Wert von Heidis Diamanten
und Tigerfellen, Hirschgeweihen und Brillanten,
werden der eigne Jet, die fünf Rolls-Royce und die Yacht
durch Abschreibung weiterhin fruchtbar gemacht,
schwitzen die von ihm bezahlten Politiker über Gesetzen,
die ihm genehm sind und seine Gegner zerfetzen.
In diesen paar Minuten, die das Herz noch zuckt,
verdient er Tausende an jeglichem Produkt,
verdient er noch im Tod, verdient er in der Hölle –
denn Heidis Kuß weckt ihn nicht auf und nicht des Hunds Gebelle.
So liegt ein König der Ware
von Angst gemordet auf der Bahre.
Gras grün, wenig Wind, Sonne scheint,
die Dogge Cassius bellt und weint.
Die Zeitung spricht vom Schicksalsschlag –
soweit mein Traum vom letzten Donnerstag.
(Moral:)
Ihr wißt schon: Nicht immer endet der Kapitalist
so einfach, idyllisch, ohne Kampf, ohne List.
(Details nach ‚Stern' 28. 3. und 4. 4. 1971)"[151]

Die Moritat wurde zunächst nur im Feuilleton als „locker ironisches Gedicht auf Helmut Horten" und „makabrer Traum" behandelt.[152] 1975 wurde es erneut in dem Band „Ein Bankier auf der Flucht" des Berliner Rotbuch-Verlages, wo Delius inzwischen Lektor war, und anderenorts in Anthologien und Almanachen und sogar in einem Schulbuch publiziert.[153] Erst sieben Jahre nach der Erstveröffentlichung erhob Horten, nachdem Delius der Aufforderung zur Unterlassung nicht nachgekommen war, Klage vor dem Landgericht in Hamburg wegen Verletzung seines Persönlichkeitsrechts. Angegriffen wurden die Zeilen „die Angst vor Konkurrenz, vor seinesgleichen, vorm Schuft" und „schwitzen die von ihm bezahlten Politiker über Gesetzen, die ihm genehm sind und seine Gegner zerfetzen." Delius, der die Auftritte vor Gericht wiederholt zu längeren Ausführungen nutzte, erklärte, die Bezeichnung „Schuft" beziehe sich gar nicht auf Horten und die Parteienfinanzierung sei im *Stern* behandelt worden.[154] 70 Schriftsteller und Lektoren, darunter Wolf Biermann und Sarah Kirsch, solidarisierten sich mit Delius und werteten Hortens Klage als Angriff auf die Kunstfreiheit.[155] Das Landgericht Hamburg schmetterte Hortens Klage ab und bewertete die Kunstfreiheit in diesem Fall höher als das Persönlichkeitsrecht Hortens. Es stufte den Streitwert von 200.000 DM auf 50.000 DM herab, was Volker Hage in der *FAZ* als wichtiges Zeichen zur Sicherung der Kunstfreiheit wertete.[156] Der Rotbuch-Verlag kam dem nun geweckten Interesse an Delius' Schaffen durch eine Neuauflage des Gedichtbandes mit der Moritat nach.[157]

Horten zog vor das Hamburger Oberlandesgericht und drang nun sogar auf ein komplettes Verbot des Gedichtes. Das Gericht kam ihm insoweit entgegen, als es die beiden Verse über die Bestechung politischer Parteien zu verbreiten untersagte. Den „Schuft" wertete es freilich nicht als Beleidigung, da der Begriff sich nicht eindeutig auf Horten beziehe.[158] Mit diesem Kompromiss zeigten sich nun Delius und sein Verlag unzufrieden und gingen in Revision. Zwischenzeitlich hatte Horten auch den *FAZ*-Journalisten Uwe Wittstock wegen Beleidigung angezeigt, da er in der Berichterstattung über die Prozesse geschrieben hatte, Horten sei „dem deutschen Finanzamt 200 Millionen Mark schuldig geblieben" und fühle sich durch „Ängste und Neurosen" geplagt.[159] Das veranlasste die Zeitung zu einer Klarstellung, dass man nur über das Gedicht berichtet und nicht selbst etwas über Horten behauptet habe. Die Staatsanwaltschaft stellte das Verfahren ein und die *FAZ* übernahm den Großteil der Anwaltskosten.[160] Im Juni 1982 hob dann der Bundesgerichtshof das Urteil des Oberlandesgerichtes auf, die Verfahrenskosten wurden Horten auferlegt. Literatur dürfe nichts Unwahres behaupten, die Form der Äußerung legte das Gericht im Sinne der Kunstfreiheit aber sehr weit aus. Die inkriminierte Passage könne man nicht ausschließlich als Vorwurf der Abgeordnetenbestechung, sondern auch als Hinweis auf Parteispenden verstehen.[161] Damit war das Gedicht, das immerhin die unwahre Insinuation einer Bestechung enthielt, gleichsam kanonisiert worden und „Hortens Prozeßlust" hatte ein großes, für ihn durchgängig und wegen der langen Dauer des Verfahrens langanhaltendes negatives Presseecho von *FAZ* über *Süddeutsche Zeitung (SZ)* und *Spiegel* bis *Zeit* evoziert.[162]

Auch mit dem *Stern* geriet Horten wegen der Causa Delius wieder in die Haare. Das Magazin hatte unter der provokativen Überschrift „Die Moritat vom gekränkten Kaufhauskönig" über Hortens Rechtsstreit mit Delius berichtet. In einem Relativsatz war von Horten die Rede, „der dem deutschen Fiskus 450 Millionen Mark schuldig blieb, als er seinen Wohnsitz in die Schweiz verlegte"[163]; mit jedem neuen Artikel wuchs die angebliche Steuerschuld also. Horten erwirkte eine einstweilige Verfügung und Gegendarstellung, in welcher er ausführte, er sei „dem deutschen Steuerfiskus keinen Pfennig schuldig geblieben. Ich habe stets die von mir definitiv geschuldeten Steuern umgehend entrichtet." Dieser Gegendarstellung fügte der *Stern* eine längere Coda der Redaktion an, in welcher Hortens Dementi relativiert und andererseits behauptet wurde, man habe gar nicht behauptet, dass es um „definitiv geschuldete Steuern" ginge.[164] Horten erhielt eine Schmerzensgeldzahlung durch den *Stern* von 8.000 DM zugesprochen.

Eine Verletzung des Vergleichs zwischen Gruner + Jahr und Horten von 1972 erkannte weder das Landgericht Hamburg noch in der Berufung das Oberlandesgericht Hamburg. Man war bestrebt, diesen nicht als generellen Maulkorb zu interpretieren. Die Behauptung über die nicht entrichtete Steuerschuld sah das Oberlandesgericht aber als so schwerwiegend an, dass neben der Richtigstellung das Schmerzensgeld gerechtfertigt sei.[165] Schon 1971 hatte Horten dem Deutschen Gewerkschaftsbund (DGB) per Gerichtsbeschluss des Hamburger Landgerichts die Behauptung untersagen lassen, dass „Horten 200 bis 300 Mill. DM Steuerschulden habe und deswegen in die Schweiz übergesiedelt" sei. Der Redakteur, der das behauptet hatte, war Bernt Engelmann gewesen, der Horten später in seiner Reportage im Wallraff-Buch attackierte.[166]

In einer anderen Angelegenheit war Horten ein Prozesserfolg beschieden. Im Zusammenhang mit dem konstruktiven Misstrauensvotum von Oppositionsführer Rainer Barzel (CDU) gegen die sozialliberale Bundesregierung unter Willy Brandt im Jahr 1972 hatte ein pseudonymer Absender „Levin" aus Basel per Fernschreiben vom 26. April 1972, dem Tag vor der Abstimmung, die Behauptung verschickt, Horten habe sechs Millionen DM beim Schweizerischen Bankverein bereitgestellt, um Abgeordnete der FDP zur Unterstützung Barzels zu bewegen. Anders als die Deutsche Presseagentur (dpa), an die das Schreiben auch gegangen war, berichtete der *Spiegel* darüber in seiner Ausgabe vom 1. Mai.[167] Mit einem Zitat von SPD-Bundesgeschäftsführer Hans-Jürgen Wischnewski („Ben Wisch") – „Jeder ahnt was, keiner kann's nachweisen" – wurde der Behauptung Plausibilität verliehen. Hortens rechte Hand Schwahn hatte noch in emsiger Aktivität vor der Verbreitung gewarnt und sie entschieden als „eine von links kommende böse Brunnenvergiftung" dementiert, was auch im *Spiegel* zitiert wurde. Das Verfahren endete nach einem Revisionsantrag des *Spiegel* vor dem Bundesgerichtshof, der Horten recht gab und dem *Spiegel* eine Schadensersatzleistung von 50.000 DM auferlegte.[168]

Krankheiten und Ängste:
Späte Jahre

Horten hatte über viele Jahre hinweg einen Gesundheitstick, wobei er seine Stauballergie besonders verborgen hielt. Hinzu kam eine ausgeprägte Akribie, ein regelrechter Kontrollzwang, der sich in der Überwachung von privaten und geschäftlichen Angelegenheiten niederschlug. Detailliert regelte Horten etwa seine „Fahrpläne" und alle Mitarbeiter mussten diese genau einhalten. Pünktlichkeit war Gesetz. Auch seine verdeckten Aktionen als Testkäufer in den eigenen Kaufhäusern sind sprechend. Die bis hinunter zur Art des

Krankheiten und Ängste: Späte Jahre

Teppichbodens reichenden Vorschriften an die Häuser sind ein weiterer Beleg für diese Eigenschaften. Zuwiderhandlungen wurden bestraft, allzu eigenwillige Direktoren abgesetzt.

Die Gesundheit Hortens war seit jungen Jahren fragil. Die Folgen einer Kinderlähmung heilten zwar gut aus. Doch die Sorge vor Krankheiten begleitete Horten wohl auch auf Grund dieser frühen Erfahrungen ein Leben lang. Die Medikamentenunverträglichkeit, die 1967 zu starken inneren Blutungen führte und ihn an den Rand des Todes brachte, muss für ihn daher auch eine enorme psychische Belastung gewesen sein. Horten war zeit seines Lebens sehr um seine Gesundheit besorgt, er rauchte nur selten Pfeife und trank trotz üppig und hochwertig ausgestatteter Hausbars nur mäßig. Auf Erkrankungen reagierte er sehr sensibel. In seinem Tessiner Domizil hatte er eine vollausgestattete Praxis einrichten lassen, sein Leibarzt Dr. Urban stand zu seiner ständigen Verfügung. Der Umzug ins Tessin war auch durch das für seine chronisch belasteten Bronchien bessere Klima motiviert gewesen, das ihm dann aber doch nicht so gut wie erhofft bekam.[169] Bis zum Lebensende wechselte er häufig seine Aufenthaltsorte.

Die Krankheitsängste Hortens führten bisweilen zu bizarren Episoden. An eine erinnerte sich der Fotograf Robert Lebeck, der die Hortens während der Homestory für den *Stern* 1971 begleitet hatte. Sie drehte sich um Hortens Angst vor einem Schlangenbiss. Der passionierte Jäger sei auf die Idee gekommen, zur Dezimierung der Schlangen auf seinem Grundstück im Tessin Igel anzusiedeln. Er habe Fritz Seydaack kurzerhand beauftragt, in Deutschland einige der Stacheltiere aufzutreiben und umgehend mit seinem Mercedes in die Schweiz zu bringen. An der Grenze sei er allerdings gestoppt worden, so Lebeck. Die Einfuhr von Wildtieren war verboten. Wie es Seydaack trotzdem schaffte, die Igel nach Croglio im Tessin zu bringen, blieb auch dem Fotografen verborgen. Doch die Ansiedelung sei kein Erfolg gewesen. Schon nach wenigen Wochen sei keiner der Igel mehr auf dem Grundstück gewesen. Da die Tiere im Tessin als Delikatesse galten, wurden sie von den Gärtnern gefangen, im Tonmantel zubereitet und verspeist. Horten habe sich

6 · Absprung ins Privatleben (1968–1987)

Die von Helmut Horten errichtete Filialkirche hl. Hubertus in Sekirn,
wo er und seine Frau Heidi begraben sind

daher dazu entschieden, seinen Leibarzt anzuweisen, Gegengifte zu allerlei Schlangentoxinen zu beschaffen.[170]

In seinen letzten Lebensjahren war Horten häufiger physisch krank. Er hatte kardiale und neurologische Probleme.[171] Er freute sich aber weiterhin über Besuch alter Weggefährten. 1986 erlitt er einen Hirnschlag, von dem er sich zunächst erholte, geistig nur geringfügig eingeschränkt. Von einem luxuriösen Lebensstil konnte aber kaum mehr die Rede sein.[172] Freunde erfüllten ihm in seinem letzten Lebensjahr den Wunsch, noch einmal Duisburg zu besuchen. Die Stadt hatte ihn mit der Mercator-Plakette geehrt und er bezeichnete sie als ein „Stück Heimat, wo ich erfolgreiche und glückliche Jahre verlebt habe".[173] Dann schlief er am 30. November 1987 in Madonna del Piano auf Grund eines Herzstillstands endgültig ein. Horten wurde 78 Jahre alt.

Krankheiten und Ängste: Späte Jahre

Horten hatte auch für seine letzte Ruhestätte vorgesorgt. Der Glaube spielte in seinem Leben wohl eher eine untergeordnete Rolle. Jedenfalls blieb er seinen Weggefährten nicht als besonders religiöser Mensch erinnerlich. Der familiär ausgeprägte Katholizismus war für Horten eher eine Art der traditionellen Verortung, sonderlich religiös waren weder er noch Heidi. Er blieb der Kirche dennoch zeitlebens verbunden. 1958 wurde er in den römisch-katholischen Deutschen Orden, 1965 in den ebenfalls römisch-katholischen Malteserorden aufgenommen. Das versprach dem bürgerlichen Kaufmann Prestige und Verbindungen und dem Orden Zugang zu Spenden. In einem von ihm wohl für die Aufnahme in den Malteserorden erstellten Lebenslauf betonte Horten, dass vier Geschwister seines Vaters im Dienst der Kirche gestanden hatten.[174]

Helmut Horten ließ 1976 oberhalb seines Wohnortes am Wörthersee die modernistische Zeltkirche St. Hubertus als Mausoleum für seine sterblichen Überreste bauen. Das Grabmal hatte der passionierte Hobby-Architekt selbst entworfen.[175] An der Giebelwand verweist ein Sgraffito des Heiligen Hubertus, dem Schutzpatron der Jäger, und des Hirschs mit Kreuz zwischen dem Geweih, der ihm erschienen sein soll, auf die Jagdleidenschaft Hortens. In der dortigen geräumigen Marmorgruft wurde Helmut Horten beigesetzt. Mit einem Kreuz zeigte Heidi Horten den Tod ihres Mannes in knappen Worten an: „Mein geliebter Mann Helmut Horten ist heimgegangen. In tiefer Trauer".[176] 2022 wurde dann auch Heidi in der Gruft unter der Kirche beigesetzt, in Anwesenheit eines erlauchten Kreises von 60 Trauergästen, begleitet von live dargebotener Musik von Udo Jürgens und abgeschirmt von Bodyguards. Zwei schlichte Grabplatten zeigen die Gräber rechts und links neben dem Altar an.

Hortens Witwe hatte ein Vermögen von rund drei Milliarden DM geerbt. Ihr Vermögen konnte sie dann laut Forbes auf über drei Milliarden Dollar anwachsen lassen.[177] Die Schweizerische Helmut Horten Stiftung in Agno erhielt nach dem Tod von Heidi Horten den größten Teil des Gesamterbes, das gegen einen vorzeitigen Verzehr gesichert war. Heidis Erbe fiel an die HGH-Vermögen-Stiftung, welche das Museum der Heidi Horten Collection in Wien erhalten und andere philanthropische Projekte fördern wird. Damit kann der Bestand ihrer Sammlung gesichert und der Öffentlichkeit zugänglich gemacht werden.

Krankheiten und Ängste: Späte Jahre

Helmut Hortens Lebenswerk, die Horten AG, geriet zunächst ganz an britische Eigentümer, dann wurde die Westdeutsche Landesbank Mehrheitsaktionärin. In den 1990er Jahren erwarb der einstige große Konkurrent Kaufhof Aktienpakete, daneben die Kaufring AG, eine Genossenschaft von Einzelhändlern, die 1993 zehn Warenhäuser übernahm. Seit 1994 gehörte die Warenhauskette zu Kaufhof und damit zwei Jahre später zum Metro-Konzern. Das bei Horten 1988 entwickelte Galeria-Konzept mit integrierten Marken-Boutiquen und thematischen Warenwelten für ein anspruchsvolles Kauferlebnis im mittleren und höheren Segment stand durchaus in der Tradition von Hortens Ideen; es wurde dann von Kaufhof übernommen, aus „Galeria Horten" wurde „Galeria Kaufhof".[178] Im Jahr 2004 endete die Marke Horten. Übrig blieben zum Teil in neuer Nutzung die Häuser mit der markanten Fassade.[179] Damit war das Lebenswerk Hortens abgewickelt.

* * *

Dieses letzte Kapitel der Biografie Hortens zeigt die Ambivalenz seiner Persönlichkeit stärker als die vorangegangenen. Er lebte für die Arbeit, aber er schaffte den Absprung ins Privatleben und wurde kein greiser Patriarch wie andere führende Unternehmer der Wirtschaftswunderjahre. Er führte ein luxuriöses Leben und war zugleich physisch wie arbeitsethisch diszipliniert. Er empfand ein soziales Verantwortungsbewusstsein für seine Angestellten und war als Stifter und Mäzen großzügig, doch er übersiedelte trotzdem vorrangig aus steuerlichen Gründen in die Schweiz. Er lebte den Luxus exzessiv aus und nutzte seinen Reichtum dazu, zu beeindrucken. Trotzdem gelang es ihm nie, das öffentliche Bild über seine Person in seinem Sinne umzudeuten. Im Umgang mit der Presse war er ungeschickt, ja dilettantisch. Diese Ambivalenzen geben der Biografie Helmut Hortens dramaturgische Tiefe.

Fazit: Helmut Horten – ein Repräsentant der „Generation Boom"

Knapp dreißig Jahre lang erlebten die Industriestaaten der westlichen Welt einen Wirtschaftsboom, die Trente Glorieuses. In der Bundesrepublik Deutschland dauerte diese Phase von der Währungsreform 1948 bis zur ersten Ölkrise 1973 und zum Zusammenbruch des goldgedeckten, am Dollar orientierten Währungssystems von Bretton Woods 1971/1973. Diese Hochzeit war nur durch kurze Eintrübungen Mitte der 1960er Jahre gestört worden. Dabei blühte besonders der Einzelhandel: Sein Anteil am kräftig steigenden Bruttosozialprodukt erhöhte sich von 5,2 Prozent im Jahr 1950 auf 6,5 Prozent im Jahr 1969. Setzte der Einzelhandel 1950 32,4 Milliarden DM um, so waren es 1969 165,6 Milliarden DM. Und kaufte 1950 jeder Einwohner für 660 DM im Einzelhandel ein, so erstand er 1969 Waren im Wert von 2.722 DM.[1] Innerhalb der Branche wuchs wiederum der Umsatz der Warenhäuser bis Mitte der 1960er doppelt so schnell wie derjenige des übrigen Einzelhandels. Ihr Marktanteil übertraf den der Vorkriegszeit.[2] Helmut Horten profitierte bei seinem Wiedereinstieg in das Warenhausgeschäft nach dem Krieg von diesem Boom und schaffte es mit seinem preisgünstigem Angebot in den Kreis der Großen; nach Kaufhof, Karstadt und Hertie wurde sein Konzern zur Nummer vier der größten Einzelhändler.

Horten stieg rechtzeitig vor der großen Krise, von der die Warenhäuser ab den 1970er Jahren erfasst wurden, aus. Zunächst machte er mit der Umwandlung der Horten GmbH in eine Aktiengesellschaft Kasse, rettete seinen Gewinn unter legaler Ausnutzung eines Steuerschlupfloches in die Schweiz und verabschiedete sich 1972 ganz aus dem von ihm gegründeten Konzern. Die Inflation, die rasch steigenden Personalkosten, die Stagnation des Wirtschaftswachstums, die Ölpreiskrise und die steigende Arbeitslosigkeit bildeten nun deutlich ungünstigere Rahmenbedingungen für das Warenhausgeschäft. Das preisbewusstere, zugleich anspruchsvollere Kaufverhalten der Kunden begünstigte den Fachhandel und die Großdiscounter. Der Textilbereich, bei Horten stark vertreten, war vom veränderten Kaufverhalten besonders stark betroffen. In der zweiten Jahreshälfte 1973 musste die Horten AG erstmals einen Umsatzrückgang hinnehmen, für das gesamte Jahr preisbereinigt eine Stagnation.[3] Im Geschäftsbericht von 1974 wies die AG einen deutlich geminderten Jahresüberschuss von 35 Millionen DM gegenüber 53 Millionen DM im Vorjahr aus.[4] 1976 wurde zum schwärzesten Jahr für die Warenhäuser seit der Währungsreform, und die Horten AG war von den großen Vier am stärksten betroffen. Der Umsatz nahm 1976 nur noch um 0,3 Prozent zu, flächenbereinigt ging er sogar um 2,3 Prozent zurück. Der Jahresüberschuss lag gerade noch bei 25 Millionen DM. Rationalisieren und Konsolidieren standen nun auf dem Programm, einschließlich Personalabbau und Schließung unrentabler Filialen.[5] Nicht nur die Presse, auch der Finanzchef der Horten AG Hans Winschuh, der schon für den Gründer gearbeitet hatte, lastete dem Patriarchen Fehlentwicklungen an: Dessen straffer Führungsstil wurde ebenso moniert wie der Zentralismus, der den Filialen wenig Spielraum gelassen und der Situation vor Ort zu wenig Rechnung getragen habe. Die neuen Schlagworte lauteten Rationalisierung, Dezentralisierung, Modernisierung, was die Schließung von 14 unrentablen Häusern, die Entlassung von 2.301 Mitarbeitern und eine weitere Schrumpfung der Gesamtbelegschaft auf unter 25.000 im Jahr 1980 zur Folge hatte – und dieser Personalabbau wurde fortan stetig fortgesetzt.[6] Die Rationalisierungspolitik löste die straff gesteuerte Expansionspolitik Helmut Hortens ab.

Neben den hausgemachten Problemen und der allgemeinen Konjunkturlage warf Jürgen Jeske, Wirtschaftsredakteur der *FAZ* und später Herausgeber dieser Zeitung, insbesondere mit Blick auf Horten die Frage auf, ob die Warenhäuser nicht zu Dinosauriern geworden seien, zerrieben „in der zunehmenden Polarisierung des Marktes zwischen Billigangeboten für problemlose Güter und die Artikel des täglichen Bedarfes und dem teuren individuellen Ange-

Fazit: Helmut Horten – ein Repräsentant der „Generation Boom"

bot". Diese Polarisierung empfand auch Hortens alter Fahrensmann Fritz Seydaack so, er sprach von den zwei Felsen, zwischen denen man sich nun profilieren müsse.[7] In dieser „Sandwichposition zwischen leistungsfähigen innerstädtischen Fachgeschäften und den zu Beginn ihrer Entwicklung völlig unterschätzten Verbrauchermärkten und SB-Warenhäusern" sowie Fachmärkten drohten die Vollsortimenter mit ihren hohen Personalkosten erdrückt zu werden.[8] Die Horten AG reagierte darauf 1980 mit einer Abtretung des verlustbringenden Lebensmittelbereichs an Edeka und einer Vermietung von Fläche an Drittanbieter. Acht Jahre später führte Horten zunächst erfolgreich das Galeria-Konzept ein, verlor dann aber in der Krise seit 1992 seine Eigenständigkeit und wurde von Kaufhof übernommen. Den Warenhäusern gelang zunächst das Überleben im Wirtschaftsaufschwung der 1980er Jahre. Anders als Horten diversifizierten die anderen Warenhäuser ihr Geschäft, besonders die Kaufhof AG, in den 1990er Jahren kam es dann zu den Großfusionen.[9] Dem Ansturm des digitalen Handels konnten sie trotz abermaliger Zusammenschlüsse, Staatshilfen und Neuausrichtungen aber nicht mehr standhalten. So scheint es, dass die 1852 mit dem Au Bon Marché in Paris begonnene Erfolgsgeschichte, welche den Konsum, ja den Luxus demokratisiert und mit Konsumtempeln die Innenstädte geprägt hat, an ein Ende gelangt ist.[10]

Nach dem Ende des Horten-Imperiums, lange nach dem Tod des Gründers, entwickelten sich die Kaufhäuser und die Hauptverwaltung damit zu einem städtebaulichen Problem. Horten hatte den deutschen Innenstädten ein schweres Erbe hinterlassen. Vor allem Kaufhaus- und Warenhausbauten wurden in den 1970er und 1980er Jahren auch auf Grund ihrer einheitlich geschlossenen Fassade, die als Symbol der Intransparenz und des Profitstrebens gesehen wurde, zu Projektionsflächen der Konsumkritik, wie sie bereits bei Hortens eigenem Architekten Egon Eiermann angeklungen war – etwas, was die Warenhäuser seit ihrer Entstehung in immer neuen Wellen begleitet hatte.[11] Die rasche Errichtung auf Kosten der Langlebigkeit und Nachhaltigkeit erwies sich als finanzielle Bürde der späteren Besitzer, meist waren dies die Städte selbst. Keines der von Horten zu dessen Lebzeiten errichteten Häuser besteht noch in seiner ursprünglichen Gestaltung und Substanz. So wie sein Name verschwand, verschwinden auch seine Bauwerke nach und nach. Die modern-funktionalistische und wie Hortens inzwischen abgerissene Düsseldorfer Villa von einem Park umgebene Hauptverwaltung existiert zwar noch, ist heute aber kein Hingucker mehr. Neben der Deutschen Telekom beherbergt das Gebäude nun Autohäuser. Eingezwängt in einer Allee von ihn überragenden Geschäftshäusern wirkt der fünfgeschossige Bau verlassen und unspektakulär. Nur ein Blick auf die eleganten Wendeltreppen im Inneren lässt noch eine Ahnung der seinerzeit innovativen Anmutung dieser Firmenzentrale aufkommen.

Keimzelle von Hortens späterem Imperium war das 1936 übernommene Duisburger Kaufhaus Alsberg gewesen. Dieses war dem ehrgeizigen Kaufmann, der sich zum Missfallen seiner Eltern für diesen Beruf entschieden hatte, angeboten worden, da die jüdischen Besitzer auf Druck des NS-Staates weichen mussten. Später suchte Horten gezielt nach jüdischen Unternehmen, vorrangig Einzelhandelsunternehmen von mittlerem bis größerem Geschäftsvolumen, um diese meist gemeinsam mit einem oder mehreren Partnern zu übernehmen.

Dieses Handeln kann durchaus als systematisch betrachtet werden. Bei den für Horten erfolgreichen Übernahmen profitierte er von der umständehalber erzwungenen Bereitschaft der Verkäufer, ihr Unternehmen zu verkaufen. Ohne die massiven Repressionen durch den NS-Staat gegen Juden wäre diese Bereitschaft wohl kaum vorhanden gewesen. Was aber die Konditionen der Verkäufe anbelangt, so agierte er zunächst nach klassischer kaufmännischer Sitte. Im Fall der Übernahmen in Duisburg, Königsberg und Wattenscheid erstellte Horten gemeinsam mit den Vorbesitzern eine Kalkulation der Werte, für das Warenlager und das Inventar. Im Fall des Kaufhauses Hess in Wattenscheid geriet er mit dem Gauwirtschaftsamt Westfalen-Süd in Konflikt und in den Ruf, besonders „judenfreundlich" zu sein.[12] Für Horten stand damit nicht nur das

Fazit: Helmut Horten – ein Repräsentant der „Generation Boom"

Geschäft in Wattenscheid auf dem Spiel, sondern auch seine persönliche wirtschaftliche Existenz. Dies motivierte ihn, mit Sally Hess neue Bedingungen auszuhandeln, die die Möglichkeiten zur finanziellen Kompensation des niedrig bewerteten Warenlagers erheblich einschränkten. Horten setzte Hess nicht unter Druck und versuchte im Gegenteil sogar noch, einigermaßen vertretbare Konditionen zu erzielen. Und doch darf nicht unbeachtet bleiben, dass er von der niedrigeren Pacht langfristig profitieren und das Warenlager günstig übernehmen konnte.

Überaus riskant war bereits Hortens erster Schritt des Vermögensaufbaus gewesen, die Übernahme des Postens als alleinhaftender Gesellschafter der Helmut Horten KG in Duisburg. Seine Einlage in der KG war zunächst klein, das Haftungsrisiko allerdings immens. Ein Scheitern der Unternehmung war im Rahmen der unberechenbaren NS-Wirtschaftspolitik, in der Gemengelage zwischen Kommune, Gau und Reich durchaus möglich, zumal Kauf- und Warenhäuser ohnehin ständig von Boykotten bedroht waren und auch in „arischen" Händen nicht unbedingt des Wohlwollens der Partei sicher sein konnten. Denn allein die Institution galt als mittelstandsfeindlich und im Parteiprogramm war die „sofortige Kommunalisierung der Groß-Warenhäuser und ihre Vermietung zu billigen Preisen an kleine Gewerbetreibende, schärfste Berücksichtigung aller kleinen Gewerbetreibenden bei Lieferung an den Staat, die Länder oder Gemeinden" festgeschrieben.[13] Doch der Unternehmer scheute dieses Risiko nicht und handelte entsprechend geschickt.

Konflikte zwischen Horten und den NS-Behörden blieben nicht aus. Es wurde einerseits deutlich, dass er von den nationalsozialistischen Funktionsträgern keineswegs als überzeugter Gefolgsmann angesehen wurde. Vielmehr brachte man ihm überwiegend großes Misstrauen entgegen, wollte ihn mit Boykotten belegen und sogar internieren. Andererseits muss Horten auch eine gewisse Wertschätzung der NS-Behörden genossen haben. Sein Unternehmen in Duisburg wurde im Krieg als Verteilerbetrieb eingesetzt und Horten war hier effizient. Auch die intensive Überprüfung der Geschäftsübernahme in Wattenscheid durch das Gauwirtschaftsamt Westfalen-Süd brachte im Kern kein widerständiges Verhalten Hortens gegen das NS-Regime zum Vorschein. Ein anderes Bild ergibt sich mit Blick auf die Stellungnahmen beim Entnazifizierungsverfahren. Ehemalige Gegner wie Anhänger des NS-Regimes sagten aus, dass Horten seine Ablehnung gegen den Nationalsozialismus sehr offen zum Ausdruck gebracht habe. Dazu passt, dass Horten 1944 kurzzeitig inhaftiert worden war. Aus der NSDAP war er vermutlich in diesem Jahr bereits ausgeschlossen worden. Anlass waren Querelen mit NS-Funktionären und der Verdacht auf unsachgemäße Verteilung von Waren.

Hortens Denken und Handeln waren nicht von der NS-Ideologie bestimmt, sondern von einem ausgeprägten unternehmerischen Impetus, gepaart mit einer hohen geschäftlichen wie persönlichen Risikobereitschaft. Wenn es notwendig war, mit dem Regime zu interagieren und Zugeständnisse zu machen, wie etwa mit dem Eintritt in die NSDAP oder den Nachverhandlungen mit den jüdischen Eigentümern auf Druck des Gauwirtschaftsamts, dann tat Horten dies. In allen anderen Situationen unterstützte er weder Akteure noch die Ideologie des Nationalsozialismus aktiv, insbesondere dann nicht, wenn es seinen geschäftlichen Interessen schadete. So belegen die oben aufgeführten Beispiele, dass Horten lieber den jüdischen Vorbesitzern einen höheren Übernahmepreis für die Unternehmen bot, als diese mit einem niedrigen Preis zu erpressen und stattdessen eine Ausgleichsabgabe an den Staat zu leisten. Er handelte Sally Hess bei den Konditionen für die Übernahme des Kaufhauses in Wattenscheid vor allem deshalb herunter, weil er die Zustimmung des Gauwirtschaftsamtes benötigte. Insgesamt zeigt sich, dass für Helmut Horten das Geschäft stets vor der Politik kam. Wenn die politischen Rahmenbedingungen seinen geschäftlichen Aktivitäten entgegenkamen, dann hinterfragte Horten diese offenbar nicht ernsthaft und nutzte sie zu seinem Vorteil.

Ein komplexes Beispiel für die opportunistische Prämisse des geschäftlichen Handelns ist Hortens Engagement bei der Flugzeugwerk Johannisthal GmbH und ihren angegliederten Firmen wäh-

Fazit: Helmut Horten – ein Repräsentant der „Generation Boom"

rend des Krieges. Schon bevor Horten hier investiert war, setzte das Unternehmen Zwangsarbeiter ein. Mit Hortens und Wilhelm Reinolds Anteilsübernahme endete diese Praxis nicht. Sie wurde sogar intensiviert, was auf den sich zuspitzenden Mangel an heimischen Arbeitskräften zurückzuführen war. Die Personalkosten für diese bestimmten zudem maßgeblich den Gewinn der Teilhaber. Dies machte den Einsatz der Zwangsarbeiter zu einem für Horten vorteilhaften Wirtschaftsfaktor. Hinzu kommt, dass er mit diesem Rüstungsbetrieb unmittelbar vom Kriegsgeschehen profitierte und persönlichen Gewinn machte.

Mit Kriegsende kam Hortens Geschäft in Duisburg nicht gänzlich zum Erliegen, es lag aber buchstäblich in Trümmern. Der Immobilienbesitz Hortens war bis auf das Wattenscheider Kaufhaus und die Privatimmobilie in Duisburg zerstört, wobei auch Letztere erhebliche Schäden aufwies. Das Kaufhaus in Duisburg konnte notdürftig an anderem Ort in der Stadt weitergeführt werden. Es machte neben Hortens privatem Barvermögen den maßgeblichen Teil des Vermögens aus. Aber auch hier verfügte er wie während des „Dritten Reiches" nur über eine Beteiligung und war nicht Alleininhaber, wie dies später der Fall war.

Als Horten 1948 aus der britischen Internierung entlassen worden war, ging er, wie schon vor 1945, wieder voll ins Risiko. Waren seine Häuser im Osten Deutschlands verloren und die Beteiligung am Flugzeugwerk perdu, so verfügte er in Wattenscheid und in Duisburg noch über Waren und Grundstücke. Sein erneuter Aufstieg war vor allem seinem Wagemut und seiner Entschlusskraft zu verdanken, mit denen er die günstigen Umstände nach der Währungsreform nutzte.

Auch bei den Wiedergutmachungsleistungen zeigt sich eine gewisse Ambivalenz. Denn einerseits bemühte sich Horten um außergerichtliche Vergleiche, wie im Fall der Familien Lauter und Strauß in Duisburg oder mit Sally Hess in Wattenscheid. Mit den erzielten Übereinkünften kam Horten den ehemaligen Vorbesitzern durchaus entgegen, wenngleich dies nur ein schwacher Trost für das erlittene Unrecht sein konnte. Im Fall von Hess kam es gar zu einer der seltenen Restitutionen. Es ist im Lichte der vorliegenden Quellen davon auszugehen, dass diese Vergleiche in beiderseitigem Einvernehmen zustande kamen. Im Fall der Geschäftsübernahme in Königsberg sperrte sich Horten andererseits wohl gegen zivilrechtliche Wiedergutmachungsleistungen. Die jüdischen Vorbesitzer strengten diese zwar an, jedoch ohne Erfolg. Auch für den Einsatz der Zwangsarbeiter bei der Rüstungsproduktion der Flugzeugwerk Johannisthal GmbH musste er sich nicht verantworten und keine Wiedergutmachung leisten. Dies war darauf zurückzuführen, dass diese beiden Aktivitäten in die Zuständigkeit der Behörden in der sowjetisch besetzten Zone fielen, während Horten es im Rheinland mit der britischen Militärregierung zu tun hatte. Da ihm klar war, dass für beide Fälle kein Entschädigungsanspruch gegen ihn durchzusetzen war, legte er hier keinen Wert auf eine Entschädigungsleistung aus eigenem Antrieb.

Wohl auch aus dem Grund, dass in den ersten Nachkriegsjahren wenig über Hortens tatsächliche Einstellung und sein Handeln während der NS-Zeit bekannt war, brachten ihm die alliierten Besatzungsbehörden großes Misstrauen entgegen. Es dauerte bis 1950, ehe Horten nach Vermögenssperre und Internierung wieder vollkommene geschäftliche Handlungsfreiheit genießen konnte. Die Inhaftierung muss für ihn eine traumatische Erfahrung gewesen sein, da sie sich ohne Untersuchung oder Verhandlung über zwei Jahre hinzog. Es gelang den britischen Untersuchungsbehörden nicht, Horten konkrete Kollaboration mit den NS-Behörden oder die Ausnutzung der Notlage jüdischer Vorbesitzer von Unternehmen nachzuweisen. Für ihn war das der Beweis seiner Unschuld – für die Briten war dieses Ergebnis jedoch maßgeblich auf das Fehlen geeigneter Beweise zurückzuführen.

Beim Ausfüllen des Personalfragebogens im Entnazifizierungsverfahren verschwieg Horten seine geschäftlichen Aktivitäten in Ostpreußen und in der Rüstungsindustrie. Folglich wehrte er sich auch nicht gegen die bereits zu Beginn der 1950er Jahre vorgebrachten Behauptungen zu seinem Handeln vor 1945. Damit ist Horten kein Einzelfall, viele bundesdeutsche Unternehmer schwie-

Fazit: Helmut Horten – ein Repräsentant der „Generation Boom"

gen beharrlich, wenn es um ihre Verstrickungen in die NS-Diktatur ging. Demgegenüber stand Hortens Bedürfnis, seinen Reichtum in der Öffentlichkeit doch gelegentlich zur Schau zu stellen. Dies hat die Gerüchte um die Ursprünge seines Vermögens in der NS-Zeit noch weiter befeuert.

Es sind nicht nur die Jahre des steilen Aufstiegs in der NS-Zeit, die Hortens Biografie markant machen. Hortens Ära zwischen der Eröffnung des ersten Nachkriegshauses in Duisburg 1948 und dem schlussendlichen Rückzug aus dem Unternehmen 1972 ist ein Beispiel für ein Unternehmerleben in den Jahren des Booms. Gleichzeitig ist Hortens Biografie in mancher Hinsicht besonders. Helmut Horten war aber nicht *der*, sondern *ein* Repräsentant der „Generation Boom" in der Nachkriegszeit. Andere Erfolgsunternehmer wie der langjährige Vorstandssprecher der Deutschen Bank Hermann Josef Abs, der Industrielle Friedrich Flick und der Versandhändler Josef Neckermann waren bekannter und wurden noch stärker mit dem Wiederaufstieg und dem Wirtschaftswunder verbunden. Der Kaufmann Georg Karg wirkte dagegen mehr im Hintergrund. Wie Horten machten diese Unternehmer nach 1945 mit nur relativ kurzer Unterbrechung eine zweite oder im Fall von Flick sogar eine dritte Karriere. Sie agierten auch politiknäher als Horten, das gilt sowohl für die Zeit des „Dritten Reiches" als auch für die Zeit der Bundesrepublik.[14]

Abs „arisierte" im Auftrag Hermann Görings 1938 die Wiener Creditanstalt und kaufte ebenfalls in Görings Auftrag Reichsanleihen in Schweden, finanziert mit Goldbeständen aus den besetzten Niederlanden und Belgien. Flick pflegte ebenfalls eine Nähe zu Göring und war mit seinen „Waffenschmieden" in die Rüstungspolitik des Regimes eingebunden. Neckermann war als Leiter der ZLG, die er gemeinsam mit Karg gegründet hatte, und stellvertretender „Reichsbeauftragter für Kleidung und verwandte Gebiete" im Reichswirtschaftsministerium als Uniformausstatter für die Soldaten der Wehrmacht engagiert. In der Nachkriegszeit beriet Abs Adenauer und vertrat die junge Bundesrepublik bei den Verhandlungen des Luxemburger Abkommens 1952 und auf der Londoner

Schuldenkonferenz 1953. Seine Mitgliedschaften in Aufsichts- und Verwaltungsräten waren so zahlreich, dass sie durch eine „Lex Abs" 1965 auf 15 halbiert wurden. Sein Rat war überall gefragt, bis in den Vatikan hinein. Neckermann betätigte sich nach seiner eigenen erfolgreichen Karriere als Springreiter als einflussreicher Sportfunktionär. Flick besaß allein als Großaktionär von Daimler-Benz großen Einfluss.

Überzeugter Nationalsozialist oder Antisemit war keiner von ihnen gewesen; der Katholik Abs wurde anders als Horten, Flick und Neckermann nicht einmal Parteimitglied. Gleichwohl nutzten sie wie Horten die sich ergebenden Möglichkeiten in der NS-Zeit – so Abs unter anderem bei der Übernahme des Bankhauses Mendelssohn & Co. durch die Deutsche Bank, Neckermann bei der „Arisierung" der beiden Würzburger Textilkaufhäuser Ruschkewitz oder der Wäschemanufaktur von Karl Joel und auch Flick bei der „Arisierung" der Montanindustrie und der Übernahme von Betrieben im besetzten Ausland. Flick beschäftigte auch die meisten Zwangsarbeiter: 1944 machten diese rund 42 Prozent seiner Belegschaft aus. Karg hatte bereits 1933/34 mit einigem Druck Georg und Martin Tietz und Hugo Zwillenberg aus dem später Hertie genannten Warenhauskonzern herausgedrängt.

Nach dem Krieg traf es Flick mit einer siebenjährigen Haftstrafe in einem der Nürnberger Nachfolgeprozesse am härtesten, er wurde aber 1950 vorzeitig entlassen. Gleichwohl blieb sein Name mit dem „Dritten Reich" verbunden. Abs, Flick, Karg, Neckermann und Horten konnten sich einen neuen und raschen Aufstieg während des Wirtschaftswunders erarbeiten. Bei den Restitutionsverhandlungen schienen Karg und Horten im Sinne des Neuaufbaus ihrer Häuser zu den größten Zugeständnissen bereit gewesen zu sein und pflegten mit einigen – keineswegs allen – der Alteigentümer auch gute private Beziehungen. Entschädigungen für Zwangsarbeiter konnten alle vermeiden. Horten und Neckermann gehörten mit den Konzepten des günstigen Kaufhauserlebnisses beziehungsweise Versandhandels zu den innovativsten Geschäftsleuten der Zeit.

Fazit: Helmut Horten – ein Repräsentant der „Generation Boom"

Die 1970er Jahre markierten für all diese Persönlichkeiten eine Zäsur: Die Kritik in der Öffentlichkeit wurde stärker. Wie Horten strengte auch Abs eine juristische Auseinandersetzung gegen einen publizistischen Großangriff an, in seinem Fall war es das Buch des DDR-Historikers Eberhard Czichon „Der Bankier und die Macht" (1970). Diese war juristisch erfolgreich; negative Langzeitwirkungen konnten aber nicht verhindert werden.

Alle stiegen sie in den 1970er Jahren aus dem operativen Geschäft aus. Ihre Nachfolger konnten ihre Erfolge nicht perpetuieren; einzig die Deutsche Bank hat von den besagten Unternehmen bis heute überlebt, vollständig verändert und in ihrer Bedeutung geschrumpft. Die noch patriarchalisch auftretenden Unternehmer verstanden sich als Bürger klassischen Zuschnitts. Bei Abs ging das bürgerschaftliche Engagement noch weit über Hortens Mäzenatentum und Sammelleidenschaft hinaus, zum einen in der musischen Selbstbildung – er war ein avancierter Klavier- und Orgelspieler –, dann aber auch in der Initiierung der Bach-Wochen in Ansbach und der Förderung zahlreicher Museen und Gemäldesammlungen. Horten war also Teil dieser erfolgreichen und einflussreichen Kohorte. Auch er brannte für seine Branche und war in seinem stets gepflegten Auftreten eng mit seinem Geschäft verbunden.

Derartige Risiken, wie Horten sie einging, traute sich kaum ein anderer zu. Sein Vertrauen auf die Zukunft muss bei der Übernahme der Merkur AG 1953 und der Emil Köster AG 1954 grenzenlos gewesen sein. Als andere deutsche Unternehmer die Kaufangebote als zu risikoreich ablehnten, schlug er zu. Horten zählte auf die Deutschen als Kunden und auf sich selbst als Geschäftsmann. Unvergleichlich war sein Gespür für Entwicklungen im Einzelhandel. Horten war mit seinen Häusern häufig Trendsetter, etwa beim Boutique-Konzept oder der integrierten Systemgastronomie. Seine Formel für Reichtum lautete: Expansion in expansiven Märkten und Exit zur richtigen Zeit. Den Aufbau einer nach strengen Regeln geführten Unternehmensdynastie nach Art der Brenninkmeijers und C&A strebte Horten nicht an.[15]

Fazit: Helmut Horten – ein Repräsentant der „Generation Boom"

Horten war ein prinzipiell öffentlichkeitsscheuer Unternehmer, dies war keine Ausnahme in seiner Generation. Auch der Bankier Hermann Josef Abs, der Hertie-Eigentümer Georg Karg oder die Aldi-Brüder Karl und Theo Albrecht schirmten ihr Privatleben ab. Als er dann doch dem *Stern* 1971 seine Türen für eine Homestory weit aufsperrte, wurde er bitter enttäuscht. Er sah sich, nicht ganz zu Unrecht, vom *Stern*-Journalisten Manfred Bissinger getäuscht, sein Vertrauen ausgenutzt. Er leitete rechtliche Schritte ein, mehrere Prozesse gegen den *Stern*, den *Spiegel* und den ihn attackierenden Schriftsteller F. C. Delius folgten. Seinem Renommee war dies nicht dienlich. Noch stärker schadete ihm der Vorwurf, ein Steuerflüchtling zu sein. Horten beharrte auch hier auf seinem Recht, zeigte jedoch Bereitschaft zum Entgegenkommen, wobei das Angebot großzügiger Zuwendungen für seine Düsseldorfer Stiftung zugunsten einer Beilegung des Steuerstreits bei den Finanzministern von Bund und Land nicht auf Gegenliebe stieß. Horten schaltete auf stur und hielt seinen Ingrimm über die Behandlung nicht zurück, hatte er doch viele Millionen DM Steuern gezahlt und 30.000 Arbeitsplätze in der Bundesrepublik geschaffen. Im Kanton Tessin, der ihm den roten Teppich ausrollte, fühlte er sich besser behandelt.

Wer unternehmerisch so erfolgreich wie Horten ist, hat auch politisch Einfluss, nicht nur als Spender an Parteien. Rund um die Bundestagswahl 1961 wurde Horten zum Strippenzieher bei der schwierigen Neubildung der christlich-liberalen Koalition unter Konrad Adenauer. Ab Ende des Jahrzehnts stand der Zeitgeist gegen ihn und seine Grundüberzeugungen, was den Entschluss heranreifen ließ, Kasse zu machen und das Land zu verlassen.

Helmut Horten war kein einfacher Mensch. Er war dominant und erfolgsorientiert, egozentrisch, verschwenderisch und risikofreudig – aber auch freigiebig, loyal und fürsorglich. Mit seinem doppelten unternehmerischen Neubeginn, einmal vor und einmal nach 1945, seiner Anpassung an die gegensätzlichen politischen Systeme, seinem steilen Aufstieg und seinem Konflikt mit dem „roten" Zeitgeist der 1970er Jahre verkörpert er die „Generation Boom", welche die unverhofft günstigen Rahmenbedingungen

Fazit: Helmut Horten – ein Repräsentant der „Generation Boom"

nach der totalen Niederlage 1945 tatkräftig nutzte und sich rechtzeitig zum „Strukturbruch"[16] Anfang der 1970er Jahre zurückzog, dem Ende der langen Wachstumsperiode und der klassischen Industriegesellschaft. Fortan ließ Horten sein Vermögen vermehren, das seit dem Tod von ihm und seiner Frau in Form der Helmut Horten Stiftung in Agno und des Museums der Heidi Horten Collection größtenteils der Allgemeinheit zugutekommt.

Helmut Horten war eine Projektionsfläche für seine Umgebung und den jeweiligen Zeitgeist. Sein Vater sah in ihm einen Juristen, der die Familientradition fortführen sollte. Diese Erwartung zerschlug sich, als er Lehrling im Warenhaus Tietz in Düsseldorf wurde. Seine Förderer und Unterstützer wie Paul Jacobi und Wilhelm Reinold hielten ihn für den geeigneten Kandidaten, Kaufhausübernahmen zu realisieren. Für die NS-Führung in Stadt und Gau war er zugleich Idealtypus des „Arisierers" wie unbequemer und eigensinniger Geschäftsmann, dem das eigene Portemonnaie näher war als die Rassenideologie. Diese Doppelrolle machte es auch den alliierten Untersuchungsbehörden schwer, ihm gerichtsfest etwas anzulasten. Für sie war Horten ein klarer Profiteur des NS-Systems – was ohne Zweifel grundsätzlich zutraf. Denn der rasante Aufstieg Hortens seit 1936 beruhte auf dem Entzug von jüdischem Vermögen. Das muss bei aller notwendigen Differenzierung festgehalten werden. Ohne die verbrecherischen Bedingungen des NS-Staates hätte Horten seine Chance so nicht bekommen, hätte er seinen ökonomischen Jagdtrieb nicht entfalten können. Doch erhärten ließen sich nur wenige Vorwürfe, auch weil sich Leumundszeugen für ihn einsetzten. Der Wiederaufstieg gelang Horten dann in rasantem Tempo. Der Name Horten wurde nun zum Symbol für die kleinen und großen Wünsche des Wirtschaftswunders, er selbst wurde zum „Kaufhauskönig". Dieser inszenierte sich als souveräner Herr im „Paradies der Damen". Je größer Horten wurde, desto interessierter wurde die Öffentlichkeit. Journalisten sahen in ihm einen Lebemann und Glücksritter. Der Vorwurf der Steuerflucht machte Horten zum Angriffsziel für die Kapitalismus- und Konsumkritik der 1970er Jahre, in denen die grenzenlos geglaubte Prosperität endete. Sein Image wandelte sich vom Wirtschaftswunderkapitän zum egoistischen Steuerflüchtling und klandestinen Parteispender. Sein mäzenatisches Engagement trat demgegenüber in der Wahrnehmung zurück. Zeit seines Lebens umgab sich Horten mit einem Panzer. Ähnlich der opaken Fassade seiner Kaufhäuser gestattete er keinen Einblick in sein Innenleben und vernichtete viele Spuren seiner Existenz. Auch diese Biografie konnte diesen Panzer nur teilweise durchdringen.

Horten hat viel erreicht: Er hat Mode und Stil für jedermann ermöglicht, die Kulinarik ins Warenhaus geholt, die Deutschen mit frischem Fisch versorgt und ein angenehmes Einkaufserlebnis geschaffen. In seiner Branche war er der Ehrgeizigste und in der langen Boomphase nach dem Krieg der Waghalsigste – und wohl auch der Beste.

Anhang

Dank

Diese Biografie Helmut Hortens geht zurück auf ein Gutachten, mit dem wir 2020 von Frau Heidi Goëss-Horten († 2022) beauftragt worden sind. Das historische Gutachten sollte den Vermögens- und Geschäftsaufbau von Helmut Horten im Kontext der „Arisierung" in der Zeit des „Dritten Reiches", also zwischen 1933 und 1945, untersuchen. Es wurde 2021 vorgelegt und der Öffentlichkeit präsentiert. Es ist auf den Internetseiten der Helmut Horten Stiftung sowie der Heidi Horten Collection einsehbar. Prof. Dr. Michael Wolffsohn hat unser Gutachten dankenswerterweise evaluiert und kommentiert. Während der Arbeit an diesem Gutachten fiel uns auf, wie viele Aspekte der Biografie und der Geschichte des Horten-Konzerns noch unbekannt und nicht erforscht waren. Frau Goëss-Horten erklärte sich bereit, unser biografisches Vorhaben zu unterstützten und alle verfügbaren Quellen, besonders im Archiv der Helmut Horten Stiftung in Croglio im Tessin, zugänglich zu machen. Wie im Falle des Gutachtens wurde unsere Unabhängigkeit unter dem Primat der Wissenschaft vertraglich fixiert. Dies wurde auch zu keinem Zeitpunkt infrage gestellt. Schwierigkeiten ergaben sich dadurch, dass der Horten-Konzern nicht mehr existiert und es kein gepflegtes Firmenarchiv gibt, so dass wir in zahlreichen kommunalen und staatlichen Archiven Parallelüberlieferungen recherchieren und auswerten mussten.

Ferner konnten wir mit einigen Zeitzeugen teilweise mehrere Gespräche führen, so mit Brigitte Lampee-Baumgartner, Antonio Galli, Dr. Agnes Husslein-Arco, Dr. Hans Georg Lerch, Dr. Hellmuth Reichel, Dr. Joachim Stancke und Angelika Fürstin zu Windisch-Graetz. Ihnen allen sei für Ihre Bereitschaft zur Auskunft gedankt!

Für vielfältige Unterstützung möchten wir den Mitarbeitern des Würzburger Lehrstuhls Benjamin Bachmann, Dr. Dr. Benjamin Hasselhorn, Etienne-Fabrice Hees, Max Hetzel, Franziska Kaiser,

Dr. Petra Ney-Hellmuth, Henning Saßenrath, Lisa Stolz, Simone Süß und Annika Wieking danken. Wir danken ferner den Gutachtern, welche im Verlauf eines detaillierten Peer-Review-Verfahrens Korrekturvorschläge, Hinweise und Empfehlungen mitteilten. Mit den Wirtschaftshistorikern apl. Prof. Dr. Johannes Bähr, apl. Prof. Dr. Ralf Banken, apl. Prof. Dr. Ingo Köhler und Prof. Dr. Mark Spoerer konnten wir Aspekte des Projekts und der Unternehmens- und Wirtschaftsgeschichte diskutieren. Im Herder Verlag danken wir Programmleiter Patrick Oelze und unserer aufmerksamen Lektorin Sara Weydner.

Peter Hoeres und Maximilian Kutzner im Juni 2024

Hortens Warenhäuser

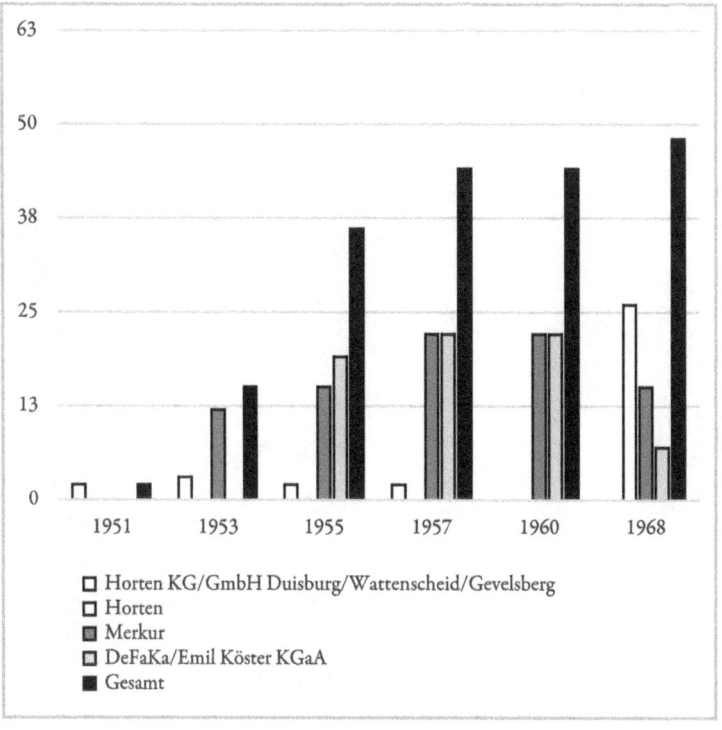

Anmerkungen

Einleitung

[1] Dossier Tesmann, S. 8, in: Dossiers und Porträt Tesmann, Archiv der Helmut Horten Stiftung Agno.

[2] Lilo Ingenlath-Gegic, Bei Horten gab es alles. Ehemalige Mitarbeiter treffen sich fast 20 Jahre nach der Schließung, in: Lokalkompass Schwelm, 9.11.2021.

[3] Hier baut die Arbeit auf dem 2021 vorgelegten Gutachten der Autoren zum Vermögensaufbau Helmut Hortens zwischen 1933 und 1945 auf, siehe: Peter Hoeres/Maximilian Kutzner, Gutachten über den Vermögens- und Geschäftsaufbau von Helmut Horten im Kontext der „Arisierung" in der Zeit des „Dritten Reiches", https://www.Helmut-Horten-Stiftung.org/fileadmin/user_upload/Dokumente/Helmut-Horten-Stiftung_Gutachten_Horten.pdf (abgerufen am 22.6.2023).

[4] Diese Geschichte ist noch viel zu wenig erforscht worden. So beklagt der Unternehmenshistoriker Ralf Banken: „German economic history and business history have, as yet, extensively studied neither the development of the department stores nor the history of individual department store companies since 1949." Ralf Banken, „Everything that exists in Capitalism can be found in the Department Store". The Development of Department Stores in the Federal Republic of Germany, 1949–2000, in: Ralph Jessen/Lydia Langer (Hrsg.), Transformations of Retailing in Europe after 1945, Aldershot 2012, S. 147–162, hier S. 148.

[5] Das Archiv der Helmut Horten Stiftung steht für Nachforschungen offen. Es befindet sich am Sitz der Stiftung in Agno/Lugano.

Kapitel 1
Ausbruch aus der Juristenfamilie (1909–1936)

[1] Jakob Hermes, Das alte Kempen. Eine Stadt im Spiegel der Jahrhunderte, Krefeld 1982, S. 153; ders., Die Kempener Kaufmannssippe Horten, in: Heimatbuch des Kreises Kempen-Krefeld 19 (1968), S. 98–108.

[2] Hermes, Horten.

[3] Ebd., S. 102.

[4] Personalakte Max Horten, Reichsministerium für Wissenschaft, Erziehung und Volksbildung, in: R 4901/13266, BArch Berlin-Lichterfelde.

[5] Bei Nurflüglern handelt es sich um Flugzeuge ohne Rumpf. Sie bestehen aus miteinander verbundenen Flügeln in Form eines Bogens. Die Entwicklung des

Strahltriebwerks in den 1930er Jahren im Deutschen Reich begünstigte die Entwicklung der Horten-Flugzeuge. Allerdings wurde keines der Exemplare je in Serie gebaut. Bis zum Kriegsende wurden nur wenige Versuchsträger hergestellt.

[6] Korrespondenz zwischen Walter Horten und Helmut Horten, 1975 bis 1988, in: Korrespondenz HH Familie II, Archiv der Helmut Horten Stiftung Agno.

[7] Siehe biografische Notiz Horten, Franz Carl Alphons, in: Akten der Reichskanzlei. Weimarer Republik, https://www.bundesarchiv.de/aktenreichskanzlei/1919-1933/0000/adr/adrhl/kap1_1/para2_338.html (abgerufen am 22.6.2023).

[8] Herjo Frin, Die Genealogie der Familie Horten, in: Heimatbuch des Kreises Viersen 42 (1991), S. 91–104, hier S. 100.

[9] Biografische Notizen P. Titus Maria Horten; Die letzten Tage des P. Titus Maria Horten O.P. im Gefängnis, in: Korrespondenz HH Familie I, Archiv der Helmut Horten Stiftung Agno.

[10] Meldung, in: General-Anzeiger für Bonn und Umgegend, 4.6.1905.

[11] Biografische Notizen P. Titus Maria Horten, in: Archiv der Helmut Horten Stiftung Agno.

[12] Lebenslauf Helmut Horten, in: Deutscher Orden seit 1958, Helmut Horten Stiftung Agno; Auszug Heiratsregister Standesamt Bonn II, in: Persönliches Grüne Mappe Bilder, Helmut Horten Stiftung Agno.

[13] Bombe auf Gerichtstisch, in: Kölner Lokal-Anzeiger, 27.1.1933; Sühne für einen politischen Überfall, in: Kölnische Zeitung, 8.12.1931; Die Erschießung des Stahlhelmgeschäftsführers Kaufmann Leister, in: Kölner Lokal-Anzeiger, 28.11.1931.

[14] Barbara Manthe, Richter in der nationalsozialistischen Kriegsgesellschaft. Beruflicher und privater Alltag von Richtern des Oberlandesgerichtsbezirks Köln, 1939–1945, Tübingen 2013, S. 97 u. 239.

[15] Manfred Bissinger, „Wir leben nicht wie Lieschen Müller", in: Stern, 4.4.1971, S. 88–97.

[16] Helmut Horten. Unternehmer und Mensch im Wildwasser des 20. Jahrhunderts, in: Dossiers und Porträt Tesmann, Archiv der Helmut Horten Stiftung Agno.

[17] Manfred Bissinger, „Wir leben nicht wie Lieschen Müller", in: Stern, 4.4.1971, S. 88–97.

[18] Helmut Horten. Unternehmer und Mensch im Wildwasser des 20. Jahrhunderts, in: Dossiers und Porträt Tesmann, Archiv der Helmut Horten Stiftung Agno.

[19] Manfred Bissinger, „Wir leben nicht wie Lieschen Müller", in: Stern, 4.4.1971, S. 88–97.

[20] Hans-Otto Eglau, Die Kasse muss stimmen. So hatten sie Erfolg im Handel. Von der Kleiderdynastie Brenninkmeyer über die Discountbrüder Albrecht bis zur Sexversenderin Beate Uhse, Düsseldorf 1972, S. 123.

[21] Commerz- und Privatbank AG Berlin an Michel & Co GmbH, 31.8.1938, in: RWWA OT-04–22, Rheinisch-Westfälisches Wirtschaftsarchiv Köln.

Anmerkungen (S. 30–36)

²² Gemeinschaftsbuch, in: RWWA 562–169–2, Rheinisch-Westfälisches Wirtschaftsarchiv Köln.
²³ Werbeanzeige Firma Michel & Co GmbH, in: Kölner Lokal-Anzeiger, 3.4.1934.
²⁴ Übernahmevertrag zwischen Michel & Co AG und Paul Jacobi, 28.2.1934, in: RWWA OT-04–22, Rheinisch-Westfälisches Wirtschaftsarchiv Köln; Umwandlung beim Kaufhaus Michel, in: Kölnische Zeitung, 28.2.1934.
²⁵ Gemeinschaftsbuch, in: RWWA 562–169–2, Rheinisch-Westfälisches Wirtschaftsarchiv Köln.
²⁶ Eidesstattliche Erklärung Bernhard Nippen, 10.7.1947, in: NW 1004-G 43, 577, Landesarchiv NRW Duisburg.
²⁷ Gemeinschaftsbuch, in: RWWA 562–169–2, Rheinisch-Westfälisches Wirtschaftsarchiv Köln.

Kapitel 2
Aufstieg in der Diktatur (1936–1939)

¹ Das 25-Punkte-Programm der Nationalsozialistischen Deutschen Arbeiterpartei, 24.2.1920, http://www.documentarchiv.de/wr/1920/nsdap-programm.html (abgerufen am 22.6.2023).
² Tim Schanetzky, „Kanonen statt Butter". Wirtschaft und Konsum im Dritten Reich, München 2015, S. 18–21.
³ Alarich Rooch, Warenhäuser, Inszenierungsräume der Konsumkultur. Von der Jahrhundertwende bis 1930, in: Werner Plumpe/Jörg Lesczenski (Hrsg.), Bürgertum und Bürgerlichkeit zwischen Kaiserreich und Nationalsozialismus, Mainz 2009, S. 17–30; Johannes Bähr/Ingo Köhler, Verfolgt, „arisiert" und wiedergutgemacht. Wie aus dem Warenhauskonzern Hermann Tietz Hertie wurde, München 2023.
⁴ Die wichtigsten Forschungsbeiträge zum Thema sind: Hannah Ahlheim, „Deutsche, kauft nicht bei Juden!". Antisemitismus und politischer Boykott in Deutschland 1924 bis 1935, Göttingen 2011; Götz Aly, Hitlers Volksstaat. Raub, Rassenkrieg und nationaler Sozialismus, Frankfurt am Main 2005; Johannes Bähr, Die Dresdner Bank in der Wirtschaft des Dritten Reichs, München 2006; ders. u.a., Der Flick-Konzern im Dritten Reich, München 2008; Frank Bajohr, Parvenüs und Profiteure. Korruption in der NS-Zeit, Frankfurt am Main 2001; Avraham Barkai, Vom Boykott zur „Entjudung". Der wirtschaftliche Existenzkampf der Juden im Dritten Reich 1933–1943, Frankfurt am Main 1987; Günter Brakelmann, Zwischen Mitschuld und Widerstand. Fritz Thyssen und der Nationalsozialismus, Essen 2010; Wolfgang Dreßen, Betrifft: „Aktion 3". Deutsche verwerten jüdische Nachbarn, Berlin 1998; Jürgen Finger/Sven Keller/Andreas Wirsching, Dr. Oetker und der NS. Geschichte eines Familienunternehmens

1933–1945, München 2013; Norbert Frei/Ralf Ahrens/Jörg Osterloh/Tim Schanetzky, Flick. Der Konzern, die Familie, die Macht, München 2009; Helmut Genschel, Die Verdrängung der Juden aus der Wirtschaft im Dritten Reich, Göttingen 1966; Peter Hayes, Industry and Ideology. I.G. Farben in the Nazi Era, Cambridge 1993; James Harold/Avraham Barkai, Die Deutsche Bank und die „Arisierung", München 2001; ders., Die Deutsche Bank im Dritten Reich, München 2003; Klaus-Dietmar Henke, Die Dresdner Bank 1933–1945. Ökonomische Rationalität, Regimenähe, Mittäterschaft, München 2006; Michael Hepp, Deutsche Bank, Dresdner Bank. Erlöse aus Raub, Enteignung und Zwangsarbeit 1933–1945, in: Zeitschrift für Sozialgeschichte des 20. und 21. Jahrhunderts 15 (1999), S. 64–116; Peter-Ferdinand Koch (Hrsg.), Die Dresdner Bank und der Reichsführer SS, Hamburg 1987; Ingo Köhler, Die „Arisierung" der Privatbanken im Dritten Reich, Verdrängung, Ausschaltung und die Frage der Wiedergutmachung, München 2005; Christiane Kuller, Bürokratie und Verbrechen. Antisemitische Finanzpolitik und Verwaltungspraxis im nationalsozialistischen Deutschland, München 2013; Rudolf Lenz, Karstadt. Ein deutscher Warenhauskonzern 1920–1950, Stuttgart 1995; Johannes Ludwig, Boykott, Enteignung, Mord. Die „Entjudung" der deutschen Wirtschaft, Hamburg 1989; Benno Niezel, Handeln und Überleben. Jüdische Unternehmer aus Frankfurt am Main 1924–1964, Göttingen 2012; Katharina Stengel (Hrsg.), Vor der Vernichtung. Die staatliche Enteignung der Juden im Nationalsozialismus, Frankfurt am Main/New York 2007; Heinrich Uhlig, Die Warenhäuser im Dritten Reich, Köln-Opladen 1956; Irmtrud Wojak/Peter Hayes (Hrsg.), „Arisierung" im Nationalsozialismus. Volksgemeinschaft, Raub und Gedächtnis, Frankfurt am Main 2000; Dieter Ziegler, Die Dresdner Bank und die deutschen Juden, München 2006.

[5] Frank Bajohr, „Arisierung" als gesellschaftlicher Prozeß. Verhalten, Strategien und Handlungsspielräume jüdischer Eigentümer und „arischer" Erwerber, in: Wojak/Hayes (Hrsg.), „Arisierung" im Nationalsozialismus, S. 15–30.

[6] Ebd., S. 15.

[7] Helmut Genschel, Verdrängung der Juden, S. 139f.

[8] Avraham Barkai, Der wirtschaftliche Existenzkampf der Juden im Dritten Reich, in: Arnold Paucker/Sylvia Gilchrist/Barbara Suchy (Hrsg.), Die Juden im Nationalsozialistischen Deutschland 1933–1943/The Jews in Nazi Germany 1933–1943, Tübingen 1986, S. 153–166, hier S. 155.

[9] Avraham Barkai, Vom Boykott zur „Entjudung". Der wirtschaftliche Existenzkampf der Juden im Dritten Reich 1933–1943, Frankfurt am Main 1988, S. 80.

[10] Freilich hat Helmut Genschel, Verdrängung der Juden, das auch nicht getan, obwohl ihm dies in der Forschung immer wieder in den Mund gelegt wird, teilweise sogar mit Seitenangabe, auf der sich dieser Begriff jedoch nicht findet. Siehe etwa Jochen Kleining, M. Kempinski & Co. Die „Arisierung" eines Berliner Tra-

Anmerkungen (S. 37–43)

ditionsunternehmens, Hamburg 2008, S. 16 (mit dem angeblichen Nachweis: Genschel, Verdrängung der Juden, S. 140).
[11] Avraham Barkai, Vom Boykott zur „Entjudung", S. 65.
[12] Dieter Ziegler, Erosion der Kaufmannsmoral. „Arisierung", Raub und Expansion, in: Norbert Frei/Tim Schanetzky, Unternehmen in Nationalsozialismus. Zur Historisierung einer Forschungskonjunktur, Göttingen 2010, S. 156–168.
[13] Johannes Ludwig, Boykott, Enteignung, Mord, S. 154–174.
[14] Günter von Roden/Rita Vogedes, Geschichte der Duisburger Juden, Duisburg 1986, S. 928.
[15] Ebd., S. 929.
[16] Ernst Lauter und Curt Lauter an Amt für gesperrte Vermögen, 17.11.1949, in: Rep. 196–439, Landesarchiv NRW Duisburg; Kreisbeauftragter für gesperrte Vermögen am Amt für gesperrte Vermögen beim Land NRW, 21.7.1949, in: L334 Ämter für gesperrte Vermögen Kreisamt Gelsenkirchen, Nr. 161, Landesarchiv NRW Münster.
[17] Ernst Lauter und Curt Lauter an Amt für gesperrte Vermögen, 17.11.1949, in: Rep. 196–439, Landesarchiv NRW Duisburg.
[18] Günter von Roden/Rita Vogedes, Duisburger Juden, S. 930.
[19] Abschrift Erklärung Wilhelm Reinold, 27.6.1946, in: NW 1004-G 43–577, Landesarchiv NRW Duisburg.
[20] Günter von Roden/Rita Vogedes, Duisburger Juden, S. 929 f.
[21] Biografische Skizze Wilhelm Reinold, in: HAC-S1–414, Historisches Archiv der Commerzbank Frankfurt am Main.
[22] Abschrift Erklärung Wilhelm Reinold, 27.6.1946, in: NW 1004-G 43, 577, Landesarchiv NRW Duisburg.
[23] Eidesstattliche Erklärung Marianne Weissenbach, 10.7.1947, in: NW 1004-G 43, 577, Landesarchiv NRW Duisburg.
[24] Verhandlungsniederschrift des Entnazifizierungsausschusses für den Stadtkreis Duisburg, Hauptausschuss, 13.4.1948, in: NW 1004-G 43, 577, Landesarchiv NRW Duisburg.
[25] Eidesstattliche Erklärung Marianne Weissenbach, 10.7.1947, in: NW 1004-G 43, 577, Landesarchiv NRW Duisburg.
[26] Politische Beurteilung Josef Fieger, 11.3.1937, in: S_010_263, Landesarchiv NRW Münster.
[27] Karl Lauschke, Strategien ökonomischer Krisenbewältigung. Die Textilindustrie im Westmünsterland und in Oberfranken 1945 bis 1975, in: Thomas Schlemmer/Hans Woller (Hrsg.), Bayern im Bund. Band 3: Politik und Kultur im föderativen Staat 1949 bis 1973, München 2004, S. 195–280, hier S. 259.
[28] Gesellschaftsvertrag 23.4.1936, S. 1, in: Gesellschaftsvertrag 1936, Archiv der Helmut Horten Stiftung Agno.
[29] Undatierte Notiz, Gauwirtschaftsamt Westfalen-Süd, in: S_010_263, Landesarchiv NRW Münster.

[30] Werner Horten an Gauleitung Westfalen-Süd, 23. 2. 1937, in: S_010_263, Gauleitung Westfalen-Süd, Gauwirtschaftsberater, Nr. 263, Landesarchiv NRW Münster.
[31] Gesellschaftsvertrag 23. 4. 1936, S. 1, in: Gesellschaftsvertrag 1936, Archiv der Helmut Horten Stiftung Agno.
[32] Verhandlungsniederschrift des Entnazifizierungsausschusses für den Stadtkreis Duisburg, Hauptausschuss, 13. 4. 1948, in: NW 1004-G 43, 577, Landesarchiv NRW Duisburg.
[33] Kaufvertrag zwischen Gebrüder Alsberg OHG und Helmut Horten KG, 23. 4. 1936, in: S_010_263, Landesarchiv NRW Münster.
[34] Die Kauf- und Pachtverträge sind nicht als Quellen erhalten. Alle wiedergegebenen Daten stammen aus Bilanzprüfungen der Nachkriegszeit: Bericht der Treuverkehr-Rheinland, 31. 3. 1949, in: OE-612-83, Landesarchiv NRW Duisburg.
[35] Ebd.
[36] Ebd.
[37] Zwischenbilanz per 30. 6. 1946, in: 11–260–9525, Landesarchiv NRW Münster.
[38] Die verbliebene Tilgungssumme wurde durch die Übernahme von Bankschulden der Gebr. Alsberg OHG (214.188,72 RM), von Bankzinsen (2.692,88 RM), Wechselverbindlichkeiten (40.000 RM), Verbindlichkeiten von Gläubigern (90.748,02 RM), Gutscheinen (692,51 RM), einer Lagerdifferenz (Lieferausfälle von Herstellern) (191,36 RM), Gutschriften zur Abdeckung von Diskontspesen (500,00 RM), Scheckzahlungen von Kunden (10.500 RM) und Zahlungen durch Akzept (21.455,85 RM) beglichen, vgl. Bericht der Treuverkehr-Rheinland, 31. 3. 1949, in: OE-612-83, Landesarchiv NRW Duisburg.
[39] Notiz Blatt 10, Firma Helmut Horten K.-G., Textilkaufhaus, in: HAC-1/169/I, Commerzbank Historisches Archiv Frankfurt am Main.
[40] Verordnung über die Anmeldung des Vermögens von Juden vom 26. 4. 1938, in: Reichsgesetzblatt I (1938), Nr. 63, S. 414f.
[41] Raul Hilberg, Die Vernichtung der europäischen Juden, Band 1, Frankfurt am Main 1982, S. 105.
[42] Werbeanzeige Helmut Horten KG, in: Rhein- und Ruhrzeitung, 9. 5. 1936, S. 9; Werbeanzeige Helmut Horten KG, in: Duisburger General-Anzeiger, 9. 5. 1936, S. 7.
[43] Horten AG (Hrsg.), 1936–1986. 50 Jahre Horten, Ein Warenhauskonzern auf dem Weg in die Zukunft, Düsseldorf 1986, S. 5.
[44] Werbeanzeige Helmut Horten KG, in: Rhein- und Ruhrzeitung, 5. 5. 1936, S. 4.
[45] Werbeanzeige Helmut Horten KG, in: Rhein- und Ruhrzeitung, 7. 5. 1936, S. 4.

Anmerkungen (S. 48–52)

[46] Werbeanzeige Franz Fahning KG, in: Rhein- und Ruhrzeitung, 10.5.1936, S. 9.
[47] Jetzt in arischen Händen, in: Rhein- und Ruhrzeitung, 13.5.1936.
[48] Brief Paul Herrmann an Entnazifizierungs-Hauptausschuss Duisburg, 5.4.1948, in: NW 1004-G 43, 577, Landesarchiv NRW Duisburg.
[49] Helmut Horten im Fragebogen des Sonderbeauftragten für Entnazifizierung in Nordrhein-Westfalen, 5.4.1948, in: NW 1004-G 43, 577, Landesarchiv NRW Duisburg.
[50] Rechtsabteilung beim Hauptquartier der britischen Besatzungstruppen in Nordrhein-Westfalen an Justizministerium NRW, 13.7.1948, in: NW 871–9119, Landesarchiv NRW Duisburg.
[51] Helmut Horten im Fragebogen des Sonderbeauftragten für Entnazifizierung in Nordrhein-Westfalen, 5.4.1948, in: NW 1004-G 43, 577, Landesarchiv NRW Duisburg.
[52] Mitgliederkarte Helmut Horten, in: NSDAP-Zentralkartei, R 9361-VIII KARTEI / 12510790, BArch Berlin-Lichterfelde; Mitgliederkarte Gaukartei Helmut Horten, in: NSDAP-Gaukartei / BArch R 9361-IX KARTEI / 16991372, BArch Berlin-Lichterfelde.
[53] Antrag auf Aufnahme in die NSDAP, 26.6.1937, in: R 9361-VII KARTEI / 108_2572, BArch Berlin-Lichterfelde.
[54] Jürgen W. Falter, Hitlers Parteigenossen. Die Mitglieder der NSDAP 1919–1945, Frankfurt am Main 2020, S. 36.
[55] Mitgliederkarte Helmut Horten, in: NSDAP-Zentralkartei, R 9361-VIII KARTEI / 12510790, BArch Berlin-Lichterfelde; Mitgliederkarte Gaukartei Helmut Horten, in: NSDAP-Gaukartei / BArch R 9361-IX KARTEI / 16991372, BArch Berlin-Lichterfelde; Antrag auf Aufnahme in die NSDAP, 26.6.1937, in: R 9361-VII KARTEI /108_2572, BArch Berlin-Lichterfelde.
[56] Brief Paul Herrmann an Entnazifizierungs-Hauptausschuss Duisburg, 5.4.1948, in: NW 1004-G 43, 577, Landesarchiv NRW Duisburg.
[57] Eidesstattliche Erklärung Ferdinand Heymanns, 5.4.1948, in: NW 1004-G 43, 577, Landesarchiv NRW Duisburg.
[58] Gauwirtschaftsberater Paul Hoffmann (Essen) an Gauwirtschaftsberater Paul Pleiger (Westfalen-Süd), 21.10.1936, in: S_010_262, Gauleitung Westfalen-Süd Gauwirtschaftsberater, Nr. 262, Landesarchiv NRW Münster.
[59] Eidesstattliche Erklärung Helene Arndt, 12.5.1946, in: NW 1004-G 43, 577, Landesarchiv NRW Duisburg.
[60] Eidesstattliche Erklärung Paul Beck, 22.9.1947, in: NW 1004-G 43, 577, Landesarchiv NRW Duisburg.
[61] Eidesstattliche Erklärung Helene Arndt, 12.5.1946, in: NW 1004-G 43, 577, Landesarchiv NRW Duisburg.
[62] Eidesstattliche Erklärung E. Weischenberg, 9.5.1946, in: NW 1004-G 43, 577, Landesarchiv NRW Duisburg.

[63] Eidesstattliche Erklärung des Betriebsrats der Helmut Horten KG, 10.3.1948, in: NW 1004-G 43, 577, Landesarchiv NRW Duisburg.
[64] Sorge um den schaffenden Menschen, in: Rhein- und Ruhrzeitung, 26.10.1938.
[65] Ebd.
[66] Die „Horten-Familie" auf großer Fahrt, in: Rhein- und Ruhrzeitung, 4.8.1936.
[67] Bericht der Treuverkehr-Rheinland, 31.3.1949, in: OE-612–83, Landesarchiv NRW Duisburg.
[68] Blauer Eröffnungsband, in: Geschäftsberichte Horten 1969–1990, Archiv der Helmut-Horten-Stiftung Agno.
[69] Radioprogramm 18.1.1939, in: Honnefer Volkszeitung, 13.1.1939.
[70] Undatiertes Schreiben Wilhelm Reinold, in: NW 1004-G 43, 577, Landesarchiv NRW Duisburg.
[71] Ebd.
[72] Ebd.
[73] Schreiben des Kreisbeauftragten für gesperrte Vermögen für die Kreise Duisburg und Oberhausen an den Landesbeauftragten für gesperrte Vermögen, 3.9.1949, in: Rep 196–436, Landesarchiv NRW Duisburg.
[74] Antrag auf Erlaß von Zinsen und Aussetzung von Tilgungsleistungen aus Umstellungsgrundschulden für das Kalenderjahr 1950, in: Reinhold_Merkur_Grundschulden Duisburg, Archiv der Helmut Horten Stiftung Agno.
[75] Schreiben des Kreisbeauftragten für gesperrte Vermögen für die Kreise Duisburg und Oberhausen an den Landesbeauftragten für gesperrte Vermögen, 3.9.1949, in: Rep 196–436, Landesarchiv NRW Duisburg.
[76] Schreiben des Kreisbeauftragten für gesperrte Vermögen für die Kreise Duisburg und Oberhausen an den Landesbeauftragten für gesperrte Vermögen, 3.9.1949, in: Rep 196–436, Landesarchiv NRW Duisburg.
[77] RA Geischer an Wiedergutmachungsamt im Landgerichtsbezirk Duisburg, 8.1.1951, in: Rep. 196–1172, Landesarchiv NRW Duisburg; RA Großhans an Wiedergutmachungsamt im Landgerichtsbezirk Duisburg, 10.10.1952, in: Rep. 196–1172, Landesarchiv NRW Duisburg.
[78] Verordnung über den Einsatz des jüdischen Vermögens vom 3.12.1938, in: Reichsgesetzblatt I (1938), Nr. 206, S. 1709–1712. Die Reichsfluchtsteuer hatte es bereits seit 1931 gegeben, um in der Wirtschaftskrise der Weimarer Republik den Abfluss von Kapital ins Ausland zu verhindern.
[79] Schreiben des Kreisbeauftragten für gesperrte Vermögen für die Kreise Duisburg und Oberhausen an den Landesbeauftragten für gesperrte Vermögen, 3.9.1949, in: Rep 196–436, Landesarchiv NRW Duisburg.
[80] Ernst und Curt Lauter an Amt für gesperrte Vermögen, 7.11.1949, in: Rep. 196–438, Landesarchiv NRW Duisburg.

[81] Schreiben des Kreisbeauftragten für gesperrte Vermögen für die Kreise Duisburg und Oberhausen an den Landesbeauftragten für gesperrte Vermögen, 3.9.1949, in: Rep 196–436, Landesarchiv NRW Duisburg; Rückerstattungsantrag Ernst Lauter, 17.11.1949, in: Rep 196–437, Landesarchiv NRW Duisburg.
[82] Wilhelm Reinold an Oberstadtdirektor Stadt Duisburg, 17.2.1949, in: 11–203–9468, Landesarchiv NRW Duisburg.
[83] Ernst und Curt Lauter an Amt für gesperrte Vermögen, 7.11.1949, in: Rep. 196–438, Landesarchiv NRW Duisburg.
[84] Vollmacht Hermann Strauß, 6.9.1945, in: Rep. 196–440, Landesarchiv NRW Duisburg.
[85] Ernst Lauter/RA Docter an RP Düsseldorf, 25.10.1957, in: Wiedergutmachungsakten 506/ 00829, Stadtarchiv Duisburg.
[86] Amalie Lauter, in: Institut Terezínské iniciativy, Opferdatenbank, 20.8.2019, https://www.holocaust.cz/de/opferdatenbank/opfer/20380-amalie-lauter/ (abgerufen am 22.6.2023).
[87] Fritz Moses an Hans Winschuh, 11.11.1972, S. 3, in: Kriegsschadenregulierung_Hille, Archiv der Helmut Horten Stiftung Agno.
[88] Notiz Hanning an Oberregierungsrat Grote, 15.4.1948, in: OE-612–83, Landesarchiv NRW Duisburg.
[89] Der Finanzminister des Landes NRW, Amt für gesperrte Vermögen, Dezernat 3, Der Landesbeauftragte, Vermerk über die Feststellung in der Angelegenheit Helmut Horten, Duisburg, 23.4.1948, in: OE-612–83, Landesarchiv NRW Duisburg.
[90] Ebd.
[91] Beschluss der Gesellschafter der Helmut Horten KG, 31.3.1937, in: Gesellschaftsvertrag 1936, Archiv der Helmut Horten Stiftung Agno.
[92] Beschluss der Gesellschafter der Helmut Horten KG, 1.10.1938, in: Gesellschaftsvertrag 1936, Archiv der Helmut Horten Stiftung Agno.
[93] Protokoll über die Gesellschafter-Versammlung der Helmut Horten KG, 16.3.1939, S. 1, in: Gesellschaftsvertrag 1936, Archiv der Helmut Horten Stiftung Agno.
[94] Ebd.
[95] Protokoll über die Gesellschafter-Versammlung der Helmut Horten KG, 18.10.1941, S. 2, in: Gesellschaftsvertrag 1936, Archiv der Helmut-Horten Stiftung Agno.
[96] Sorge um den schaffenden Menschen, in: Rhein- und Ruhrzeitung, 26.10.1938.
[97] Bericht der Treuverkehr Rheinland, 31.3.1949, in: OE-612–83, Landesarchiv NRW Duisburg.

⁹⁸ Pachtvertrag zwischen Horten GmbH Wattenscheid und Sally Hess, 13.8.1936, in: S_010_263, Gauleitung Westfalen-Süd, Gauwirtschaftsberater, Nr. 263, Landesarchiv NRW Münster.
⁹⁹ Werbeanzeige Hess, in: Wittener Volkswacht/Märkisches Tageblatt, 7.1.1932.
¹⁰⁰ Werbeanzeigen der Kaufhäuser Karstadt, Alsberg und Alsberg & Blank 1932, in: Wittener Volkswacht/Märkisches Tageblatt, 1932.
¹⁰¹ Helmut Horten an Gauwirtschaftsamt Westfalen-Süd, Dr. Bubinger, 11.11.1936, in: S_010_262, Gauleitung Westfalen-Süd, Gauwirtschaftsberater, Nr. 262, Landesarchiv NRW Münster.
¹⁰² Gerhard Kratzsch, Der Gauwirtschaftsapparat der NSDAP. Menschenführung – „Arisierung" – Wehrwirtschaft im Gau Westfalen-Süd, Münster 1989, S. 280–283.
¹⁰³ Wirtschaftstreuhänder Wilhelm Gischler an Gauwirtschaftsamt Westfalen-Süd, 15.6.1937, in: S_010_261, Gauleitung Westfalen-Süd, Gauwirtschaftsberater, Nr. 261, Landesarchiv NRW Münster.
¹⁰⁴ Helmut Horten an Hauptstellenleiter beim Gauwirtschaftsberater des Gaus Westfalen-Süd, 28.10.1936, in: S_010_262, Gauleitung Westfalen-Süd, Gauwirtschaftsberater, Nr. 262, Landesarchiv NRW Münster.
¹⁰⁵ Ebd.
¹⁰⁶ Gesellschaftervertrag zwischen Helmut Horten und Hermann Kistenmaker, 18.8.1936, in: S_010_261, Gauleitung Westfalen-Süd, Gauwirtschaftsberater, Nr. 261, Landesarchiv NRW Münster.
¹⁰⁷ Pachtvertrag zwischen Horten GmbH Wattenscheid und Sally Hess, 13.8.1936, in: S_010_263, Gauleitung Westfalen-Süd, Gauwirtschaftsberater, Nr. 263, Landesarchiv NRW Münster.
¹⁰⁸ Ebd.
¹⁰⁹ Mietvertrag zwischen der Helmut Horten GmbH und Sally Hess Oststraße 33, 13.8.1936, in: S_010_263, Gauleitung Westfalen-Süd, Gauwirtschaftsberater, Nr. 263, Landesarchiv NRW Münster; Mietvertrag zwischen der Helmut Horten GmbH und Sally Hess Oststraße 40/42 Privatwohnung, 13.8.1936, in: S_010_263, Gauleitung Westfalen-Süd, Gauwirtschaftsberater, Nr. 263, Landesarchiv NRW Münster.
¹¹⁰ Wirtschaftstreuhänder Wilhelm Gischler an Gauwirtschaftsamt Westfalen-Süd, 15.6.1937, in: S_010_261, Gauleitung Westfalen-Süd, Gauwirtschaftsberater, Nr. 261, Landesarchiv NRW Münster.
¹¹¹ Ebd.
¹¹² 65.000 RM davon wurden sofort entrichtet, der Rest sollte zu acht vierteljährlichen Raten beglichen werden. Kaufvertrag zwischen Horten GmbH Wattenscheid und Sally Hess, 13.8.1936, in: S_010_263, Gauleitung Westfalen-Süd, Gauwirtschaftsberater, Nr. 263, Landesarchiv NRW Münster.

[113] Werbeanzeige der Helmut Horten GmbH, in: Westfälische Landeszeitung Rote Erde, 15.9.1936, in: S_010_262, Gauleitung Westfalen-Süd, Gauwirtschaftsberater, Nr. 262, Landesarchiv NRW Münster.
[114] Gauwirtschaftsberater Paul Pleiger an Gauwalter Stein, 9.10.1936, in: S_010_262, Gauleitung Westfalen-Süd, Gauwirtschaftsberater, Nr. 262, Landesarchiv NRW Münster.
[115] Gauwirtschaftsberater Westfalen-Süd Paul Pleiger an Gauwirtschaftsberater Essen Paul Hoffmann, 12.10.1936, in: S_010_262, Gauleitung Westfalen-Süd, Gauwirtschaftsberater, Nr. 262, Landesarchiv NRW Münster.
[116] Hauptstellenleiter Baller an Westfälische Landeszeitung „Rote Erde", 19.10.1936, in: S_010_262, Gauleitung Westfalen-Süd, Gauwirtschaftsberater, Nr. 262, Landesarchiv NRW Münster.
[117] Hauptstellenleiter Baller an Finanzamt Dortmund-Süd, 9.1.1937, in: S_010_263, Gauleitung Westfalen-Süd, Gauwirtschaftsberater, Nr. 263, Landesarchiv NRW Münster.
[118] Kontoaufstellung 1936, in: S_010_263, Gauleitung Westfalen-Süd, Gauwirtschaftsberater, Nr. 263, Landesarchiv NRW Münster.
[119] Wirtschaftstreuhänder Wilhelm Gischler an Gauwirtschaftsamt Westfalen-Süd, 15.6.1937, in: S_010_261, Gauleitung Westfalen-Süd, Gauwirtschaftsberater, Nr. 261, Landesarchiv NRW Münster.
[120] Triebels war bereits unter den früheren Besitzern Einkäuferin des Geschäfts in Duisburg gewesen und verfügte durch ihr hohes Gehalt über beträchtliche Ersparnisse, siehe ebd.
[121] Hauptstellenleiter Baller an Fa. Horten Wattenscheid, 6.3.1937, in: S_010_263, Gauleitung Westfalen-Süd, Gauwirtschaftsberater, Nr. 263, Landesarchiv NRW Münster.
[122] Helmut Horten an Gauwirtschaftsberater Paul Pleiger, 25.3.1937, in: S_010_263, Gauleitung Westfalen-Süd, Gauwirtschaftsberater, Nr. 263, Landesarchiv NRW Münster.
[123] Gauhauptstellenleiter Baller an Gauwaltung der Deutschen Arbeitsfront, 22.6.1937, in: S_010_263, Gauleitung Westfalen-Süd, Gauwirtschaftsberater, Nr. 263, Landesarchiv NRW Münster.
[124] Gauwirtschaftsamt an Wilhelm Gischler, 16.5.1937, in: S_010_261, Gauleitung Westfalen-Süd, Gauwirtschaftsberater, Nr. 261, Landesarchiv NRW Münster; Wirtschaftstreuhänder Wilhelm Gischler an Gauwirtschaftsamt Westfalen-Süd, 15.6.1937, in: S_010_261, Gauleitung Westfalen-Süd, Gauwirtschaftsberater, Nr. 261, Landesarchiv NRW Münster.
[125] Wirtschaftstreuhänder Wilhelm Gischler an Gauwirtschaftsamt Westfalen-Süd, 15.6.1937, in: S_010_261, Gauleitung Westfalen-Süd, Gauwirtschaftsberater, Nr. 261, Landesarchiv NRW Münster.
[126] Ebd.

Anmerkungen (S. 69–71)

[127] Gauhauptstellenleiter Baller an Helmut Horten GmbH, 21.6.1937, in: S_010_261, Gauleitung Westfalen-Süd, Gauwirtschaftsberater, Nr. 261, Landesarchiv NRW Münster.
[128] Gauhauptstellenleiter Baller an Kreiswirtschaftsberater Wilhelm Walkenhorst, 21.6.1937, in: S_010_261, Gauleitung Westfalen-Süd, Gauwirtschaftsberater, Nr. 261, Landesarchiv NRW Münster.
[129] Gauhauptstellenleiter Baller an Helmut Horten GmbH, 21.6.1937, in: S_010_261, Gauleitung Westfalen-Süd, Gauwirtschaftsberater, Nr. 261, Landesarchiv NRW Münster.
[130] Wilhelm Gischler an Gauwirtschaftsamt Westfalen-Süd, 30.6.1937, in: S_010_261, Gauleitung Westfalen-Süd, Gauwirtschaftsberater, Nr. 261, Landesarchiv NRW Münster.
[131] Hauptstellenleiter des Gauwirtschaftsamtes Westfalen-Süd Baller an Helmut Horten, 9.7.1937, in: S_010_261, Gauleitung Westfalen-Süd, Gauwirtschaftsberater, Nr. 261, Landesarchiv NRW Münster.
[132] Hauptstellenleiter des Gauwirtschaftsamtes Westfalen-Süd Baller an Helmut Horten, 4.9.1937, in: S_010_261, Gauleitung Westfalen-Süd, Gauwirtschaftsberater, Nr. 261, Landesarchiv NRW Münster.
[133] Helmut Horten an Gauleitung Westfalen-Süd, 9.9.1937, in: S_010_261, Gauleitung Westfalen-Süd, Gauwirtschaftsberater, Nr. 261, Landesarchiv NRW Münster.
[134] Hauptstellenleiter des Gauwirtschaftsamtes Westfalen-Süd Baller an Helmut Horten, 5.10.1937, in: S_010_261, Gauleitung Westfalen-Süd, Gauwirtschaftsberater, Nr. 261, Landesarchiv NRW Münster.
[135] Helmut Horten an Hauptstellenleiter des Gauwirtschaftsamtes Westfalen-Süd Baller, 5.10.1937, in: S_010_261, Gauleitung Westfalen-Süd, Gauwirtschaftsberater, Nr. 261, Landesarchiv NRW Münster.
[136] Eidesstattliche Versicherung Lotte Jordan, 6.11.1937, in: S_010_261, Gauleitung Westfalen-Süd, Gauwirtschaftsberater, Nr. 261, Landesarchiv NRW Münster.
[137] Hauptstellenleiter des Gauwirtschaftsamtes Westfalen-Süd, Baller an Wilhelm Gischler, 10.11.1937, in: S_010_261, Gauleitung Westfalen-Süd, Gauwirtschaftsberater, Nr. 261, Landesarchiv NRW Münster.
[138] Wirtschaftstreuhänder Wilhelm Gischler an Gauwirtschaftsamt Westfalen-Süd, 15.6.1937, in: S_010_261, Gauleitung Westfalen-Süd, Gauwirtschaftsberater, Nr. 261, Landesarchiv NRW Münster.
[139] Aktenvermerk Gauwirtschaftsamt Westfalen-Süd, 23.6.1937, in: S_010_261, Gauleitung Westfalen-Süd, Gauwirtschaftsberater, Nr. 261, Landesarchiv NRW Münster.
[140] Sally Hess an Helmut Horten, 30.6.1937, in: S_010_261, Gauleitung Westfalen-Süd, Gauwirtschaftsberater, Nr. 261, Landesarchiv NRW Münster.

[141] Helmut Horten an Gauwirtschaftsberater Westfalen-Süd, 1.7.1937, in: S_010_261, Gauleitung Westfalen-Süd, Gauwirtschaftsberater, Nr. 261, Landesarchiv NRW Münster.

[142] Hauptstellenleiter des Gauwirtschaftsamtes Westfalen-Süd Baller an Helmut Horten, 9.7.1937, in: S_010_261, Gauleitung Westfalen-Süd, Gauwirtschaftsberater, Nr. 261, Landesarchiv NRW Münster.

[143] Helmut Horten an Gauwirtschaftsberater Westfalen-Süd, 4.8.1937, in: S_010_261, Gauleitung Westfalen-Süd, Gauwirtschaftsberater, Nr. 261, Landesarchiv NRW Münster.

[144] Pachtvertrag zwischen Sally Hess und Helmut Horten GmbH, 20.10.1937, in: S_010_261, Gauleitung Westfalen-Süd, Gauwirtschaftsberater, Nr. 261, Landesarchiv NRW Münster.

[145] Paul Pleiger an Wilhelm Gischler, 24.5.1937, in: S_010_261, Gauleitung Westfalen-Süd, Gauwirtschaftsberater, Nr. 261, Landesarchiv NRW Münster.

[146] Wirtschaftstreuhänder Wilhelm Gischler an Gauwirtschaftsamt Westfalen-Süd, 15.6.1937, in: S_010_261, Gauleitung Westfalen-Süd, Gauwirtschaftsberater, Nr. 261, Landesarchiv NRW Münster.

[147] Hermann Kistenmaker an Gauwirtschaftsamt Westfalen-Süd, 9.10.1936, in: S_010_262, Gauleitung Westfalen-Süd, Gauwirtschaftsberater, Nr. 262, Landesarchiv NRW Münster.

[148] Hauptstellenleiter des Gauwirtschaftsamtes Westfalen-Süd Baller an Gauwalter der DAF, 21.6.1937, in: S_010_261, Gauleitung Westfalen-Süd, Gauwirtschaftsberater, Nr. 261, Landesarchiv NRW Münster.

[149] Aktenvermerk Gauwirtschaftsamt, 6.8.1937, in: S_010_261, Gauleitung Westfalen-Süd, Gauwirtschaftsberater, Nr. 261, Landesarchiv NRW Münster.

[150] Der Kreisbeauftragte für gesperrte Vermögen beim Finanzminister Nordrhein-Westfalen (Stadtkreis Wattenscheid) an Bezirksbeauftragten für gesperrte Vermögen, 7.12.1949, S. 2, in: L355, Ämter für gesperrte Vermögen, Kreisamt Wattenscheid, Nr. 9, Landesarchiv NRW Münster.

[151] Helmut Horten an Gauwirtschaftsamt Westfalen-Süd, 28.10.1936, in: S_010_262, Gauleitung Westfalen-Süd, Gauwirtschaftsberater, Nr. 262, Landesarchiv NRW Münster.

[152] Interner Schriftwechsel des Gauwirtschaftsamts Westfalen-Süd, 25.1.1937, in: S_010_263, Gauleitung Westfalen-Süd, Gauwirtschaftsberater, Nr. 263, Landesarchiv NRW Münster.

[153] Urkundenrolle Nr. 312, 1938, Kaufvertrag vom 26.11.1938, S. 3, in: WAT 3502, Stadtarchiv Bochum.

[154] Kreiswirtschaftsberater Krüger an Oberbürgermeister der Stadt Wattenscheid, 25.4.1939, in: WAT 3502, Stadtarchiv Bochum.

[155] Wertschätzung Stadt Wattenscheid, 18.7.1939, in: WAT 3929, Stadtarchiv Bochum; Wertschätzung Stadt Wattenscheid, 19.7.1939, in: WAT 3929, Stadtarchiv Bochum.

¹⁵⁶ Genehmigung des Oberbürgermeisters der Stadt Wattenscheid, 19.7.1937, in: L355, Ämter für gesperrte Vermögen, Kreisamt Wattenscheid, Nr. 9, Landesarchiv NRW Münster.
¹⁵⁷ Finanzamt Gelsenkirchen-Süd, Vorbereitende Maßnahmen zur Verlegung des Wohnsitzes, 27.2.1939, in: WAT 3502, Stadtarchiv Bochum.
¹⁵⁸ Stadtbüro der Berliner Handels-Gesellschaft an Bauamt Stadt Wattenscheid, 8.3.1939, in: WAT 3502, Stadtarchiv Bochum.
¹⁵⁹ Gewerbekartei Kurt Opitz KG, 1938, in: Bestand 210–61/Firma Kurt Opitz, Nr. 1 und 2, Stadtarchiv Bielefeld.
¹⁶⁰ Gesellschaftervertrag Kurt Opitz KG, 8.9.1938, in: Bestand 104–001–03219/Firma Kurt Opitz, Stadtarchiv Bielefeld.
¹⁶¹ Dossier Tesmann, in: Dossiers und Porträt Tesmann, Archiv der Helmut Horten Stiftung Agno.
¹⁶² Wirtschaftsberatung Meßing an Oberbürgermeister Duisburg, Vermögensaufstellung Helmut Horten, 10.7.1946, in: BR 366, Nr. 11–260–9525, Landesarchiv NRW Duisburg.
¹⁶³ Dossier Tesmann, in: Dossiers und Porträt Tesmann, Archiv der Helmut Horten Stiftung Agno.
¹⁶⁴ Berkenbusch eröffnete, in: Gevelsberger Zeitung, 11.11.1938.
¹⁶⁵ Aktenvermerk Lastenausgleichsamt Stadt Düsseldorf, 21.5.1964, in: ZLA_1_15279601, BArch Bayreuth.
¹⁶⁶ Aktenvermerk Lastenausgleichsamt Stadt Düsseldorf, 21.5.1964, in: ZLA_1_15279601, BArch Bayreuth.
¹⁶⁷ Erklärung Henry Zolki, 27.10.1958, in: ZLA_1_15279601, BArch Bayreuth.
¹⁶⁸ Aktenvermerk Lastenausgleichsamt Stadt Düsseldorf, 21.5.1964, in: ZLA_1_15279601, BArch Bayreuth; Stefanie Schüler-Springorum, Die jüdische Minderheit in Königsberg/Preußen, 1871–1945, Göttingen 1996, S. 324–338.
¹⁶⁹ Biografische Skizze Wilhelm Reinold, in: HAC-S1–414, Historisches Archiv der Commerzbank Frankfurt am Main.
¹⁷⁰ Anfrage des Lastenausgleichsamts der Stadt Düsseldorf an Entschädigungsamt Berlin, 2.7.1962, in: ZLA_1_15279601, BArch Bayreuth.
¹⁷¹ Götz Aly, Hitlers Volksstaat, S. 55–59.
¹⁷² Alfred Alexander an Lastenausgleichsamt Stadt Düsseldorf, 14.7.1962, in: ZLA_1_15279601, BArch Bayreuth.
¹⁷³ Anfrage des Lastenausgleichsamts der Stadt Düsseldorf an Entschädigungsamt Berlin, 2.7.1962, in: ZLA_1_15279601, BArch Bayreuth.
¹⁷⁴ Ebd.
¹⁷⁵ Lastenausgleichsamt Stadt Düsseldorf an Robert Kuhlmann, 7.1.1964, in: ZLA_1_15279601, BArch Bayreuth.
¹⁷⁶ Bericht der Treuverkehr Rheinland, 31.3.1949, in: OE-612–83, Landesarchiv NRW Duisburg.

Anmerkungen (S. 80–84)

[177] Henry Zolki an Lastenausgleichsamt Stadt Düsseldorf, 26.11.1960, in: ZLA_1_15279601, BArch Bayreuth.
[178] Bezirksamt Zehlendorf an Lastenausgleichsamt Stadt Düsseldorf, in: ZLA_1_15279601, BArch Bayreuth.
[179] Alfred Alexander an Lastenausgleichsamt Stadt Düsseldorf, 8.11.1962, in: ZLA_1_15279601, BArch Bayreuth.
[180] Beiblatt, Antrag auf Feststellung von Kriegsschäden an der Firma Reinold & Co in Königsberg, April 1960, in: ZLA_1_15279601, BArch Bayreuth.
[181] Erklärung Arthur Kamien, 27.9.1964, in: ZLA_1_15279601, BArch Bayreuth.
[182] Ghettoverwaltung Lodz an Reinold & Co., 19.9.1942, in: Korespondencja z urzędami, instytucjami i firmami. Lit. Ra-Rek, sygn. 29433, S. 553, Stadtarchiv Lodz.
[183] Bilanz Reinold & Co, 1943, in: ZLA_1_15279601, BArch Bayreuth.
[184] Aktenvermerk Ausgleichsamt Düsseldorf, 13.6.1973, in: ZLA_1_15279601, BArch Bayreuth.
[185] Erklärung Arthur Kamien, 27.9.1964, in: ZLA_1_15279601, BArch Bayreuth.
[186] Bruno Dzubba an Lastenausgleichsamt Stadt Düsseldorf, 22.9.1964, in: ZLA_1_15279601, BArch Bayreuth.
[187] Ebd.
[188] Ebd.
[189] Ebd.
[190] Ralf Meindl, Ostpreußens Gauleiter. Erich Koch – eine politische Biographie, Osnabrück 2007, S. 193, S. 246, Anm. 42 zu Memeler Textilfabriken; Gerhard Willoweit, Die Wirtschaftsgeschichte des Memelgebietes, Köln 1968, Band 2, S. 651 f., S. 798–800; BArch Berlin-Lichterfelde, R 3101/33302, Bericht Landesgewerbeamt Ostpreußen, 1939; BArch Bayreuth, Ost-Dok 10/353, Blatt 11, Vermögensaufstellung, Erich-Koch-Stiftung, 31.12.1943; BArch Koblenz, Z 42 IV 1909d, Blatt 187, Backhaus an Wolff, 22.8.1949; 1909e, Blatt 221, Aussage Koch, 24.9.1949.
[191] Bericht der Treuverkehr Rheinland, 31.3.1949, in: OE-612–83, Landesarchiv NRW Duisburg.
[192] Verfügung Stadt Krefeld, 5.7.1961, in: ZLA_1_15580362, BArch Bayreuth.
[193] Ebd. Das Unternehmen hatte im Jahr 1941 ein Betriebsgrundstück in der Steinstraße 76 in Krefeld erworben und war wohl auch mit dem Hauptsitz dorthin umgesiedelt. Daher war das dortige Lastenausgleichsamt für das Verfahren zuständig.
[194] Ebd.
[195] The Conitzer Stores, 1848–1938, in: Sys. Nr. 000193236, AR 14 Conitzer Collection, Leo-Baeck-Institute New York.

¹⁹⁶ Begründung zum Änderungsbescheid über die einheitliche Schadensfeststellung, 22.6.1965, in: Kriegsschadenregulierung_Hille (3. Teil), Archiv der Helmut Horten Stiftung Agno.
¹⁹⁷ Herbert Hille an Wilhelm Großhans, 21.9.1977, in: Kriegsschadenregulierung_Hille (3. Teil), Archiv der Helmut Horten Stiftung Agno.
¹⁹⁸ Helmut Horten war mit 29,51 Prozent beteiligt. Auf Josef Fieger entfielen 9,74 Prozent, auf Wilhelm Reinold 15,87 Prozent und Erich Rump 11,93 Prozent. Franz Jacobi war mit 19,77 Prozent beteiligt. Hinzu kam Hermann Winterer (6,08 Prozent), welcher in keiner Verbindung zu Hortens vorigen Geschäften stand, vgl. Begründung zum Änderungsbescheid über die einheitliche Schadensfeststellung, 22.6.1965, in: Kriegsschadenregulierung_Hille (3. Teil), Archiv der Helmut Horten Stiftung Agno.
¹⁹⁹ Ebd.
²⁰⁰ Ebd.
²⁰¹ Herbert Hille an Ausgleichsamt Hamburg-Altona, 28.10.1971, in: Kriegsschadenregulierung_Hille (3. Teil), Archiv der Helmut Horten Stiftung Agno.
²⁰² Vermögensaufstellung Helmut Horten, 10.7.1946, in: BR 366, Nr. 11-260-9525, Landesarchiv NRW Duisburg.
²⁰³ Begründung zum Änderungsbescheid über die einheitliche Schadensfeststellung, 22.6.1965, in: Kriegsschadenregulierung_Hille (3. Teil), Archiv der Helmut Horten Stiftung Agno.
²⁰⁴ Begründung zum Änderungsbescheid über die einheitliche Schadensfeststellung, 22.6.1965, in: Kriegsschadenregulierung_Hille (3. Teil), Archiv der Helmut Horten Stiftung Agno.
²⁰⁵ Bericht der Treuverkehr Rheinland, 31.3.1949, in: OE-612-83, Landesarchiv NRW Duisburg.

Kapitel 3
Unternehmer im Krieg (1939–1945)

¹ Telefonbuch der Stadt Köln, 1925; Telefonbuch der Stadt Köln, 1941.
² Gemeinschaftlicher Erbschein, 27.5.1944, in: Urkunden HH Reisepässe, Archiv der Helmut Horten Stiftung Agno.
³ Heiratsurkunde, 25.8.1941, in: Stammbuch, Archiv der Helmut Horten Stiftung Agno.
⁴ Todesanzeige Liesel Horten, in: Duisburger General-Anzeiger, 24./25.12.1941, S. 12.
⁵ Tim Schanetzky, „Kanonen statt Butter", S. 57–71, S. 145 ff.
⁶ Christoph Buchheim, Der Mythos vom „Wohlleben". Der Lebensstandard der deutschen Zivilbevölkerung im Zweiten Weltkrieg, in: Vierteljahrshefte für Zeitgeschichte 3 (2010), S. 299–328, hier S. 306.

Anmerkungen (S. 91–96)

[7] Johannes Bähr, Dresdner Bank, S. 402 ff.
[8] Ebd., S. 400 f.
[9] Rechtsanwalt Bruno Köhler an Rechtsanwalt Hermann Baecker, 9.2.1949, in: B 326–1686, BArch Koblenz.
[10] Eidesstattliche Versicherung Hammann, 11.7.1947, in: NW 1004-G 43, 577, Landesarchiv NRW Duisburg.
[11] Ebd.
[12] Die Zerstörung des Kaufhauses ist datiert in folgendem Schreiben: Der Finanzminister des Landes NRW, Amt für gesperrte Vermögen, Dezernat 3, Der Landesbeauftragte, Vermerk über die Feststellung in der Angelegenheit Helmut Horten, Duisburg, 23.4.1948, in: OE-612–83, Landesarchiv NRW Duisburg.
[13] Reichsstelle für Kleidung und verwandte Gebiete an Reichswirtschaftsministerium, 4.11.1944, in: R 8-II/63, BArch Koblenz.
[14] Eidesstattliche Versicherung Hammann, 11.7.1947, in: NW 1004-G 43, 577, Landesarchiv NRW Duisburg.
[15] Bilanzprüfung Horten KG, 31.12.1946, in: OE-612–83, Landesarchiv NRW Duisburg.
[16] Der Finanzminister des Landes NRW, Amt für gesperrte Vermögen, Dezernat 3, Der Landesbeauftragte, Vermerk über die Feststellung in der Angelegenheit Helmut Horten, Duisburg, 23.4.1948, in: OE-612–83, Landesarchiv NRW Duisburg.
[17] Ebd.
[18] Erich Otten an Reichsstelle für Kleidung und verwandte Gebiete, 11.11.1944, in: R 8-II/63, BArch Koblenz.
[19] Reichsstelle für Kleidung und verwandte Gebiete an Reichwirtschaftsministerium, 19.1.1945, in: R 8-II/63, BArch Koblenz; Helmut Horten KG an Reichsstelle für Kleidung und verwandte Gebiete, 1.12.1944, in: R 8-II/63, BArch Koblenz; Reichsstelle für Kleidung und verwandte Gebiete an Erich Otten, 6.11.1944, R 8-II/63, BArch Koblenz.
[20] Eidesstattliche Erklärung Paul Stiel, 13.3.1948, in: NW 1004-G 43, 577, Landesarchiv NRW Duisburg.
[21] Ebd.
[22] Eidesstattliche Erklärung Heinrich Eder, 19.7.1947, in: NW1004-G 43, 577, Landesarchiv NRW Duisburg.
[23] Mitgliederkarte Helmut Horten, in: NSDAP-Zentralkartei, R 9361-VIII KARTEI / 12510790, BArch Berlin-Lichterfelde; Mitgliederkarte Gaukartei Helmut Horten, in: NSDAP-Gaukartei / BArch R 9361-IX KARTEI / 16991372, BArch Berlin-Lichterfelde.
[24] Entsprechende Akten im Landesarchiv Nordrhein-Westfalen in Duisburg und dem Stadtarchiv Duisburg sind nicht erhalten laut schriftlicher Auskunft der Archive gegenüber den Autoren vom 7.3. und 15.4.2024.
[25] § 153 Reichsstrafgesetzbuch 1948.

[26] Eidesstattliche Erklärung Heinrich Eder, 19.7.1947, in: NW1004-G 43, 577, Landesarchiv NRW Duisburg.

[27] Urteil des 6. Zivilsenats beim Oberlandesgericht Düsseldorf, 27.3.1952, in: B 326–1691, BArch Koblenz.

[28] Kay Bandermann, Helmut Horten (Todestag 30.12.1987), in: WDR ZeitZeichen Manuskripte, 30.11.2017, https://www1.wdr.de/mediathek/audio/zeitzeichen/audio-helmut-horten-unternehmer-todestag-102.html (abgerufen am 22.6.2023).

[29] Friederike Sattler, Der Handelstrust West in den Niederlanden, in: Harald Wixforth (Hrsg.), Die Expansion der Dresdner Bank in Europa, München 2006, S. 682–791, hier S. 684.

[30] Ebd., S. 692–696.

[31] Ebd., S. 687.

[32] Ebd., S. 698.

[33] Ebd., S. 748.

[34] Ebd., S. 729.

[35] Jan Kessels, A. W., Het Huis Gerzon, geschiedenis van een modehuis 1894–1964, Amsterdam 1964, zitiert nach: Joods Amsterdam (Hrsg.), Gerzon, 1.5.2016, in: https://www.joodsamsterdam.nl/gerzon/ (abgerufen am 22.6.2023).

[36] Erklärung Verrijn Stuart, 14.10.1953, siehe Stéphanie Stephan, Politisch unzuverlässig. Unbeugsam gegen perfide NS-Netzwerke. Eine biographische Spurensuche, München 2022.

[37] Vermerk SS-Hauptsturmführer Gottsmann, 3.1.1941, in: 077–952-Generalkommissariat für das Sicherheitswesen (Höhere Polizeiführer Nord-West), NIOD Amsterdam.

[38] Reinhold Stephan, Niederschrift Verhandlung 19.11.1940, in: 094f-1332 Collectie Dossiers, NIOD Amsterdam.

[39] Vermerk SS-Sturmführer Gottsmann, 3.1.1941, in: 077–952 Generalkommissariat für das Sicherheitswesen (Höhere Polizeiführer Nord-West), NIOD Amsterdam.

[40] Fritz W. Schönherr, Betreff Stephan, 19.3.1941, in: 094f-1332 Collectie dossiers, NIOD Amsterdam.

[41] Fritz W. Schönherr an Helmut Horten, 3.4.1941, in: 094f-1332 Collectie Dossiers, NIOD Amsterdam.

[42] Betreff N.V. Gebr. Gerzon Amsterdam, Besprechung Marx, Worst, Horten, Hobirk, Bardroff, 10.10.1941, in: 443 Stukken betreffende de afwikkeling met de N.V. ‚Handelstrust West', 1945–1956, Stadtarchiv Amsterdam.

[43] Friederike Sattler, Handelstrust, S. 757.

[44] Erklärung unter Eid, Arthur Marx, 24.9.1947, in: NID-13751, Bayerisches Hauptstaatsarchiv Nürnberg. Dieser Schritt ist erklärungsbedürftig. Der Preis von 100.000 USD entsprach im Jahr 1941 256.410 RM. Der durchschnittliche

Wert des Dollars im Verhältnis zum Niederländischen Gulden (fl.) lag 1941 bei 0,532 USD für fl. 1. Damit lag Hortens Gebot bei fl. 187.969,92. Siehe Banking and Monetary Statistics, No. 173 – Foreign Exchange Rates, by Countries, Monthly, zitiert nach: Nathan Lewis, New World Economics, https://newworldeconomics.com//wp-content/uploads/2017/01/Foreign-Exchange-Rates-1914-1941.pdf (abgerufen am 22.6.2023).

[45] Erklärung unter Eid, Arthur Marx, 24.9.1947, in: NID-13751, Bayerisches Hauptstaatsarchiv Nürnberg.

[46] Notiz, 10.10.1941, 443 Stukken betreffende de afwikkeling met de N.V. „Handelstrust West", 1945–1956; 539 Inventaris van het Archief van de Modemagazijnen Gebroeders Gerzon N.V., Stadtarchiv Amsterdam.

[47] Max Bardroff war Leiter der Filiale der Dresdner Bank in Düsseldorf und als solcher betreute er für die Bank federführend den Handelstrust West, siehe Ralf Ahrens u. a., Die Dresdner Bank 1945–1957. Konsequenzen und Kontinuitäten nach dem Ende des NS-Regimes, München 2007, Biographischer Anhang, S. 465.

[48] Erklärung unter Eid, Arthur Marx, 24.9.1947, in: NID-13751, Bayerisches Hauptstaatsarchiv Nürnberg.

[49] Eidesstattliche Versicherung Robert Hobirk, 24.6.1948, Dokument 140, S. 2, in: 500-13997-2000, Commerzbank Historisches Archiv Frankfurt am Main. Ebenfalls nachgewiesen in NID-13751, Bayerisches Hauptstaatsarchiv Nürnberg.

[50] Eidesstattliche Versicherung Robert Hobirk, 24.6.1948, Dokument 140, S. 2, in: 500-13997-2000, Commerzbank Historisches Archiv Frankfurt am Main.

[51] Stéphanie Stephan, Politisch unzuverlässig, S. 44 ff.

[52] Jules Gerzon an Reinhold Stephan, 3.11.1941, zit. nach: Stéphanie Stephan, Politisch unzuverlässig, S. 46 f.

[53] Friederike Sattler, Handelstrust, S. 756.

[54] Erklärung unter Eid, Arthur Marx, 24.9.1947, in: NID-13751, Bayerisches Hauptstaatsarchiv Nürnberg.

[55] Kessels, Jan A. W., Het Huis Gerzon, geschiedenis van een modehuis 1894–1964, Amsterdam 1964, zitiert nach: Joodsamsterdam (Hrsg.), Gerzon, 1.5.2016, https://www.joodsamsterdam.nl/gerzon/ (abgerufen am 22.6.2023).

[56] Stéphanie Stephan, Politisch unzuverlässig, S. 22 f. Dieses Buch ist eine sehr emotionale subjektive Schilderung des Lebens von Frau Stephans Vater. Die Autorin vertritt die Thesen, dass Horten die jüdischen Eigentümer von Gerzons bedrohte, um diese zum Verkauf des Unternehmens zu nötigen, und dass Horten die Entlassung von Reinhold Stephan durch seine Verbindungen zur NSDAP und der Parteispitze in die Wege geleitet habe. Die wiedergegebenen Auszüge aus Dokumenten aus dem Bestand von Reinhold Stephan sollen zur Untermauerung der These dienen. Bei genauerer Betrachtung der keineswegs durchgängig korrekt wiedergegebenen und zitierten Textstücke fällt allerdings auf, dass an zahlreichen Stellen alternative Interpretationen zu Frau Stephans Ausführungen plausibler sind. Einzelne wiedergegebene Quellen widersprechen sogar diametral

ihren Schlussfolgerungen. Die These, dass Horten die jüdischen Eigentümer bedroht habe, fußt auf der Aussage von Arthur Marx, die dieser erstmals 1951, gegenüber Stephan, gemacht hat. Marx war bei der betreffenden Verhandlung, bei der die Aussagen getätigt worden sein sollen, allerdings überhaupt nicht anwesend. Zudem hatte er zuvor diese angebliche Drohung Hortens in keiner Befragung, auch nicht vor alliierten Stellen, erwähnt. Hinzu kommt, dass Marx selbst ein nachvollziehbares Interesse hatte, dass sich Stephans Entschädigungsbemühungen gegen Horten als Nutznießer und nicht gegen ihn selbst als Verfolgten des NS-Regimes richteten. Mit letzter Sicherheit lässt sich die Sachlage nicht aufklären, aber Marx hat zeitnäher, auch gegenüber den alliierten Untersuchungsbehörden, nie solche Angaben gemacht, wie er sie später gegenüber Stephan äußerte. Die zweite These, dass Horten die Entlassung von Stephan betrieben habe, lässt sich anhand der Quellen ebenfalls nicht belegen. Der im Buch von Stéphanie Stephan (S. 46 f.) wiedergegebene Brief von Jules Gerzon an Reinhold Stephan offenbart bei genauer Lektüre sogar, dass Horten bemüht war, nach einer möglichen Übernahme Stephan eine berufliche Perspektive im Unternehmen zu bieten. Helmut Horten war Nutznießer von „Arisierungen", das ist unbestritten. Er hat sich nach der ersten an ihn herangetragenen Übernahme in Duisburg aktiv um weitere Übernahmen bemüht, so auch im Falle Gerzons. Sein Vorgehen bei den erfolgten Übernahmen war aber gänzlich anders als von Frau Stephan im Falle Gerzons geschildert; das zeigt auch der von Frau Stephan abgedruckte Brief von Dr. Alfred Alexander (S. 28 f.).

[57] Verrijn Stuart an Reinhold Stephan, 14.10.1953, in: Stéphanie Stephan, Politisch unzuverlässig, S. 45; Arthur Marx an Reinhold Stephan, 13.6.1951, in: ebd., S. 90 f.

[58] Erklärung unter Eid, Arthur Marx, 24.9.1947, in: NID-13751, Bayerisches Hauptstaatsarchiv Nürnberg; Jules Gerzon an Reinhold Stephan, 3.11.1941, in: Stéphanie Stephan, Politisch unzuverlässig, S. 46 f.

[59] Harald Wixforth/Jörg Osterloh, Die Dresdner Bank im Protektorat Böhmen und Mähren, in: Harald Wixforth (Hrsg.), Expansion, S. 55–394, hier S. 306.

[60] Ebd., S. 308–310.

[61] Ebd., S. 310.

[62] Ebd., S. 315.

[63] Adolf Lüftschitz sechzigjährig, in: Jüdische Wochenpost, 13.7.1934, S. 4.

[64] Böhmische Escompte Bank an Dresdner Bank, in: 25.9.1940, 500–29953–2001, Historisches Archiv der Commerzbank, Frankfurt am Main.

[65] Filialbüro der Böhmischen Escompte Bank in Prag an Konsortial-Abteilung der Zentrale der Dresdner Bank in Berlin, 16.2.1940, in: 500–29953–2001, Historisches Archiv der Commerzbank, Frankfurt am Main.

[66] Bert Becker, Georg Michaelis. Preußischer Beamter, Reichskanzler, christlicher Reformer 1857–1936. Eine Biographie, Paderborn 2007, S. 654.

[67] Böhmische Escompte Bank an Dresdner Bank, in: 25.9.1940, 500–29953–2001, Historisches Archiv der Commerzbank, Frankfurt am Main.
[68] Harald Wixforth/Jörg Osterloh, Protektorat, S. 317; Böhmische Escompte Bank an Dresdner Bank, in: 25.9.1940, 500–29953–2001, Historisches Archiv der Commerzbank, Frankfurt am Main.
[69] Harald Wixforth/Jörg Osterloh, Protektorat, S. 343.
[70] Telegramm der Böhmischen Escompte Bank Prag an Dresdner Bank Filiale Düsseldorf, 24.9.1940, in: 500–29953–2001, Historisches Archiv der Commerzbank, Frankfurt am Main.
[71] Böhmische Escompte Bank an Dresdner Bank, in: 25.9.1940, in: 500–29953–2001, Historisches Archiv der Commerzbank, Frankfurt am Main.
[72] Harald Wixforth/Jörg Osterloh, Protektorat, S. 344–347.
[73] Böhmische Escompte Bank Prag an Direktion der Dresdner Bank Berlin, 10.4.1942, in: 500–29953–2001, Historisches Archiv der Commerzbank, Frankfurt am Main.
[74] Ebd.
[75] Böhmische Escompte Bank Prag an Dresdner Bank Berlin, 10.9.1942, in: 500–29953–2001, Historisches Archiv der Commerzbank, Frankfurt am Main. Die Behörden erklärten das Kaufhaus zum „Sperrbetrieb für Kriegsversehrte". Hier konnten sich verwundete Soldaten nach der Heimkehr mit Waren des täglichen Bedarfs eindecken. Die Verwaltung oblag den Zivilbehörden in Prag.
[76] Böhmische Escompte Bank Prag an Direktion der Dresdner Bank Berlin, 10.4.1942, in: 500–29953–2001, Historisches Archiv der Commerzbank, Frankfurt am Main.
[77] Böhmische Escompte Bank Prag an Dresdner Bank Berlin, 10.9.1942, in: 500–29953–2001, Historisches Archiv der Commerzbank, Frankfurt am Main.
[78] Bericht und Anlage der Deutschen Revisions- und Treuhand Aktiengesellschaft Berlin über die bei der Flugzeugwerk Johannisthal GmbH, Berlin-Johannisthal, vorgenommene Prüfung des Jahresabschlusses zum 30.9.1943, in: R 8135–5190, BArch Berlin-Lichterfelde.
[79] Günter Schmitt, Als die Oldtimer flogen. Die Geschichte des Flugplatzes Johannisthal, Berlin 1980, S. 12–29.
[80] Ludwig Bülkow, Ein Jahrhundert Flugzeuge. Geschichte und Technik des Fliegens, Düsseldorf 2013, S. 549.
[81] Bericht und Anlage der Deutschen Revisions- und Treuhand Aktiengesellschaft Berlin über die bei der Flugzeugwerk Johannisthal GmbH, Berlin-Johannisthal, vorgenommene Zwischenrevision und Überprüfung der innerbetrieblichen Organisation, 13.3.1940, in: R 8135–5190, BArch Berlin-Lichterfelde.
[82] Ebd.
[83] Helmut Prochnow, Es war einmal. Der Flugplatz Johannisthal, Berlin 2021, S. 60.

⁸⁴ Bericht und Anlage der Deutschen Revisions- und Treuhand Aktiengesellschaft Berlin über die bei der Flugzeugwerk Johannisthal GmbH, Berlin-Johannisthal, vorgenommene Zwischenrevision und Überprüfung der innerbetrieblichen Organisation, 13.3.1940, in: R 8135–5190, BArch Berlin-Lichterfelde.

⁸⁵ Bericht und Anlage der Deutschen Revisions- und Treuhand Aktiengesellschaft Berlin über die bei der Flugzeugwerk Johannisthal GmbH, Berlin-Johannisthal, vorgenommene Zwischenrevision und Überprüfung der innerbetrieblichen Organisation, 30.9.1942, in: R 8135–5190, BArch Berlin-Lichterfelde.

⁸⁶ Ebd.

⁸⁷ Rüdiger Overmans, Die Kriegsgefangenenpolitik des Deutschen Reiches 1939 bis 1945, in: Jörg Echternkamp (Hrsg.), Die Deutsche Kriegsgesellschaft 1939–1945. Zweiter Halbband: Ausbeutung, Deutungen, Ausgrenzung, München 2005, S. 729–875, hier S. 804–806.

⁸⁸ Oliver Rathkolb, Zwangsarbeiter in der Industrie, in: Echternkamp, Kriegsgesellschaft, S. 667–724.

⁸⁹ Wolfgang E. Höper, Asbest in der Moderne. Industrielle Produktion, Verarbeitung, Verbot, Substitution und Entsorgung, Münster 2008, S. 106–108.

⁹⁰ Dokumentationszentrum NS-Zwangsarbeit, Liste der Zwangsarbeitslager, https://www.ns-zwangsarbeit.de/de/recherche/lagerdatenbank/ (abgerufen am 22.6.2023).

⁹¹ Helmut Prochnow, Flugplatz, S. 53.

⁹² Anhang zum Bericht der Deutschen Revisions- und Treuhand-Aktiengesellschaft Berlin über die bei der Flugzeugwerk Johannisthal GmbH, Berlin-Johannisthal, vorgenommene Prüfung des Jahresabschlusses zum 30. September 1941, in: R 8135–7385, BArch Berlin Lichterfelde.

⁹³ Eternit, Deutsche Asbestzement Aktiengesellschaft an Baupolizei des Verwaltungsbezirks Neukölln, 21.2.1941, in: Bauakten Stadt Neukölln, Museum Neukölln.

⁹⁴ Bauschein Nr. 82, Baupolizei Neukölln, 7.5.1941, in: Bauakten Stadt Neukölln, Museum Neukölln.

⁹⁵ Flugzeugwerk Johannisthal GmbH an Baupolizei Neukölln, 24.10.1941, in: Bauakten Stadt Neukölln, Museum Neukölln.

⁹⁶ Beglaubigte Abschrift aus dem Handelsregister, Abteilung B, 15.3.1944, in: R 8121–406, Teil 2, BArch Berlin Lichterfelde.

⁹⁷ Aktenvermerk Kreditverlängerung, 22.4.1943, in: R 8121–406, Teil 2, BArch Berlin Lichterfelde.

⁹⁸ „Neben 110 Flugzeugrümpfen wurden 205 Flugzeuge instandgesetzt, und zwar 184 Bf. 109, 19 Ju 87 und 2 Hurricanes", heißt es in der Buchprüfung für das Geschäftsjahr 1941/42. Bericht und Anlage der Deutschen Revisions- und Treuhand Aktiengesellschaft Berlin über die bei der Flugzeugwerk Johannisthal GmbH, Berlin-Johannisthal, vorgenommene Zwischenrevision und Überprü-

fung der innerbetrieblichen Organisation, 30.9.1942, in: R 8135–5190, BArch Berlin Lichterfelde.

[99] Ebd.

[100] Anhang zum Bericht der Deutschen Revisions- und Treuhand-Aktiengesellschaft Berlin über die bei der Flugzeugwerk Johannisthal GmbH, Berlin-Johannisthal vorgenommene Prüfung des Jahresabschlusses zum 30. September 1943, in: R 8135–7385, BArch Berlin Lichterfelde.

[101] Bericht und Anlage der Deutschen Revisions- und Treuhand Aktiengesellschaft Berlin über die bei der Flugzeugwerk Johannisthal GmbH, Berlin-Johannisthal, vorgenommene Prüfung des Jahresabschlusses zum 30. September 1943, in: R 8135–5190, BArch Berlin-Lichterfelde.

[102] Anhang zum Bericht der Deutschen Revisions- und Treuhand-Aktiengesellschaft Berlin über die bei der Flugzeugwerk Johannisthal GmbH, Berlin-Johannisthal, vorgenommene Prüfung des Jahresabschlusses zum 30. September 1943, in: R 8135–7385, BArch Berlin Lichterfelde.

[103] Anlage zum Anhang zum Bericht der Deutschen Revisions- und Treuhand-Aktiengesellschaft Berlin über die bei der Flugzeugwerk Johannisthal GmbH, Berlin-Johannisthal, vorgenommene Prüfung des Jahresabschlusses zum 30. September 1943, in: R 8135–7385, BArch Berlin Lichterfelde.

[104] Ebd.

[105] Ebd.

[106] Anhang zum Bericht der Deutschen Revisions- und Treuhand-Aktiengesellschaft Berlin über die bei der Flugzeugwerk Johannisthal GmbH, Berlin-Johannisthal, vorgenommene Prüfung des Jahresabschlusses zum 30. September 1943, in: R 8135–7385, BArch Berlin Lichterfelde.

[107] Erlass über die Verlegung kriegswichtiger Betriebe und Betriebsteile, Verlegungsgrundsätze vom 26.8.1943 Abs. IV Punkt 19, Gesellschaftsvertrag, undatiert, in: R 8121–406, Teil 2, BArch Berlin Lichterfelde.

[108] Bericht und Anlage der Deutschen Revisions- und Treuhand Aktiengesellschaft Berlin über die bei der Flugzeugwerk Johannisthal GmbH, Berlin-Johannisthal, vorgenommene Prüfung des Jahresabschlusses zum 30. September 1943, in: R 8135–5190, BArch Berlin-Lichterfelde.

[109] Horten und Reinold waren über ihre je 50 Prozent Anteile an dem Flugzeugwerk an der neu gegründeten Betriebsgemeinschaft beteiligt, als Komplementäre mit einer Einlage von 500.000 RM. Die W. Weber Samtfabrik AG war mit einem Anteil von 100.000 RM ebenfalls Komplementärin. Kommanditisten waren Willy und Robert Weber mit je 200.000 RM Einlage. Die Betriebsgemeinschaft fungierte als Unterlieferant für die GmbH. Die Auftragnehmerin der Aufträge des Reichsluftfahrtministeriums war weiterhin die Flugzeugwerk Johannisthal GmbH. Vgl. Flugzeugwerk Johannisthal GmbH an Bank der Deutschen Luftfahrt AG, 29.4.1943, in: R 8121–406, Teil 1, BArch Berlin Lichterfelde.

[110] Helmut Prochnow, Flugplatz, S. 63.

Anmerkungen (S. 121–123)

[111] Anhang zum Bericht der Deutschen Revisions- und Treuhand-Aktiengesellschaft Berlin über die bei der Flugzeugwerk Johannisthal GmbH, Berlin-Johannisthal, vorgenommene Prüfung des Jahresabschlusses zum 30.9.1943, in: R 8135–7385, BArch Berlin Lichterfelde.

[112] Aufstellung ausländischer Arbeitnehmer, 1943, in: Státní okresní archiv Děčín, Archiv města Šluknov, inv. č. 481, kar 183.

[113] Personalliste 1943, in: Státní okresní archiv Děčín, Archiv města Šluknov, inv. č. 481, kar 183.

[114] Státní oblastní archiv Litoměřice, R\/íšské místodržitelství pro Sudety, inv č. 291, kar 67.

[115] Ebd.

[116] Bürgermeister der Stadt Schluckenau an Landrat des Kreises Schluckenau, 27.7.1944, in: Státní okresní archiv Děčín, Archiv města Šluknov, inv. č. 481, kar 183.

[117] Die sogenannten Verbindungsmänner waren selbst Zwangsarbeiter oder Kriegsgefangene, die als Ansprechpartner für die übrigen Gefangenen einer bestimmten Nationalität fungierten und deren Belange und Interessen gegenüber der Betriebsführung vertraten. Sie organisierten auch die Unterbringung und den Betrieb der nach Nationalitäten getrennten Lagereinheiten, siehe Friedrich Stamp, Zwangsarbeit in der Metallindustrie 1939–1945. Das Beispiel Mecklenburg-Vorpommern, Eine Studie im Auftrag der Otto Brenner Stiftung, Berlin 2001, S. 82.

[118] Pierre Cleaz an Schutzpolizei Schluckenau, 21.8.1944, in: Státní okresní archiv Děčín, Archiv města Šluknov, inv. č. 481, kar 183.

[119] Beglaubigte Abschrift aus dem Handelsregister, Abteilung B, 15.3.1944, in: R 8121–406, Teil 2, BArch Berlin Lichterfelde.

[120] Antrag auf Kreditverlängerung, 8.1.1945, in: R 8121–406, Teil 2, BArch Berlin Lichterfelde; Bank der Deutschen Luftfahrt AG an Flugzeugwerk Johannisthal GmbH, 16.1.1945, in: R 8121–406, Teil 2, BArch Berlin Lichterfelde.

[121] Flugzeugwerk Johannisthal GmbH an Bank der Deutschen Luftfahrt AG, 16.1.1945, in: R 8121–406, Teil 1, BArch Berlin Lichterfelde.

[122] Státní oblastní archiv Litoměřice, R\/íšské místodržitelství pro Sudety, inv č. 291, kar 67.

[123] Der Kommandeur der Sicherheitspolizei in Reichenberg an Schutzpolizei-Dienstabteilung Schluckenau, 4.3.1945, in: Státní okresní archiv Děčín, Archiv města Šluknov, inv. č. 481, kar 183; Der Kommandeur der Sicherheitspolizei in Reichenberg an Schutzpolizei-Dienstabteilung Schluckenau, 21.3.1945, in: Státní okresní archiv Děčín, Archiv města Šluknov, inv. č. 481, kar 183.

[124] ERWE Betriebsgemeinschaft Reinold & Weber an Schutzpolizei Schluckenau, 4.9.1944, in: Státní okresní archiv Děčín, Archiv města Šluknov, inv. č. 481, kar 183.

Anmerkungen (S. 125–130)

Kapitel 4
Blick zurück, Augen nach vorne (1945–1950)

[1] Heinrich Averdunk/Walter Ring, Geschichte der Stadt Duisburg, Duisburg 1949, S. 312–336.

[2] E-Mail-Kontakt der Autoren mit Dieter Dressel, Mercedes-Benz Kompressor-Club Deutschland, 24.1.2022. Bei dem Fahrzeug handelte es sich um einen Mercedes-Benz 540K Spezial-Roadster. Besteller war laut Bestellschein vom 13.1.1939 die Helmut Horten KG. Am 12.4.1939 wurde das Fahrzeug ausgeliefert.

[3] Peter Reichel, Vergangenheitsbewältigung in Deutschland. Die Auseinandersetzung mit der NS-Diktatur in Politik und Justiz, München 2007, S. 32.

[4] Klaus-Dietmar Henke, Die Grenzen der politischen Säuberung – Deutschland nach 1945, in: Ludolf Herbst (Hrsg.), Westdeutschland 1945–1955. Unterwerfung, Kontrolle, Integration, München 1986, S. 127–133.

[5] Erklärung Wilhelm Reinold, 29.8.1945, in: NW 1004-G 43, 577, Landesarchiv NRW Duisburg.

[6] Ebd.

[7] Register of Military Government Court Duisburg, 12.9.1945–6.12.1945, in: FO 1060/2546, National Archives London.

[8] Eidesstattliche Erklärung E. Weischenberg, 9.5.1946, in: NW 1004-G 43, 577, Landesarchiv NRW Duisburg.

[9] Weischenberg hatte selbst 1938 eine vormals jüdische Firma übernommen und die dafür fällige Zahlung längere Zeit hinausgezögert. Nach 1945 prozessierte er mit den Erben und stritt um die Rechtmäßigkeit und Höhe von geforderten Entschädigungsleistungen. Matthias Bertram, Ein Tag, der alles änderte. 13. März 1933, Bonn, Wilhelmstr. Wendungen und Windungen. Ein Familienleben im braunen Bonn, Düren 2020; Ebba Hagenberg-Miliu, „Ein Tag, der alles änderte". Historiker schreibt über den ehemaligen Bonner Bankier Emil Weischenberg, in: Bonner General-Anzeiger, 5.6.2020, https://ga.de/bonn/stadt-bonn/ein-tag-der-alles-aenderte-matthias-bertram-schreibt-buch-ueber-emil-weischenberg_aid-51495843 (abgerufen am 12.8.2021).

[10] Eidesstattliche Erklärung Helene Arndt, 12.5.1946, in: NW 1004-G 43, 577, Landesarchiv NRW Duisburg.

[11] Oberstadtdirektor der Stadt Duisburg an britische Militärregierung Gruppe Mühlheim, 5.11.1946, in: BR 366, Nr. 11–260–9525, Landesarchiv NRW Duisburg.

[12] Otto Hermann Wittcke an Kreisbeauftragten für gesperrte Vermögen, 31.8.1949, in: 11–205–9470, Landesarchiv NRW Duisburg; Schreiben des Kreisbeauftragten für gesperrte Vermögen für die Kreise Duisburg und Oberhausen an den Landesbeauftragten für gesperrte Vermögen, 3.9.1949, in: Rep 196–436,

Anmerkungen (S. 130–135)

Landesarchiv NRW Duisburg; Kaufvertrag zwischen Helmut Horten und Otto Hermann Wittcke, 30. 5. 1946, in: OE-612–83, Landesarchiv NRW Duisburg.

[13] Kaufvertrag zwischen Helmut Horten und Josefa-Helene Horten, 30. 5. 1946, in: OE-612–83, Landesarchiv NRW Duisburg; Oberbürgermeister Stadt Duisburg an britische Militärregierung, 9. 9. 1946, in: OE-612–83, Landesarchiv NRW Duisburg.

[14] Rudolph J. Strauss an Property Control Section der britischen Militärregierung in NRW, 2. 10. 1946, in: BR 366, Nr. 11-260–9525, Landesarchiv NRW Duisburg.

[15] Amt des OB, Local Police Direction an Britische Militärregierung Duisburg, 26. 4. 1945, in: NW-1004-Gen.1, Landesarchiv NRW Duisburg, zitiert nach: Rolf Tappe/Manfred Tietz, Tatort Duisburg 1933–1945. Band II: Widerstand und Verfolgung im Nationalsozialismus, Augsburg 1993, S. 95.

[16] Kurt Pritzkoleit, Die neuen Herren. Die Mächtigen in Staat und Wirtschaft, München 1955, S. 416.

[17] Das Paradies der Damen, in: Der Spiegel, 17. 5. 1955, S. 18–24.

[18] Verhandlungsniederschrift, 13. 4. 1948, in: NW 1004-G 43, 577, Landesarchiv NRW Duisburg.

[19] Der Finanzminister des Landes NRW, Amt für gesperrte Vermögen, Dezernat 3, Der Landesbeauftragte, Vermerk über die Feststellung in der Angelegenheit Helmut Horten, Duisburg, 23. 4. 1948, in: OE-612–83, Landesarchiv NRW Duisburg.

[20] Adolf Vogt, „Werwölfe hinter Stacheldraht." Das Internierungscamp Recklinghausen-Hillerheide (1945–1948), in: Vestische Zeitschrift 94/95/96 (1995–1997), S. 395–471.

[21] Befragung Rudolf Tesmann 1947, in: FO 1060/4043, National Archives London.

[22] Adolf Vogt, Werwölfe, S. 451.

[23] Civil Internment Camps in the British Zone of Germany, Report from 1948, in: FO 1032/1055, National Archives London.

[24] Oberbürgermeister Stadt Duisburg an britische Militärregierung, 9. 9. 1946, in: OE-612–83, Landesarchiv NRW Duisburg.

[25] Adolf Vogt, Werwölfe, S. 461.

[26] Helmut Horten an Paul Herrmann, 30. 12. 1947, in: NW 1004-G 43, 577, Landesarchiv NRW Duisburg.

[27] Aussage Helmut Horten 2, Verhandlungsniederschrift, 13. 4. 1948, in: NW 1004-G 43, 577, Landesarchiv NRW Duisburg.

[28] Auch auf Rückfrage mit dem zuständigen Referenten des Bundesarchivs konnte kein Eintrag zu Helmut Horten im Bestand Z 42 VI Spruchgericht Recklinghausen ausgemacht werden. Siehe Schriftwechsel der Verfasser mit dem Bundesarchiv Koblenz vom 7. 12. 2020.

[29] Liste Lesehalle (Information room) 1948, in: FO 1060/4042, National Archives London.

Anmerkungen (S. 135–139)

[30] Report on mood, 19.1.1948, in: FO 1060/4042, National Archives London.
[31] Helmut Horten an Paul Herrmann, 30.12.1947, in: NW 1004-G 43, 577, Landesarchiv NRW Duisburg.
[32] Ebd.
[33] Control Commission for Germany, Headquarter 60 an Property Control britische Militärregierung, 27.2.1948, in: OE-612–83, Landesarchiv NRW Duisburg.
[34] Complaints against detention in Civilian Internment Camps, 20.2.1948, in: FO 1032/1055, National Archives London.
[35] Legal Department, Monthly Report March 1948, in: FO 1060/1161, National Archives London.
[36] Bericht des Entnazifizierungsausschusses der Stadt Duisburg, in: NW 1004-G 43, 577, Landesarchiv NRW Duisburg; Rechtsabteilung beim Hauptquartier der britischen Besatzungstruppen in Nordrhein-Westfalen an Justizministerium NRW, 13.7.1948, in: NW 871–9119, Landesarchiv NRW Duisburg.
[37] Adolf Vogt, Werwölfe, S. 467.
[38] Control Commission for Germany, Headquarter 60 an Property Control britische Militärregierung, 27.2.1948, in: OE-612–83, Landesarchiv NRW Duisburg.
[39] Helmut Horten Fragebogen des Sonderbeauftragten für Entnazifizierung in Nordrhein-Westfalen, 5.4.1948, in: NW 1004-G 43, 577, Landesarchiv NRW Duisburg.
[40] Ebd.
[41] Ebd.
[42] Brief Paul Herrmann an Entnazifizierungs-Hauptausschuss Duisburg, 5.4.1948, in: NW 1004-G 43, 577, Landesarchiv NRW Duisburg.
[43] Ebd.
[44] Eidesstattliche Erklärung Josef Wolking, 8.7.1947, in: NW 1004-G 43, 577, Landesarchiv NRW Duisburg.
[45] Eidesstattliche Erklärung Max von Lützow, 2.9.1947, in: NW 1004-G 43, 577, Landesarchiv NRW Duisburg.
[46] Eidesstattliche Erklärung Willy Thobrock, 9.7.1947, in: NW 1004-G 43, 577, Landesarchiv NRW Duisburg.
[47] Eidesstattliche Erklärung Marianne Weissenbach, 10.7.1947, in: NW 1004-G 43, 577, Landesarchiv NRW Duisburg.
[48] Eidesstattliche Erklärung Bernhard Nippen, 10.7.1947, in: NW 1004-G 43, 577, Landesarchiv NRW Duisburg.
[49] Eidesstattliche Versicherung Hammann, 11.7.1947, in: NW 1004-G 43, 577, Landesarchiv NRW Duisburg.
[50] Eidesstattliche Versicherung Paul Bergs, 2.10.1947, in: NW 1004-G 43, 577, Landesarchiv NRW Duisburg.
[51] Eidesstattliche Erklärung Heinrich Eder, 19.7.1947, in: NW 1004-G 43, 577, Landesarchiv NRW Duisburg.

[52] Eidesstattliche Erklärung Schwester Elvina, 12.9.1947, in: NW 1004-G 43, 577, Landesarchiv NRW Duisburg.
[53] Eidesstattliche Erklärung Paul Beck, 22.9.1947, in: NW 1004-G 43, 577, Landesarchiv NRW Duisburg.
[54] Eidesstattliche Erklärung Helene Arndt, 12.5.1946, in: NW 1004-G 43, 577, Landesarchiv NRW Duisburg.
[55] Eidesstattliche Erklärung des Betriebsrats der Helmut Horten KG, 10.3.1948, in: NW 1004-G 43, 577, Landesarchiv NRW Duisburg.
[56] Eidesstattliche Erklärung Paul Stiel, 13.3.1948, in: NW 1004-G 43, 577, Landesarchiv NRW Duisburg.
[57] Eidesstattliche Erklärung Ferdinand Heymanns, 5.4.1948, in: NW 1004-G 43, 577, Landesarchiv NRW Duisburg.
[58] Entnazifizierungs-Unterausschuss Helmut Horten KG an Entnazifizierungsausschuss Stadtkreis Duisburg, 8.4.1948, in: NW 1004-G 43, 577, Landesarchiv NRW Duisburg.
[59] Brief Paul Herrmann an Entnazifizierungs-Hauptausschuss Duisburg, 5.4.1948, in: NW 1004-G 43, 577, Landesarchiv NRW Duisburg.
[60] Kontrollratsdirektive Nr. 24, Abs. 2, a, III. Entfernung von Nationalsozialisten und Personen, die den Bestrebungen der Alliierten feindlich gegenüberstehen, aus Ämtern und verantwortlichen Stellungen vom 12. Januar 1946, in: Amtsblatt des Kontrollrats in Deutschland, zitiert nach: Die Verfassungen Deutschlands, 7.5.2004–7.6.2004, http://www.verfassungen.de/de45-49/kr-direktive24.htm (abgerufen am 22.6.2023).
[61] Aussage Helmut Horten 1, Verhandlungsniederschrift, 13.4.1948, in: NW 1004-G 43, 577, Landesarchiv NRW Duisburg.
[62] Aussage Hans Belles, Verhandlungsniederschrift, 13.4.1948, in: NW 1004-G 43, 577, Landesarchiv NRW Duisburg.
[63] Aussage Wilhelm Reinold, Verhandlungsniederschrift, 13.4.1948, in: NW 1004-G 43, 577, Landesarchiv NRW Duisburg.
[64] Aussage Josef Wolking, Verhandlungsniederschrift, 13.4.1948, in: NW 1004-G 43, 577, Landesarchiv NRW Duisburg; Aussage Mieze Bialas, Verhandlungsniederschrift, 13.4.1948, in: NW 1004-G 43, 577, Landesarchiv NRW Duisburg; Aussage Walter Messing, Verhandlungsniederschrift, 13.4.1948, in: NW 1004-G 43, 577, Landesarchiv NRW Duisburg; Aussage Walter Messing, Verhandlungsniederschrift, 13.4.1948, in: NW 1004-G 43, 577, Landesarchiv NRW Duisburg; Aussage Paul Stiel, Verhandlungsniederschrift, 13.4.1948, in: NW 1004-G 43, 577, Landesarchiv NRW Duisburg.
[65] Verhandlungsniederschrift des Entnazifizierungsausschusses für den Stadtkreis Duisburg, Hauptausschuss, 13.4.1948, in: NW 1004-G 43, 577, Landesarchiv NRW Duisburg.

⁶⁶ Verhandlungsniederschrift des Entnazifizierungsausschusses für den Stadtkreis Duisburg, Hauptausschuss, 13.4.1948, in: NW 1004-G 43, 577, Landesarchiv NRW Duisburg.
⁶⁷ The Disposal of war criminals, Nazis, Militarists and potentially dangerous Germans, 29.3.1946, in: FO 945/777, National Archives London.
⁶⁸ Klaus-Dietmar Henke, Säuberung, S. 127–133.
⁶⁹ Property Control britische Militärregierung an Entnazifizierungsabteilung CCG britische Militärregierung, 4.11.1948, in: OE-612–83, Landesarchiv NRW Duisburg.
⁷⁰ Property Control britische Militärregierung (Headquarter) an Property Control britische Militärregierung (Zonal Office), 9.12.1948, in: OE-612–83, Landesarchiv NRW Duisburg. Bei dem ehemaligen Treuhänder handelte es sich um Alfred Schillings.
⁷¹ Gutachten Treuverkehr Rheinland, Treuverkehr Wirtschaftsprüfungs-Aktiengesellschaft, 31.3.1949, in: OE-612–83, Landesarchiv NRW Duisburg.
⁷² Kreisbeauftragter für gesperrte Vermögen an RA Hans Belles, 1.4.1949, in: OE-612–83, Landesarchiv NRW Duisburg.
⁷³ Ralf Ahrens, Der Exempelkandidat. Die Dresdner Bank und der Nürnberger Prozess gegen Karl Rasche, in: Vierteljahrshefte für Zeitgeschichte 52 (2004), S. 637–670.
⁷⁴ Erklärung unter Eid, Arthur Marx, 24.9.1947, in: NID-13751, Bayerisches Hauptstaatsarchiv Nürnberg.
⁷⁵ Eidesstattliche Versicherung Robert Hobirk, 24.6.1948, Dokument 140, S. 2, in: 500–13997–2000, Commerzbank Historisches Archiv Frankfurt am Main. Ebenfalls nachgewiesen in NID-13751, Bayerisches Hauptstaatsarchiv Nürnberg.
⁷⁶ Peter Reichel, Vergangenheitsbewältigung, S. 76.
⁷⁷ Constantin Goschler, Wiedergutmachung. Westdeutschland und die Verfolgten des Nationalsozialismus 1945–1954, München 1992, S. 99.
⁷⁸ Florian Brückner, Gesetz Nr. 52 und die Entstehung der Ämter für Vermögenskontrolle, in: Reintegration, Schuldzuweisung und Entschädigung, 17.11.2019, https://ns-kontinuitäten-bw.de/2019/11/17/gesetz-nr-52-und-die-entstehung-der-aemter-fuer-vermoegenskontrolle/ (abgerufen am 22.6.2023).
⁷⁹ Der Unterschied zum amerikanischen Gesetz bestand darin, dass die Briten Geschäftsübernahmen und Veräußerungen zwischen dem 30. Januar 1933 (Machtübernahme der NSDAP) und dem 8. Mai 1945 (bedingungslose Kapitulation der Wehrmacht) mit einbezogen, während das amerikanische Gesetz den 15. September 1935 (Verkündigung der Nürnberger Rassengesetze) als Stichtag wählte. Die deutschen Stellen schlugen den 9. November 1938 (Reichspogromnacht) vor, siehe Constantin Goschler, Wiedergutmachungspolitik – Schulden, Schuld und Entschädigung, in: Peter Reichel/Harald Schmid/Peter Steinbach (Hrsg.), Der Nationalsozialismus – Die zweite Geschichte. Überwindung – Deutung – Erinnerung, München 2009, S. 62–84, hier S. 65; ders., Schuld und

Schulden. Die Politik der Wiedergutmachung für NS-Verfolgte seit 1945, Göttingen 2008, S. 110 ff.
[80] Constantin Goschler, Wiedergutmachung, S. 211 ff.
[81] Peter Reichel, Vergangenheitsbewältigung, S. 80.
[82] Länderrat des amerikanischen Besatzungsgebiets an Zentralstelle für Vermögenskontrolle in der britischen Besatzungszone, 17.11.1947, in: Rep. 196–439, Landesarchiv NRW Duisburg; Rudolph J. Strauss an Property Control Section der britischen Militärregierung in NRW, 2.10.1946, in: BR 366, Nr. 11-260–9525, Landesarchiv NRW Duisburg.
[83] Länderrat des amerikanischen Besatzungsgebiets an Zentralstelle für Vermögenskontrolle in der britischen Besatzungszone, 17.11.1947, in: Rep. 196–439, Landesarchiv NRW Duisburg.
[84] Rudolph J. Strauss an Property Control Section der britischen Militärregierung in NRW, 2.10.1946, in: BR 366, Nr. 11-260–9525, Landesarchiv NRW Duisburg.
[85] Notiz Blatt 11, Commerzbank Duisburg, undatiert, in: HAC-1/169/I, Historisches Archiv der Commerzbank Frankfurt am Main.
[86] Rudolph J. Strauss an Property Control Section der britischen Militärregierung in NRW, 2.10.1946, in: BR 366, Nr. 11-260–9525, Landesarchiv NRW Duisburg.
[87] Power of Attorney, Werner Middelmann, April 1946, in: Rep. 196–440, Landesarchiv NRW Duisburg. Middelmann war 1945 bis 1946 Landrat des Kreises Bruchsal und wurde danach zum Landesbeauftragten für Flüchtlingswesen in Nord-Baden ernannt. Von 1947 saß er im Länderrat des amerikanischen Besatzungsgebietes als Referent für Flüchtlingsfragen. Informationen zu Middelmann in: Munzinger. Internationales Biographisches Archiv, https://www.munzinger.de/search/portrait/Werner+Middelmann/0/4438.html (abgerufen von Universitätsbibliothek Gießen am 16.8.2021).
[88] Werner Middelmann an Zentralstelle für Vermögenskontrolle in der britischen Besatzungszone, 17.11.1947, in: Rep. 196–439, Landesarchiv NRW Duisburg.
[89] Julia Volmer-Naumann, „Betrifft: Wiedergutmachung". Entschädigung als Verwaltungsakt am Beispiel Nordrhein-Westfalen, in: Christiane Fritsche/Johannes Paulmann (Hrsg.), „Arisierung" und „Wiedergutmachung" in deutschen Städten, Köln 2014, S. 335–361.
[90] Helmut Horten an Oberstadtdirektor Stadt Duisburg, 19.10.1948, in: BR 366, Nr. 11-260–9525, Landesarchiv NRW Duisburg; Helmut Horten an Oberbürgermeister Stadt Duisburg, 19.10.1948, in: Rep. 196–440, Landesarchiv NRW Duisburg.
[91] Ebd.
[92] Kreisbeauftragter für gesperrte Vermögen an RA Hans Belles, 1.4.1949, in: OE-612–83, Landesarchiv NRW Duisburg.

Anmerkungen (S. 150–154)

[93] Schreiben des Bezirksbeauftragten für gesperrte Vermögen beim Regierungspräsidium Düsseldorf an Finanzminister des Landes Nordrhein-Westfalen, 1.6.1949, in: OE-612–84, Landesarchiv NRW Duisburg.
[94] Rückerstattungsantrag Hermann Strauss, Ernst Lauter, Curt Lauter gegen Helmut Horten KG (Helmut Horten, Erich Rump, Josef Fieger, Wilhelm Reinold), 7.11.1949, in: Rep. 196–440, Landesarchiv NRW Duisburg.
[95] Ebd.
[96] Rückerstattungsantrag Ernst Lauter und Curt Lauter gegen Helmut Horten KG (Helmut Horten, Erich Rump, Josef Fieger, Wilhelm Reinold), 7.11.1949, in: Rep. 196–439, Landesarchiv NRW Duisburg.
[97] Vergleich zwischen Hermann Strauss, Ernst Lauter, Curt Lauter und der Horten KG, 4.3.1950, in: BR 366, Nr. 11–260–9525, Landesarchiv NRW Duisburg; Vergleich zwischen Helmut Horten KG und Hermann Strauss, Ernst Lauter, Curt Lauter, 4.3.1950, in: Rep. 196–440, Landesarchiv NRW Duisburg.
[98] Hans Belles an Kreisbeauftragten für gesperrte Vermögen, 19.12.1949, in: BR 366, Nr. 11–260–9525, Landesarchiv NRW Duisburg.
[99] Vergleich zwischen Hermann Strauss, Ernst Lauter, Curt Lauter und der Horten KG, 4.3.1950, in: BR 366, Nr. 11–260–9525, Landesarchiv NRW Duisburg; Vergleich zwischen Helmut Horten KG und Hermann Strauss, Ernst Lauter, Curt Lauter, 4.3.1950, in: Rep. 196–440, Landesarchiv NRW Duisburg.
[100] Rückerstattungsvergleich Ernst und Curt Lauter mit Helmut Horten, 8.11.1950, in: Rep. 196–439, Landesarchiv NRW Duisburg.
[101] Ernst Stiefel, in: FAZ, 5.9.1997, S. 26.
[102] Der Kreisbeauftragte für gesperrte Vermögen beim Finanzminister Nordrhein-Westfalen (Stadtkreis Wattenscheid) an Bezirksbeauftragten für gesperrte Vermögen, 7.12.1949, S. 2, in: L355, Ämter für gesperrte Vermögen, Kreisamt Wattenscheid, Nr. 9, Landesarchiv NRW Münster.
[103] Erklärung von Personen, die von Vermögen Kenntnis haben, das unter Artikel I Absatz 1 der allgemeinen Verfügung Nr. 10 fällt, 24.3.1948, in: Q_121_1328, Staatsarchiv Münster Rückerstattungen, Landesarchiv NRW Münster.
[104] Anhang, Heinrich Pieneck, 10.10.1948, in: Q_121_1328, Staatsarchiv Münster Rückerstattungen, Landesarchiv NRW Münster.
[105] Helmut Horten GmbH, Erklärung von Personen, die von Vermögen Kenntnis haben, das unter Artikel I Absatz 1 der allgemeinen Verfügung Nr. 10 fällt, 20.10.1948, in: Q_121_1328, Staatsarchiv Münster Rückerstattungen, Landesarchiv NRW Münster.
[106] Stadt Wattenscheid an Zentralamt für Vermögensverwaltung, 22.10.1948, in: L355, Ämter für gesperrte Vermögen, Kreisamt Wattenscheid, Nr. 9, Landesarchiv NRW Münster.
[107] Vergleich zwischen Salomon Hess und Helmut Horten GmbH, 7.9.1949, in: Q_121_1328, Staatsarchiv Münster Rückerstattungen, Landesarchiv NRW Münster.

[108] Ebd.
[109] Verfügung des Wiedergutmachungsamtes beim Landgericht Bochum, 25.5.1950, in: Q_121_1328, Staatsarchiv Münster Rückerstattungen, Landesarchiv NRW Münster.
[110] Ernst Balan, Notizen. Ein Portrait über Helmut Horten, in: U2_01_I_03_52, Berlin-Brandenburgisches Wirtschaftsarchiv Berlin.
[111] Curt L. Lauter an Walter Schäfer, 14.12.1972, in: Kriegsschadenregulierung_Hille, Archiv der Helmut Horten Stiftung Agno.
[112] Notiz über das Gespräch zwischen Walter Schäfer und Fritz Moses vom 29.9.1972, in: Kriegsschadenregulierung_Hille, Archiv der Helmut Horten Stiftung Agno.
[113] Vgl. zu diesem Gesetz, den Novellen und seinen Auswirkungen Manfred Kittel, Stiefkinder des Wirtschaftswunders? Die deutschen Ostvertriebenen und die Politik des Lastenausgleichs (1952 bis 1975), Düsseldorf 2020.
[114] Curt L. Lauter an Walter Schäfer, 14.12.1972, in: Kriegsschadenregulierung_Hille, Archiv der Helmut Horten Stiftung Agno.
[115] Fritz Moses an Hans Winschuh, 9.10.1972, in: Kriegsschadenregulierung_Hille, Archiv der Helmut Horten Stiftung Agno.
[116] Notiz über das Gespräch zwischen Helmut Horten und Hans Winschuh vom 16.10.1972, in: Kriegsschadenregulierung_Hille, Archiv der Helmut Horten Stiftung Agno.
[117] Wilhelm Großhans an Curt Lauter, 25.6.1975, in: Kriegsschadenregulierung_Hille, Archiv der Helmut Horten Stiftung Agno.
[118] Wilhelm Großhans an Fritz Moses, 27.1.1976, in: Kriegsschadenregulierung_Hille, Archiv der Helmut Horten Stiftung Agno.
[119] Fritz Moses an Wilhelm Großhans, 14.2.1976, in: Kriegsschadenregulierung_Hille (2. Teil), Archiv der Helmut Horten Stiftung Agno.
[120] Helmut Horten Fragebogen des Sonderbeauftragten für Entnazifizierung in Nordrhein-Westfalen, 5.4.1948, in: NW 1004-G 43, 577, Landesarchiv NRW Duisburg.
[121] Vermögensaufstellung Wilhelm Reinold, 5.7.1946, in: BR 366, Nr. 11-260-9525, Landesarchiv NRW Duisburg; Vermögensaufstellung Helmut Horten, 10.7.1946, in: BR 366, Nr. 11-260-9525, Landesarchiv NRW Duisburg.
[122] Bilanz der Helmut Horten KG, 31.12.1945, in: BR 366, Nr. 11-260-9525, Landesarchiv NRW Duisburg. Der Posten war damit zum Verkauf, Verbrauch, zur Verarbeitung oder Rückzahlung bestimmt. Er gehörte nicht dauerhaft zum Geschäftsbetrieb.
[123] Entschädigungsamt Berlin an Oberstadtdirektor der Stadt Düsseldorf, 5.9.1960, in: ZLA_1_15279601, BArch Bayreuth.
[124] Ebd.

¹²⁵ Vgl. Hans Günter Hockerts, Anwälte der Verfolgten. Die United Restitution Organization, in: Ludolf Herbst/Constantin Goschler (Hrsg.), Wiedergutmachung in der Bundesrepublik Deutschland, München 1989, S. 249–271.
¹²⁶ Alfred Alexander an Lastenausgleichsamt der Stadt Düsseldorf, 8.4.1962, in: ZLA_1_15279601, BArch Bayreuth.
¹²⁷ Antrag auf Feststellung von Kriegsschäden Helmut Horten, 29.3.1954, in: ZLA_1_15279601, BArch Bayreuth.
¹²⁸ Helmut Horten an Oberstadtdirektor der Stadt Düsseldorf, 9.6.1960, in: ZLA_1_15279601, BArch Bayreuth.
¹²⁹ Notiz Lastenausgleichsamt Stadt Düsseldorf, 27.6.1960, in: ZLA_1_15279601, BArch Bayreuth.
¹³⁰ Ergangene Feststellungsbescheide über Kriegsschäden und Ostschäden, 28.8.1972, in: Kriegsschadenregulierung_Hille (2. Teil), Archiv der Helmut Horten Stiftung Agno.
¹³¹ Alfred Alexander an Lastenausgleichsamt Stadt Düsseldorf, 10.1.1961, in: ZLA_1_15279601, BArch Bayreuth.
¹³² Antrag Wilhelm Reinold auf Feststellung von Vertreibungs- und Ostschäden an Betriebsvermögen Reinold & Co, Kriegsschäden, 28.2.1961, in: ZLA_1_15279601, BArch Bayreuth.
¹³³ Heimatauskunftsstelle Königsberg an Lastenausgleichsamt Stadt Düsseldorf, 16.1.1963, in: ZLA_1_15279601, BArch Bayreuth; Alfred Alexander an Lastenausgleichsamt Stadt Düsseldorf, 14.7.1962, in: ZLA_1_15279601, BArch Bayreuth.
¹³⁴ Davon entfielen 533.716 RM auf Alfred Alexander. Hinzu kamen seine Anteile von 1/5 am Grundstückspreis in Höhe von 732.600 RM (1/5 entsprach 146.520 RM). Auf Bruno Zolki entfielen gemäß Beteiligung 288.655 RM, auf Edmund Cohn 401.143 RM. Vgl. Aufstellung Betriebsvermögen, 26.5.1964, in: ZLA_1_15279601, BArch Bayreuth; Aktenvermerk Lastenausgleichsamt Stadt Düsseldorf, 21.5.1964, in: ZLA_1_15279601, BArch Bayreuth.
¹³⁵ Schadensberechnung Betriebsvermögen Reinold & Horten, 2.3.1965, in: ZLA_1_15279601, BArch Bayreuth.
¹³⁶ Ebd.
¹³⁷ Einverständniserklärung zur beabsichtigten Entscheidung des Leiters des Ausgleichsamtes, 16.3.1965, in: ZLA_1_15279601, BArch Bayreuth.
¹³⁸ Vom ursprünglichen Kaufpreis hatten Zolki 32.560 RM, Cohn 40.000 RM und Alexander 299.970,70 RM erhalten. Diese 372.530,70 RM wurden nun vom Kaufpreis abgezogen (1.222.914 RM abzüglich 372.530,70 RM). Der für das Lastenausgleichsamt der Stadt Düsseldorf maßgebliche Kaufpreis lag bei 850.383,30 RM. Vgl. Aktenvermerk Ausgleichsamt Düsseldorf, 13.6.1973, in: ZLA_1_15279601, BArch Bayreuth.
¹³⁹ Ausgleichsamt Stadt Düsseldorf an Finanzamt Düsseldorf Altstadt, 26.2.1974, in: ZLA_1_15279601, BArch Bayreuth.

Anmerkungen (S. 162–170)

[140] Ebd.
[141] Helmut Horten an Lastenausgleichsamt der Stadt Düsseldorf, 22.12.1969, in: Kriegsschadenregulierung_Hille (3. Teil), Archiv der Helmut Horten Stiftung Agno.
[142] Herbert Hille an Helmut Horten, 9.11.1971, in: Kriegsschadenregulierung_Hille (3. Teil), Archiv der Helmut Horten Stiftung Agno.
[143] Ebd.
[144] Begründung zum Änderungsbescheid über die einheitliche Schadensfeststellung, 22.6.1965, in: Kriegsschadenregulierung_Hille (3. Teil), Archiv der Helmut Horten Stiftung Agno.
[145] Vermögensverwaltung Helmut Horten an Herbert Hille, 27.10.1977, in: Kriegsschadenregulierung_Hille (3. Teil), Archiv der Helmut Horten Stiftung Agno.
[146] Herbert Hille an Helmut Horten, 23.10.1977, in: Kriegsschadenregulierung_Hille (3. Teil), Archiv der Helmut Horten Stiftung Agno.
[147] Antrag auf Feststellung von Kriegsschäden Helmut Horten, 29.3.1954, in: ZLA_1_15279601, BArch Bayreuth.
[148] Manfred Kittel, Stiefkinder des Wirtschaftswunders?, S. 185.
[149] Gesetz über die Beweissicherung und Feststellung von Vermögensschäden in der sowjetischen Besatzungszone Deutschlands und im sowjetischen Sektor von Berlin vom 22.5.1965, in: Bundesgesetzblatt I (1965), Nr. 22, S. 425–435.
[150] Aktenvermerk Lastenausgleichsamt Stadt Düsseldorf, 30.12.1964, in: ZLA_1_15279601, BArch Bayreuth.
[151] Aktenverfügung des Leiters des Ausgleichsamtes Stadt Düsseldorf, 8.3.1965, in: ZLA_1_15279601, BArch Bayreuth.
[152] Aufstellung über Schäden an Betriebsvermögen, 30.11.1972, S. 2, in: Kriegsschadenregulierung_Hille (2. Teil), Archiv der Helmut Horten Stiftung Agno.
[153] Herbert Hille an Vermögensverwaltung Helmut Horten, 23.10.1977, in: Kriegsschadenregulierung_Hille (3. Teil), Archiv der Helmut Horten Stiftung Agno.
[154] Werner Abelshauser, Deutsche Wirtschaftsgeschichte. Von 1945 bis zur Gegenwart, München ²2011, S. 119–129.
[155] Notiz für Herrn Oberregierungsrat Grote, 15.4.1948, in: OE-612–83, Landesarchiv NRW Duisburg.
[156] Wirtschaftsberatung Meßing an Oberbürgermeister Duisburg, Vermögensaufstellung Helmut Horten, 10.7.1946, in: BR 366, Nr. 11–260–9525, Landesarchiv NRW Duisburg.
[157] Verhandlungsniederschrift, 13.4.1948, in: NW 1004-G 43, 577, Landesarchiv NRW Duisburg.
[158] Otto Wittcke an Kreisbeauftragten für gesperrte Vermögen, 31.8.1949, in: 11–205–9470, Landesarchiv NRW Duisburg; Schreiben des Kreisbeauftragten für gesperrte Vermögen für die Kreise Duisburg und Oberhausen an den Landes-

beauftragten für gesperrte Vermögen, 3.9.1949, in: Rep 196–436, Landesarchiv NRW Duisburg; Kaufvertrag zwischen Helmut Horten und Hermann Wittcke, 30.5.1946, in: OE-612–83, Landesarchiv NRW Duisburg.

[159] Bericht der Treuverkehr Rheinland, 31.3.1949, in: OE-612–83, Landesarchiv NRW Duisburg.

[160] Wirtschaftsberatung Meßing an Oberbürgermeister Duisburg, Vermögensaufstellung Helmut Horten, 10.7.1946, in: BR 366, Nr. 11–260–9525, Landesarchiv NRW Duisburg.

[161] Bericht der Treuverkehr Rheinland, 31.3.1949, in: OE-612–83, Landesarchiv NRW Duisburg.

[162] Property Control Helmut Horten KG, 1.3.1947, in: OE-612–83, Landesarchiv NRW Duisburg.

[163] Ebd.

[164] Der Kreisbeauftragte für gesperrte Vermögen beim Finanzminister Nordrhein-Westfalen (Stadtkreis Wattenscheid) an Bezirksbeauftragten für gesperrte Vermögen, 7.12.1949, S. 2, in: L355, Ämter für gesperrte Vermögen, Kreisamt Wattenscheid, Nr. 9, Landesarchiv NRW Münster.

[165] Antrag auf Aufhebung der Vermögenssperre, 17.4.1948, in: OE-612–83, Landesarchiv NRW Duisburg.

[166] Christoph Buchheim, Die Währungsreform 1948 in Westdeutschland, in: Vierteljahrshefte für Zeitgeschichte 36 (1988), S. 189–231.

[167] Bericht der Treuverkehr Rheinland, 31.3.1949, in: OE-612–83, Landesarchiv NRW Duisburg.

[168] Ebd.

[169] Gewinn- und Verlustrechnung der Helmut Horten GmbH Wattenscheid, 20.6.1948, in: L355, Ämter für gesperrte Vermögen, Kreisamt Wattenscheid, Nr. 151, Landesarchiv NRW Münster.

[170] Gewinn- und Verlustrechnung der Helmut Horten GmbH Wattenscheid, 31.7.1949, in: L355, Ämter für gesperrte Vermögen, Kreisamt Wattenscheid, Nr. 151, Landesarchiv NRW Münster.

[171] Bericht der Treuverkehr Rheinland, 31.3.1949, in: OE-612–83, Landesarchiv NRW Duisburg.

[172] Ebd.

[173] Antrag auf Entsperrung des Vermögens Helmut Horten, 17.4.1948, in: OE-612–83, Landesarchiv NRW Duisburg.

[174] Handelsregisterauszug Jung & Co, in: 203–4882–1, Stadtarchiv Duisburg; Mietvertrag Erbengemeinschaft Gatermann mit Jung & Co, 31.7.1948, in: 203–4882–1.

[175] Mietvertrag zwischen der Helmut Horten KG und der Jung & Co KG, 1.12.1948, Bericht der Treuverkehr Rheinland, 31.3.1949, in: OE-612–83, Landesarchiv NRW Duisburg.

[176] Ebd., Ziffer 3.

Anmerkungen (S. 175–190)

[177] Bildband Bau der 100 Tage, in: Fotos Privatschrank, Archiv der Helmut Horten Stiftung Agno.
[178] Blauer Band, in: Geschäftsberichte Horten 1969–1990, 30. September 1950, Archiv der Helmut Horten Stiftung Agno.
[179] Ebd.
[180] Betreff Neubau Horten, Oberstadtdirektor Duisburg, 28.9.1948, in: 203–4228–1, Stadtarchiv Duisburg.
[181] Bericht der Treuverkehr Rheinland, 31.3.1949, in: OE-612–83, Landesarchiv NRW Duisburg.
[182] Monthly Report, December 1948, Part II, in: FO 1013/497, National Archives London.
[183] Bericht der Treuverkehr Rheinland, 31.3.1949, in: OE-612–83, Landesarchiv NRW Duisburg.
[184] Hans-Otto Eglau, Kasse, S. 127.
[185] Kreisbeauftragter für gesperrte Vermögen an RA Hans Belles, 1.4.1949, in: OE-612–83, Landesarchiv NRW Duisburg.
[186] Schreiben des Bezirksbeauftragten für gesperrte Vermögen beim Regierungspräsidium Düsseldorf an Finanzminister des Landes Nordrhein-Westfalen, 1.6.1949, in: OE-612–84, Landesarchiv NRW Duisburg.
[187] Bericht der Treuverkehr Rheinland, 31.3.1949, in: OE-612–83, Landesarchiv NRW Duisburg.
[188] Hans Belles an Kreisbeauftragten für gesperrte Vermögen, 19.12.1949, in: BR 366, Nr. 11–260–9525, Landesarchiv NRW Duisburg.
[189] Gründungsvertrag Gatermann & Co KG, 4.7.1950, in: 203–4228–1, Stadtarchiv Duisburg.
[190] Blauer Band, in: Geschäftsberichte Horten 1969–1990, 30. September 1950, Archiv der Helmut Horten Stiftung Agno.
[191] Helmut Horten. Unternehmer und Mensch im Wildwasser des 20. Jahrhunderts, in: Dossiers und Porträt Tesmann, Archiv der Helmut Horten Stiftung Agno.
[192] Rede OB August Seeling, 30.9.1950, in: 060–789, Stadtarchiv Duisburg.
[193] Stadtkämmerei an Oberstadtdirektor Klimpel, Stadt Duisburg, 10.3.1955, in: 101–181, Stadtarchiv Duisburg.
[194] Fotos und Skizzen Jacobi, in: RWWA 562–134–7, Rheinisch-Westfälisches Wirtschaftsarchiv Köln.
[195] Notiz Oberstadtdirektion Duisburg, 12.12.1949, in: 203–4228–2, Stadtarchiv Duisburg.
[196] Ralf Ahrens u. a., Die Dresdner Bank 1945–1955, S. 64f.
[197] Nach Rasches Tod am 13. September 1951 wurde die Unterbeteiligung für einen unklaren Zeitraum weiter aufrechterhalten. Es wurden noch im Jahr 1953 Gewinnausschüttungen von Horten an die Rasches gezahlt. Vgl. Vereinbarung über stille Beteiligung zwischen Helmut Horten und Gruppe Rasche, 6.6.1951,

in: HAC-500/115570, Historisches Archiv der Commerzbank Frankfurt am Main; Vereinbarung über stille Beteiligung zwischen Helmut Horten und Gruppe Rasche, 16.11.1951, in: HAC-500/115570, Historisches Archiv der Commerzbank Frankfurt am Main; Helmut Horten an Elisabeth Rasche, 18.6.1953, in: HAC-500/115570, Historisches Archiv der Commerzbank Frankfurt am Main.

[198] Vertrag zwischen Gruppe Rasche und Helmut Horten vom 5.6.1951, Abschrift vom 15.11.1951, in: HAC-500/115570, Historisches Archiv der Dresdner Bank / Commerzbank, Frankfurt am Main.

[199] Ralf Ahrens, Exempelkandidat, hier S. 664–668.

[200] Fritz Dietzel an Elisabeth Rasche, 16.6.1952, in: HAC-500/115570, Historisches Archiv der Dresdner Bank / Commerzbank, Frankfurt am Main.

[201] Kurt Pritzkoleit, Die neuen Herren, S. 416.

[202] Wilhelm Flory an Oberbürgermeister Stadt Duisburg, 12.5.1950, in: 101–181, Stadtarchiv Duisburg.

[203] Auszug aus der Sitzungsniederschrift, Rat der Stadt Duisburg, 1.6.1954, in: 101–181, Stadtarchiv Duisburg.

[204] Wilhelm Flory an Oberbürgermeister Stadt Duisburg, 16.6.1954, in: 101–181, Stadtarchiv Duisburg.

[205] Vertrauliche Notiz Oberstadtdirektion an Beigeordneten Dr. Sievers, 18.8.1956, in: 101–181, Stadtarchiv Duisburg.

[206] Aufstellung Vermögensverhältnisse Horten 1960, interner Bericht der Deutschen Bank, in: HADB ZA47/547, Historisches Archiv der Deutschen Bank Frankfurt am Main.

Kapitel 5
Der Herr im „Paradies der Damen" (1951–1968)

[1] Émile Zola, Paradies der Damen, aus dem Französischen übersetzt von Hilda Westphal, Frankfurt am Main 2004.

[2] Das Paradies der Damen, in: Der Spiegel, 17.5.1955, S. 18–24.

[3] Zusammenstellung Geschäftszahlen und Kaufhäuser 1955, in: 800–1907, Stadtarchiv Duisburg.

[4] Hans-Otto Eglau, Kasse, S. 127.

[5] 50 Jahre Horten, S. 10.

[6] Michael Brückner/ Andrea Przyklenk, Lost Brands – vom Aufstieg und Niedergang starker Marken. Warum „too big to fail" nicht mal für Traditionsmarken gilt, Wiesbaden 2013, S. 31.

[7] Handelsregister des Amtsbezirks Nürnberg, Auszug vom 17.7.1951, in: MWi 15414, Bayerisches Hauptstaatsarchiv München.

[8] Kurt Pritzkoleit, Die neuen Herren, S. 417.

⁹ Anmeldung des Rückerstattungsanspruchs Merkur AG, 6.12.1948, in: WB IIIa 4497, Staatsarchiv Nürnberg.
¹⁰ Vergleich Schocken und Merkur AG, 9.9.1949, in: WB IIIa 4497, Staatsarchiv Nürnberg.
¹¹ Kurt Pritzkoleit, Die neuen Herren, S. 417.
¹² Entwurf, Schreiben von Salman Schocken an Ludwig Erhard, 11.1.1952, in: MWi 15414, Bayerisches Hauptstaatsarchiv München.
¹³ Aktennotiz Egon Eiermann über Besprechung mit Salman Schocken, 20.2.1953, In: Egon Eiermann-Warenhaus Merkur Heidenheim 1951-57 Altes Projekt, Süddeutsches Archiv für Architektur und Ingenieurwesen Karlsruhe.
¹⁴ Entwurf, Schreiben von Salman Schocken an Ludwig Erhard, 11.1.1952, in: MWi 15414, Bayerisches Hauptstaatsarchiv München.
¹⁵ Konrad Fuchs, Ein Konzern aus Sachsen. Das Kaufhaus Schocken als Spiegelbild deutscher Wirtschaft und Politik 1901 bis 1953, Stuttgart 1990, S. 279; Uwe Balder, Kleidung zwischen Konjunktur und Krise. Eine Branchengeschichte des deutschen Textileinzelhandels 1914 bis 1961, Stuttgart 2010, S. 602–606.
¹⁶ Dossier Tesmann, in: Dossiers und Porträts Tesmann, Archiv der Helmut Horten Stiftung Agno.
¹⁷ Hans-Otto Eglau, Kasse, S. 127.
¹⁸ Die nachfolgend zitierten Verträge sind nur als Abschriften im persönlichen Bestand Helmut Hortens erhalten. Diese sind nicht datiert. Konsortialvertrag, undatiert, in: Beteiligungen Reinold GmbH/Helmut Horten GmbH/Gatermann/Merkur Horten/Carinthia II/Haus der Altstadt, Archiv der Helmut Horten Stiftung Agno.
¹⁹ Aufstellung Vermögensverhältnisse Horten 1960, interner Bericht der Deutschen Bank, in: HADB ZA47/547, Historisches Archiv der Deutschen Bank Frankfurt am Main.
²⁰ Übernahmevertrag, undatiert, in: Beteiligungen Reinold GmbH/Helmut Horten GmbH/Gatermann/Merkur Horten/Carinthia II/Haus der Altstadt, Archiv der Helmut Horten Stiftung Agno.
²¹ Dr. Maurer, Referat 23, Bayerisches Finanzministerium, 1.6.1955, in: MWi 15414, Bayerisches Hauptstaatsarchiv München.
²² Hans-Otto Eglau, Kasse, S. 139.
²³ Kreditvertrag, undatiert, in: Beteiligungen Reinold GmbH/Helmut Horten GmbH/Gatermann/Merkur Horten/Carinthia II/Haus der Altstadt, Archiv der Helmut Horten Stiftung Agno.
²⁴ Zusatz zum Kreditvertrag, undatiert, in: Beteiligungen Reinold GmbH/Helmut Horten GmbH/Gatermann/Merkur Horten/Carinthia II/Haus der Altstadt, Archiv der Helmut Horten Stiftung Agno.
²⁵ Der Revolver, in: Der Spiegel, 21.4.1959.
²⁶ Ernst Balan, Notizen, Portrait Helmut Horten, in: U2_01_I_03_52, Berlin-Brandenburgisches Wirtschaftsarchiv Berlin.

²⁷ Fernschreiben Helmut Horten an Badische Bank, 18.6.1953, in: U2_01_I_03_53, Berlin-Brandenburgisches Wirtschaftsarchiv Berlin.
²⁸ Beratervertrag zwischen Salman Schocken, Helmut Horten, Horten & Co, 25.3.1953, in: MWi 15414, Bayerisches Hauptstaatsarchiv München.
²⁹ Fuchs, Konzern, S. 257.
³⁰ RA Walter Schmidt an Bayerisches Staatsministerium für Wirtschaft, 25.10.1955, in: MWi 15414, Bayerisches Hauptstaatsarchiv München.
³¹ Betriebsüberlassungsvertrag, undatiert, in: Beteiligungen Reinold GmbH/Helmut Horten GmbH/Gatermann/Merkur Horten/Carinthia II/Haus der Altstadt, Archiv der Helmut Horten Stiftung Agno; Pritzkoleit, Die neuen Herren, S. 424.
³² Geschäftsberichte 1954 und 1957, in: Westfälisches Wirtschaftsarchiv Dortmund.
³³ Vermerk OSTD 10.12.1956, in: 181–284, Stadtarchiv Duisburg.
³⁴ Eintrag „Michael, Jakob" in: Munzinger. Internationales Biographisches Archiv, http://www.munzinger.de.ezproxy.uni-giessen.de/document/00000007247 (abgerufen von Universitätsbibliothek Gießen am 30.3.2022).
³⁵ Kurt Pritzkoleit, Die neuen Herren, S. 420f.
³⁶ Der reichste Mann Deutschlands auf der Flucht, in: Das interessante Blatt, 26.2.1925.
³⁷ Kurt Pritzkoleit, Die neuen Herren, S. 421.
³⁸ Mrs. Jakob Michael Dies at 59. A Jewish Philanthropic Leader, in: New York Times, 31.12.1964.
³⁹ VG Berlin, Urteil vom 10.12.2007, AZ 22 A 56.06, https://openjur.de/u/277146.html (abgerufen am 23.6.2023).
⁴⁰ 2007 wurde von den Erben Jakob Michaels ein Verfahren gegen die Bundesrepublik Deutschland geführt. Die Klage auf Feststellung einer Übertragung der Aktien von Michael auf unterschiedliche Treuhänder und Tarnfirmen sollte als Vermögensschaden anerkannt werden. Das Verwaltungsgericht Berlin untersuchte die Vorgänge sehr akribisch und wies die Klage als unbegründet ab. Michael sei zu jedem Zeitpunkt im „wirtschaftlichen Besitz" der Emil Köster AG gewesen, vgl. VG Berlin, Urteil vom 10.12.2007. AZ 22 A 56.06, https://openjur.de/u/277146.html (abgerufen am 22.6.2023).
⁴¹ Hans-Otto Eglau, Kasse, S. 131.
⁴² Eintrag „Michael, Jakob" in: Munzinger. Internationales Biographisches Archiv, http://www.munzinger.de.ezproxy.uni-giessen.de/document/00000007247 (abgerufen von Universitätsbibliothek Gießen am 30.3.2022); Hans-Otto Eglau, Kasse, S. 132.
⁴³ Der Vertrag wurde für die New Jersey Industries Inc. von einem Treuhänder unterzeichnet. Horten zeichnete für die „in Gründung befindliche Helmut Horten GmbH, Duisburg und sich selbst", für die Merkur AG das Vorstandsmitglied Ewald Schäfer. Vgl. Vertrag zwischen New Jersey Industries Inc. und Helmut Horten/Merkur AG, 23.10.1954, in: BR 1169 3455, Landesarchiv NRW Duisburg.

44 Deren Kapital stammte von der Gesellschaft für Absatzfinanzierung mbH, einem mit der Süddeutschen Bank verbundenen Institut.
45 Hans-Otto Eglau, Kasse, S. 130 ff.
46 Horten-Gruppe übernimmt Defaka, in: Westfälische Allgemeine Zeitung, 11.12.1954.
47 Kurt Pritzkoleit, Die neuen Herren, S. 424.
48 Gründungsvertrag Helmut Horten GmbH, 30.11.1954, in: Beteiligungen, Archiv der Helmut Horten Stiftung Agno.
49 Unterbeteiligungsvertrag Merkur Horten & Co KG und Helmut Horten GmbH, Dez. 1954, in: Beteiligungen, Archiv der Helmut Horten Stiftung Agno.
50 Vertrauliche Notiz, Rheinisch-Westfälische Bank AG, 6.1.1956, in: HADB ZA47/547, Historisches Archiv der Deutschen Bank Frankfurt am Main.
51 Eröffnung des DEFAKA Kaufhauses in Berlin, 29.9.1955, in: DZ212543, Archiv Deutschland Radio Berlin.
52 Ebd.
53 Umwandlungs-Steuergesetz vom 11.10.1957, in: Bundesgesetzblatt I (1957), Nr. 56, S. 1713–1716.
54 Eröffnung des DEFAKA Kaufhauses in Berlin, 29.9.1955, in: DZ212543, Archiv Deutschland Radio Berlin.
55 Helmut Uebbing, Stiller Abgesang der Walag, in: FAZ, 27.6.1970.
56 Hans-Otto Eglau, Kasse, S. 134.
57 Ebd., S. 136.
58 Übersicht Umsätze Horten Konzern 1962, in: HADB 34/6, Historisches Archiv der Deutschen Bank Frankfurt am Main.
59 Ebd.
60 Hans-Otto Eglau, Kasse, S. 137.
61 Ebd., S. 136.
62 Josef Neckermann, Erinnerungen, Frankfurt am Main/Berlin 1990, S. 16–123; Thomas Veszelits, Die Neckermanns. Licht und Schatten einer deutschen Unternehmerfamilie, Frankfurt am Main 2005, S. 326.
63 J. G., Rudolf Tesmann, in: Die Welt, 26./27.3.1970; Rudolf Tesmann 60 Jahre, in: Industriekurier, 26.3.1970.
64 Durch den Vertrag mit der Rudolf Karstadt AG wurde das Duisburger Stammhaus 1955 zu Karstadt. Die Häuser der Helmut Horten GmbH in Wattenscheid und das nach dem Krieg gegründete kleine Haus in Wattenscheid wurden bis 1960 zu Merkur-Filialen.
65 Hans-Otto Eglau, Kasse, S. 138.
66 Dossier Tesmann, in: Dossiers und Porträt Tesmann, Archiv der Helmut Horten Stiftung Agno.
67 Jörg Schilling, Vom Screen zum Eierkarton. Die Amerikanisierung der Kaufhausarchitektur um 1960, in: Anke Köth u. a. (Hrsg.), Building America. Eine große Erzählung, Dresden 2008, S. 139–168, hier S. 142.

[68] Eiermann, laß die Wacht, in: Der Spiegel, 15.9.1959.
[69] Hartmut G. Rebitzki, Offener Brief an Helmut Horten, in: Baukunst und Werkform 8 (1959), S. 415.
[70] Rudolf Tesmann, Antwort an Hartmut G. Rebitzki, in: Baukunst und Werkform 9 (1959), S. 520.
[71] Frank Werner, Die Vorgeschichte eines architektonischen Scheiterns, in: Der Architekt 7 (1993), S. 382–385.
[72] Reinhard Müller-Mehlis, Von der Feuerwache zur „Kaufhaus-Barbarei", in: Handelsblatt, 10.8.1968.
[73] Jörg Schilling, Eierkarton, S. 145 ff.
[74] Kaufhäuser der Firma Merkur, in: Deutsche Bauzeitung, 4 (1961), S. 705–708.
[75] Aktennotiz Egon Eiermann, 4.2.1958, in: Egon Eiermann, Warenhaus Merkur Stuttgart, Schriftwechsel A–E, Süddeutsches Archiv für Architektur und Ingenieurbau Karlsruhe.
[76] Egon Eiermann an Detlef Eckelmann, 19.7.1960, in: Egon Eiermann, Warenhaus Merkur Stuttgart, Schriftwechsel A–E, Süddeutsches Archiv für Architektur und Ingenieurbau Karlsruhe.
[77] Jörg Schilling, Eierkarton, S. 152.
[78] Egon Eiermann an Detlef Eckelmann, 24.1.1961, in: Egon Eiermann, Warenhaus Merkur Stuttgart, Schriftwechsel A–E, Süddeutsches Archiv für Architektur und Ingenieurbau Karlsruhe.
[79] Egon Eiermann an Karl-Heinz Schütz, 23.5.1969, in: Egon Eiermann, Warenhaus Merkur Stuttgart, Schriftwechsel A–E, Süddeutsches Archiv für Architektur und Ingenieurbau Karlsruhe.
[80] Horten AG Bauabteilung an Egon Eiermann, 12.6.1969, in: Egon Eiermann, Warenhaus Merkur Stuttgart, Schriftwechsel A–E, Süddeutsches Archiv für Architektur und Ingenieurbau Karlsruhe.
[81] Jörg Schilling, Eierkarton, S. 157.
[82] Egon Eiermann an Karl Heinz Schütz, 23.5.1969, in: Egon Eiermann, Warenhaus Merkur Stuttgart, Schriftwechsel A–E, Süddeutsches Archiv für Architektur und Ingenieurbau Karlsruhe.
[83] Jörg Schilling, Eierkarton, S. 158.
[84] Anne-Katrin Koch, Werbebotschafter auf der Straße. Die Tüte und die Kunst, in: Kunst-Medien-Ästhetik 4 (2012), S. 1–14, hier S. 12.
[85] Programm und Menüfolge, in: Horten 30. September 1950, in: Geschäftsberichte Horten 1969–1990 30. September 1950, in: Helmut Horten Stiftung Agno.
[86] Bernhard Nippen, Horten. Eine soziale Arbeitsstätte, in: Horten 30. September 1950, in: Geschäftsberichte Horten 1969–1990 30. September 1950, in: Helmut Horten Stiftung Agno.
[87] Höhere soziale Leistungen, in: Der Einblick 30 (1961).
[88] Horten Aktiengesellschaft, Bericht über das Geschäftsjahr 1969 [1970], S. 17.

Anmerkungen (S. 242–251)

[89] Philipp Seidensticker, Horten. Streben nach vollendetem Kundendienst, in: Horten 30. September 1950, in: Geschäftsberichte Horten 1969–1990 30. September 1950, in: Helmut Horten Stiftung Agno.
[90] JJ., Horten will keine weiteren Aktien abgeben, in: FAZ, 25.7.1969, S. 18.
[91] Der Einblick 34 (1962), S. 14f.
[92] Der Einblick 11 (1967), Nr. 2, S. 8f.
[93] Der Einblick 14 (1970), Nr. 1.
[94] Hans Otto Eglau, Mit 40 muß man oben sein, in: Die Zeit, 4.2.1972, S. 30.
[95] JJ., Helmut Horten 75 Jahre, in: FAZ, 7.1.1984, S. 12.
[96] Manfred Bissinger, Die Helmut-Horten-Story, in: Stern, 28.3.1971, S. 52–62 und 214–217, hier S. 60.
[97] Horten an Günter Schweigert, 15.3.1971, in: Pressedokumentation Helmut Horten, in: Helmut Horten Stiftung Agno.
[98] Der Einblick 1 (1956).
[99] Gruppe Staatshochhaus, Anlauf Verwaltungsgebäude Düsseldorf, 9.5.1960, in: NW 0346 00138, Landesarchiv NRW Duisburg.
[100] Horten AG (Hrsg.), 1936–1986. 50 Jahre Horten, Ein Warenhauskonzern auf dem Weg in die Zukunft, Düsseldorf 1986, S. 26f.; Rudolf Tesmann, Helmut Horten. Unternehmer und Mensch im Wildwasser des 20. Jahrhunderts [1991], S. 8, in: Dossiers und Porträt Tesmann, in: Archiv der Helmut Horten Stiftung Agno.
[101] Ebd.
[102] Die Horten-Hauptverwaltung, in: Der Einblick 30 (1961), S. 8–19.
[103] 3 markante Punkte, in: Der Einblick 30 (1961), S. 6.
[104] Wolfgang Paul, Der Weg zur Horten Aktiengesellschaft, Düsseldorf 1969, ohne Paginierung.
[105] Der Einblick 44 (1963), S. 2.
[106] W., Ladenschluß und Arbeitszeit trennen, in: Handelsblatt, 24.8.1961.
[107] Neujahrsgruß des Gesamtbetriebsrates (Günter Schweigert), in: Der Einblick 11 (1967), Nr. 1.
[108] So schon die Gesamtbetriebsräte von Defaka und Merkur, in: Der Einblick 30 (1961).
[109] Der Einblick 13 (1968), Nr. 4; Der Einblick 13 (1968), Nr. 5.
[110] Der Einblick 13 (1968), Nr. 3.
[111] Der Einblick 38 (1962).
[112] Der Einblick 11 (1967), Nr. 1.
[113] Der Einblick 43 (1963).
[114] Der Einblick 13 (1969), Nr. 1. Newsweek wird dort zitiert.
[115] Michael Jungblut, Die Reichen und Superreichen in Deutschland, Hamburg 1971, S. 67–71.
[116] Bernt Engelmann/Günter Wallraff, Ihr da oben – wir da unten, Köln 1973.

[117] Manfred Bissinger, „Wir leben nicht wie Lieschen Müller", in: Stern, 4.4.1971, S. 88–97, hier S. 88.
[118] Beate Werthschulte, Horten-Mitarbeiter erinnern sich, in: RP Online, 21.8.2017, https://rp-online.de/nrw/staedte/duesseldorf/horten-mitarbeiter-erinnern-sich_aid-17838911 (abgerufen am 30.3.2022).
[119] Kurt Pritzkoleit, Die neuen Herren, S. 26.
[120] Hans-Otto Eglau, Kasse, S. 123.
[121] Der Einblick 15 (1970), Nr. 3.
[122] J. G., Rudolf Tesmann, in: Die Welt, 26./27.3.1970; Rudolf Tesmann 60 Jahre, in: Industriekurier, 26.3.1970.
[123] Der Einblick 41 (1963).
[124] Der Einblick 14 (1969), Nr. 5, S. 14f.
[125] be., Helmut Horten kassiert 75 Millionen Gewinn, in: SZ, 25.4.1969, S. 26.
[126] Chronik Winschuh, in: Dossiers Tesmann Umzug Schweiz, Archiv der Helmut Horten Stiftung Agno.
[127] Ernst Balan, Notizen, Portrait Helmut Horten, in: U2_01_I_03_52, Berlin-Brandenburgisches Wirtschaftsarchiv Berlin.
[128] Frank Decker, Etappen der Parteigeschichte der FDP, in: bpb.de, 2.12.2022, https://www.bpb.de/themen/parteien/parteien-in-deutschland/fdp/273478/etappen-der-parteigeschichte-der-fdp/ (abgerufen am 26.6.2023).
[129] Rudolf Tesmann, Die Regierungsbildung von 1961 und Helmut Horten, 3.10.1991, S. 1–3, in: Dossiers und Porträt Tesmann, in: Archiv Helmut Horten Stiftung Agno.
[130] Mende an Tesmann, 17.10.1960; Brodesser an Tesmann, 8.12.1960; Vermerk Genscher, 29.12.1960, in: Archiv des Liberalismus, Bestand Erich Mende, A 26–60, Blatt 14, 15, 21.
[131] Mende an Horten, 10.3.1960 und 27.4.1961, in: Archiv des Liberalismus, Bestand Erich Mende, A 26–60, Blatt 5 und Bestand FDP-Fraktionen, A 49–121, Blatt 59.
[132] Mende an Reinhold Maier, 30.11.1961, in: Archiv des Liberalismus, Bestand FDP-Fraktionen, A 49–121, Blatt 44.
[133] Daniel Koerfer, Die Hatz auf den alten Leitwolf, in: Die Zeit, 6.3.1987, S. 45.
[134] Tesmann an Mende, 30.6.1961; Brodeßer an Tesmann, 4.7.1961; Mende an Reinhold Maier, 30.11.1961; in: Archiv des Liberalismus, Bestand FDP-Fraktionen, A 49–121, Blatt 44, 56, 57; Rudolf Tesmann, Die Regierungsbildung von 1961 und Helmut Horten, 3.10.1991, S. 8, in: Dossiers und Porträt Tesmann, in: Archiv der Helmut Horten Stiftung Agno. Da in Tesmanns Erinnerungen auch ansonsten die Zeitabläufe nicht immer korrekt sind, ist die vorgenannte Quelle valider. Siehe weiter: Besuch am Abend, in: Der Spiegel, 8.8.1961; Daniel Koerfer, Kampf ums Kanzleramt. Erhard und Adenauer, Stuttgart, 1987, S. 558; Erich Mende, Die neue Freiheit. Zeuge der Zeit 1945–1961, Bergisch-Gladbach

1986, S. 642–647; Straußen vor der Tür, in: FAZ, 15.9.1994, S. 9. Mendes oben zitierter Brief an Maier ist deutlich zeitnäher zu den Ereignissen als Tesmanns Erinnerungen von 1991.

[135] Tagebucheintrag von Wolfgang Schollwer vom 9. August 1961, in: ders., Liberale Opposition gegen Adenauer. Aufzeichnungen 1957–1961, hrsg. von Monika Faßbender, München 1990, S. 157f.; Mathias Siekmeier, Restauration oder Reform? Die FDP in den sechziger Jahren. Deutschland- und Ostpolitik zwischen Wiedervereinigung und Entspannung, Köln 1998, S. 50.

[136] Siehe die beiden Leserbriefe in: Die Zeit, 8.12.1961, S. 24.

[137] Walter Gong, Wie Adenauer zum 4. Mal Bundeskanzler wurde, in: Die Zeit, 10.11.1961, S. 2.

[138] Franz Josef Strauß, Die Erinnerungen, Berlin 1989, S. 404–410.

[139] Walter Gong, Wie Adenauer zum 4. Mal Bundeskanzler wurde, in: Die Zeit, 10.11.1961, S. 2; Stellungnahme von Dr. Heinrich Schneider, Saarbrücken zu den Vorwürfen in der Horten-Angelegenheit, 4.2.1962, in: Archiv des Liberalismus, Bestand Thomas Dehler, N1–3162, Blatt 27–34.

[140] Brodeßer an Tesmann, 4.7.1961; Mende an Maier, 28.11.1961; Horten an Mende, 6.12.1961 (Abschrift), in: Archiv des Liberalismus, Bestand FDP-Fraktionen, A 49–121, Blatt 38, 49, 56.

[141] Tesmann an Mende, 28.9.1961, in: Archiv des Liberalismus, Bestand FDP-Fraktionen, A 49–121, Blatt 47; Koerfer, Kampf ums Kanzleramt, S. 555–609; Siekmeier, Restauration oder Reform?, S. 51–89.

[142] Zu den außenpolitischen Hintergründen – ausgerechnet die US-Regierung machte dem dezidierten Atlantiker Erhard wegen der Devisenausgleichsverpflichtungen zur Kompensation der amerikanischen Stationierungskosten das Leben schwer – vgl. Peter Hoeres, Außenpolitik und Öffentlichkeit. Massenmedien, Meinungsforschung und Arkanpolitik in den deutsch-amerikanischen Beziehungen 1963–1974, München 2013, S. 233–255.

[143] Horst Möller, Franz Josef Strauß. Herrscher und Rebell, München/Berlin 2016, S. 207f.

[144] Mende an Dehler, 29.1.1962, in: Archiv des Liberalismus, Bestand FDP-Fraktion, A 31–42, Blatt 41; Stellungnahme von Dr. Henrich Schneider, Saarbrücken zu den Vorwürfen in der Horten-Angelegenheit, 4.2.1962 (Zitate S. 3); Holtz an Mende, 12.2.1962 (Abschrift von Abschrift); Brief des Parteivorsitzenden Mendes an FDP-Gremien, 9.5.1962, in: Archiv des Liberalismus, Bestand Thomas Dehler, N1–3162, Blatt 9f., 27–34.

[145] Heinrich Krone, Tagebücher, Zweiter Band: 1961–1966, bearbeitet von Hans-Otto Kleinmann, Düsseldorf 2003, Eintrag vom Freitag, 19. Januar 1962, S. 23.

[146] Horten und das 825-Millionen-Ding, in: konkret, 21.10.1971, S. 42.

[147] Regina Hauke an Anton Ott, 23.2.1966, in: NL Strauß PV: 5611, Archiv für christlich-soziale Politik der Hanns-Seidel-Stiftung München.

[148] Das Zeughaus, Karikatur, in: Augsburger Allgemeine, 23.2.1966.
[149] Helmut Horten an Franz Josef Strauß, 23.10.1968, in: NL Strauß BMF: 95, Archiv für christlich-soziale Politik der Hanns-Seidel-Stiftung München.
[150] Rechte Formation, in: Die Zeit, 17.7.1970.
[151] Agent Borm, in: Der Spiegel, 28.4.1991.
[152] William Borm, Von rechts werden alle Register gezogen, in: Frankfurter Rundschau, 14.10.1970, S. 3.
[153] Urteil des Landgerichts Düsseldorf in der Strafsache Helmut Horten gegen William Borm, 3.10.1970, in: Horten Aktien Fall Mangold, Archiv der Helmut Horten Stiftung Agno.
[154] Ebd.
[155] Hilfe vom „Rosenkavalier", in: Der Spiegel, 11.11.1984.
[156] TV-Interview mit Walter Scheel, Aktuelle Stunde, 9.11.1984, in: WDR Media Group Archiv Köln.
[157] Parteispenden. Gespräch mit Helmut Horten über seine Spende an die FDP, 16.11.1984, Deutschlandfunk, in: DZ105346, Archiv Deutschlandradio Berlin.
[158] Ebd.
[159] Horten bot Scheel Spende im Sommer 1983 an, in: SZ, 10.11.1984; Hilfe vom „Rosenkavalier", in: Der Spiegel, 11.11.1984; Großer Krach, in: Der Spiegel, 25.11.1984.
[160] Fritz Goergen, Skandal FDP. Selbstdarsteller und Geschäftemacher zerstören eine politische Idee, Köln 2004, S. 158f.; Hans Leyendecker, Edelmann oder Zocker, in: SZ, 28.11.2002. Auch laut dem ehemaligen Generalbevollmächtigten der FDP Joachim Stancke haben in den Führungsgremien der FDP viele nicht an Horten als Spender geglaubt. Telefonat mit Herrn Dr. Joachim Stancke am 29.3. und 1.4.2022.
[161] Großer Krach, in: Der Spiegel, 25.11.1984.
[162] Parteispenden. Gespräch mit Helmut Horten über seine Spende an die FDP, 1984, Deutschlandfunk, in: DZ105346, Archiv Deutschlandradio Berlin.
[163] Bimbes. Die schwarzen Kassen des Helmut Kohl. Reportage & Dokumentation, in: Das Erste, 5.12.2017.
[164] Alphons Horten an Helmut Horten, 22.1.1976, in: Korrespondenz HH Familie I, Archiv der Helmut Horten Stiftung Agno.
[165] Alphons Horten an Helmut Horten, 16.3.1976, in: Korrespondenz HH Familie I, Archiv der Helmut Horten Stiftung Agno.
[166] Alphons Horten an Helmut Horten, 20.3.1976, in: Korrespondenz HH Familie I, Archiv der Helmut Horten Stiftung Agno.
[167] Ebd.
[168] Alphons Horten an Helmut Horten, 7.2.1976, in: Korrespondenz HH Familie I, Archiv der Helmut Horten Stiftung Agno.
[169] Alphons Horten an Helmut Horten, 19.11.1987, in: Korrespondenz HH Familie I, Archiv der Helmut Horten Stiftung Agno.

Anmerkungen (S. 272–275)

KAPITEL 6
Absprung ins Privatleben (1968–1987)

[1] Übersicht Umsätze Horten Konzern 1962, in: HADB 34/6, Historisches Archiv der Deutschen Bank Frankfurt am Main.
[2] Ue., Schritt zur AG, in: FAZ, 2.10.1968, S. 13.
[3] Allerdings waren nicht alle Firmen des Horten Konzerns in der AG aufgegangen. Weiterhin waren die Horten Versicherungsagentur GmbH und die Spedition Helmut Horten GmbH zu 100 Prozent in seinem Besitz. Beide standen in unmittelbarem Zusammenhang mit dem Kaufhausbetrieb und arbeiteten exklusiv für diesen. Die Horten AG war über unterschiedliche Höhen an verschiedenen Gesellschaften beteiligt. Die Allgemeine Deutsche Inkasso AG hatte einst das Teilzahlungsgeschäft für das Kaufhaus der Helmut Horten KG in Duisburg organisiert und entwickelte sich später zu einer Beteiligungsfirma bei der Übernahme der Merkur AG. Sie wurde 1970 liquidiert. Die Handelsgesellschaft Hanse GmbH stammte aus Salman Schockens Kaufhausreich und wurde von Horten übernommen. Sie war hauptsächlich im Großhandelsgeschäft tätig. Gemeinsam mit der Feina Feinkost- und Nahrungsmittel GmbH, die ebenfalls aus der Merkur-Gruppe stammte ging sie in der kurzzeitig bestehenden und Ende 1970 aufgelösten Georg ME Voss GmbH auf. Die Terrain GmbH war Miteigentümerin des 1961 in Düsseldorf errichteten Hauptgebäudes, gehörte allerdings zu 100 Prozent der Horten AG. Die Horten Italiana SRL war für den Einkauf von Moden in Italien gegründet worden. Die Argus Beteiligungs GmbH hielt Anteile an einzelnen Kaufhäusern. Die Standard Allgemeine Warenhandels GmbH war im Bereich des Warenvertriebs tätig. Zeitweise waren unter dem Horten-Dach vier Grundstücksgesellschaften, die Liga AG, die Geschäftshaus GmbH, die Terraingesellschaft Weststadt GmbH und die mantelnde Warenhaus Liegenschaften AG, versammelt. Vgl. Horten. Alle meine Aktien, in: Capital 11 (1968); Horten AG, Prospekt für die Zulassung zum Börsenhandel von 250.000.000 DM auf den Inhaber lautende Aktien, 26.8.1970, in: RWWA 285-15-1, Rheinisch-Westfälisches Wirtschaftsarchiv Köln; Aufstellung Vermögensverhältnisse Horten 1960, interner Bericht der Deutschen Bank, in: HADB ZA47/547, Historisches Archiv der Deutschen Bank Frankfurt am Main.
[4] Gesellschaft X, Übernahme und Placierung von Aktien, 24.2.1966, in: HADB 34/6, Historisches Archiv der Deutschen Bank Frankfurt am Main.
[5] Übersicht Umsätze Horten Konzern 1962, in: HADB 34/6, Historisches Archiv der Deutschen Bank Frankfurt am Main.
[6] Vermerk Hermann J. Abs an Vorstand Deutsche Bank, 14.8.1969, in: HADB ZA47/547, Historisches Archiv der Deutschen Bank Frankfurt am Main.
[7] be., Helmut Horten kassiert 75 Millionen Gewinn, in: SZ, 25.4.1969, S. 26.
[8] Neben Horten als Aufsichtsratsvorsitzendem und Osterwind als stellvertretendem Aufsichtsratsvorsitzenden traten Hortens Freund, der Rechtsanwalt Wil-

helm Grosshans, sowie Heinz Niederste-Ostholt von der Commerzbank, der frühere Geschäftsführer der GmbH Roman A. Pusch sowie der Inhaber der Berliner Handels-Gesellschaft, Eduard von Schwartzkoppen, in den Aufsichtsrat ein. Die Arbeitnehmer waren mit dem Vorsitzenden des Gesamtbetriebsrates Günter Schweigert sowie Anneliese Maier-Haas von der Filiale Heidelberg und Adolf Wachenfeld von der Filiale Gevelsberg vertreten. Im Vorstand waren Gerd C. Kade für den Einkauf, Gerhard Potthoff für Planung und Fritz Seydaack für die Verwaltung und bis Ende August 1969 Hans von Brauck für den Verkauf zuständig. Vgl. Prospekt für die Zulassung zum Börsenhandel von 250.000.000 DM, Fassung vom 6.8.1970, in: RWWA 285/15-1; Horten Aktiengesellschaft, Bericht über das Geschäftsjahr 1969 [1970], S. 5; Deutsch bleiben, in: Der Spiegel, 14.12.1969.

[9] JJ., Horten will keine weiteren Aktien abgeben, in: FAZ, 25.7.1969, S. 18; wh, Wohin mit den Millionen, in: Der Volkswirt, 12.12.1969.

[10] Deutsch bleiben, in: Der Spiegel, 14.12.1969; be., Horten AG empfindet sich als ein junges Unternehmen, in: SZ, 19.7.1970, S. 24.

[11] be., Horten AG empfindet sich als ein junges Unternehmen, in: SZ, 19.7.1970, S. 24.

[12] Sofort wieder raus, in: Der Spiegel, 4.1.1970.

[13] Be., Horten rechnet auch für 1970 mit 18 Prozent Dividende, in: SZ, 19.6.1970, S. 24.

[14] wh, Wohin mit den Millionen, in: Der Volkswirt, 12.12.1969.

[15] B. K., Bernd Hebbering 60 Jahre, in: FAZ, 30.12.1998, S. 14.

[16] Vermerk des Parlamentarischen Staatssekretärs beim Bundesminister der Finanzen Rolf Böhme 20.8.1979, in: BArch Koblenz, N1369/1649; Hans-Otto Eglau, Die goldenen zwanzig Jahre, in: Die Zeit, 14.1.1972, S. 20; Sicheres Gespür, in: Der Spiegel, 25.11.1984.

[17] Karstadt stockt auf, in: FAZ, 26.5.1970, S. 15.

[18] Zwischen 1969 und 1973 stieg die Inflationsrate in Deutschland von 1,8 auf 7,1 Prozent an. Vgl. Inflationsrate in Deutschland von 1955 bis 2022, https://de.statista.com/statistik/daten/studie/4917/umfrage/inflationsrate-in-deutschland-seit-1948/ (abgerufen am 22.6.2023); Horten Aktiengesellschaft, Bericht über das Geschäftsjahr 1969 [1970], S. 16, 19, 21, 42, 48, 51; Der Einblick 15 (1970), Nr. 4.

[19] Walter Horten an Heidi Horten, 27.11.1988, in: Korrespondenz HH Familie II, in: Archiv der Helmut Horten Stiftung Agno.

[20] Alle Informationen entnommen dem Personalakt Dr. Schwahn, in: Archiv der Helmut Horten Stiftung Agno.

[21] Horten hatte den Verwaltungsratspräsidenten der Großbank nach einem geeigneten Mann für die Nachfolge Schwahns gefragt. Zunächst arbeiteten dann Schwahn und Lerch gemeinsam in der Vermögensverwaltung, dann übernahm Lerch die Aufgabe für einige Monate alleine bis zum Tod Hortens 1987 und übte

die Position auch noch für Hortens Witwe bis 1998 aus. Vgl. freundliche Auskunft von Herrn Dr. Hans Georg Lerch in einem Telefonat am 4.4.2022.

[22] Walter Pellinghausen, Spekulant und Spender, in: Stern, 12.1.1984, S. 108–111.

[23] Erich Heck, Geburtsort des Imperiums war Duisburg, in: Duisburger Jahrbuch 1994, S. 186–189, Zitat, S. 189.

[24] Finanzamt Düsseldorf-Nord an Horten/Winschuh, 29.1.1969, und Hans Winschuh an Finanzamt Düsseldorf-Nord, 31.1.1969, in: Dossiers Tesmann Umzug Schweiz, Archiv der Helmut Horten Stiftung Agno.

[25] Hans Winschuh an Hans-Dietrich Schwahn, 2.9.1991, in: Dossiers Tesmann Umzug Schweiz, Archiv der Helmut Horten Stiftung Agno.

[26] Hans Winschuh an Finanzamt Düsseldorf-Nord, 31.1.1969 und Hans Winschuh an Hans-Dietrich Schwahn, 2.9.1991 (dort das Zitat), in: Dossiers Tesmann Umzug Schweiz, Archiv der Helmut Horten Stiftung Agno.

[27] Ebd.

[28] Hans Winschuh an Hans-Dietrich Schwahn, 2.9.1991, in: Dossiers Tesmann Umzug Schweiz, Archiv der Helmut Horten Stiftung Agno.

[29] Heil Dir, in: Der Spiegel, 24.10.1971; Sicheres Gespür, in: Der Spiegel, 25.11.1984.

[30] Peter Amstutz, Der preiswerte Lebensabend des Helmut Horten, in: Frankfurter Rundschau 3.4.1971.

[31] Manfred Bissinger, Die Helmut-Horten-Story, in: Stern 28.3.1971, S. 52–62 und 214–217, hier S. 60; Der Spiegel 22.5.1972, S. 41.

[32] Gespräch mit Herrn Antonio Galli am 22.1.2022.

[33] Hans-Otto Eglau, Jagd auf die Millionen, in: Die Zeit, 18.12.1970, S. 25; ders., Die goldenen zwanzig Jahre, in: Die Zeit, 14.1.1972, S. 20; Brun-Hagen Hennerkes, Die Familie und ihr Unternehmen. Strategie, Liquidität, Kontrolle, Frankfurt am Main/New York 2004, S. 410.

[34] Hans Winschuh an Finanzamt Düsseldorf-Nord, 31.1.1969, in: Dossiers Tesmann Umzug Schweiz, Archiv der Helmut Horten Stiftung Agno.

[35] Niederschrift über die Besprechung beim Finanzamt Düsseldorf-Nord, 4.6.1970, in: Dossiers Tesmann Umzug Schweiz, Archiv der Helmut Horten Stiftung Agno.

[36] Ebd.

[37] Manfred Bissinger, Die Helmut-Horten-Story, in: Stern, 28.3.1971, S. 52–62 und 214–217, hier S. 62, 214; Capital 11 (1972), Nr. 2, Februar 1972, S. 11; Hans-Otto Eglau, Jagd auf die Millionen, in: Die Zeit, 18.12.1970, S. 25. Den Ablauf in seiner Wohnung, so wie er von Capital in der mit einem ganzseitigen Foto Hortons aufgemachten Geschichte „Wie Bonn meine Milliarde verspielte" geschildert wurde, bestätigte Alex Möller in einem Brief an den Parlamentarischen Staatssekretär Rolf Böhme vom 19.2.1979, in: BArch Koblenz, N1369/1649.

[38] Möller an Seuffert, 10.7.1970, in: BArch Koblenz, N1369/1649.
[39] Seuffert an Möller, 5.8.1970, in: BArch Koblenz, N1369/1649.
[40] Möller an Wertz, 8.8.1970, in: BArch Koblenz, N1369/1649.
[41] Horten an Möller, 14.8.1970, in: BArch Koblenz, N1369/1649.
[42] Geheim-Dokument. Steuerflucht Horten, in: konkret, 21.10.1971.
[43] Bissinger an Möller 23.11.1971, in: BArch Koblenz, N1369/1649.
[44] Möller an Bissinger 29.11.1971; Bissinger an Möller 23.12.1971, in: BArch Koblenz, N1369/1649.
[45] Hans Winschuh, Notiz über mein Gespräch mit Herrn Ministerialdirigent Spindler am 27.10.71 im Finanzministerium NRW; ders., Notiz über mein Gespräch mit Herrn Spindler am 3.11.1971 im FinMin NRW; ders., Notiz über mein Gespräch mit Herrn Spindler am 1. Dez. 1971; Notiz über die Besprechung in der OFD am 23.2.1972; Hans Winschuh an Hans-Dietrich Schwahn, 2.9.1991, in: Dossiers Tesmann Umzug Schweiz, in: Archiv der Helmut Horten Stiftung Agno.
[46] Hans Winschuh an Hans-Dietrich Schwahn, 2.9.1991, in: Dossiers Tesmann Umzug Schweiz, Archiv der Helmut Horten Stiftung Agno.
[47] Urteil des BFH vom 26.1.1977, VIII R 109/75, in: BStBl II 1977, S. 283; Vermerk des Parlamentarischen Staatssekretärs beim Bundesminister der Finanzen Rolf Böhme, 20.8.1979, in: BArch Koblenz, N1369/1649.
[48] Hans-Otto Eglau, Jagd auf die Millionen, in: Die Zeit, 18.12.1970, S. 25.
[49] Michael Brückner/Andrea Przyklenk, Lost Brands, S. 8.
[50] Kevin Blum, Die Anwendung des §6 Außensteuergesetz (AStG) zur Wegzugsbesteuerung natürlicher Personen, Sternenfels 2015, S. 17.
[51] Freundliche Auskünfte von Angelika Windisch-Graetz am 28.7.2022 per Mail.
[52] Alexander Jahr, Ralf Wissbar an Landgericht Hamburg, 27.8.1971, S. 2, in: Archiv der Helmut Horten Stiftung Agno.
[53] Gabriele Henkel, Die Zeit ist ein Augenblick. Erinnerungen, München ⁴2017, S. 32.
[54] Sowohl über das Jahr des Kennenlernens als auch über die genauen Umstände – Heidi Horten berichtete 2021 von einem Mittagessen in Velden – gibt es unterschiedliche Berichte. Vgl. Agnes Husslein-Arco, Heidi Goëss-Horten. Annäherungen an eine Biografie, in: Look, hrsg. von Agnes Husslein-Arco für die Heidi Horten Collection, Wien 2022, S. 308–316, hier S. 309.
[55] Matthias Dusini, Das Märchen von Helmut und Heidi, in: Falter, 7.2.2018, S. 28.
[56] Werner Rosenberger. Die Villen vom Wörthersee. Wenn Häuser Geschichten erzählen, Wien 2022, S. 253.
[57] Agnes Husslein-Arco, Heidi Goëss-Horten, S. 310.
[58] Blick, 15.2.1991.

[59] Manfred Bissinger, Die Helmut-Horten-Story, in: Stern, 28.3.1971, S. 52–62 und 214–217, hier S. 214; die Story zitiert die Boulevardpresse.

[60] Hannes Hintermeier, Ein Schnäppchen im Vergleich zur Landesbank, in: FAZ, 10.12.2008, S. 42; Gina Thomas, Teuerster Edelstein aller Zeiten. Der Londoner Juwelenhändler Laurence Graff kauft den „Blauen Wittelsbacher", in: FAZ, 11.12.2008, S. 42.

[61] Manfred Bissinger, Die Helmut-Horten-Story, in: Stern 28.3.1971, S. 52–62 und 214–217, hier S. 214.

[62] Bernt Engelmann/Günter Wallraff, Ihr da oben, S. 212–229, Zitat S. 215. Frau Dr. Husslein-Arco weist darauf hin, dass in den Inventarlisten keine Gemälde von Degas, Corinth und Cézanne verzeichnet waren. Telefonische Auskunft vom 27.2.2023.

[63] Robert Lebeck, Neugierig auf die Welt. Ein Selbstporträt mit Harald Willenbrock, Göttingen 2004, S. 250.

[64] Telefonische Auskunft von Frau Dr. Husslein-Arco am 27.2.2023.

[65] Almuth Spiegler, Wow. Heidi Hortens neues Museum in Wien, in: Die Presse, 5.7.2019; Michael Tschida, Wunderkammer einer Milliardärin, in: Kleine Zeitung, 21.2.2018.

[66] Siehe https://hortencollection.com/; Look, hrsg. von Agnes Husslein-Arco für die Heidi Horten Collection, Wien 2022; Brigitte Borchhardt-Birbaumer, Invasion von Licht und Tier. Heidi Horten Collection, in: Wiener Zeitung, 30.5.2022; Katharina Rustler, Wien hat ein neues Museum, die Heidi Horten Collection, in: Der Standard, 31.5.2022.

[67] Adelshochzeit der anderen Art, in: Bunte, 31.8.2015, https://www.bunte.de/oesterreich/heidi-horten-adelshochzeit-der-anderen-art-140021.html (abgerufen am 24.11.2022).

[68] Matthias Dusini, Das Märchen von Helmut und Heidi, in: Falter, 7.2.2018, S. 26–28; Pia Kulmesch, Aus Liebe zum Tier, in: weekend.at, 21.7.2022, https://www.weekend.at/bundesland/kaernten/aus-liebe-zum-tier; Grünes Licht für modernen Videowürfel in Heidi Goëss-Horten-Arena, in: Kleine Zeitung, 13.7.2022, https://www.kleinezeitung.at/kaernten/klagenfurt/6164933/Klagenfurt_Gruenes-Licht-fuer-modernen-Videowuerfel-in-Heidi; Heidi-Goëss-Horten-Arena wird teurer als geplant, in: Kleine Zeitung, 14.6.2022, https://www.kleinezeitung.at/kaernten/klagenfurt/aktuelles_klagenfurt/6152678/Neue-KACHeimstaette_HeidiGoessHortenArena-wird-teurer-als-geplant (abgerufen am 24.11.2022).

[69] Cathrin Kahlweit, Ein Gesamtkunstwerk, in: SZ, 31.5.2022.

[70] Manfred Bissinger, Die Helmut-Horten-Story, in: Stern, 28.3.1971, S. 52–62 und 214–217, hier S. 62.

[71] Aktennotiz Hans Dietrich Schwahn, 18.5.1983, in: Windisch-Graetz, Archiv der Helmut Horten Stiftung Agno; freundliche Auskünfte von Angelika Windisch-Graetz am 28.7.2022 per Mail.

72 Notar Dr. Viktor Draxler, Kaufvertrag zwischen Helmut Horten und der (Horten gehörenden) Firma HEPLA Anstalt für Verwaltungen in Vaduz 27.8.1972, in: HEPLA Sekirn Kaufvertrag, Urkunden, Kaufvertrag Korrespondenz, Mobiliarverkauf, Fischereirecht, Allgemeines und Sekirn: Rechtsgrundlage, in: Archiv der Helmut Horten Stiftung Agno.

73 Ebd.; Manfred Bissinger, Die Helmut-Horten-Story, in: Stern, 28.3.1971, S. 52–62 und 214–217, hier S. 216; Rosenberger, Villen vom Wörthersee, S. 247–256. Die Datierung des Erwerbs bei Rosenberger auf das Jahr 1973 ist falsch.

74 Robert Lebeck, Neugierig auf die Welt, S. 250.

75 Der Einblick 15 (1970), Nr. 3, S. 28 f.

76 Freundliche Auskunft von Frau Brigitte Lampee-Baumgartner am 9.8.2022 in Klagenfurt.

77 Ernst Stiefel an Helmut Horten, 18.2.1955, in: Dr. Stiefel ab 1958, Archiv der Helmut Horten Stiftung Agno.

78 Freundliche Auskünfte von Angelika Windisch-Graetz am 28.7.2022 per Mail.

79 Diese Zurechtweisung wurde oft kolportiert, so auch in: Stern, 28.3.1971, S. 217.

80 Ebd., S. 214.

81 Erich Heck, Geburtsort des Imperiums war Duisburg, in: Duisburger Jahrbuch 1994, S. 186–189, Zitate S. 186 und 188.

82 Erich Heck, Geburtsort des Imperiums war Duisburg, in: Duisburger Jahrbuch 1994, S. 186–189.

83 Helmut Horten GmbH an Finanzamt Düsseldorf-Nord 5.5.1959 (mit Anlagen), in: Landesarchiv NRW Duisburg, BR 1169, Nr. 3948.

84 Beide Zitate aus: Christoph von Schwanenflug, Der Architekt des Kaufhaus-Königs erinnert sich, in: Immobilien Zeitung, 30.7.2009, S. 6.

85 Beide Zitate aus ebd.

86 Gabriele Henkel, Die Zeit ist ein Augenblick, S. 32.

87 Helmut Horten GmbH an Finanzamt Düsseldorf-Nord, 20.2.1959: in: Landesarchiv NRW Duisburg, BR 1169, Nr. 3948.

88 Oberfinanzdirektion, Vermerk vom 29.6.1959, in: Landesarchiv NRW Duisburg, BR 1169, Nr. 3948.

89 Finanzamt Düsseldorf-Nord, 11.5.1959, in: Landesarchiv NRW Duisburg, BR 1169, Nr. 3948.

90 Oberfinanzdirektion an Helmut Horten GmbH, 25.11.1959, in: Landesarchiv NRW Duisburg, BR 1169, Nr. 3948.

91 Helmut Horten, Notiz für Herrn Dr. Schäfer vom 10.8.1955; ders., Anweisung für Herrn Dr. Schäfer, Tantiemenvergütung an den geschäftsführenden Alleingesellschafter ab 1958 vom 25.1.1959; Helmut Horten GmbH an Oberfinanzdirektion Düsseldorf 10.9.1959 und 23.10.1959, in: Landesarchiv NRW Duisburg, BR 1169, Nr. 3948.

⁹² Engelmann/Wallraff, Ihr da oben, S. 212–229, Zitat S. 215.
⁹³ Aufgeschrieben vom FAZ-Korrespondenten Wilhelm Throm in einem Brief an Welter/Eick, 12.12.1957, in: BArch Koblenz, N1314/301.
⁹⁴ Diese Anekdote berichtete uns Herr Dr. Ulrich Reusch (7.10.2022), der damals in Düsseldorf Lohausen wohnte.
⁹⁵ Manfred Bissinger, Die Helmut-Horten-Story, in: Stern, 28.3.1971, S. 52–62 und 214–217, hier S. 60.
⁹⁶ Boom der Angst, in: Der Spiegel, 3.1.1971.
⁹⁷ Peter Amstutz, Der preiswerte Lebensabend des Helmut Horten, in: Frankfurter Rundschau, 3.4.1971.
⁹⁸ Bei Tesmann falsch „vivendem" geschrieben, im Original hoffentlich richtig. Rudolf Tesmann, Helmut Horten. Unternehmer und Mensch im Wildwasser des 20. Jahrhunderts [1991], S. 12, in: Dossiers und Porträt Tesmann, in: Archiv der Helmut Horten Stiftung Agno.
⁹⁹ Der Spiegel, 16.6.1964.
¹⁰⁰ Der Spiegel, 13.5.1958.
¹⁰¹ Stern, 18.10.1973; Freundliche Auskunft von Dr. Hans Georg Lerch am 5.4.2022.
¹⁰² Liste private Filme, in: Archiv der Helmut Horten Stiftung Agno.
¹⁰³ Klaus Arnsperger, Der Kaufhauskönig bittet zur Audienz, in: SZ, 9.1.1959, S. 14; Hermann Josef Abs/Heinz Osterwind an Helmut Horten, 8.1.1959, in: HADB ZA47/547, Historisches Archiv der Deutschen Bank Frankfurt am Main.
¹⁰⁴ Jörg Andrees Elten, Jet Set, in: Stern, 23.3.1969, S. 155–163.
¹⁰⁵ Sh., Helmut Horten. Gestalter modernen Einzelhandels, in: Wolfang Burkhard (Hrsg.), Niederrheinische Unternehmer. 111 Persönlichkeiten und ihr Werk, Duisburg 1990, S. 250 f.
¹⁰⁶ Der Spiegel, 18.5.1955, S. 20.
¹⁰⁷ Klaus Arnsperger, Der Kaufhauskönig bittet zur Audienz, in: SZ, 9.1.1959, S. 14.
¹⁰⁸ Ernst Gollnow, Hilfe von Horten, in: Stern, 9.5.1971, S. 230 f.
¹⁰⁹ Walter Pellinghausen, Spekulant und Spender, in: Stern, 12.1.1984, S. 108–111.
¹¹⁰ Rudolf Tesmann, Helmut Horten, S. 15 f., in: Dossiers und Porträt Tesmann; ferner Personalakt Dr. Schwahn, beides in: Archiv der Helmut Horten Stiftung Agno.
¹¹¹ Roland Mangold an Helmut Horten, 12.2.1972, in: Horten Aktien Fall Mangold, Archiv der Helmut Horten Stiftung Agno.
¹¹² Richard Mangold an Helmut Horten, 3.5.1972, in: Horten Aktien Fall Mangold, Archiv der Helmut Horten Stiftung Agno.
¹¹³ Hans-Dietrich Schwahn an Staatsanwaltschaft Heilbronn, 19.5.1972, in: Horten Aktien Fall Mangold, Archiv der Helmut Horten Stiftung Agno.

[114] Richard Mangold an Helmut Horten, 3.5.1972, in: Horten Aktien Fall Mangold, Archiv der Helmut Horten Stiftung Agno.
[115] Hans-Dietrich Schwahn an Amtsgericht Heilbronn, 18.6.1973, in: Horten Aktien Fall Mangold, Archiv der Helmut Horten Stiftung Agno.
[116] Telefonat mit Herrn Bissinger am 3.2.1971, in: Pressedokumente Helmut Horten, in: Archiv der Helmut Horten Stiftung Agno.
[117] Neues Österreich, 27.8.1957, S. 3.
[118] Ko., Klemmte das Fahrgestell?, in: FAZ, 28.8.1957, S. 6.
[119] Wörbelauer an Eick, 2.10.1957, in: BArch Koblenz, N1314/301.
[120] Horten an Baumgarten, 29.8.1957 (im Original des Fernschreibens in Kleinschreibung), in: BArch Koblenz, N1314/301.
[121] FAZ, 28.8.1957, S. 7.
[122] Be. Herrn Professor Welter, 6.12.1957, in: BArch Koblenz, N1314/301.
[123] Dies stand nach dem FAZ-Bericht nur noch im Konstanzer Südkurier, 30.8.1957, S. 8; in der SZ-Meldung vom 26.8.1957, S. 2, steht dies nicht. Weitere Presseberichte mit der nicht ganz korrekten Interpretation, die FAZ habe ähnlich wie die anderen Blätter berichtet, schickte Konitzer an Eick 3.9.1957, in: BArch Koblenz, N1314/301.
[124] Be., Herrn Professor Welter 9.9.1957, in: BArch Koblenz, N1314/301.
[125] Die Presse, 27.8.1957, S. 5.
[126] FAZ, 30.8.1957, S. 6.
[127] Tesmann an Baumgarten, 21.9.2022, in: BArch Koblenz, N1314/301.
[128] Welter an Tesmann, 4.10.1957; Baumgarten an Horten 29.8.1957, in: BArch, Koblenz, N1314/301.
[129] Großhans an FAZ, 17.10.1957, in: BArch Koblenz, N1314/301.
[130] Wörbelauer an Welter, in: BArch Koblenz, N1314/301.
[131] Be. Herrn Professor Welter, 6.12.1957, in: BArch Koblenz, N1314/301.
[132] Manfred Bissinger, Interview mit Helmut Kohl, in: Stern, 10.1.1971, S. 114.
[133] Siehe die ausführliche Schilderung im Klageentwurf von Martin Löffler vom 5.5.1971 gegen Gruner und Jahr GmbH und den Fotoreporter Robert Lebeck (Zitat S. 9), in: Pressedokumente Helmut Horten, in: Archiv der Helmut Horten Stiftung Agno.
[134] Telefonat mit Herrn Bissinger am 3.2.1971, in: Pressedokumente Helmut Horten, in: Archiv der Helmut Horten Stiftung Agno.
[135] Klageentwurf von Martin Löffler vom 5.5.1971 gegen Gruner und Jahr GmbH und den Fotoreporter Robert Lebeck, in: Pressedokumente Helmut Horten; die Interviewfassungen in: Pressedokumentation Helmut Horten, beides in: Archiv der Helmut Horten Stiftung Agno.
[136] Robert Lebeck, Neugierig auf die Welt, S. 251 f.
[137] Vgl. die Aufzeichnungen von Hans Winschuh vom 20.2.1972 für Horten, in: Pressedokumentation Helmut Horten, in: Archiv der Helmut Horten Stiftung Agno.

Anmerkungen (S. 313–320)

138 Robert Lebeck, Neugierig auf die Welt, S. 249–253.
139 Klageentwurf von Martin Löffler vom 5.5.1971 gegen Gruner und Jahr GmbH und den Fotoreporter Robert Lebeck (Zitat S. 13), in: Pressedokumente Helmut Horten, in: Archiv Helmut Horten Stiftung Agno.
140 Robert Lebeck, Neugierig auf die Welt, Zitate S. 251–253.
141 SZ, 25.3.1971.
142 Zitate aus: Manfred Bissinger, Die Helmut-Horten-Story, in: Stern, 28.3.1971, S. 52–62 und 214–217, hier S. 60.
143 Siehe die Notizen vom 13.4.1971, in: Pressedokumentation Helmut Horten, in: Archiv der Helmut Horten Stiftung Agno.
144 Schwahn, Klage auf Herausgabe sämtlicher Bilder durch Vertragsbruch, 3.4.1971, in: Pressedokumente Helmut Horten; die Interviewfassungen in: Pressedokumentation Helmut Horten, beides in: Archiv der Helmut Horten Stiftung Agno.
145 Horten an Stiefel, 15.4.1971, und Stiefel an Horten, 22.4.1971, sowie Briefentwürfe in: Pressedokumentation Helmut Horten, in: Archiv der Helmut Horten Stiftung Agno.
146 Siehe die Klageschrift der prozessbevollmächtigten Kanzlei Schön & Pflüger sowie deren Schreiben an Schwahn, 6.7.1972, in: Pressedokumentation Helmut Horten; ferner Schwahn an Pärn (Kanzlei Schön & Klüger), 12.2.1980; Urteil des Landgerichts Hamburg, 19.10.1979, S. 3f.; beide in Ordner: Stern 30/79, Archiv der Helmut Horten Stiftung Agno.
147 Robert Lebeck, Neugierig auf die Welt, S. 253.
148 Fotos Privatschrank, in: Archiv der Helmut Horten Stiftung Agno.
149 Horten und das 825-Millionen-Ding, in: konkret, 21.10.1971, S. 45.
150 Günter Wallraff/Bernt Engelmann, Ihr da oben.
151 F. C. Delius Moritat auf Helmut Hortens Angst und Ende, in: Tintenfisch 5 (1972), Jahrbuch für Literatur, hrsg. von Michael Krüger und Klaus Wagenbach, S. 32f. Für die Abdruckgenehmigung danken wir Frau Ursula Bongaerts und dem Rowohlt Verlag, bei dem das Copyright liegt. Das Gedicht ist in leicht veränderter Form derzeit erhältlich in: Friedrich Christian Delius. Unsichtbare Blitze. Ausgewählte Gedichte, Reinbek bei Hamburg 2015, S. 88–90.
152 Wolfgang Maier, Kampfansage und Ironie, in: FAZ, 28.11.1972, S. 4.
153 F. C. Delius, Ein Bankier auf der Flucht, Berlin 1981 (zuerst 1975). In dieser Ausgabe von 1981 sind zwei geschwärzte Balken abgedruckt für den Fall des Erfolgs von Hortens Antrag. Auf diese Weise verstärkte Delius die Publizität für seinen Fall noch einmal und insinuierte eine drohende Zensur. Vgl. ferner Stern, 19.7.1979, S. 122.
154 Horten gegen Lyriker, in: FAZ, 30.5.1979, S. 25. Ironisch dazu Fritz J. Raddatz, Ausverkauf bei Horten, in: Die Zeit, 1.6.1979, S. 41.
155 Vor dem Urteil, in: FAZ, 1.7.1979, S. 21.

[156] Hortens Klage gegen Moritatenautor abgewiesen, in: SZ, 14./15.7.1979, S. 9; K.w., Vorrang für Kunstfreiheit, in: FAZ, 14.7.1979, S. 19; Volker Hage, Das Urteil im Streit Horten/F. C. Delius. Im Zweifel für die Kunstfreiheit, in: FAZ, 19.7.1979, S. 19.
[157] F. C. Delius, in: FAZ, 19.4.1980, S. 26.
[158] Wsk, Gedicht vor Gericht, in: FAZ, 20.5.1980, S. 23.
[159] Uwe Wittstock, Dichter vor Gericht, in: FAZ, 8.2.1982, S. 10; Strafanzeige gegen Uwe Wittstock 16.2.1982, in Ordner: Stern 30/79, Archiv der Helmut Horten Stiftung Agno.
[160] Klarstellung, in: FAZ, 16.2.1982, S. 10; siehe die Briefwechsel und Vermerke in: Stern 30/79, Archiv der Helmut Horten Stiftung Agno.
[161] Sophia Karner-Herbrich, Geistiges Eigentum an Verbrechen, Baden-Baden 2017, S. 100f.; Wsk., F. C. Delius-Horten, in: FAZ, 11.6.1982, S. 25; Uwe Wittstock, Die Rechte der Satire, in: FAZ, 23.7.1982, S. 21.
[162] Zitat nach: Horten gegen F. C. Delius und Rotbuch-Verlag. Drei Zeilen einer Moritat, in: Der Spiegel, 6.5.1979.
[163] Stern, 19.7.1979, S. 122.
[164] Stern, 31.10.1979, S. 277.
[165] Siehe die Urteile und Schriftsätze in: Stern 30/79, Archiv der Helmut Horten Stiftung Agno.
[166] EOS, Kaufhausboß kontra DGB, in: Einheit, Nr. 12. vom 15.6.1971; Engelmann/Wallraff, Ihr da oben.
[167] Der Spiegel, 1.5.1972, S. 28.
[168] Siehe die Unterlagen in: Spiegel-Prozeß sowie in: Pressedokumente Helmut Horten – Spiegel, in: Archiv der Helmut Horten Stiftung Agno; Hausmitteilung in: Der Spiegel, 11.3.1974; Enno v. Loewenstern, Der Bundesgerichtshof rügt den „Spiegel", in: Die Welt, 24.6.1977.
[169] Siehe das Interview mit Horten in: Stern, 4.4.1971, S. 88–97.
[170] Robert Lebeck, Neugierig auf die Welt, S. 252.
[171] Freundliche Auskunft von Herrn Dr. Hellmuth Reichel am 5.4.2022.
[172] Freundliche Auskunft von Herrn Dr. Hans Georg Lerch am 5.4.2022.
[173] Erich Heck, Geburtsort des Imperiums war Duisburg, in: Duisburger Jahrbuch 1994, S. 186–189.
[174] Lebenslauf des Helmut Horten, in: 1. Deutscher Orden seit 1958, in: Archiv der Helmut Horten Stiftung Agno.
[175] Der Spiegel, 27.6.1976; Rudolf Tesmann, Helmut Horten, S. 16, in: Dossiers und Porträt Tesmann, in: Archiv der Helmut Horten Stiftung Agno.
[176] FAZ, 4.12.1987, S. 31.
[177] be., Helmut Horten †, in: SZ, 3.12.1987, S. 31; Helmut Horten im Tessin gestorben, in: Kölner Stadt-Anzeiger, 3.12.1987; Deniz Çam, Richest People in Europe, in: Forbes.com, 3.3.2016, https://www.forbes.com/sites/denizcam/2016/03/03/richest-people-in-europe/?sh=7b677b4f7ead (abgerufen am 24.11.2022).

¹⁷⁸ Banken, The Developement of Department Stores, S. 159.
¹⁷⁹ Michael Brückner/Andrea Przyklenk, Lost Brands, S. 9.

Fazit: Helmut Horten –
ein Repräsentant der „Generation Boom"

¹ Horten Aktiengesellschaft, Bericht über das Geschäftsjahr 1969 [1970], S. 7.
² J. Jürgen Jeske, Der Verlust der Mitte, in: FAZ, 11.2.1978, S. 15.
³ Ue., Horten: Die Kunden verhielten sich preisbewußter, in: FAZ, 21.6.1974, S. 19.
⁴ Horten Aktiengesellschaft, Bericht über das Geschäftsjahr 1974 [1970], S. 14.
⁵ JJ., Horten: Wir modernisieren und konsolidieren, in: FAZ, 2.6.1977, S. 13.
⁶ Ebd.; JJ., Horten: „Wir haben noch Steine vom Acker zu räumen", in: FAZ, 2.6.1978, S. 13; MV., Der „neue Horten" will Freizeitspezialist sein, in: FAZ, 3.5.1980, S. 17; Ralf Banken, The Quantitative Development of West German Department Stores 1949–2000. Data, in: Cologne Economic History Paper 2/2010.
⁷ J. Jürgen Jeske, Der Verlust der Mitte, in: FAZ, 11.2.1978, S. 15.
⁸ Bruno Tietz, Konsument und Einzelhandel. Strukturwandlungen in der Bundesrepublik Deutschland von 1970 bis 1995, Frankfurt am Main ³1983, S. 791.
⁹ Banken, The Developement of Department Stores.
¹⁰ Für einen illustrativen Überblick siehe Birgit Adam, Alles, was das Herz begehrt! Von Wunderkammern und Konsumtempeln, Hildesheim 2012.
¹¹ Vgl. Detlef Briesen, Warenhaus, Massenkonsum und Sozialmoral. Zur Geschichte der Konsumkritik im 20. Jahrhundert, Frankfurt am Main 2001.
¹² Gerhard Kratzsch, Gauwirtschaftsapparat, S. 282.
¹³ Punkt 16 des 25-Punkte-Programms der Nationalsozialistischen Deutschen Arbeiterpartei vom 24.2.1920.
¹⁴ Entsprechend ist die Forschung auch schon wesentlich weiter und ausdifferenzierter als zu Horten, vgl. zu Karg: Bähr, Johannes/Köhler, Ingo, Verfolgt, „arisiert", wiedergutgemacht?; ferner Gall, Lothar, Der Bankier. Hermann Josef Abs. Eine Biographie, München 2004; Nützenadel, Alexander, Abs, Hermann, in: NDB-online, https://www.deutsche-biographie.de/118500260.html#dbocontent (abgerufen am 02.04.2024); Bähr, Johannes/Drecoll, Axel/Gotto, Bernhard/Priemel, Kim Christian/Wixforth, Harald (Hrsg.), Der Flick-Konzern im Dritten Reich, München 2008; Frei, Norbert/Ahrens, Ralf/Osterloh, Jörg/Schanetzky, Tim, Flick. Der Konzern, die Familie, die Macht, München 2009; Priemel, Kim Christian, Flick. Eine Konzerngeschichte vom Kaiserreich bis zur Bundesrepublik, Göttingen 2007; Boelcke, Willi A., Neckermann, Josef, in: NDB-online, https://www.deutsche-biographie.de/pnd118586742.html#ndbcontent (abgerufen am 02.04.2024); Steidle, Hans, Neckermann & Co. Die Ausplünderung der Würz-

burger Juden im Dritten Reich, Würzburg 2014; Wiede, Patricia, Josef Neckermann, München 2000.

[15] Vgl. Mark Spoerer, C&A. Ein Familienunternehmen 1911–1961, München 2016.

[16] Vgl. dazu Anselm Doering-Manteuffel/Lutz Raphael, Nach dem Boom. Perspektiven auf die Zeitgeschichte seit 1970, Göttingen 2008.

Quellen- und Literaturverzeichnis

Archivalische Quellen

Archiv der Helmut Horten Stiftung, Agno/Lugano
 Beteiligungen Reinold GmbH/Helmut Horten GmbH/Gatermann/Merkur Horten/Carinthia II/Haus der Altstadt
 Deutscher Orden seit 1958
 Dokumentation Büro Dr. Ludwig über die Helmut Horten GmbH, Februar 1968
 Dossiers Tesmann Umzug Schweiz
 Dossiers und Porträt Tesmann
 Dr. Stiefel ab 1958
 Fotos Privatschrank
 Geschäftsberichte Horten 1969–1990
 Gesellschaftsvertrag 1936
 HEPLA Sekirn Kaufvertrag, Urkunden, Kaufvertrag Korrespondenz, Mobiliarverkauf, Fischereirecht, Allgemeines und Sekirn: Rechtsgrundlage
 Horten Aktien Fall Mangold
 Korrespondenz HH Familie I
 Korrespondenz HH Familie II
 Kriegsschadenregulierung_Hille
 Kriegsschadenregulierung_Hille (2. Teil)
 Kriegsschadenregulierung_Hille (3. Teil)
 Liste private Filme
 Personalakt Dr. Schwahn
 Persönliches Grüne Mappe Bilder
 Pressedokumentation Helmut Horten/Stern-Prozessführung 71
 Pressedokumente Helmut Horten
 Reinhold_Merkur_Grundschulden Duisburg
 Windisch-Graetz
Archiv des Liberalismus, Gummersbach
 Bestand Erich Mende, A 26–60
 Bestand FDP-Fraktionen, A 49–121
 Bestand Thomas Dehler, N1–3162
Archiv Deutschland Radio, Berlin
 DZ212543
 DZ105346

Archiv für Christlich-Demokratische Politik, Sankt Augustin
  10–805–011–3
Archiv für christlich-soziale Politik der Hanns-Seidel-Stiftung, München
  NL Strauß BMF: 95
  NL Strauß PV: 5611
Bayerisches Hauptstaatsarchiv, Nürnberg
  MWi 15414
  NID-13751
Berlin-Brandenburgisches Wirtschaftsarchiv, Berlin
  U2_01_I_03_52
  U2_01_I_03_53
Bildarchiv Ostpreußen, Online
  57 (Sammlung Koschwitz), ID 410
  165, ID 38439
  564 (Sammlung Schmidtke), II-105/5, ID 120780
Bundesarchiv, Bayreuth
  Ost-Dok 10/353
  ZLA_1_15279601
  ZLA_1_15580362
Bundesarchiv, Berlin-Lichterfelde
  R 3101/33302
  R 4901/13266
  R 8121–406, Teil 1
  R 8121–406, Teil 2
  R 8135–5190
  R 8135–7385
  R 9361-VII KARTEI /108_2572
  R 9361-VIII KARTEI / 12510790
  R 9361-IX KARTEI / 16991372
Bundesarchiv, Koblenz
  B 326–1686
  B 326–1691
  N1314/301
  N1369/1649
  R 8-II/63
  Z 42 IV 1909d und 1909e
Historisches Archiv der Commerzbank/Dresdner Bank, Frankfurt am Main
  500–13997–2000
  500–29953–2001
  HAC-1/169/I
  HAC-500/115570
  HAC-S1–414

Korrespondenz des Gutachters
Korrespondenz des Gutachters mit Elena Gómes Sanchéz, Stellvertretende Leiterin des Forschungsbereichs für Materialkunde, Deutsches Bergbaumuseum Bochum, 4. 3. 2021
Historisches Archiv der Deutschen Bank, Frankfurt am Main
   HADB 34/6
   HADB ZA47/547
National Archives, London
   FO 945/777
   FO 1013/497
   FO 1032/1055
   FO 1060/1161
   FO 1060/2546
   FO 1060/4042
   FO 1060/4043
NIOD Instituut voor Oorlogs-, Holocaust- en Genocidestudies Amsterdam
   077–952-Generalkommissariat für das Sicherheitswesen (Höhere Polizeiführer Nord-West)
   094f-1332 Collectie Dossiers
Landesarchiv NRW, Duisburg
   11–203–9468
   11–205–9470
   BR 366, Nr. 11–260–9525
   BR 1169 3455
   BR 1169 3948
   NW 0346 00138
   NW 871–9119
   NW 1004-G 43, 577
   OE-612–83
   OE-612–84
   Rep. 196–382
   Rep. 196–436
   Rep. 196–437
   Rep. 196–438
   Rep. 196–439
   Rep. 196–440
   Rep. 196–479
   Rep. 196–1172
Landesarchiv NRW, Münster
   11–260–9525
   L334 Gelsenkirchen, Ämter für gesperrte Vermögen Kreisamt Gelsenkirchen, Nr. 161

L355, Ämter für gesperrte Vermögen, Kreisamt Wattenscheid, Nr. 9 und Nr. 151
Q_121_1328, Staatsarchiv Münster Rückerstattungen
S_010_261, Gauleitung Westfalen-Süd, Gauwirtschaftsberater, Nr. 261
S_010_262, Gauleitung Westfalen-Süd, Gauwirtschaftsberater, Nr. 262
S_010_263, Gauleitung Westfalen-Süd, Gauwirtschaftsberater, Nr. 263
Leo Baeck Institute, New York
  Sys. Nr. 000193236, AR 14 Conitzer Collection
Rheinisch-Westfälisches Wirtschaftsarchiv Köln
  RWWA 285-15-1
  RWWA 562-127-2
  RWWA 562-134-7
  RWWA 562-169-2
  RWWA OT-04-22
Schweizerisches Bundesarchiv, Bern
  E2200.32-02#1975/28#84
Süddeutsches Archiv für Architektur und Ingenieurwesen, Karlsruhe
  Egon Eiermann-Warenhaus Merkur Heidenheim 1951–57-Altes Projekt
  Egon Eiermann, Warenhaus Merkur Stuttgart, Schriftwechsel A–E
  Stuttgart, Kaufhaus Merkur, EE-#098-VP-C
Staatsarchiv, Nürnberg
  NID-13751
  NID-13770
  WB IIIa 4497
Stadtarchiv, Amsterdam
  422 Ingekomen en kopieën van uitgaande stukken met de N.A.G.U.
  443 Stukken betreffende de afwikkeling met de N.V. ‚Handelstrust West', 1945–1956
  539 Inventaris van het Archief van de Modemagazijnen Gebroeders Gerzon N.V.
Stadtarchiv, Bielefeld
  Bestand 104–001–03219/Firma Kurt Opitz
  Bestand 210–61/Firma Kurt Opitz, Nr. 1 und 2
Stadtarchiv, Bochum
  WAT 3502
  WAT 3929
Stadtarchiv, Děčín (Tetschen)
  Inv. č. 291, kar 67
  Inv. č. 481, kar 183
Stadtarchiv, Duisburg
  060–789
  101–181

181–284
203–4228–2
203–4882–1
800–1907
Foto Nr. 26_3622
Foto Nr. 61_00180
Foto Nr. 61_00201
Wiedergutmachungsakten 506/ 00829
Stadtarchiv, Düsseldorf
StAD-0-1-4-1855
Stadtarchiv, Gevelsberg
Karteikarte Stadt Gevelsberg, 17-08-53, Stadtarchiv Gevelsberg
Stadtarchiv, Malbork
Bestand 9_61_0_0_71
Stadtarchiv, Łódź
Korespondencja z urzędami, instytucjami i firmami. Lit. Ra-Rek, sygn. 29433
Stadtarchiv und Museum Neukölln, Berlin
Bauakten Stadt Neukölln
Westfälisches Wirtschaftsarchiv, Dortmund
Geschäftsberichte 1954 und 1957

Zeitungen und Zeitschriften

Augsburger Allgemeine
Baukunst und Werkform
Blick
Bunte
Bonner General-Anzeiger
Bundesgesetzblatt I
Capital
Das interessante Blatt
Der Einblick
Der neue Tag
Der Spiegel
Der Standard
Der Volkswirt
Deutsche Bauzeitung
Die Presse
Die Welt
Die Zeit

Duisburger General-Anzeiger
Falter
Frankfurter Allgemeine Zeitung (FAZ)
Frankfurter Rundschau
General-Anzeiger für Bonn und Umgebend
Gevelsberger Zeitung
Handelsblatt
Honnefer Volkszeitung
Immobilien Zeitung
Industriekurier
Jüdische Wochenpost
Kleine Zeitung
Kölner Lokal-Anzeiger
Kölner Stadt-Anzeiger
Kölnische Zeitung
konkret
Konstanzer Südkurier
Lokalkompass Schwelm
Munzinger. Internationales Biographisches Archiv
Neue Osnabrücker Zeitung
Neues Österreich
New York Times
Profil
Reichsgesetzblatt I
Rheinische Post
Rhein- und Ruhrzeitung
Süddeutsche Zeitung (SZ)
Stern
Weekend.at
Westfälische Allgemeine Zeitung
Wiener Zeitung
Wittener Volkswacht/Märkisches Tageblatt

Quellen- und Literaturverzeichnis

Publizierte Quellen und Literatur

25-Punkte-Programm der Nationalsozialistischen Deutschen Arbeiterpartei (24.2.1920), in: documentArchiv.de, http://www.documentArchiv.de/wr/1920/nsdap-programm.html (alle Links zuletzt abgerufen am 22.6.2023).

Abelshauser, Werner, Deutsche Wirtschaftsgeschichte. Von 1945 bis zur Gegenwart, München ²2011.

Abkommen betreffend die Gesetze und Gebräuche des Landkrieges [Haager Landkriegsordnung], in: RGBl 1910 vom 18.10.1907, S. 107–151, zitiert nach: Bayerische Staatsbibliothek (Hrsg.), 100(0) Schlüsseldokumente, https://www.1000dokumente.de/index.html?c=dokument_de&dokument=0201_haa&object=translation&l=de.

Adam, Birgit, Alles, was das Herz begehrt! Von Wunderkammern und Konsumtempeln, Hildesheim 2012.

Ahlheim, Hannah, „Deutsche, kauft nicht bei Juden!". Antisemitismus und politischer Boykott in Deutschland 1924 bis 1935, Göttingen 2011.

Ahrens, Ralf, Der Exempelkandidat. Die Dresdner Bank und der Nürnberger Prozess gegen Karl Rasche, in: Vierteljahrshefte für Zeitgeschichte 52 (2004), S. 637–670.

Ahrens, Ralf/Köhler, Ingo/Wixforth, Harald/Ziegler, Dieter, Die Dresdner Bank 1945–1957. Konsequenzen und Kontinuitäten nach dem Ende des NS-Regimes, München 2007.

Aly, Götz, Hitlers Volksstaat. Raub, Rassenkrieg und nationaler Sozialismus, Frankfurt am Main 2005.

„Amalie Lauter", in: Institut Terezínské iniciativy, Opferdatenbank, 20.8.2019, https://www.holocaust.cz/de/opferdatenbank/opfer/20380-amalie-lauter/.

Arolsen Archives. International Center on Nazi Persecution (Hrsg.), Verwaltungsamt für innere Restitutionen, Stadthagen, Bad Arolsen 2010, https://findmittel.its-arolsen.org/PR1/.

Averdunk, Heinrich/Ring, Walter, Geschichte der Stadt Duisburg, Duisburg 1949.

Bähr, Johannes, Die Dresdner Bank in der Wirtschaft des Dritten Reichs, München 2006.

Bähr, Johannes/Drecoll, Axel/Gotto, Bernhard/Priemel, Kim Christian/Wixforth, Harald, Der Flick-Konzern im Dritten Reich, München 2008.

Bähr, Johannes/Köhler, Ingo, Verfolgt, „arisiert" und wiedergutgemacht. Wie aus dem Warenhauskonzern Hermann Tietz Hertie wurde, München 2023.

Bajohr, Frank, „Arisierung" als gesellschaftlicher Prozeß. Verhalten, Strategien und Handlungsspielräume jüdischer Eigentümer und „arischer" Erwerber, in: Wojak, Irmtrud/Hayes, Peter (Hrsg.), „Arisierung" im Nationalsozialismus. Volksgemeinschaft, Raub und Gedächtnis, Frankfurt am Main 2000, S. 15–30.

Ders., Parvenüs und Profiteure. Korruption in der NS-Zeit, Frankfurt am Main 2001.

Balder, Uwe, Kleidung zwischen Konjunktur und Krise. Eine Branchengeschichte des deutschen Textileinzelhandels 1914 bis 1961, Stuttgart 2010, S. 602–606.

Bandermann, Kay, Helmut Horten (Todestag 30.12.1987), in: WDR ZeitZeichen Manuskripte, 30.11.2017, https://www1.wdr.de/mediathek/audio/zeitzeichen/audio-helmut-horten-unternehmertodestag-102.html.

Banken, Ralf, „Everything that exists in Capitalism can be found in the Department Store". The Development of Department Stores in the Federal Republic of Germany, 1949–2000, in: Jessen, Ralph/Langer, Lydia (Hrsg.), Transformations of Retailing in Europe after 1945, Aldershot 2012, S. 147–162.

Ders., The Quantitative Development of West German Department Stores 1949–2000. Data, in: Cologne Economic History Paper 2/2010.

Barkai, Avraham, Vom Boykott zur „Entjudung". Der wirtschaftliche Existenzkampf der Juden im Dritten Reich 1933–1943, Frankfurt am Main 1988.

Ders., Der wirtschaftliche Existenzkampf der Juden im Dritten Reich, in: Paucker, Arnold/Gilchrist, Sylvia/Suchy, Barbara (Hrsg.), Die Juden im Nationalsozialistischen Deutschland 1933–1943 / The Jews in Nazi Germany 1933–1943, Tübingen 1986, S. 153–166.

Baumhauer, Julia, Die kleine Geschichte des Warenhauses Hirsch, Potsdam 2000.

Banking and Monetary Statistics, No. 173 – Foreign Exchange Rates, by Countries, Monthly, zitiert nach: Nathan Lewis, New World Economics, https://newworldeconomics.com//wp-content/uploads/2017/01/Foreign-Exchange-Rates-1914-1941.pdf.

Becker, Bert, Georg Michaelis. Preußischer Beamter, Reichskanzler, christlicher Reformer 1857–1936. Eine Biographie, Paderborn 2007.

Bertram, Matthias, Ein Tag, der alles änderte. 13. März 1933, Bonn, Wilhelmstr. Wendungen & Windungen. Ein Familienleben im braunen Bonn, Düren 2020.

BFH, Urteil vom 26.1.1977, VIII R 109/75, in: BStBl II 1977, S. 283.

Blum, Kevin, Die Anwendung des §6 Außensteuergesetz (AStG) zur Wegzugsbesteuerung natürlicher Personen, Sternenfels 2015.

Boelcke, Willi A., Neckermann, Josef, in: NDB-online, https://www.deutsche-biographie.de/pnd118586742.html#ndbcontent (abgerufen am 2.4.2024).

Brakelmann, Günter, Zwischen Mitschuld und Widerstand. Fritz Thyssen und der Nationalsozialismus, Essen 2010.

Briesen, Detlef, Warenhaus, Massenkonsum und Sozialmoral. Zur Geschichte der Konsumkritik im 20. Jahrhundert, Frankfurt am Main 2001.

Brückner, Michael/Przyklenk, Andrea, Lost Brands – vom Aufstieg und Niedergang starker Marken. Warum „too big to fail" nicht mal für Traditionsmarken gilt, Wiesbaden 2013.

Brückner, Florian, Gesetz Nr. 52 und die Entstehung der Ämter für Vermögenskontrolle, in: Reintegration, Schuldzuweisung und Entschädigung, 17.11.2019, https://ns-kontinuitäten-bw.de/2019/11/17/gesetz-nr-52-und-die-entstehung-der-aemter-fuer-vermoegenskontrolle/.

Buchheim, Christoph, Der Mythos vom „Wohlleben". Der Lebensstandard der deutschen Zivilbevölkerung im Zweiten Weltkrieg, in: Vierteljahrshefte für Zeitgeschichte 3 (2010), S. 299–328, hier S. 306.

Ders., Die Währungsreform 1948 in Westdeutschland, in: Vierteljahrshefte für Zeitgeschichte 36 (1988), S. 189–231.

Bülkow, Ludwig, Ein Jahrhundert Flugzeuge. Geschichte und Technik des Fliegens, Düsseldorf 2013.

Çam, Deniz, Richest People in Europe, in: Forbes.com, 3.3.2016, https://www.forbes.com/sites/denizcam/2016/03/03/richest-people-in-europe/?sh=7b677b4f7ead.

Delius, Friedrich Christian, Moritat auf Helmut Hortens Angst und Ende, in: Tintenfisch 5 (1972). Jahrbuch für Literatur, hrsg. von Michael Krüger und Klaus Wagenbach.

Ders., Ein Bankier auf der Flucht, Berlin 1981.

Ders., Unsichtbare Blitze. Ausgewählte Gedichte, Reinbek bei Hamburg 2015.

Dennerlein, Brigitta/Eggert, Wolfgang/Minter, Steffen, Einheitswert, in: Gabler Wirtschaftslexikon 19.2.2018, https://wirtschaftslexikon.gabler.de/definition/einheitswert-34458/version-257960.

Deutsches Zentrum Kulturgutverluste – Stiftung des bürgerlichen Rechts (Hrsg.), Beratende Kommission im Zusammenhang mit der Rückgabe NS-verfolgungsbedingt entzogenen Kulturguts, insbesondere aus jüdischem Besitz, Empfehlung der Beratenden Kommission in der Sache Erben nach Kurt und Else Grawl ./. Landeshauptstadt Düsseldorf, 26.3.2021, https://www.beratende-kommission.de/de/empfehlungen/grawi-landeshauptstadt-duesseldorf#s-grawi-landeshauptstadt-duesseldorf.

Dreßen, Wolfgang, Betrifft „Aktion 3". Deutsche verwerten jüdische Nachbarn. Dokumente zur Arisierung, Berlin 1998.

Doering-Manteuffel, Anselm/Raphael, Lutz, Nach dem Boom. Perspektiven auf die Zeitgeschichte seit 1970, Göttingen 2008.

Dokumentationszentrum NS-Zwangsarbeit, Liste der Zwangsarbeitslager, https://www.ns-zwangsarbeit.de/de/recherche/lagerdatenbank/.

Eglau, Hans-Otto, Die Kasse muss stimmen. So hatten sie Erfolg im Handel. Von der Kleiderdynastie Brenninkmeyer über die Discountbrüder Albrecht bis zur Sexversenderin Beate Uhse, Düsseldorf 1972.

Engelmann, Bernt, Wir sind wieder wer, München 1981.

Ders./Günter Wallraff, Ihr da oben – wir da unten, Köln 1973.

Fieguth, Gustav, Marienburg 1945. Kampf um Stadt und Burg. Zeitzeugen-Berichte, München 1985.

Finger, Jürgen/Keller, Sven/Wirsching, Andreas, Dr. Oetker und der NS. Geschichte eines Familienunternehmens 1933–1945, München 2013.
Frei, Norbert/Ahrens, Ralf/Osterloh, Jörg/Schanetzky, Tim, Flick. Der Konzern, die Familie, die Macht, München 2009.
Fuchs, Konrad, Ein Konzern aus Sachsen. Das Kaufhaus Schocken als Spiegelbild deutscher Wirtschaft und Politik 1901 bis 1953, Stuttgart 1990.
Gall, Lothar, Der Bankier. Hermann Josef Abs. Eine Biographie, München 2004.
Genschel, Helmut, Die Verdrängung der Juden aus der Wirtschaft im Dritten Reich, Göttingen 1966.
Goergen, Fritz, Skandal FDP. Selbstdarsteller und Geschäftemacher zerstören eine politische Idee, Köln 2004.
Goschler, Constantin, Wiedergutmachung. Westdeutschland und die Verfolgten des Nationalsozialismus 1945–1954, München 1992.
Ders., Schuld und Schulden. Die Politik der Wiedergutmachung für NS-Verfolgte seit 1945, Göttingen 2008.
Ders., Wiedergutmachungspolitik – Schulden, Schuld und Entschädigung, in: Reichel, Peter/Schmid, Harald/Steinbach, Peter (Hrsg.), Der Nationalsozialismus – Die zweite Geschichte. Überwindung – Deutung – Erinnerung, München 2009, S. 62–84.
Handreichung zur Umsetzung der „Erklärung der Bundesregierung, der Länder und der kommunalen Spitzenverbände zur Auffindung und zur Rückgabe NS-verfolgungsbedingt entzogenen Kulturgutes, insbesondere aus jüdischem Besitz" vom Dezember 1999.
Hayes, Peter, Industry and Ideology. I.G. Farben in the Nazi Era, Cambridge 1993.
Heck, Erich, Geburtsort des Imperiums war Duisburg, in: Duisburger Jahrbuch 1994, S. 186–189.
Heidi Horten Collection, https://hortencollection.com/.
Helmut Horten Stiftung, https://www.helmut-horten-stiftung.org/.
Henke, Klaus-Dietmar, Die Grenzen der politischen Säuberung – Deutschland nach 1945, in: Herbst, Ludolf (Hrsg.), Westdeutschland 1945–1955. Unterwerfung, Kontrolle, Integration, München 1986, S. 127–133.
Henke, Klaus-Dietmar, Die Dresdner Bank 1933–1945. Ökonomische Rationalität, Regimenähe, Mittäterschaft, München 2006.
Henkel, Gabriele, Die Zeit ist ein Augenblick, Erinnerungen, München [4]2017.
Hennerkes, Brun-Hagen, Die Familie und ihr Unternehmen. Strategie, Liquidität, Kontrolle, Frankfurt am Main/New York 2004.
Hepp, Michael, Deutsche Bank, Dresdner Bank. Erlöse aus Raub, Enteignung und Zwangsarbeit 1933–1945, in: Zeitschrift für Sozialgeschichte des 20. und 21. Jahrhunderts 15 (1999), S. 64–116.
Hermes, Jakob, Die Kempener Kaufmannssippe Horten, in: Heimatbuch des Kreises Kempen-Krefeld 19 (1968).

Ders., Das alte Kempen. Eine Stadt im Spiegel der Jahrhunderte, Krefeld 1982.
Hilberg, Raul, Die Vernichtung der europäischen Juden, Band 1 und 2, Frankfurt am Main 1982.
Hockerts, Hans Günter, Anwälte der Verfolgten. Die United Restitution Organization, in: Herbst, Ludolf/Goschler, Constantin (Hrsg.), Wiedergutmachung in der Bundesrepublik Deutschland, München 1989, S. 249–271.
Hoeres, Peter, Außenpolitik und Öffentlichkeit. Massenmedien, Meinungsforschung und Arkanpolitik in den deutsch-amerikanischen Beziehungen 1963–1974, München 2013.
Ders./Kutzner, Maximilian, Gutachten über den Vermögens- und Geschäftsaufbau von Helmut Horten im Kontext der „Arisierung" in der Zeit des „Dritten Reiches", https://www.helmut-horten-stiftung.org/fileadmin/user_upload/Dokumente/Helmut-Horten-Stiftung_Gutachten_Horten.pdf.
Höper, Wolfgang E., Asbest in der Moderne. Industrielle Produktion, Verarbeitung, Verbot, Substitution und Entsorgung, Münster 2008.
Horten Aktiengesellschaft, Bericht über das Geschäftsjahr 1969 [1970].
Horten AG (Hrsg.), 1936–1986. 50 Jahre Horten, Ein Warenhauskonzern auf dem Weg in die Zukunft, Düsseldorf 1986.
Horten, Franz Carl Alphons, in: „Akten der Reichskanzlei. Weimarer Republik" online https://www.bundesarchiv.de/akten reichskanzlei/1919-1933/0000/adr/adrhl/kap1_1/para2_338.html.
Husslein-Arco, Agnes, Heidi Goëss-Horten. Annäherungen an eine Biografie, in: Look, hrsg. von Agnes Husslein-Arco für die Heidi Horten Collection, Wien 2022, S. 308–316.
James, Harold, Die Deutsche Bank im Dritten Reich, München 2003.
Ders./Avraham Barkai, Die Deutsche Bank und die „Arisierung", München 2001.
Jungblut, Michael, Die Reichen und Superreichen in Deutschland, Hamburg 1971.
Karner-Herbrich, Sophia, Geistiges Eigentum an Verbrechen, Baden-Baden 2017.
Kessels, Jan A. W., Het Huis Gerzon, geschiedenis van een modehuis 1894–1964, Amsterdam 1964, zitiert nach: Joods Amsterdam (Hrsg.), Gerzon, 1.5.2016, https://www.joodsamsterdam.nl/gerzon/.
Kittel, Manfred, Stiefkinder des Wirtschaftswunders? Die deutschen Ostvertriebenen und die Politik des Lastenausgleichs (1952 bis 1975), Düsseldorf 2020.
Kleining, Jochen, M. Kempinski & Co. Die „Arisierung" eines Berliner Traditionsunternehmens, Hamburg 2008.
Koch, Anne-Katrin, Werbebotschafter auf der Straße. Die Tüte und die Kunst, in: Kunst-Medien-Ästhetik 4 (2012), S. 1–14.
Koch, Peter-Ferdinand (Hrsg.), Die Dresdner Bank und der Reichsführer-SS, Hamburg 1987.

Koerfer, Daniel, Kampf ums Kanzleramt. Erhard und Adenauer, Stuttgart 1987.
Köhler, Ingo, Die „Arisierung" der Privatbanken im Dritten Reich, Verdrängung, Ausschaltung und die Frage der Wiedergutmachung, München 2005.
Kontrollratsdirektive Nr. 24. Entfernung von Nationalsozialisten und Personen, die den Bestrebungen der Alliierten feindlich gegenüberstehen, aus Ämtern und verantwortlichen Stellungen vom 12. Januar 1946, in: Amtsblatt des Kontrollrats in Deutschland, zitiert nach: Die Verfassungen Deutschlands, 7.5. 2004–7.6. 2004, http://www.verfassungen.de/de45-49/kr-direktive24.htm.
Kopper, Christopher, Handel und Verkehr im 20. Jahrhundert, München 2002.
Kratzsch, Gerhard, Der Gauwirtschaftsapparat der NSDAP. Menschenführung – „Arisierung" – Wehrwirtschaft im Gau Westfalen-Süd, Münster 1989.
Ders., Das wirtschaftspolitische Gauamt. Der Gauwirtschaftsberater, in: John, Jürgen/Möller, Horst/Schaarschmidt, Thomas (Hrsg.), Die NS-Gaue. Regionale Mittelinstanzen im zentralistischen „Führerstaat", München 2007, S. 218–233.
Krone, Heinrich, Tagebücher, Zweiter Band: 1961–1966, bearbeitet von Hans-Otto Kleinmann, Düsseldorf 2003.
Kuller, Christiane, Bürokratie und Verbrechen. Antisemitische Finanzpolitik und Verwaltungspraxis im nationalsozialistischen Deutschland, München 2013.
Lastenausgleichsgesetz (LAG), https://www.gesetze-im-internet.de/lag/BJNR004460952.html.
Lauschke, Karl, Strategien ökonomischer Krisenbewältigung. Die Textilindustrie im Westmünsterland und in Oberfranken 1945 bis 1975, in: Thomas Schlemmer/Hans Woller (Hrsg.), Bayern im Bund Band 3. Politik und Kultur im föderativen Staat 1949 bis 1973, München 2004, S. 195–280.
Lebeck, Robert, Neugierig auf Welt. Ein Selbstporträt mit Harald Willenbrock, Göttingen 2004.
Lenz, Rudolf, Karstadt. Ein deutscher Warenhauskonzern 1920–1950, Stuttgart 1995.
Lillteicher, Jürgen, Raub, Recht und Restitution. Die Rückerstattung jüdischen Eigentums in der frühen Bundesrepublik, Göttingen 2007.
Lindner, Stephan H., Aufrüstung – Ausbeutung – Auschwitz. Eine Geschichte des I.G. Farben-Prozesses, Göttingen 2020.
Ludwig, Johannes, Boykott, Enteignung, Mord. Die „Entjudung" der deutschen Wirtschaft, Hamburg 1989.
Magistrat der Stadt Bielefeld, Das Kaufhaus S. Alsberg & Co. in Bielefeld, in: ders. (Hrsg.), Das Buch der Stadt, Bielefeld 1926, S. 566–572.
Manthe, Barbara, Richter in der nationalsozialistischen Kriegsgesellschaft. Beruflicher und privater Alltag von Richtern des Oberlandesgerichtsbezirks Köln, 1939–1945, Tübingen 2013.
Maria Sibylla Merian-Gesamtschule, Projektarbeit im Stadtarchiv Bochum, Zur Erinnerung an Alfred Hess aus Bochum-Wattenscheid, Stolpersteinprojekt

2016, https://www.bochum.de/C125830C0042AB74/vwContentByKey/W2 AQCBPX943BOCMDE/$FILE/223_Hess_Alfred.pdf.
Meindl, Ralf, Ostpreußens Gauleiter. Erich Koch – eine politische Biographie, Osnabrück 2007.
Mende, Erich, Die neue Freiheit. Zeuge der Zeit 1945–1961, Bergisch-Gladbach 1986.
Möller, Horst, Franz Josef Strauß. Herrscher und Rebell, München/Berlin 2016.
Neckermann, Josef, Erinnerungen. Aufgezeichnet von Karin Weingart und Harvey T. Rowe, Frankfurt am Main 1990.
Niezel, Benno, Handeln und Überleben. Jüdische Unternehmer aus Frankfurt am Main 1924–1964, Göttingen 2012.
Nützenadel, Alexander, Abs, Hermann, in: NDB-online, https://www.deutsche-biographie.de/118500260.html#dbocontent (abgerufen am 2.4.2024).
Overmans, Rüdiger, Die Kriegsgefangenenpolitik des Deutschen Reiches 1939 bis 1945, in: Echternkamp, Jörg (Hrsg.), Die Deutsche Kriegsgesellschaft 1939–1945. Zweiter Halbband: Ausbeutung, Deutungen, Ausgrenzung, München 2005, S. 729–875.
Paul, Wolfgang, Der Weg zur Horten Aktiengesellschaft, Düsseldorf 1969, ohne Paginierung.
Priemel, Kim Christian, Flick. Eine Konzerngeschichte vom Kaiserreich bis zur Bundesrepublik, Göttingen 2007.
Prochnow, Helmut, Es war einmal. Der Flugplatz Johannisthal, Berlin 2021.
Pritzkoleit, Kurt, Die neuen Herren. Die Mächtigen in Staat und Wirtschaft, München 1955.
Rath, Jochen, Arisierung und Zerstörung von Geschäften, in: Johannes Kistenich (Hrsg.), 9.11.1938 – Reichspogromnacht in Ostwestfalen-Lippe, Detmold 2008, S. 12–15.
Rathkolb, Oliver, Zwangsarbeiter in der Industrie, in: Echternkamp, Jörg (Hrsg.), Die Deutsche Kriegsgesellschaft 1939–1945. Zweiter Halbband: Ausbeutung, Deutungen, Ausgrenzung, München 2005, S. 667–724.
Reichel, Peter, Vergangenheitsbewältigung in Deutschland. Die Auseinandersetzung mit der NS-Diktatur in Politik und Justiz, München 2007.
Roden, Günter von/Vogedes, Rita, Geschichte der Duisburger Juden, Duisburg 1986.
Rooch, Alarich, Warenhäuser: Inszenierungsräume der Konsumkultur. Von der Jahrhundertwende bis 1930, in: Plumpe, Werner/Lesczenskil, Jörg (Hrsg.), Bürgertum und Bürgerlichkeit zwischen Kaiserreich und Nationalsozialismus, Mainz 2009, S. 17–30.
Rosenberger, Werner, Die Villen vom Wörthersee. Wenn Häuser Geschichten erzählen, Wien 2022.

Sattler, Friederike, Der Handelstrust West in den Niederlanden, in: Wixforth, Harald (Hrsg.), Die Expansion der Dresdner Bank in Europa, München 2006, S. 682–791.

Schanetzky, Tim, „Kanonen statt Butter". Wirtschaft und Konsum im Dritten Reich, München 2015.

Scheel, Walter, TV-Interview, in: Aktuelle Stunde, 9.11.1984, in: WDR Media Group Archiv Köln.

Schilling, Jörg, Vom Screen zum Eierkarton – Die Amerikanisierung der Kaufhausarchitektur um 1960, in: Köth, Anke/Krauskopf, Kai/Schwarting, Andreas/Lippert, Hans Georg (Hrsg.), Building America. Eine große Erzählung, Dresden 2008, S. 139–168.

Schmitt, Günter, Als die Oldtimer flogen. Die Geschichte des Flugplatzes Johannisthal, Berlin 1980.

Schnaus, Julia, Kleidung zieht jeden an. Die deutsche Bekleidungsindustrie 1918 bis 1973, Berlin 2017.

Schollwer, Wolfgang, Liberale Opposition gegen Adenauer. Aufzeichnungen 1957–1961, hrsg. von Monika Faßbender, München 1990,

Schüler-Springorum, Stefanie, Die jüdische Minderheit in Königsberg/Preußen, 1871–1945, Göttingen 1996.

Sh., Helmut Horten. Gestalter modernen Einzelhandels, in: Burkhard, Wolfgang (Hrsg.), Niederrheinische Unternehmer. 111 Persönlichkeiten und ihr Werk, Duisburg 1990, S. 250–252.

Siekmeier, Mathias, Restauration oder Reform? Die FDP in den sechziger Jahren – Deutschland- und Ostpolitik zwischen Wiedervereinigung und Entspannung, Köln 1998.

Simon, Sabine, Schreiterer & Below. Ein Kölner Architekturbüro zwischen Historismus und Moderne, Mainz 1999.

Spoerer, Mark, C&A. Ein Familienunternehmen 1911–1961, München 2016.

Stamp, Friedrich, Zwangsarbeit in der Metallindustrie 1939–1945. Das Beispiel Mecklenburg-Vorpommern. Eine Studie im Auftrag der Otto Brenner Stiftung, Berlin 2001.

Steidle, Hans, Neckermann & Co. Die Ausplünderung der Würzburger Juden im Dritten Reich, Würzburg 2014.

Stengel, Katharina (Hrsg.), Vor der Vernichtung. Die staatliche Enteignung der Juden im Nationalsozialismus, Frankfurt am Main 2007.

Stephan, Stéphanie, Politisch unzuverlässig. Unbeugsam gegen perfide NS-Netzwerke. Eine biographische Spurensuche, München 2022.

Strauß, Franz Josef, Die Erinnerungen, Berlin 1989.

Sudrow, Anne, Der Schuh im Nationalsozialismus. Eine Produktgeschichte im deutsch-britisch-amerikanischen Vergleich, Göttingen 2010.

Tappe, Rolf/Manfred Tietz, Tatort Duisburg 1933–1945. Band II: Widerstand und Verfolgung im Nationalsozialismus, Augsburg 1993.

Quellen- und Literaturverzeichnis

Telefonbuch der Stadt Köln, 1925.
Telefonbuch der Stadt Köln, 1941.
Tietz, Bruno, Konsument und Einzelhandel. Strukturwandlungen in der Bundesrepublik Deutschland von 1970 bis 1995, Frankfurt am Main ³1983.
Til, Barbara, Stiftung Museum Kunstpalast Düsseldorf, Provenienzrecherche Franz Marc, Füchse, 1913, September 2015–April 2016, https://www.kulturgutverluste.de/Content/03_Forschungsfoerderung/Projekt/Stiftung-Museum-Kunstpalast-Duesseldorf/Projekt4.html.
Uhlig, Heinrich, Die Warenhäuser im Dritten Reich, Köln-Opladen 1956.
VG Berlin, Urteil vom 10.12.2007, AZ 22 A 56.06, https://openjur.de/u/277146.html.
Video „Bimbes – Die schwarzen Kassen des Helmut Kohl" – Reportage & Dokumentation, in: Das Erste. 5. Dezember 2017.
Vogt, Adolf, „Werwölfe hinter Stacheldraht." Das Internierungscamp Recklinghausen-Hillerheide (1945–1948), in: Vestische Zeitschrift 94/95/96 (1995–1997), S. 395–471.
Volmer-Naumann, Julia, „Betrifft: Wiedergutmachung". Entschädigung als Verwaltungsakt am Beispiel Nordrhein-Westfalen, in: Fritsche, Christiane/Paulmann, Johannes (Hrsg.), „Arisierung" und „Wiedergutmachung" in deutschen Städten, Köln 2014, S. 335–361.
Waschu, Walter, Der Conitzer-Konzern und seine Anschlusshäuser, Berlin 1930.
Werner, Frank, Die Vorgeschichte eines architektonischen Scheiterns, in: Der Architekt 7 (1993), S. 382–385.
Wiede, Patricia, Josef Neckermann, München 2000.
Willoweit, Gerhard, Die Wirtschaftsgeschichte des Memelgebietes, Köln 1968, Band 2.
Wista Management GmbH (Hrsg.), 100 Jahre Innovation aus Adlershof. Wiege der Motorluftfahrt, Berlin 2009.
Wixforth, Harald/Osterloh, Jörg, Die Dresdner Bank im Protektorat Böhmen und Mähren, in: Wixforth, Harald (Hrsg.), Die Expansion der Dresdner Bank in Europa, München 2006, S. 55–394.
Wojak, Irmtrud/Hayes, Peter (Hrsg.), „Arisierung" im Nationalsozialismus. Volksgemeinschaft, Raub und Gedächtnis, Frankfurt am Main 2000.
Veszelits, Thomas, Die Neckermanns. Licht und Schatten einer deutschen Unternehmerfamilie, Frankfurt am Main 2005.
Yad Vashem (Hrsg.), The Central Database of Shoah Victims' Names, „Alfred Rix", https://yvng.yadvashem.org/nameDetails.html?itemId=606529.
Ziegler, Dieter, Die Dresdner Bank und die deutschen Juden, München 2006.
Ziegler, Dieter, Erosion der Kaufmannsmoral. „Arisierung", Raub und Expansion, in: Frei, Norbert/Schanetzky, Tim, Unternehmen im Nationalsozialismus. Zur Historisierung einer Forschungskonjunktur, Göttingen 2010, S. 156–168.

Quellen- und Literaturverzeichnis

Zola, Émile, Paradies der Damen, aus dem Französischen übersetzt von Hilda Westphal, Frankfurt am Main 2004.

Abbildungsnachweis

S. 9, 186–188: Stiftung Rheinisch-Westfälisches Wirtschaftsarchiv zu Köln (RWWA)
S. 23, 176, 183, 302: Fotos Privatschrank, Archiv der Helmut Horten Stiftung Agno
S. 49: gemeinfrei / Zeitungsportal NRW
S. 55: Historisches GEO Portal der Stadt Duisburg, https://geoportal.duisburg.de/geoportal/historisches_portal/# (abgerufen am 12.6.2023)
S. 60: Stadtarchiv Duisburg, Foto 61_00201
S. 64: S_010_263, Gauleitung Westfalen-Süd, Gauwirtschaftsberater, Nr. 263, Landesarchiv NRW Münster
S. 78: gemeinfrei / Wikimedia Commons
S. 223: Heidi Horten Collection Wien, Foto: Inge Osswald
S. 239: Wikimedia Commons, Foto: Wolfgang Meinhart, Hamburg (CC BY-SA 3.0)
S. 246, 247: Peter Hoeres
S. 262, 293: Reportage für den Stern, 1971, Foto: Heidi Horten Collection Wien / Archiv Robert Lebeck
S. 263: Sabina Sakoh / Oliver Strupp
S. 289, 295: Heidi Horten Collection Wien/Archiv Liselotte Strelow, Bonn
S. 291: Heidi Horten Collection Wien/Studio Angermaier, Wien
S. 324: Wikimedia Commons / Johann Jaritz / CC BY-SA 4.0
S. 325: Peter Hoeres

Personenregister

Der Name „Helmut Horten" wurde nicht in das Personenregister aufgenommen.

Abs, Hermann-Josef 218, 254, 337–340
Adenauer, Konrad 27, 256–260, 337, 340
Alexander, Alfred 77, 79f., 159–161, 368
Arndt, Helene 51f., 130, 137, 139
Arnold, Karl 256
Augstein, Rudolf 260
Augustin, Martin 174

Bacon, Francis 292
Balan, Ernst 155, 208, 254,
Baller, Helmut 66, 69f., 72
Bardroff, Max 104, 367
Barzel, Rainer 322
Baselitz, Georg 292
Bauer, Franz 131
Baumgarten, Hans 310f.
Bayer, Otto 28f., 251
Beck, Paul 51, 130, 139
Beckmann, Max 301
Beisheim, Otto 279
Beitz, Berthold 303
Belles, Hans 141
Berkenbusch, Franz 76
Bevan, Jonathan 295
Bialas, Mieze 141
Biedenkopf, Kurt 268f.
Biermann, Wolf 320
Bismarck, Otto von 310
Bissinger, Manfred 285, 309, 312–314, 316, 340
Bohle, Ernst Wilhelm 133, 252

Borm, William 264f.
Bosch, Ina van den 26
Brandt, Willy 261, 264f., 322
Brune, Walter 300
Buer, Heinrich 87

Celio, Bixio 282
Celio, Nello 282
Cézanne, Paul 292
Chagall, Marc 292
Charmat, Jean-Marc 294
Cohn, Edmund 77, 160f., 381
Condo, George 293
Corinth, Lovis 292
Cranach, Lucas 292
Czichon, Eberhard 339

Degas, Marc 292
Dehler, Thomas 260
Delius, F. C. 317, 319–321, 340
Dietz, Heinrich 83
Dillgardt, Just 50
Döring, Wolfgang 256
Dressel, Walter 73, 154
Dubonnet, André 304
Dufhues, Josef Hermann 261
Dzubba, Bruno 82

Eckelmann, Detlef 237
Eder, Heinrich 96
Eduard, Herzog von Windsor 297
Eick, Jürgen 311
Eiermann, Egon 205, 233f., 236–239, 331

425

Einstein, Albert 23
Engelmann, Bernt 250, 292, 303, 317, 322
Erhard, Ludwig 15, 169, 185, 206, 255, 257–260, 392
Etzel, Franz 256

Fahrenkamp, Emil 184
Farthmann, Friedhelm 248
Fieger, Josef 43f., 151, 171, 364
Flatauer, Arnold 84, 162f.
Fleming, Ian 297
Flick, Friedrich Karl 16, 217, 230f., 337f.
Flory, Wilhelm 192
Fonk, Wilhelm 211, 220
Freud, Lucian 292
Freytag, Hermann 131, 139

Galli, Antonio 282, 345
Galli, Brenno 282, 304
Galli, Francesco 282
Gatermann, Otto 182, 194
Genscher, Hans-Dietrich 267
Gerzon, Ephraim Juda 102
Gerzon, Jules 102, 106, 108, 368
Gerzon, Levi Lazarus 102
Gischler, Wilhelm 69, 72f.
Goebbels, Joseph 114
Goëss, Karl Anton „Kari" Graf von 294
Göring, Hermann 109, 115, 337
Gormley, Antony 292
Grzimek, Bernhard 298

Hanisch, Ernst 56
Hanisch, Hella 56
Hebbering, Bernd 250, 277
Hecht, George 102
Heckel, Erich 300f.
Henkel, Gabriele 300
Hentrich, Helmut 238

Hepky, Wilhelm 113
Hess, Herbert 62
Hess, Sally 61–63, 67–75, 153–155, 172, 333–335
Hille, Herbert 84, 162f., 166
Hille, Marga 163
Hirst, Damian 292
Hitler, Adolf 33, 89, 98f.
Hobirk, Robert 105f., 145
Holsing, Karl 95
Horten, Alphons Jr. 23f., 201, 261, 268–270
Horten, Alphons Sr. 23
Horten, Anton 22
Horten, Anton Hubert 23–26
Horten, Franz *siehe* Horten, Pater Titus Maria
Horten, Gisela 26, 296
Horten, Heidi (geb. Jelinek) 272, 288–290, 292–295, 297, 313f., 316, 324, 325f., 341, 397
Horten, Heinrich 20
Horten, Helene 25
Horten, Josef Emil August 26f., 119
Horten, Josef Johannes 20f.
Horten, Josefa Helene 26, 130, 170
Horten, Leo Franz Joseph 24
Horten, Max 22f., 25
Horten, Pater Titus Maria 24–26
Horten, Paul 23
Horten, Reimar 22f.
Horten, Rudolf 26
Horten, Sidonie Sophie Eugenie 24
Horten, Walter 22f., 278
Horten, Werner 43
Hoseith, Max 119
Husslein-Arco, Agnes 294
Hutchinson, Colin 178f.

Jacobi, Franz 189, 76
Jacobi, Paul 30–32, 42, 44, 67f., 76, 341

Personenregister

Jacobsohn, Siegfried 210
Jeske, Jürgen 330
Joel, Karl 338
Johnson, Lyndon B. 261
Jung, Josef 174
Jürgens, Udo 295, 326

Kahle, Maria 52
Karg, Georg 91, 337f., 340
Kehrl, Hans 92
Kellermann, Friedel 244
Kennedy, John F. 297
Kiesinger, Kurt Georg 261
Kirchner, Ernst Ludwig 300
Kirchner, Oskar 194
Kirsch, Sarah 320
Kistenmaker, Hermann 32, 63, 65, 68, 72f.
Klee, Paul 292
Klug, Ernst-Erwin 248
Koch, Erich 77
Kohl, Helmut 268f., 312, 314
Konitzer, Hanni 309–311
Kounen, Isaak 21
Krone, Heinrich 261
Krull, Heinrich 59
Kühn, Heinz 313
Kurz, Sebastian 294

Lalanne, Claude 292
Lalanne, François-Xavier 292
Lampee-Baumgartner, Brigitte (geb. Lassnig) 297, 345
Lassnig, Erich 296f.
Lauter, Ernst 39f., 54–58., 130, 148f., 151f., 172, 181
Lauter, Amalie 39f., 55, 58
Lauter, Bertha 157
Lauter, Curt/Kurt 39f., 54f., 58, 148–151, 155f., 157, 172, 181
Lauter, Theodor 54, 56
Lebeck, Robert 292, 297, 313f., 323

Lerch, Hans Georg 279, 395
Lichtenstein, Roy 293
Loch, Wilhelm 48, 96, 139
Loebermann, Harald 235, 238
Löffler, Martin 312
Lorch, Wilhelm 310
Lüftschitz, Otto 110

Maier, Robert 242
Mangold, Richard 308
Mangold, Roland 307f.
Marx, Arthur 102, 105–108, 145
Matisse, Henri 292
Maximilian I. Joseph, König 290
McCloy, John 261
Mende, Erich 256, 258, 264
Mendelsohn, Erich 203, 205, 232, 234
Messing, Walter 76, 141, 170
Michael, Erna 212, 215
Michael, Jakob 133, 199, 212–218, 315
Michel, Ernst 29
Michel, Heinrich 29
Middelmann, Werner 149f., 378
Möller, Alex 283–286, 317, 396
Moses, Fritz 58, 156f.
Mouret, Octave 197
Mueller, Otto 301
Müller, Fritz 220
Münemann, Rudolf 155, 208f., 254, 306

Nannen, Henri 260, 312f.
Neckermann, Josef 91, 230f., 337f.
Neuhauser, Peter 285
Nolde, Emil 292, 300, 305

Olbrich, Joseph Maria 29
Opitz, Kurt 75
Osterwind, Heinz 275, 394

427

Ossietzky, Carl von 23
Ott, Anton 263

Padua, Mathias 292
Paul, Wolfgang 248
Pepper, Wolfgang 263
Picasso, Pablo 292
Pieneck, Heinrich 154
Pleiger, Paul 66, 68
Potthoff, Gerhard 252, 395
Pritzkoleit, Kurt 131

Quandt, Herbert 274

Rama IX., König von Siam 297
Rasche, Karl 128, 145, 190f., 384
Reinold, Josefine 81, 159, 161
Reinold, Wilhelm 41–44, 54f., 57, 59, 67, 73, 75, 77–84, 118–121, 123, 129, 137, 141, 151, 157–159, 161, 163, 165, 171f., 175, 191, 207, 220, 253, 335, 341, 371
Renoir, Pierre-Auguste 292
Rhode, Helmut 235, 238, 244
Richter, Gerhard 293
Rump, Erich 43f., 68, 84f., 151, 171f., 175, 191, 364

Schäfer, Walter 155, 157, 301f.
Scheel, Walter 256, 264, 266f.
Scheufelen, Klaus 261
Schiller, Karl 286
Schmidt, Helmut 266
Schmitz, Aloysius 284f.
Schocken, Salman 193, 198f., 202–207, 209–212, 216, 232f., 238, 315, 394
Schocken, Simon 202
Schocken, Theodor 204
Schöndorff, Hermann 84
Schönherr, Fritz W. 103, 106f.

Schwahn, Hans-Dietrich 278f., 307f., 312–314, 322, 395
Seeling, August 184
Seidensticker, Philip 241
Seuffert, Walter 284f.
Seydaack, Fritz 248, 252f., 275, 309, 312f., 323, 331, 395
Simpson, Wallis 297
Stephan, Reinhold 103f., 106, 108, 367
Stiefel, Ernst C. 153, 206f., 297f., 311, 315
Stiel, Paul 95f., 135f., 140f.
Strauß, Franz Josef 254, 256–264, 269, 298
Strauß, Hermann 39f., 54, 57f., 141, 148f., 151–154, 172, 181
Strauß, Marianne 262
Strauß, Rudolph 148f.
Strick, Elisabeth (geb. Buer, zuletzt Horten) 87, 288
Strick, Karin Elisabeth 87
Strupp, Günther 263
Stuart, Verrijn 106–108

Tengelmann, Herbert 133, 215
Tesmann, Rudolf 28, 76, 133, 184, 193f., 206, 232, 234, 252, 256–261, 311f.
Throm, Wilhelm 311
Tietz, Georg 338
Tietz, Martin 338
Triebels, Hermine 68, 359
Tucholsky, Kurt 23

Urban, Dr. (Leibarzt) 322
Ury, Julius 202f.
Ury, Moritz 202f.

Vettin, Friedrich 118f.
Von Cramm, Gottfried 305

Wallraff, Günter 250, 317
Warhol, Andy 293
Weber, Robert 121, 371
Weber, Willy 371
Wehner, Herbert 261
Weischenberg, Emil 52, 129 f., 373
Weißenbach, Marianne 32, 130, 137, 149, 163, 189, 194, 253
Welter, Erich 311
Werkmeister, Frank 283
Wertz, Hans 284 f.
Weyer, Willi 256, 258 f., 284, 286
Windisch-Graetz, Anton 296
Windisch-Graetz, Gisela (geb. Horten) 26, 29
Windisch-Graetz, Maximilian Fürst 297
Winschuh, Hans 157, 253, 275, 280 f., 283–285, 312 f., 330

Winter, Joseph 61 f.
Winterer, Hermann 32, 364
Wischnewski, Hans-Jürgen 322
Wittcke, Otto 130
Wittstock, Uwe 320
Wolking, Josef 141
Wollheim, Norbert 164
Worst, Johannes Hubertus 107

Zimmermann, Friedrich 258 f., 262
Zoglmann, Siegfried 264
Zola, Émile 34, 197
Zolki, Bruno 77, 80, 158–161, 381
Zolki, Henry 80, 158
Zwillenberg, Hugo 338

Über die Autoren

Prof. Dr. Peter Hoeres, seit 2013 Inhaber des Lehrstuhls für Neueste Geschichte an der Julius-Maximilians-Universität Würzburg. Akademische Stationen in Frankfurt am Main, Münster, Essen, Gießen, Washington und Mainz. Promotion 2002 in Münster, Habilitation 2011 in Gießen. Sektionsleiter Geschichte der Görres-Gesellschaft, Abteilungsleiter der Historischen Kommission bei der Bayerischen Akademie der Wissenschaften, zuständig für die Neue Deutsche Biographie online.

Veröffentlichungen zur Mediengeschichte, Internationalen Geschichte, Politik-, Kultur- und Ideengeschichte, u. a.: Krieg der Philosophen. Die deutsche und die britische Philosophie im Ersten Weltkrieg, Paderborn 2004; Die Kultur von Weimar. Durchbruch der Moderne, Berlin 2008; Außenpolitik und Öffentlichkeit. Massenmedien, Meinungsforschung und Arkanpolitik in den deutsch-amerikanischen Beziehungen von Erhard bis Brandt, München 2013; Gärtner der Rhizome. Geschichte digital erzählen auf Wikipedia, Berlin 2013; Zeitung für Deutschland. Die Geschichte der FAZ, München, Salzburg 2019.

Foto Peter Hoeres: © Gerhard Bayer

Über die Autoren

Foto Maximilian Kutzner: © privat

Dr. Maximilian Kutzner studierte von 2009 bis 2016 Geschichte und Fachjournalistik Geschichte in Gießen. Er promovierte 2019 bei Prof. Dr. Peter Hoeres an der Universität Würzburg zur Geschichte des Wirtschaftsressorts der Frankfurter Allgemeinen Zeitung. Die Arbeit war Teil eines von der Deutschen Forschungsgemeinschaft geförderten Projekts. Kutzners Dissertation wurde 2020 mit dem Nachwuchsförderpreis Kommunikationsgeschichte ausgezeichnet. Von 2019 bis 2022 war er Wissenschaftlicher Mitarbeiter am Lehrstuhl für Neueste Geschichte (Prof. Hoeres) der Universität Würzburg. Die Schwerpunkte seiner Forschung und Lehre liegen auf dem Gebiet der deutschen und internationalen Wirtschafts- und Mediengeschichte. 2021 war er Co-Autor des Gutachtens über den Vermögensaufbau von Helmut Horten während der NS-Zeit. Kutzner publizierte umfassend in Fach- und Massenmedien. Seit 2022 ist er Unternehmer auf den Gebieten Museumskonzeption und History Marketing.